JN411806

모던 자바 동시성 프로그래밍

O'REILLY

A N M 바즐루어 라만 지음
오명운 옮김

Modern
Concurrency in Java

모던 자바 동시성 프로그래밍

편리함, 견고함, 고성능,
어느 것도 양보하지 않는 새로운 자바의 표준

이 책의 모든 페이지에 영감을 준 내 딸 러시다[Rushda]에게,
너의 사랑과 성장, 끝없는 호기심이 이 글을 이끌었고,
너의 웃음소리와 장난스러운 방해가
내가 쓰는 모든 문장의 원동력이었어.

그리고 변함없는 지지로 이 여정을 완주할 수 있도록
사랑 가득한 공간을 만들어준
사랑하는 아내 타바숨[Tabassum]에게 이 책을 바친다.

추천의 글

넷플릭스는 리액티브 프로그래밍이 제공하는 높은 처리량의 필요를 인정하면서도 전 구간 리액티브 제약과 복잡한 에러 처리, 디버깅의 어려움 때문에 더 이상 새로운 서비스에 스프링 웹플럭스를 사용하지 않고 스프링 웹 MVC로 표준을 전환했다. 캐시프리 같은 금융 서비스나 이커머스처럼 높은 동시성 작업이 필요한 산업에서도 비슷한 이유로 가상 스레드 기반의 동기식 코드로 회귀하고 있다. 이들이 공통으로 발견한 것은 자바의 가상 스레드가 리액티브의 복잡성 없이도 동등한 확장성을 제공한다는 점이다. 자바는 점진적이지만 근본적인 해결책을 추구했다. 그 덕분에 지난 수십 년간 만들어진 수많은 엔터프라이즈 애플리케이션이 아키텍처 재설계 없이도 가상 스레드 도입으로 확장성을 개선할 수 있게 되었다.

이 책은 가상 스레드를 중심으로 한 새로운 자바 동시성 기술을 다루지만, 동시에 자바 동시성의 근간이 되는 스레드 모델, 동기화 같은 기본 개념도 하나하나 친절하게 설명한다. 그저 새로운 API를 나열하는 것을 넘어, 스레드풀이 어떻게 동작하는지, 가상 스레드가 왜 고정 문제를 겪는지, 구조적 동시성이 왜 중요한지를 코드 수준에서 설명하고, 나아가 운영 환경에서 실제로 마주칠 수 있는 트러블슈팅 사례와 모니터링 방법까지 실무적인 관점을 놓치지 않는다. 이론과 실무, 과거와 현재를 아우르는 저자의 깊은 통찰을 엿볼 수 있다.

무엇보다 이 책이 빛나는 이유는 옮긴이 오명운 님의 꼼꼼함과 친절함 때문이다. 감사하게도, 모든 코드를 직접 실행해 보며 헤맬 수 있는 부분마다 이정표를 세워두고, 함께 읽으면 좋을 글을 소개해 주었다. 단어 하나하나 곱씹으며 번역을 했다는 사실이 책 전반에서 느껴진다. 기술의 본질을 파고드는 번역가의 자세가 이 책을 더욱 완성도 높게 만들어준다.

자바 동시성의 미래를 알고 싶은 모든 개발자에게 이 책을 권한다.

– 박용권 / 당근마켓 시니어 엔지니어

이 책은 자바 1.0의 전통적인 스레드 모델에서 출발해 자바 21 이후 도입된 가상 스레드와 구조적 동시성에 이르기까지 자바 동시성의 진화를 코드 중심으로 풀어낸 실용적인 전문서입니다. 각 시대의 동시성 모델이 지닌 한계와 그 해결 과정을 따라가며 변화의 흐름을 자연스럽게 이해하도록 도와줍니다. 특히 새로운 기능을 단순히 소개하는 데 그치지 않고, 실제 애플리케이션 코드와 구체적인 예제를 통해 설계와 적용 방법을 실질적으로 안내해 주는 점이 매우 인상적입니다. 독자들은 이 책을 통해 동시성 코드의 복잡성을 줄이면서도 안정성과 확장성을 함께 확보하는 방법을 자연스럽게 익힐 수 있을 것입니다.

『OpenAPI와 스웨거를 활용한 실전 API 설계』 등의 여러 기술서를 옮긴 오명운 님은 원서의 의도와 맥락을 정확히 살리는 것으로 정평이 나 있습니다. 그간의 전문성이 녹아 있는 이 책을 최신 자바 동시성 모델을 깊이 있게 이해하고자 하는 개발자 여러분께 자신 있게 추천합니다.

– 신동민 / NHN Dooray CTO

많은 프로그래머에게 동시성 문제는 늘 골칫거리이며, 이를 해결하기 위한 방법 또한 다양하게 존재합니다. 하지만 실제 현장에서는 동시성의 기본 개념이나 대표적인 문제들에 대한 충분한 이해 없이 단순히 프로그래밍 언어에서 제공하는 동시성 처리 API를 활용하는 경우를 자주 봐왔습니다. 이러한 접근 방식은 운영 환경에서 동시성 문제가 발생했을 때 원인 규명과 해결책 도출에 많은 시간을 소모하게 만들며, 경우에 따라서는 문제를 정확히 파악하는 것조차 어려워집니다. 특히 AI 기반 바이브코딩이 보편화되고 있는 오늘날에는, AI가 작성한 코드에 대한 리뷰와 검증을 위해서라도 개발자 스스로 동시성에 대한 기본 이해도를 갖추는 것이 더욱 중요해지고 있습니다.

이 책은 동시성의 기본 개념과 주요 문제점을 깊이 있게 다루며 자바 언어에서 제공하는 다양한 동시성 API와 그 활용 방법을 체계적으로 설명합니다. 또한 단순한 기술 소개에 그치지 않고, 설계 단계에서 동시성 문제를 어떻게 바라보고 고민해야 하는지에 대한 실질적인 지침까지 제시하므로 매우 시의적절합니다. 동시성 개념과 문제에 대해 폭넓은 이해를 원하는 프로그래머들에게 이 책을 강력히 추천합니다.

– 심천보 / 카카오엔터테인먼트 베리즈개발그룹장

자바 개발자를 20세기에 시작한 저 같은 분들은 자바를 처음 접할 때 그린 스레드green thread라는 걸 배우셨을 겁니다. 저 또한 배웠었고, 실제 개발에서는 네이티브 스레드native thread를 써서 고성능의 자바 애플리케이션을 개발해 왔습니다. 그런데 2017년 무렵 프로젝트 룸Project Loom이 올라왔을 때 저는 정말 세상이 많이 변했다는 생각을 했습니다. 예전에 고Go 프로그래밍 언어의 고루틴goroutine을 보면서 아이디어가 참 좋다고 생각했었는데 이게 코틀린Kotlin에서도 사용되는 것을 보면서 이대로 굳어지겠다는 생각이 들었습니다.

23년 9월 JDK 21에 가상 스레드가 공식으로 포함되면서 이제 대다수 프레임워크에서 적용되고 있습니다. "이걸 굳이 알 필요가 있을까?"라고 질문한다면 저는 이 책을 꼭 일독하시라고 권해드리고 싶습니다.

컴퓨팅 환경의 변화가 정말 빠르고 광범위하게 바뀌고 있는데, 우리가 API만 찍어내는 일만 한다 하더라도 이제는 그 API를 구현하는 프레임워크에서 어떻게 돌아가는지를 이해하지 못한다면, 장애나 문제가 발생했을 때 챗GPT나 제미나이 같은 AI 서비스가 온라인이 안 되는 사태가 발생할 때는 바보 개발자가 될 수도 있다고 생각합니다. 동시성이 항상 적용되고 있는 상황에서 "왜?"라는 질문에 답할 수 있도록 잘 이해하며 프로그래밍할 수 있다면, 그건 개발자로서 역량의 격차를 만들 것입니다.

이 책을 꼭 한번 읽어보시길 강력 추천합니다.

– 양수열 / 크라우드웍스 CTO, 한국인 최초의 자바 챔피언

함께 프로젝트를 진행하며 알게 된 옮긴이 명운 님은 언제나 새로운 시도를 두려워하지 않고, 생소한 개념을 좀 더 빠르게 파악해 상용 프로젝트에 도입하여 직간접적인 리소스를 절감하는 것을 좋아하는 지칠 줄 모르는 혁신형 개발자입니다. 혁신형 개발자의 풍부한 실무 경험을 바탕으로 한국어로 옮겨온 이 책은, 정교하게 구조화된 자바 비동기 프로그래밍에 대한 갈증을 느껴왔거나 저와 같이 Node.js, C# 프로젝트에서 경험한 async/await 모델을 자바의 가상 스레드로 우아하게 구현해 보고 싶은 개발자들에게 완벽한 가이드가 될 것이라 확신합니다.

평소 코드 리뷰를 통해 복잡하게 얽혀 있던 도메인 로직과 설명하기 애매한 구조적 내용도 언제나 쉽고 직관적으로 풀어서 설명해 주셨던 명운 님 특유의 스타일이 이 책에도 고스란히 녹아 있어 조금만 읽으려 해도 다음 페이지를 넘기고 있는 제 모습을 발견하게 됩니다.

– 윤승재 / 네이버제트 개발자

자바로 서비스를 만들어온 개발자라면, 언젠가 반드시 동시성 문제와 마주하게 됩니다. 급격히 늘어나는 요청을 감당해야 하는 서비스, 데이터 정합성이 생명인 금융이나 예약 시스템, 한정된 재고를 다루는 커머스 등이 대표적입니다. 이런 서비스에서 장애나 오류의 원인을 끝까지 추적해 보면, 결국 동시성 문제에 닿는 경우가 많습니다.

동시성을 본격적으로 학습하려는 개발자에게 그동안 추천하던 책은 브라이언 게츠의 『자바 병렬 프로그래밍』이었습니다. 하지만 거의 20년 전에 출간된 책이었기에 고전적인 내용에 머물러 있었으므로, 자바 25까지 발전해 온 현대적 동시성을 안내하는 새로운 지침서가 절실했습니다. 이 책은 바로 그 오랜 빈자리를 채워주는 자바 동시성의 새로운 바이블입니다.

오랜 기다림 끝에 등장한 가상 스레드는 동시성을 다루는 방식을 근본적으로 바꿔놓은 혁신적인 기술입니다. 이 책은 가상 스레드를 비롯해 구조적 동시성, 스코프 값 등 최신 자바가 제시하는 현대적 동시성 모델을 체계적으로 다루고 있습니다. 동시성 문제와 마주하는 것은 피할 수 없지만, 이 책이 그 여정을 훨씬 수월하게 만들어줄 것입니다.

– 이일민 / 이프릴 대표, 『토비의 스프링』 저자

숙련된 개발자와 그렇지 않은 개발자를 가르는 지식을 한 가지만 꼽으라면, '동시성에 대한 이해'가 가장 먼저 떠오른다. 실무 운영 환경에서 발생하는 심각한 장애를 해결하고, 대량 트래픽을 안정적으로 처리하는 시스템을 만들기 위해 갖춰야 할 지식이기 때문이다. 자신의 PC에서 잘 동작하는 프로그램을 누구나 만들 수 있게 된 요즘 시대에도, 개발자의 전문성은 결국 이 지점에서 드러난다. 안정성, 확장성, 효율성에 대한 높은 기준을 스스로 세우고, 동시성 관련 기법을 활용해 그 기준을 충족하는 프로그램을 작성하는 개발자는 여전히 흔치 않기 때문이다.

최근의 자바는 가상 스레드, 구조적 동시성, 스코프드 밸류 등을 도입하며 개발자들이 오랫동안 씨름해 온 동시성의 난관을 좀 더 쉽게 해결할 수 있는 도구를 제공했다. 이를 통해 실질적인 가치를 창출해야 하는 차례가 현장의 개발자들에게 넘어왔다.

이러한 흐름에 발맞춰, 이 책은 동시성에 대한 과거 자바의 여정부터 시작하여 현시점의 자바 개발자가 갖춰야 할 소양을 친절하면서도 깊이 있게 안내해 준다.

– 정상혁 / 네이버 개발 리더

바이브코딩이 프로그래밍의 지형을 근본부터 뒤흔들고 있는 시대에도, 자바는 자신의 정체성을 잃지 않으며 유유히 진화해 왔습니다. 프로젝트 룸을 시작으로, 기존 프로그래밍의 틀을 파괴하지 않고도 획기적으로 효율적인 스레드 모델을 사용할 수 있게 되었습니다. 가상 스레드를 발표한 이후에도 현장의 목소리를 반영하여 StructuredTaskScope와 ScopedValue를 잇달아 선보이며, 자바는 실용성과 안정성이라는 자신만의 철학을 묵묵히 증명해 가고 있습니다.

이 책은 자바 1.0 시절의 스레드 모델부터 이그제큐터Executor 프레임워크, CompletableFuture, 리액티브 프로그래밍에 이르는 동시성의 진화 과정을 차근차근 짚어줍니다. 그 위에서 가상 스레드의 내부 동작 원리인 ForkJoinPool과 Continuation을 깊이 있게 다루고, 직접 가상 스레드를 만들어보는 과정까지 안내하여 '왜 이렇게 설계되었는가'를 체감할 수 있게 합니다. 나아가 요청 제한rate limiting, 디버깅, 모니터링 같은 운영 환경의 현실적인 과제를 다루며, 스프링 부트, 쿼커스, 자카르타 EE 등 주요 프레임워크에서 가상 스레드를 통합하는 방법까지 폭넓게 안내합니다.

끝으로, 역자의 도서 선택에 대한 선구안에 늘 감탄합니다. 기본을 탄탄히 다지면서도 새로운 기술의 본질을 꿰뚫는 책을 골라내는 안목이 이번에도 빛을 발했습니다. 오랜 기간 현업에서 쉬지 않고 프로그래밍해 온 경험이 고스란히 녹아든 번역은, 현장에서 바로 통하는 자연스러운 용어 선택으로 이 책의 가치를 한층 더 높여줍니다.

– 정지범 / NHN Dooray 협업서비스개발블루팀 팀장

프로그래머에게 동시성 프로그래밍은 사춘기를 보내는 아이를 대하는 것과 비슷합니다. 이해하기도 어렵고, 불안정하며, 제대로 동작하는지 테스트하는 것조차 버거워 프로그램에 치명적인 상처를 입히기도 합니다. 최근에 자바에 도입된 가상 스레드와 구조적 동시성, 스코프드 밸류는 동시성 프로그래밍에 대한 이런 오해와 불신을 완벽하지는 않아도 만족스러울 정도로 해결해 주고 있습니다. 그리고 이 책은 이런 개선사항들에 대한 개념과 사용 방법을 놀랍도록 완벽하면서도 만족스럽게 설명합니다.

이 책은 단순히 신기술을 나열하는 데 그치지 않고 자바 동시성 모델의 역사와 내부 메커니즘을 깊이 있게 파고들며, 기존 라이브러리의 한계와 최적의 활용법을 명확히 짚어줍니다.

패러다임 관점에서도 주목할 만한데, 명령형 프로그래밍 방식으로도 충분히 이해하기 쉽고 예상 가능한 동시성 프로그램을 작성할 수 있음을 보여줍니다. 예제는 실무에서 활용할 수 있을 만큼 실용적이고 구체적이며, 리액티브 프로그래밍과의 비교, 스프링 부트와 쿼커스를 포함한 최신 프레임워크에서의 활용 방법 등 개발자에게 유용한 내용들로 가득 차 있습니다.

그동안 동시성 프로그래밍이 어렵게만 느껴지셨나요? 그렇다면 이 책을 꼭 읽어보시기 바랍니다. 동시성 프로그래밍의 본질적인 불안정성 자체는 제거할 수 없겠지만, 최소한 안정적으로 통제할 수 있다는 확신은 들 것입니다. 적어도 저는 그렇게 느꼈습니다.

– 조영호 / 『객체지향의 사실과 오해』, 『오브젝트』 저자

자바에서 스레드를 사용해 왔지만, 그 내부 동작 원리와 성능에 어떤 영향을 미치는지까지 제대로 이해해 보고 싶었던 개발자라면 이 책을 읽어보길 강력히 추천합니다.

이 책에서는 플랫폼 스레드의 한계에서 출발해 JDK 21의 가상 스레드가 왜 등장했는지, 그리고 JVM이 이를 실제 OS 스레드 위에서 어떻게 실행하고 관리하는지까지 설명합니다. 핵심 개념을 차근차근 풀어주므로, 동시성을 단순히 사용하는 수준을 넘어 제대로 이해하도록 돕습니다. 또한 기존의 이그제큐터나 스레드 풀 방식과 무엇이 다른지 쉽게 비교해 주므로, 왜 새로운 접근이 필요한지도 자연스럽게 이해할 수 있습니다. 또한 구조적 동시성과 스코프드 밸류를 통해 복잡한 비동기 코드를 더 단순하고 안전하게 구성하는 방법도 보여줍니다.

스레드의 원리를 더 깊이 이해하고 싶은 중급 개발자, 그리고 가상 스레드의 내부 메커니즘까지 제대로 알고 싶은 모든 개발자에게 자신 있게 추천합니다.

– 홍상표 / 포티투닷(42dot) 스태프 백엔드 엔지니어, 팀 리드

지은이 소개

A N M 바즐루어 라만Bazlur Rahman

자바 및 관련 기술 분야에서 10년이 넘는 전문 경력을 쌓아온 소프트웨어 엔지니어이자 자바 챔피언이다. 다양한 국제 컨퍼런스와 자바 사용자 그룹에서 활발히 발표하는 연사로 활동해 왔으며, 동시성과 가상 스레드 같은 전문 주제를 중심으로 한 발표를 다수 진행했다. 자바 챔피언으로서 인포큐InfoQ와 Foojay.io의 자바 큐Java Queue 편집자로도 활동하고 있다. 또한 방글라데시 자바 사용자 그룹의 설립자이자 현재 운영자로서, 2013년부터 교육용 밋업과 컨퍼런스를 조직해 오고 있다.

감사의 글

무엇보다도 이 책을 완성할 수 있는 힘과 인내, 그리고 기회를 허락해 주신 알라신께 깊은 감사를 드린다. 그분의 도움이 없었다면 이 여정은 불가능했을 것이다.

함께 보낼 수 있었던 시간을 기꺼이 내어주며 내가 글을 쓸 수 있도록 가장 큰 희생을 해준 아내와 딸에게 진심 어린 감사를 전한다. 이 프로젝트에 바친 수많은 밤과 주말 동안 그들의 지지와 인내, 사랑이 나를 끝까지 이끌어주었다. 이 책은 나만의 것이 아니라 그들의 것이기도 하며, 그 이해와 변함없는 지원에 깊이 감사한다.

또한 내 작업을 자랑스러워해 주시는 부모님께 감사드린다. 내가 책을 쓸 때마다 기뻐하시는 모습을 보는 것은 가장 큰 보람 중 하나이며, 더 나은 글을 쓰도록 끊임없이 동기를 부여해 주는 원천이기도 하다. 아울러 장인어른과 장모님께도 감사드린다. 내 작업에 대한 그분들의 열정과 격려, 따뜻한 응원과 진심 어린 기대는 내게 대단히 소중한 의미를 지닌다.

리뷰어, 편집자, 그리고 오라일리의 모든 제작 팀에게도 감사를 전한다. 이 책을 다듬는 과정에서 보여준 신뢰와 끊임없는 노고에 깊이 감사한다. 또한 자바 커뮤니티에도 감사를 표한다. 프로젝트 룸과 현대적 동시성을 둘러싼 아이디어와 토론, 공헌은 매우 값진 자산이었다. 실용적이면서도 미래 지향적인 책을 집필하는 데 있어 자바 커뮤니티의 역할은 아무리 강조해도 지나치지 않다.

마지막으로, 이 책을 집어 든 독자에게 감사의 말을 전한다. 이 책이 더 나은, 더 안전한, 그리고 더 현대적인 자바 동시성 코드를 작성하는 데 도움이 되기를 바란다. 독자들이 이 책을 통해 얻게 된 경험과 그것이 현업에 미친 영향에 대해 이야기 나눌 수 있기를 기대한다.

– 바즐루어 라만

옮긴이 소개

오명운(hanmomhanda@naver.com)

생태계에 조금이라도 보탬이 되려는 개발자. 개인 깃허브 페이지(https://github.com/HomoEfficio/dev-tips)에 잡다한 문제 해결 기록을 공유하고 있으며, 계단 오르기로 체력과 호흡을 개선하며 활력을 되찾고 있다. 네이버제트에서 제페토 서비스를 만들고 있다.

『OpenAPI와 스웨거를 활용한 실전 API 설계』(책만, 2023), 『실전 스프링 부트』(제이펍, 2023), 『스프링 부트 실전 활용 마스터』(책만, 2021), 『엔터프라이즈 데이터 플랫폼 구축』(책만, 2020) 등을 번역했으며, 적은 양이라도 꾸준히 번역 작업을 이어갈 생각이다.

옮긴이의 글

자바는 오랜 세월 동안 하위 호환성을 훌륭하게 유지하면서 진화해 왔습니다. 다양한 기능이 추가됐고, 성능과 프로그램 작성 편의성이 향상되는 등 여러 변화가 있었지만 자바에서 실행되는 모든 것이 결국은 스레드에서 실행된다는 사실은 변하지 않았습니다.

하지만 자바에서 이그제큐터Executor 프레임워크가 나온 이후로 스레드나 스레드 풀을 개발자가 직접 다뤄야 할 일이 별로 없어졌기 때문에 스레드를 이해하는 것이 어쩌면 더 어려울 수도 있습니다.

이 책은 자바의 최신 동시성을 다루면서도, 자바 첫 출시부터 있어왔던 스레드부터 친절하게 설명을 시작합니다. 그래서 저자는 대상 독자를 중급 이상의 개발자로 권장하고 있기는 하지만, 책을 옮긴 제가 볼 때는, 특히 스레드를 중심으로 한 동시성 기초 관점에서 보면 오히려 초급 개발자에게도 이만 한 안내서가 없을 거라는 생각도 듭니다.

가상 스레드는 자바 애플리케이션의 확장성을 완전히 다른 차원으로 끌어올린 결정적인 '한 방'이라고 생각합니다.

대대적인 리팩토링 없이도 가상 스레드를 적용할 수 있다는 사실은 무척이나 놀라웠습니다. 그래서 가상 스레드의 작동 원리를 다루는 훌륭한 자료도 이제는 상당히 많이 나와 있습니다.

그럼에도 불구하고 자바 21에 처음 가상 스레드가 도입된 지 2년이 넘어가는 지금까지도 가상 스레드를 전격적으로 적용했다는 얘기는 가상 스레드 자료만큼 쉽게 찾을 수는 없는 것 같습니다. 오히려 가상 스레드를 적용하려다 다시 원래대로 되돌렸다는 얘기가 종종 들리곤 합니다. 가장 큰 이유는 `synchronized` 블록 내부의 코드를 실행할 때와 네이티브 메서드를 실행할 때 발생하는 스레드 고정 현상 때문이었습니다. 그 외에도 비동기로 작업 흐름을 구성한 경우 작업 흐름 제어, 굉장히 많은 수의 가상 스레드 사용 시 드러나는 `ThreadLocal` 부작용도 가상 스레드 적용에 걸림돌이 되었습니다.

하지만 가장 큰 이유였던 synchronized 블록의 스레드 고정 현상은 자바 24에서 해소되었습니다. JDK 수준에서 synchronized 내부 구현을 변경한 것이라서 소스 코드를 변경할 필요도 없으며 자바 24+만 적용하면 됩니다.

비동기 작업 흐름 제어는 자바 26에서 프리뷰Preview 단계로 적용돼 있는 구조적 동시성이 해결하고 있고, ThreadLocal 부작용은 자바 25에서 정식 도입된 스코프드 밸류(ScopedValue)를 사용해서 해결할 수 있습니다. 이런 부분은 비록 소스 코드의 수정을 필요로 하지만 대대적인 리팩토링이 필요한 정도는 아니라는 점에서 이제는 기존 프로젝트에도 충분히 적용할 만하다고 생각합니다.

남아 있는 문제는 네이티브 메서드 호출인데 JNI를 사용했던 많은 라이브러리가 자바 22에서 정식 도입된 외부 함수 및 메모리 API를 사용해서 가상 스레드 친화도를 높이거나, 아예 스레드 고정 현상이 발생하지 않도록 자바 구현체를 대신 사용하는 쪽으로 움직이고 있습니다.

이 책은 이처럼 가상 스레드의 본질적인 메커니즘과 장점뿐만 아니라 앞서 언급한 실무적인 걸림돌의 진단과 해소 방법까지, 어쩌면 지나치다 싶을 정도로 풍부한 예제 코드와 함께 설명하고 있습니다. 그래서 주어진 코드를 이리저리 바꿔가면서 실행해 보고 궁금증을 해소하다 보면 훨씬 더 재미있게 정말 많은 지식과 경험을 얻을 수 있을 것입니다.

최근에는 AI 에이전트를 사용한 개발이 활발해지면서 프로그래밍 언어가 아닌 일상 언어로 AI와 대화하면서 제품을 만들 수 있는 세상이 열리고 있습니다. 프로그래밍 언어를 몰라도 제품을 만드는 코드는 생성할 수 있겠지만, 프로그래밍 개념 없이 견고하고 안정성 있는 최종 결과물을 만들 수는 없다는 사실을 우리 개발자들은 너무나도 잘 알고 있습니다. 코드를 작성하는 작가에서 최종 제품을 만드는 감독으로, 역할이 바뀌는 지금이야말로 이 책에서 다루는 최신 동시성 모델에 대한 지식은 전보다 훨씬 더 큰 차별점이 될 거라고 믿습니다.

제가 이 책을 번역하면서 배운 것처럼 더 많은 개발자가 가상 스레드와 구조적 동시성, 스코프드 밸류라는 최신 동시성 모델을 더 깊이 이해하고, 더 많은 프로젝트에서의 가상 스레드 도입으로 이어져서, 확장성 향상과 비용 절감, 사용자 경험 향상을 모두 갖춘 최종 제품이 더 많이 만들어진다면 번역자로서 너무나도 뿌듯할 것 같습니다.

번역자는 일차적으로는 원서를 우리글로 옮기는 일을 하는 사람이지만, 훌륭한 번역자는 먼저 독자의 입장에서 원서를 읽고 불편했던 점을 찾아 개선하고 최종 독자에게는 더 나은 결과물을 보여주는 사람이라고 생각합니다. 이번 책도 다소 모자람이 있겠지만 훌륭한 번역자에 조금이라도 다가가기 위해 원서보다 나은 역서를 목표로 번역 작업을 했습니다. 모쪼록 독자분들이 애초부터 한글로 쓰인 책인 것처럼 아무런 불편감 없이 읽어내시기를 욕심내어 바라봅니다.

책 편집을 맡아주신 김경희 편집자님과, 원서보다 나은 역서라는 목표를 이루는 데 언제나 결정적 역할을 해주시는 책만 김희정 대표님께 감사의 말씀을 드립니다. 책을 꼼꼼히 읽고 귀한 의견 주신 베타리더분들과 책이 나올 때까지 애써주신 모든 분께도 감사의 말씀을 전합니다. 고령에도 건강 관리 잘하셔서 번역에 집중할 수 있게 해주신 부모님께 특별히 감사의 말씀 올립니다. 번역한다는 게 무슨 큰 벼슬이라고 집안일도 신경 쓰지 못하고 있는데도 여전히 사랑해 주는 착한 아내 지선이와 건강하게 자라주고 있는 윤아, 윤석이에게도 고맙다는 말을 전합니다.

– 오명운

목차

들어가며

동시성은 오랫동안 자바 개발에서 가장 어려운 영역 중 하나였다. 자바는 하위 호환성에 대한 약속을 확고하게 지키면서도 현대 소프트웨어 개발에서 요구하는 것을 충족하기 위해 지속적으로 진화해 왔다. 지난 수년간 자바에서 볼 수 있었던 여러 발전 가운데서도, 프로젝트 룸Project Loom이 도입한 가상 스레드는 동시성의 세계에서 획기적이고도 근본적인 전환점이라고 할 수 있다.

동시성 처리는 본질적으로 어려운데, 성능 요구가 증가하면서 그 난이도는 더욱 높아졌다. 숙련된 개발자에게도 동시성을 효과적으로 관리하는 일은 여전히 복잡한 과제다. 오늘날의 현대 애플리케이션은 수많은 다른 시스템과 상호작용하므로 주로 I/O 중심으로 동작한다. 특히 확장성 요구를 충족하기 위해 널리 사용되는 마이크로서비스 아키텍처 환경에서는 더욱 그렇다.

I/O 작업을 처리하는 데는 종종 상당한 시간이 걸린다. 스레드가 I/O 작업을 수행하면, 전통적인 방식에서는 해당 작업이 완료될 때까지 대기해야 한다. 현대 운영체제는 수백만 개의 열린 소켓을 관리할 수 있지만, 사용 가능한 스레드 수에는 여전히 한계가 있다. 그 결과, 전통적인 스레드 모델을 사용해서 늘어나는 처리량 요구를 충족하는 일은 점점 더 복잡해졌다.

이러한 한계에 대응하기 위해 다양한 기법과 동시성 대안 모델이 고안되었지만, 각자 고유한 트레이드오프를 갖는다. 가상 스레드는 소수의 커널 스레드 위에 다수의 경량 사용자 모드 스레드를 다중화하는 방식으로, 동시성 문제를 효율적으로 해결하는 유망한 해법이라고 할 수 있다. 덕분에 시스템 자원을 좀 더 효율적으로 활용할 수 있게 됐다. 가상 스레드는 시스템의 확장성을 크게 향상할 수 있으며, 동시성 처리 분야에서 상당히 주목할 만한 진전이라고 할 수 있다.

가상 스레드를 처음 접했을 때부터 아주 강한 흥미를 느꼈다. 가상 스레드는 JVM에서 동시성 프로그램을 작성하는 방식을 근본적으로 바꿀 수 있는, 오랫동안 기다려온 돌파구처럼 보였다. 자바가 제대로 된 해법을 제공하지 못했던 영역에 단순하고 우아한 해결책을 제시했기 때문이다.

나는 가상 스레드를 직접 실험하기 시작했고, 그 결과를 블로그에 정리하고 컨퍼런스에서 발표했다. 개발자 커뮤니티의 열정적인 반응을 보면서 가상 스레드가 단순한 기능 개선이 아니라 동시성 처리 방식의 근본적인 변화를 이끌어냈다는 점을 다시 한번 확신할 수 있었다.

탐구를 계속하면서 가상 스레드를 둘러싼 방대한 자료들이 등장하고 있음을 알게 됐다. 공식 문서, 통찰력 있는 블로그 글, 실제 사례가 담긴 깃허브GitHub 저장소, 훌륭한 컨퍼런스 세션들이 그것이다. 이 자료들은 개별적으로 모두 가치가 있었지만, 각자 다른 측면에 초점을 맞추고 있었다. 어떤 것은 기술적 구현을 다뤘고, 어떤 것은 마이그레이션 전략이나 특정 사용 사례를 이야기했다.

지속적인 집필과 발표, 그리고 실습을 통해 이 주제를 더 명확하고 종합적으로 이해할 수 있게 됐다. 이러한 탐구 과정을 통해 프로젝트 룸이 시작된 배경, 자바의 기존 동시성 모델과의 통합 방식, 그리고 확장성과 유지보수성을 갖춘 시스템을 구축하는 데 미치는 영향을 폭넓게 이해할 수 있었다. 이런 여정을 거치면서 하위 호환성을 유지하면서도 변화에 적응하는 자바의 놀라운 능력을 더 깊이 존중하게 됐다.

결국 이러한 이해를 하나의 실용적인 자료로 통합할 필요가 있다는 사실을 깨달았다. 이 책은 이론적인 탐구에 그치지 않고, 필요한 개념과 예제, 모범 사례를 하나로 모은 실무 중심의 가이드다.

이 책의 대상 독자

이 책은 이미 동시성과 멀티스레딩에 대한 기본적인 이해를 갖춘 자바 개발자를 대상으로 하며, 초보자를 위한 입문서는 아니다. `Thread`, `ExecutorService`, 동기화, `ReentrantLock`이나 `Semaphore` 같은 동시성 유틸리티를 사용해 전통적인 방식으로 동시성 프로그램을 작성해 본 경험이 있고, 최근에 출시된 자바에 도입된 현대적인 동시성 기능, 특히 가상 스레드, 구조적 동시성structured concurrency, 스코프드 밸류scoped value를 더 깊이 이해하고자 하는 개발자를 위한 책이다. 동시성의 기초를 배우고자 한다면 애디슨웨슬리 출판사에서 나온 브라이언 게츠Brian Goetz의 『Java Concurrency in Practice』(번역본: 『자바 병렬 프로그래밍』, 에이콘출판, 2008년)를 추천한다.

스레드 고갈, 블로킹 I/O, 스레드 풀 튜닝, 복잡한 생애주기와 취소 로직 관리로 어려움을 겪은 적이 있다면, 이 책은 그런 문제를 자바의 진화하는 동시성 모델 관점에서 다시 생각해 보도록 도와줄 것이다. 특히 다음과 같은 독자에게 도움이 될 것이다.

- 동시성 코드를 현대화하려는 중급 및 시니어 개발자
- 확장 가능한 시스템을 설계하는 아키텍트
- 견고한 동시성 애플리케이션을 구축하고자 하는 성능 중심 엔지니어
- 새로운 기술을 평가하는 팀 리드
- 자바 동시성의 미래가 궁금한 사람

자바에 대한 기본적인 이해를 바탕으로 현대 동시성 처리를 개략적으로 살펴보려는 주니어 개발자에게도 도움이 될 것이다. 다만 완전한 이해를 위해서는 동기화, 경쟁 조건, 데이터 발행과 같은 기초 주제를 사전에 또는 병행하여 학습할 것을 강력히 권장한다. 이러한 기본 개념은 동시성 코드를 효과적으로 작성하는 데 필수적이다. 일부 현대 프레임워크는 이러한 세부 사항을 일상적인 개발 과정에서 감춰주지만, 심각한 버그를 마주했을 때는 기본 지식이 결정적으로 중요하다. 동시성 역시 예외는 아니다.

이 책에서 다루는 내용

프로젝트 룸과 가상 스레드에 대해 내가 배운 모든 것을 하나의 종합적인 자료로 정리한 이 책에서 다루는 내용은 다음과 같다.

- 플랫폼 스레드와 이그제큐터Executor 프레임워크에서부터 `CompletableFuture`와 리액티브 프로그래밍에 이르기까지 자바 동시성의 진화 과정
- 가상 스레드, 구조적 동시성, 스코프드 밸류의 내부 동작에 대한 심층적인 설명
- 새로운 기능을 효과적으로 적용하는 방법을 보여주는 실전 중심 예제
- 가상 스레드뿐만 아니라 구조적 동시성과 스코프드 밸류를 포함하는 폭넓은 범위
- 스프링 부트Spring Boot, 쿼커스Quarkus, 자카르타 EEJakarta EE와 같은 현대 프레임워크가 가상 스레드를 어떻게 통합하고 있는지에 대한 안내

가상 스레드가 처음인 개발자나 프로젝트 룸을 초기부터 지켜봐 온 개발자 모두 이 책에서 유용한 통찰과 실질적인 지식을 얻을 수 있을 것이다.

이 책의 예제와 개념은 가상 스레드가 공식적으로 도입된 JDK 21 이상을 필요로 한다. 또한 일부 장에서는 아직 프리뷰 단계이거나 최근에 확정된 기능을 다룬다. 따라서 JDK 24나 25 같은 더 최신 버전을 사용할 수 있다면 모든 예제와 논의를 최대한 활용할 수 있을 것이다.

이 책의 구성

이 책은 가상 스레드의 중요성을 이해하는 단계부터 실제 운영 환경에서 가상 스레드를 능숙하게 활용하는 단계까지 독자를 이끄는 여정으로 구성돼 있다. 각 장에서 다루는 내용은 다음과 같다.

1장, '한눈에 살펴보는 자바 동시성 변천사'

자바에서의 동시성 진화를 살펴보는 것으로 시작한다. 플랫폼 스레드에서 출발해 이그제큐터 프레임워크, 포크/조인Fork/Join, `CompletableFuture`로 이어지는 흐름을 추적하고, 리액티브 프로그래밍을 간략히 소개한다. 이러한 역사적 맥락을 알면 가상 스레드를 왜 게임 체인저game changer라고 부르는지 알 수 있게 된다. 그동안 우리가 감수해 온 트레이드오프를 살펴보고, 프로젝트 룸이 왜 근본적으로 다른 접근 방식을 선택했는지 이해하게 된다.

2장, '쉼 없이 CPU를 활용하는 가볍고 부지런한 가상 스레드'

2장에서는 가상 스레드를 실습 중심으로 소개한다. 가상 스레드가 무엇이며, 플랫폼 스레드와 어떻게 다른지, 그리고 어떻게 생성하는지를 배운다. 처리량과 확장성 개선을 다루는 실용적인 예제를 다루며, 주요 주제로는 세마포어를 활용한 요청 제한과 스레드 고정, `ThreadLocal` 관련 고려사항과 같은 중요한 제약이 포함된다.

3장, '직접 만들어보고 이해하는 최신 동시성 메커니즘'

3장에서는 동시성의 내부 동작을 깊이 있게 다룬다. 스레드 풀, 이그제큐터 프레임워크, 그리고 가상 스레드를 구동하는 `ForkJoinPool`을 분석한다. 특히 컨티뉴에이션continuation을 사용해 가상 스레드 구현을 처음부터 직접 만들어보는 것은 3장의 하이라이트라고 할 수 있다. NanoThread를 만들어보면서 가상 스레드가 내부적으로 어떻게 동작하는지 깊이 있게 이해할 수 있다.

4장, '빈틈없이 견고하고 편리한 구조적 동시성'

4장에서는 프로젝트 룸의 가장 중요한 혁신 중 하나인 StructuredTaskScope를 다룬다. 비구조적 동시성에 존재하는 문제를 어떻게 해결하는지 살펴보고, 다양한 조인join 정책을 익히고, 예외를 우아하게 처리하며, 견고한 동시성 애플리케이션을 구축하는 방법을 배운다. 기본 사용법부터 커스텀 조이너joiner와 중첩 스코프nested scope까지 폭넓게 다룬다. 집필 시점 기준으로 구조적 동시성은 아직 프리뷰 상태다. 이 프리뷰 버전이 크게 바뀌지 않기를 바라지만, 변경사항이 있다면 2판에서 다룰 예정이다.

5장, '동시성 모델의 화룡점정, 스코프드 밸류'

고도의 동시성을 가진 애플리케이션에서 컨텍스트 전파는 항상 어려운 문제였다. 5장에서는 스코프드 밸류가 가상 스레드 환경에서 ThreadLocal보다 더 나은 대안이 되는 이유를 설명한다. API를 살펴보고, 구조적 동시성 맥락에서의 실용적인 예제를 통해 ThreadLocal에서 언제 어떻게 스코프드 밸류로 전환해야 하는지를 이해하게 된다.

6장, '가상 스레드 시대에서 리액티브 자바의 의미'

6장에서는 가상 스레드와 리액티브 프로그래밍이 동시성 문제 해결에 접근하는 방식의 차이를 이해하는 것을 목표로 한다. 블로킹 I/O와 논블로킹 I/O, 이벤트 기반 아키텍처, 그리고 각 접근 방식의 트레이드오프를 비교한다. 이를 통해 언제 가상 스레드를 선택하고 언제 리액티브 프레임워크를 선택해야 하는지 합리적으로 판단할 수 있게 된다.

7장, '프레임워크를 통해 알아보는 최신 동시성 프로그래밍'

주요 프레임워크들이 가상 스레드를 어떻게 수용하고 있는지 살펴본다. 스프링 부트, 쿼커스, 자카르타 EE를 다루며, 실질적인 설정 예제와 모범 사례를 제공한다. 7장은 가상 스레드를 학습하는 단계와 실제 운영 환경에 적용하는 단계 사이의 간극을 메워준다.

8장, '자바 동시성 프로그래밍의 미래'

자바 동시성 프로그래밍의 미래를 내다보며 핵심 인사이트를 정리한다.

이 책을 읽는 방법

이 책은 각 장이 이전 장의 개념을 기반으로 구성되어 있으므로 순서대로 읽도록 설계되었다. 다만 이미 익숙한 주제가 있다면 관심 있는 장으로 바로 넘어가도 무방하다.

가상 스레드가 처음인 독자라면

1장에서 역사적 배경을 이해한 뒤, 순서대로 읽어나가기를 권한다.

경험 많은 개발자라면

1장은 훑어보고 바로 2장으로 넘어가 가상 스레드를 직접 다뤄도 된다. 다만 3장은 건너뛰지 말기를 권한다. 가상 스레드를 직접 구현해 보는 경험을 통해 아주 귀중한 통찰을 얻을 수 있다.

아키텍트와 팀 리드라면

구조적 동시성과 스코프드 밸류를 다루는 4장과 5장, 그리고 이를 리액티브 프로그래밍과 비교하는 6장에 특히 주목하기 바란다. 이는 아키텍처 의사결정에 큰 도움이 된다.

실습 코드 활용 방안

각 장에는 풍부한 코드 예제가 포함되어 있다. 읽는 동안 IDE를 열고 예제를 하나씩 직접 실행해 볼 것을 권장한다. 코드를 읽기만 하지 말고 실행하고, 수정하고, 깨뜨리고, 다시 고쳐보라. 실험만큼 개념을 확실히 체득하는 방법은 없다.

편의를 위해 모든 소스 코드는 https://github.com/Modern-Concurrency-in-Java에 공개되어 있다. 각 장마다 실행 가능한 예제가 포함된 전용 패키지가 제공된다. 책을 읽으면서 코드를 직접 작성해 보기를 강력히 권한다. 다만 빠르게 훑어보고 실험하고 싶다면, 읽기 전에 저장소를 복제해도 된다.

기술적인 질문이나 코드 예제 사용 중 문제가 있다면 support@oreilly.com으로 이메일을 보내기 바란다.

이 책은 독자가 업무를 수행하는 데 도움을 주기 위해 만들어졌다. 일반적으로 이 책에 포함된 예제 코드는 프로그램이나 문서에서 자유롭게 사용할 수 있다. 코드의 상당 부분을 그대로 재현하는 경우가 아니라면 별도의 허가를 받을 필요는 없다. 예를 들어, 이 책의 여러 코드 조각을 사용하는 프로그램을 작성하는 것은 허가가 필요 없다. 그러나 오라일리 도서의 예제를 판매하거나 배포하는 경우에는 허가가 필요하다. 이 책을 인용해 질문에 답하거나 예제 코드를 인용하는 것 역시 허가가 필요 없다. 다만 제품 문서에 상당량의 예제 코드를 포함하는 경우에는 허가가 필요하다.

출처 표기는 권장하지만 필수는 아니다. 일반적인 출처 표기에는 책 제목, 저자, 출판사, ISBN이 포함된다. 예를 들면 다음과 같다.

'Modern Concurrency in Java by A N M Bazlur Rahman (O'Reilly). Copyright 2025 A N M Bazlur Rahman, 978-1-098-16541-3'

예제 코드 사용이 공정 이용이나 위에 명시된 허가 범위를 벗어난다고 판단되면 permissions @oreilly.com으로 문의하기 바란다.

편집 규약

이 책에서는 다음과 같은 표기 규칙을 사용한다.

고딕체

새로운 용어나 중요한 구문을 나타낸다.

고정폭 글꼴

프로그램 코드 목록에 사용되며, 본문 안에서는 변수명이나 함수명, 데이터베이스, 데이터 타입, 환경 변수, 구문, 키워드와 같은 프로그램 요소를 지칭할 때 사용된다.

굵은 고정폭 글꼴

사용자가 문자 그대로 입력해야 하는 명령이나 텍스트를 나타낸다.

기울인 고정폭 글꼴

사용자가 직접 입력해야 하는 값이나, 문맥에 따라 결정되는 값으로 대체되어야 할 텍스트를 나타낸다.

팁이나 권고사항을 나타낸다.

일반적인 참고사항을 나타낸다.

주의사항이나 경고를 나타낸다.

이 책을 위한 웹 페이지(https://oreil.ly/modern-concurrency-java)가 있으며, 정오표와 추가 정보가 정리돼 있다.

독자 문의

이 책을 선택하고 읽어주신 독자 여러분께 감사의 인사를 전합니다. 최선을 다해 오류가 없도록 책 내용을 작성하고 검증했지만 미처 찾아내지 못한 오류가 있을지도 모르겠습니다. 이 책의 오류나 오탈자, 누락된 내용 등이 있다면 출판사 편집팀(support@onlybook.co.kr)으로 메일을 보내 알려주시면 감사하겠습니다. 책 내용과 직접 관련된 질문에 대해서는 최대한 빠른 시일 안에 회신 드리겠습니다. 이 책의 도서 정보와 정오표는 책만 출판사 홈페이지(https://www.onlybook.co.kr/entry/java-concurrency)에서 보실 수 있습니다.

1장

한눈에 살펴보는 자바 동시성 변천사

> 동시성concurrency은 여러 가지 일을 한 번에 처리dealing with하는 것을 말하고,
> 병렬성parallelism은 여러 가지 일을 한 번에 수행doing하는 것을 말한다.
>
> – 롭 파이크Rob Pike

어떤 것의 진정한 가치를 이해하려면 그것이 생겨난 유래를 알아보는 것이 매우 중요하다. 특히 어떤 단계를 거쳐서 어떤 난관을 극복해 왔는지 알아야 한다. 이를 통해 단순히 발전 과정을 파악하는 것뿐만 아니라 다른 것들과의 관련성도 이해할 수 있게 된다. 자바의 동시성도 처음 도입된 이래 기나긴 여정을 거쳐 지금 같은 모습으로 진화해 왔다. 최신 자바에 도입된 가상 스레드virtual thread나 구조적 동시성structured concurrency 같은 개념을 이해하려면 그 진화 과정을 속속들이 파헤쳐 봐야 한다. 1장에서는 자바의 동시성에 대한 기초적인 개념에서 출발해서 지금까지 어떻게 발전해 왔는지 간략하게 알아본다.

자바 스레드의 간략한 역사

자바는 동시성을 염두에 두고 설계됐으며 멀티스레딩을 언어 수준에서 지원하는 최초의 프로그래밍 언어 중 하나다. 자바의 동시성은 수년에 걸쳐 개선되고 정제돼 왔고 몇 가지 한계와 교훈을 남겼다.

자바의 동시성은 기본적인 동기화synchronization와 스레드 관리로 시작했다. 그리고 자바 5에서 `java.util.concurrent` 패키지(https://oreil.ly/5e8s1)가 도입되면서 이그제큐터Executor[1] 프레임워크(https://oreil.ly/lDFVL), 락lock, 동시성 지원 컬렉션concurrent collection 같은 중요한 새 기능이 추가됐다. 자바 7에서 포크/조인Fork/Join 프레임워크가 도입되면서 멀티코어 프로세서에서의 동시성 처리 능력을 제대로 활용할 수 있게 됐다. 최근에는 프로젝트 룸Project Loom(https://oreil.ly/gcaYC)에서 사용자 모드 경량 스레드와 구조적 동시성을 도입하면서 전통적인 스레드 기반 동시성의 한계와 복잡성을 해결하고 더 높은 효율로 쉽게 동시성을 활용하는 프로그램을 작성할 수 있게 됐다.

이러한 진화가 왜 그렇게 중요한가? 자바의 동시성 이야기를 하나하나 따라가다 보면, 끊임없이 늘어나기만 하는 복잡성에 맞서기 위해 훨씬 더 나은 효율성과 단순함을 추구하는 노력이 계속 이어져 왔음을 발견하게 된다.

이제 이러한 진화 과정에 더 깊이 뛰어들어 자바가 동시성을 다뤄오면서 이루어낸 성과를 다시 한번 평가해 보자.

자바는 스레드로 만들어진다

동시성은 자바의 설계 목표 중 하나였다. 자바는 스레드 활용 기능을 내장하고 있으며 이는 언어적으로 핵심적 차별점이라고 할 수 있었다. 덕분에 자바 개발자는 운영체제에 특화된 기능에 의존하지 않고도 동시성을 확보할 수 있었다.

자바에서 스레드는 가장 작은 실행 단위다. 스레드는 하나의 프로그램 안에서 독립적인 실행 경로를 의미한다. 스레드들은 동일한 주소 공간을 공유하는데, 이는 프로그램의 변수와 데이터 구조에 대해 각 스레드가 동등하게 접근할 수 있음을 의미한다. 하지만 각 스레드는 각자의 고유한 프로그램 카운터, 스택, 지역 변수를 가지며, 이를 통해 각자 독립적으로 동작할 수 있다. 이런 설계 덕분에 필요하다면 스레드 사이에서도 상호작용이 일어날 수 있다.

하지만 자바의 스레드 모델은 스레드 스케줄링 및 실행과 관련하여 운영체제에 의존한다. 운영체제는 높은 실행 효율을 보장하기 위해 각 스레드에 CPU 시간을 할당하고, 스레드 사

1 한국 등 영어가 모국어가 아닌 나라의 개발자는 '엑시큐터'로 읽는 경우가 많지만, 영어 원어민은 '이그제큐터'로 읽는 경우가 많고, 메리엄웹스터나 딕셔너리닷컴을 제외한 대다수 사전의 발음 기호도 '이그제큐터'로만 읽도록 표기돼 있으므로 '이그제큐터'로 옮긴다. – 옮긴이

이의 상태 전환도 관리한다. 스레드를 다수의 CPU에 분배하면 진정한 병렬성을 획득할 수 있고 동시성을 활용하는 애플리케이션의 성능을 높일 수 있다(그림 1-1).

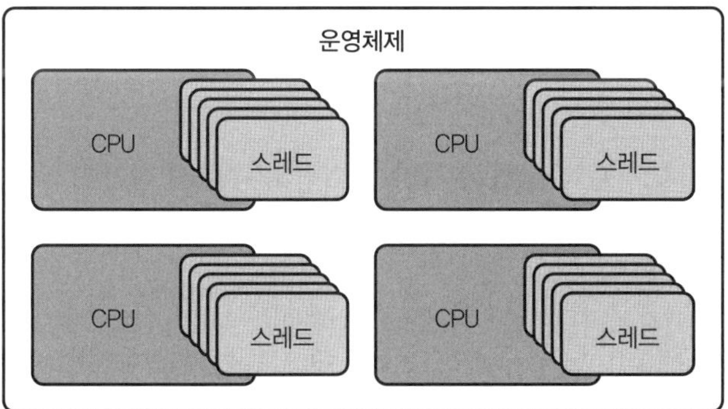

그림 1-1 다수의 CPU에서 실행되는 다수의 스레드

자바 프로그램에서 더 많은 스레드를 사용하면 실제로 더 많은 실행 환경execution environment이 생성되며, 이를 통해 여러 연산을 동시에simultaneously 수행할 수 있다. 다수의 스레드를 사용할 수 있는 멀티스레딩은 웹 서버, 데이터 프로세싱 파이프라인과 실시간real-time 시스템처럼 높은 수준의 병렬성과 동시성을 필요로 하는 애플리케이션에서 특히 유용하다. 애플리케이션은 다수의 스레드를 활용해서 여러 가지 작업을 동시에 수행할 수 있고, 결과적으로 처리량과 응답 속도를 높일 수 있다.

병렬성과 동시성[2]

병렬성(parallelism)과 **동시성**(concurrency)은 혼용되기도 하는 용어다. 하지만 실제로는 서로 확연히 다르다. 병렬성은 두 가지 이상의 일을 동시에 수행하는 것을 의미하며, 이를 위해 최소한 2개 이상의 CPU 코어가 필요하다. 반면에 동시성은 작업의 일부가 언제나 동시에 수행되지는 않더라도 겹쳐서 수행되도록 프로그램을 설계하는 것과 관련이 있다. 병렬성은 여러 명의 인부가 옆에서 나란히 집을 짓는 모습에 비유할 수 있고, 동시성은 부엌에서 한 명의 요리사가 여러 요리를 능숙하게 만들어내는 모습에 비유할 수 있다. 여기에 요리사를 더 투입한다면 요리가 전반적으로 더 빨리 나올 수 있겠지만, 그렇다고 해서 모든 요리 과정이 병렬적으로만 수행되는 것은 아니다. 한 사람은 양파를 썰고 다른 사람은 접시를 오븐에 넣을 수도 있다. 최종 목표는 결국 요리를 더 많이 만드는 데 있다고 할 수 있다.

2 병렬성 및 동시성과 관련해 역자가 정리한 글(https://homoefficio.github.io/2019/02/02/Back-to-the-Essence-Concurrency-vs-Parallelism/)도 참고할 만하다. - 옮긴이

자바 생태계는 근본적으로 스레드 개념을 바탕으로 구현되고 작동한다. 스레드는 수많은 강력한 기능과 도구의 주춧돌 역할을 하며, 개발자가 당연하게 생각하는 많은 기능은 스레드가 없다면 불가능했을 것이다. 자바의 메모리 관리를 담당하는 복잡한 가비지 컬렉션 garbage collection 시스템이든, 단순히 'Hello World'를 출력하는 간단한 프로그램이든 모두 다 스레드를 바탕으로 한다.

한 가지 예를 살펴보자. 자바 프로그램을 처음 작성하는 사람을 포함하여 한 번이라도 자바 코드를 작성해 본 사람이라면 누구나 알 만한 코드다. 얼핏 보기에 하나의 스레드만으로 동작할 것 같아서 스레드라는 개념조차도 필요 없을 것처럼 보이지만, JVM Java Virtual Machine은 실제로 보통 **메인 스레드** main thread라고 부르는 별개의 스레드에서 이 코드를 실행한다.

깃허브 소스 c01/HelloWorld.java

```
public class HelloWorld {
    public static void main(String[] args) {
        System.out.println("Hello, World!");
        // main 메서드를 실행하는 스레드의 이름 출력
        System.out.println("Executed by thread: "
            + Thread.currentThread().getName());
    }
}
```

프로그램을 실행하면 다음과 같이 main 메서드를 실행한 스레드의 이름이 표시된다.

```
Hello, World!
Executed by thread: main
```

이 예제는 아주 기초적인 자바 프로그램조차도 이미 근본적으로 스레드를 기반으로 한다는 사실을 잘 보여준다. 여기에는 심오한 뜻이 숨겨져 있다. 우리 자바 개발자는 의식하든 아니든 'Hello World' 같은 가장 초보적인 수준에서 가비지 컬렉션처럼 가장 고급 수준의 프로그램까지 모두 스레드의 힘을 활용하고 있다는 점이다.

그래서 스레드는 자바에서 필수 요소이며, 자바가 대규모 데이터베이스나 거대한 분산 시스템까지도 만들 수 있는 언어로 자리매김하는 데 중요한 역할을 한다.

스레드: 자바 플랫폼의 중추

자바 스레드는 자바 플랫폼의 모든 레이어에 필수 불가결한 요소로 통합돼 있으며, 단순히 코드를 실행하는 수준을 넘어 여러 가지 관점에서 핵심적인 역할을 수행한다. 예를 들면 자바 애플리케이션의 예외 처리, 디버깅, 프로파일링profiling은 모두 스레드를 바탕으로 한다.

예외와 스레드

자바에서 모든 스레드는 각자의 고유한 호출 스택call stack을 갖는다. 이 호출 스택에는 스레드가 생성되어 소멸되기 전까지의 모든 메서드 호출 내역이 기록된다. 예외가 발생하면 개발자는 스레드 호출 스택에서 그 예외 발생 지점까지의 모든 메서드 호출 내역을 순서대로 확인하며 문제의 시발점을 파악할 수 있다. 따라서 스레드의 호출 스택이 문제 해결의 핵심적인 실마리라고 할 수 있다. 호출 스택에 대한 다음 예제를 다시 살펴보자.

깃허브 소스 c01/CallStackDemo.java

```
import java.sql.SQLException;

public class CallStackDemo {
    public static void main(String[] args) throws InterruptedException {
        Thread thread = new Thread(CallStackDemo::processOrder);
        thread.setName("mcj-thread");
        thread.start();
        thread.join();
    }

    static void processOrder() {
        validateOrderDetails();
    }

    static void validateOrderDetails() {
        checkInventory();
    }

    static void checkInventory() {
        updateDatabase();
    }

    static void updateDatabase() {
```

```java
        try {
            throw new SQLException("Database connection error");
        } catch (SQLException e) {
            throw new InventoryUpdateException("Database Error: " +
                "Unable to update inventory", e);
        }
    }
}

class InventoryUpdateException extends RuntimeException {
    public InventoryUpdateException(String message, Throwable cause) {
        super(message, cause);
    }
}
```

예외가 발생하면 이 예외는 호출 스택을 따라 거슬러 올라가며 전파된다. 처음에 메인 스레드는 mcj-thread를 생성해서 processOrder 메서드를 호출하고, processOrder 메서드는 validateOrderDetails 메서드를 호출하고, validateOrderDetails 메서드는 checkInventory 메서드를 호출하고, checkInventory 메서드는 updateDatabase 메서드를 호출한다. updateDatabase에서 예외를 던지므로 콘솔에 다음과 같은 호출 내역이 출력된다.

```
Exception in thread "mcj-thread" ca.bazlur.modern.concurrency.c01.
InventoryUpdateException: Database Error: Unable to update inventory
    at ca.bazlur.modern.concurrency.c01.CallStackDemo.updateDatabase(CallStackDemo.
java:31)
    at ca.bazlur.modern.concurrency.c01.CallStackDemo.checkInventory(CallStackDemo.
java:24)
    at ca.bazlur.modern.concurrency.c01.CallStackDemo.validateOrderDetails(
CallStackDemo.java:20)
    at ca.bazlur.modern.concurrency.c01.CallStackDemo.processOrder(CallStackDemo.
java:16)
    at java.base/java.lang.Thread.run(Thread.java:1474)
Caused by: java.sql.SQLException: Database connection error
    at ca.bazlur.modern.concurrency.c01.CallStackDemo.updateDatabase(CallStackDemo.
java:29)
    ... 4 more
```

개발자는 이렇게 출력된 스택 트레이스를 확인하면서 예외가 발생한 mcj-thread 스레드 컨텍스트에 담겨 있는 호출 스택을 조사할 수 있다. 이렇게 구체적인 정보는 JVM 애플리케이션에서 매우 유용하며, 특히 여러 스레드가 동일 작업 또는 다른 작업을 동시에 실행하는 멀티스레드 애플리케이션을 디버깅할 때 큰 도움이 된다.

디버거와 스레드

자바 디버거는 실행 중인 애플리케이션에서 멈춰야 하는 지점을 어떻게 알아내는 걸까? 이 질문에 대한 답도 결국 스레드에서 찾을 수 있다. 디버거는 자기 자신을 애플리케이션의 여러 스레드에 연결한다. 이를 통해 어떤 스레드를 조사할지 선택할 수 있고, 심지어 스레드의 상태를 변경할 수도 있다. 이처럼 디버거도 근본적으로 스레드를 활용해서 여러 스레드가 각자 다른 단계에서 동시에 실행되고 서로 상호작용할 수도 있는 애플리케이션의 버그를 찾아 수정할 수 있게 해준다.

메서드 호출 내부로 들어가는 '스텝 인투Step into', 다음 행으로 넘어가는 '스텝 오버Step over', 메서드를 호출한 곳으로 빠져나가는 '스텝 아웃Step out'은 모두 하나의 스레드 수준에서 동작하는 기능이다. 하나의 디버깅 세션에서는 활성 스레드에 대해 하나 이상의 독립된 호출 스택을 조사할 수 있다. 호출 스택은 프로그램의 특정 시점에 이르기까지 스레드에 어떤 일이 일어났는지 알려준다. 이런 정보는 예상치 못한 예외 발생이나 의도와 다르게 데이터를 잘못 수정한 문제를 해결할 때 아주 중요한 역할을 한다.

프로파일러와 스레드

스레드는 동적으로 실행되고 있는 자바 애플리케이션을 이해하는 데도 필수적이다. 디버깅에서 문제 지점을 정확히 짚어내는 데 스레드가 도움이 되는 것처럼, 프로파일링 실무에서도 세부적인 관점에서 애플리케이션을 진단하는 데에도 스레드의 쓸모가 빛을 발한다. 실제로 스레드는 자바 성능 진단의 중추 역할을 한다. 프로파일링 도구는 애플리케이션이 어떻게 동작하고 있는지 자세하게 보여주기 위해 스레드에 의존한다. 프로파일링 도구는 스레드 정보를 사용해서 개발자가 성능 저하 지점을 정확히 짚어낼 수 있게 해주고, 멀티스레드 코드에서 발생하는 미묘한 타이밍 문제를 찾아 해결할 수 있게 해주며, 애플리케이션 성능 개선 방법을 찾을 수 있도록 도와준다. 한마디로 스레드는 자바 멀티스레드 애플리케이션을 이해하고 성능을 개선하는 데 꼭 필요한 열쇠다.

자바 스레드는 개별적인 스레드 수준에서의 프로그램 실행에 대해 자세한 통찰을 제공하면서 진단, 디버깅, 프로파일링 같은 다양한 실무 작업에서 아주 중요한 역할을 담당한다. 개발자가 스레드를 직접 다루지 않는 상황에서도 스레드는 여전히 보이지 않는 곳에서 작동하면서 자바 애플리케이션의 여러 가지 장점을 누릴 수 있게 해준다. 대표적인 사례로 메모리 관리를 담당하는 가비지 컬렉션 스레드, 성능 향상을 위한 JIT^just-in-time^ 시스템의 컴파일러 스레드가 있고, JVM의 부드러운 실행을 돕는 시그널 디스패처^signal dispatcher^ 스레드, 소멸자^finalizer^ 스레드, 참조 핸들러^reference handler^ 스레드가 있다. JVM 태스크와 진단을 담당하는 가상 머신 및 서비스 스레드도 빼놓을 수 없다. 그래서 스레드는 자바 플랫폼에서 가장 필수 불가결한 계층 중 하나라고 할 수 있으며, 자바 개발자는 스레드를 반드시 이해해야 한다.

자바 1.0 스레드의 기원

자바 1.0은 스레드 지원 기능을 내장하고 1996년에 출시됐다. 이는 그 시절 다른 언어와는 사뭇 다른 모습이었다. 처음에는 다음과 같이 `Thread` 클래스를 상속받거나 `Runnable` 인터페이스를 구현해서 스레드를 생성할 수 있었다.

깃허브 소스 c01/ThreadCreationDemo.java

```
public class ThreadCreationDemo {

    public static void main(String[] args) {
        // Thread 클래스 상속
        Thread t1 = new ThreadByExtension("Worker-1");  ❶
        t1.start();

        // Runnable 인터페이스 구현
        Thread t2 = new Thread(
            new RunnableImplementation(), "Worker-2");  ❷
        t2.start();

        // 익명 내부 클래스(자바 1.1)
        Thread t3 = new Thread(new Runnable() {  ❸
            @Override
            public void run() {
```

```
                System.out.println("Anonymous: " +
                    Thread.currentThread().getName());
            }
        }, "Worker-3");
        t3.start();

        // 람다식(자바 8)
        Thread t4 = new Thread(() ->  ❹
            System.out.println("Lambda: " +
                Thread.currentThread().getName()),
            "Worker-4");
        t4.start();
    }
}

class ThreadByExtension extends Thread {

    public ThreadByExtension(String name) {
        super(name);
    }

    @Override
    public void run() {
        System.out.println("Extended Thread: " + getName());
    }
}

class RunnableImplementation implements Runnable {

    @Override
    public void run() {
        System.out.println("Runnable: " +
            Thread.currentThread().getName());
    }
}
```

핵심적인 설계 고려사항은 다음과 같다.

❶ Thread 클래스를 상속받는 방식은 스레드 메서드에 대한 직접 접근을 제공하지만, 한 번밖에 할 수 없는 상속을 단지 스레드를 사용하는 데 소모한다는 단점이 있다.

❷ Runnable 인터페이스 구현은 태스크가 할 일을 정의하는 것과 스레드 관리를 분리하고, 상속을 소모하지 않는다는 점에서 Thread 클래스 상속 방식보다 낫다.

❸ 자바 1.1에서 도입된 익명 내부 클래스를 사용하면 ❷번 방식을 조금 더 간결하게 작성할 수 있다.

❹ 자바 8에서 도입된 람다식을 사용하면 함수형 인터페이스인 Runnable을 더욱 간단하게 구현할 수 있다.

스레드를 사용하는 기본적인 틀은 거의 30년간 바뀌지 않았으며, 이는 스레드 관련 API가 대단히 견고하게 설계됐음을 보여준다. java.util.concurrent 패키지에서 가상 스레드에 이르기까지 자바가 수없이 다양한 동시성 개선 기능을 추가하면서도 자바 스레딩 모델의 기본적인 구성요소는 그대로 유지되고 있다.

스레드 시작하기

어떤 방식으로 스레드를 생성하더라도 Thread 객체의 start 메서드가 호출될 때 스레드 실행이 시작된다. start 메서드는 단순히 Runnable 인터페이스의 run 메서드를 호출하는 것뿐만 아니라 시스템 자원 할당 같은 준비 작업도 수행하기 때문에 start 메서드 호출은 반드시 필요하다. start 메서드는 준비 작업 완료 후에 새로운 스레드에서 run 메서드를 호출한다.

run 메서드를 개발자가 직접 호출하지 않는 것이 아주 중요하다. run 메서드를 직접 호출하면 새로운 스레드에서 run 메서드를 호출하는 게 아니라, 새 스레드를 생성하는 기존 스레드에서 run 메서드를 호출하게 된다.

하지만 최신 자바 애플리케이션에서는 Thread 클래스의 생성자를 통해 스레드를 생성하는 것보다 이그제큐터 프레임워크를 사용하는 것이 훨씬 효율적이다. 이그제큐터는 작업 실행에 사용할 스레드를 미리 만들어 사용하는 스레드 풀thread pool을 활용해서 스레드 관리 작업을 추상화한다. 스레드 풀을 사용하면 새 스레드 생성에 필요한 오버헤드를 획기적으로 줄일 수 있다.

태스크task가 이그제큐터에게 제출되면 큐에 저장되고 스레드 풀에 있는 스레드 중 하나가 큐에 저장된 태스크를 수행한다. 이 방식으로 동시성 프로그래밍을 단순화할 수 있고 스레드 재사용을 통해 자원 사용량도 최적화할 수 있다.

스레드 풀을 관리하는 이그제큐터 사용 예제는 다음과 같다.

깃허브 소스 c01/ExecutorExample.java

```
import java.util.concurrent.ExecutorService;
import java.util.concurrent.Executors;

public class ExecutorExample {
    public static void main(String[] args) {
        try (ExecutorService executor = Executors.newFixedThreadPool(5)) {
            for (int i = 0; i < 10; i++) {
                final int taskId = i;
                executor.submit(() -> {
                    System.out.println("Executing task " + taskId
                        + " in thread " + Thread.currentThread().getName());
                });
            }
        }
    }
}
```

스레드에 숨어 있는 비용

오늘날 대부분의 웹 애플리케이션은 1개의 요청에 1개의 스레드를 할당하는 요청당 스레드thread-per-request 모델을 사용한다. 그래서 요청당 하나의 스레드가 서버의 처리를 거친 후 응답에 이르기까지 전체 생애주기를 관리한다. 예를 들어 아파치 톰캣Apache Tomcat이나 제티Jetty, 또는 다른 자바 EE 웹 서버 같은 서블릿 컨테이너에서 실행되는 웹 애플리케이션에 들어온 요청의 생애주기를 생각해 보자. **서블릿 컨테이너**servlet container는 웹 애플리케이션에 들어오는 요청을 처리하는 소프트웨어다. 요청이 서블릿 컨테이너에 들어오면 컨테이너는 요청을 스레드 풀에 있는 하나의 스레드에 할당한다. 요청을 할당받은 스레드는 "이 사용자의 요청은 내가 처리할게. 나한테 맡겨."라고 얘기하고 그림 1-2와 같이 요청에서 응답까지 전체 생애주기 처리를 책임진다.

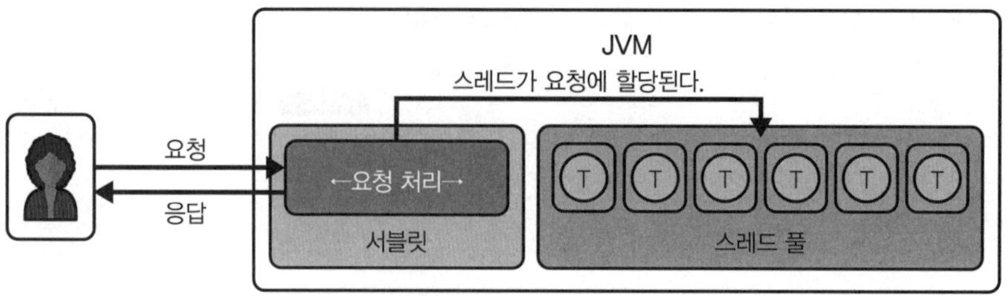

그림 1-2 서블릿 요청 처리와 스레드 풀

이런 방식은 특히 대규모의 동시 연결이 발생하는 상황에서 처리량을 높일 수 있다는 장점이 있다. 실제로 바로 이 점이 요청당 스레드 모델의 핵심 특징이며, 증가하는 요청을 최신 웹 애플리케이션이 효율적으로 처리할 수 있는 비결이기도 하다.

놀랍게도 최신 운영체제는 수백만 개의 동시 연결을 지원할 수 있다. 따라서 운영체제에서 지원하는 동시 연결 개수보다 더 많은 스레드를 생성하면 처리량을 더 높일 수 있다는 생각도 합리적으로 보인다. 리틀의 법칙Little's law[3]에 따르면 스레드 풀에 더 많은 스레드를 생성해서 사용하면 처리량이 높아질 수 있다. 따라서 더 많은 스레드를 사용하면 처리량을 높일 수 있다는 가정도 설득력 있어 보이지만 실제로는 항상 예상과 같은 결과가 나오지는 않는다.

웹 애플리케이션에서의 **처리량**(throughput)은 서버가 요청을 받고 처리한 후 응답을 반환하는 속도를 의미하며, 일반적으로 초당 처리 요청 수(requests per second, RPS) 또는 초당 트랜잭션 수(transaction per second, TPS)로 측정한다. 처리량은 말 그대로 애플리케이션의 요청 처리 능력을 나타내며 성능, 확장성, 자원 효율성을 판별하는 데 있어 결정적인 역할을 담당하는 지표다. 처리량을 계산하는 식은 다음과 같다.

$$처리량 = \frac{처리된\ 전체\ 요청\ 개수}{전체\ 시간}$$

처리량은 성능, 확장성, 수요 계획에 대한 벤치마킹에 활용되며, 사용자가 불편을 느끼지 않는 수준의 서비스 제공에 필요한 적정 자원 규모를 산정하는 기준이 된다.

3 리틀의 법칙은 멀티스레드 애플리케이션을 포함한 큐잉(queuing) 시스템에 적용되는 핵심 원칙으로 컴퓨팅 성능에 결정적 역할을 하는 응답 속도, 동시성, 처리량 사이의 관계를 설명한다. 2장에서 더 높은 동시성 처리 능력이 더 높은 처리량을 끌어낼 수 있다는 점을 다루면서 리틀의 법칙을 자세히 다룰 예정이다.

주의해야 할 점은 스레드가 힙heap 외부에서도 약 2메비바이트MiB[4]에 달하는 메모리 공간을 사용한다는 사실이다. 스레드 하나만 생각하면 별문제 없어 보이지만, 수천 개의 동시 요청이 발생하는 대규모 애플리케이션에서는 메모리 사용량이 급격히 늘어날 수 있다. 스레드가 사용할 수 있는 전체 메모리 사용량에 따라 실제 사용 가능한 동시 연결 개수는 크게 달라질 수 있다. 한 걸음 더 나아가 애플리케이션이 물리 메모리 전부를 다 사용한다고 가정해 보자. 이 경우 메모리가 부족해서 디스크 I/O를 유발하는 페이징이 발생하며 이는 처리 속도를 급격히 떨어뜨린다. 읽기 속도는 디스크가 RAM에 비해 1,000배나 느리며 이것만으로도 애플리케이션 성능에 심대한 영향을 끼친다.

또한 자바 스레드는 운영체제가 제공하는 네이티브 스레드를 얇게 감싼 스레드라는 사실도 반드시 이해해야 한다. 이는 애플리케이션에서 생성할 수 있는 최대 스레드 개수는 운영체제의 네이티브 스레드 최대 개수에 의해 제한된다는 뜻이기도 하다. 대부분의 운영체제는 생성할 수 있는 스레드의 최대 한도가 정해져 있다. 따라서 애플리케이션의 잠재적 확장성도 운영체제의 스레드 최대 한도에 따라 제한된다.

메모리 사용량이나 스레드 개수 제한 외에 컨텍스트 전환 비용도 있다. 스레드 생성은 단순히 메모리 일부를 점유하는 것에 그치지 않으며 CPU에도 부하를 유발한다. 스레드 사이의 전환이란 결국 컨텍스트 전환을 의미한다. 스레드를 전환할 때는 기존 스레드의 컨텍스트를 어딘가 저장해 둬야 하고, 새 스레드의 컨텍스트를 불러와야 한다. 이런 컨텍스트 전환은 CPU 사이클을 소모하며, 높은 부하를 견디고 있는 시스템에서 이런 CPU 사이클 소모에 따른 성능 차이는 상당히 크게 발생할 수 있다. 이 사실은 실제보다 과소평가되는 경향이 있다.

생성 가능한 스레드 개수

스레드와 관련된 비용에 대한 얘기를 나눴으니, 이제 주어진 환경에서 생성할 수 있는 스레드의 최대 개수를 산정해 보자. 간단한 테스트 프로그램 하나만 있으면 현재 시스템에서 생성할 수 있는 스레드의 최대 개수를 알아낼 수 있고, 이를 통해 사전에 문제 발생을 예방할 수 있다. 먼저 다음과 같은 코드로 시작해 보자.

4 운영체제 대부분의 스레드 기본 크기로, 운영체제 종류나 설정에 따라 달라질 수 있다.

깃허브 소스 c01/ThreadLimitTest.java

```
import java.util.concurrent.atomic.AtomicInteger;
import java.util.concurrent.locks.LockSupport;

public class ThreadLimitTest {
    public static void main(String[] args) {
        var threadCount = new AtomicInteger(0);
        try {
            while (true) {
                var thread = new Thread(() -> {
                    threadCount.incrementAndGet();
                    LockSupport.park();
                });
                thread.start();
            }
        } catch (OutOfMemoryError error) {
            System.out.println("Reached thread limit: " + threadCount);
            error.printStackTrace();
        }
    }
}
```

이제 프로그램을 실행해 보면 메모리 고갈이나 시스템 한계에 도달하기 전에 몇 개의 스레드가 생성됐는지 확인할 수 있다.

```
Reached thread limit: 16363
java.lang.OutOfMemoryError: unable to create native thread: possibly out of memory
or process/resource limits reached
    at java.base/java.lang.Thread.start0(Native Method)
    at java.base/java.lang.Thread.start(Thread.java:1526)
    at ca.bazlur.chapter0.ThreadLimitTest.main(ThreadLimitTest.java:15)
```

출력 결과를 보면 스레드 16,363개를 생성한 후에 `OutOfMemoryError`(https://oreil.ly/vD03r)가 발생했다. 이 실험은 주로 운영체제와 하드웨어의 제약에 의해, 시스템에서 생성할 수 있는 스레드의 개수에 유한한 한계가 있다는 사실을 명백히 보여준다. 그 개수는 이 프로그램을 실행하는 환경마다 다를 수 있다.

지금까지 살펴본 것처럼 스레드가 웹 애플리케이션의 확장성에 상당한 도움이 된다는 것은 명백하지만, 그에 따르는 비용도 만만치 않음을 알 수 있다. 이러한 비용은 때로는 잘 드러나지 않기 때문에 최적의 성능을 보장하려면 더 주의 깊게 고려해야 한다.

고확장성 애플리케이션의 자원 효율성

오늘날 소프트웨어 애플리케이션은 때로 대용량 데이터를 처리할 수 있어야 하고 동시에 대규모의 트래픽을 감당할 수 있어야 한다. 이런 역학 관계는 특히 요즘처럼 많은 비즈니스 분야에서 클라우드 환경이 기본 선택이 된 상황에서 더 중요한 문제로 대두된다. 아주 미미한 수준의 자원 비효율성조차도 비용 증가로 이어질 수 있다. 사용할 수 있는 스레드의 개수는 유한하므로 더 주의 깊게 효율적으로 사용하는 것이 무엇보다 중요하다. 그런데 스레드는 실제로는 실행이 막힐 수 있으므로 효율적으로 이용되지 못할 때도 많다.

여러 데이터를 이용해서 어떤 사람의 신용 점수를 계산하는 다음 예제를 살펴보자.

깃허브 소스 c01/CreditCalculatorService.java

```
public Credit calculateCredit(Long personId) {
    var person = getPerson(personId);           // 데이터베이스 호출 후 응답이 올 때까지 스레드 실행이 막힘
    var assets = getAssets(person);             // API를 호출 후 응답이 올 때까지 스레드 실행이 막힘
    var liabilities = getLiabilities(person); // 데이터베이스 호출 후 응답이 올 때까지 스레드 실행이 막힘
    importantWork();                            // CPU가 많이 사용되는 작업 수행
    return calculateCredits(assets, liabilities);
}
```

예제에서는 순서대로 5개의 메서드가 호출되는데 각 메서드는 이전 메서드 호출이 완료된 후에 호출된다. 개별 메서드의 호출부터 응답을 받기까지 200밀리초가 걸린다고 가정하면 5개의 메서드를 호출하는 `calculateCredit()` 메서드는 1초가 필요하다.

여기에서 발생하는 진정한 비효율은 스레드가 일을 하지 않고 놀고 있다는 사실 그 자체라기보다는, 입출력input/output(I/O) 작업을 수행하는 동안 실행이 막혀서 일을 하고 싶어도 할 수 없다는 데 있다. 스레드가 `getPerson(personId)`를 실행하면 데이터베이스를 호출하고 네트워크를 통해 응답을 받기까지 기다려야 한다. 이 기다리는 시간 동안 스레드는 다른 요

청 처리나 다른 작업 수행에 할당될 수 없다. 이런 현상은 getAssets(), getLiabilities() 실행 시에도 동일하게 발생한다. 네트워크 응답을 기다리는 것조차도 노는 것이 아니고 일을 하고 있는 것이라고 할 수도 있겠지만, 입출력 작업 때문에 막혀서 대부분의 시간 동안 생산적인 작업을 하지 못하고 단순히 기다린다는 점은 확실히 비효율적이다.

이렇게 스레드의 실행을 막는 블로킹blocking은 심각한 비효율을 야기한다. 앞서 살펴본 것처럼 적지 않은 비용을 수반하는 스레드는 사용자 요청 처리와 같은 의미 있는 곳에 사용해야 하는데, 외부 시스템으로부터의 응답을 단순히 기다리는 데 허비하는 것은 아깝다. 높은 처리량을 요구하는 시스템에서는 모든 스레드를 사용자의 요청을 처리하는 데 써도 모자랄 판인데, 이처럼 단순히 기다리는 곳에 스레드를 낭비하면 시스템의 확장성은 심각하게 제한된다.

스레드 효율을 높이기 위한 수많은 노력들, 특히 I/O 응답 대기에 허비되는 시간을 최소화하려는 노력이 오랜 시간에 걸쳐 자바의 진화를 이끌어왔다. 입출력 작업 진행 시간 동안 독립적으로 다른 작업을 할 수 있게 해주는 비동기 메서드 호출, 스레드 재사용을 통해 스레드 생성 시간을 줄여주는 스레드 풀링, 논블로킹non-blocking, 이벤트 기반 상호작용을 강조하는 최근의 리액티브reactive 프로그래밍에 이르기까지 다양한 패러다임을 적용해 왔다.

이제 수동으로 직접 개별 스레드를 생성하고 관리하는 전통적인 스레드 사용 방법부터 시작해서 최근에 도입된 기능까지 차례차례 살펴보자.

병렬 실행 전략

앞의 예제를 보면 getAssets(), getLiabilities(), importantWork() 같은 메서드 호출이 서로 의존 관계가 없음을 알 수 있다. 따라서 이 메서드들은 순서대로 실행할 필요 없이 병렬로 실행해도 전체 결과에는 영향을 미치지 않는다. 이렇게 병렬로 실행해도 블로킹을 완전히 배제할 수는 없지만 메인 스레드가 블로킹되는 전체 시간은 줄일 수 있다.

결과적으로 calculateCredit() 메서드 실행 시간을 단축하므로 그만큼 다른 작업을 할 수 있는 시간을 더 확보할 수 있다.

이제 신용 점수 계산에 필요한 기본적인 데이터 구조를 정의해 보자.

깃허브 소스 c01/model/Credit.java, c01/model/Person.java, c01/model/Asset.java, c01/model/Liability.java

```
// 신용 점수 계산 모델
record Credit(double score) {}
record Person(Long id, String name) {}
record Asset(String type, double value) {}
record Liability(String type, double amount) {}
```

병렬 실행 전략은 다음과 같이 구현할 수 있다.

깃허브 소스 c01/CreditCalculatorService.java

```
import java.util.List;
import java.util.concurrent.Callable;
import java.util.concurrent.atomic.AtomicReference;

public Credit calculateCreditWithUnboundedThreads(Long personId)
                                    throws InterruptedException {
    var person = getPerson(personId);

    var assetsRef = new AtomicReference<List<Asset>>(); ❶
    var t1 = new Thread(() -> {
        var assets = getAssets(person);
        assetsRef.set(assets); ❷
    });

    var liabilitiesRef = new AtomicReference<List<Liability>>();
    Thread t2 = new Thread(() -> {
        var liabilities = getLiabilities(person);
        liabilitiesRef.set(liabilities);
    });

    var t3 = new Thread(() -> importantWork()); ❸

    t1.start(); ❹
    t2.start();
    t3.start();

    t1.join(); ❺
    t2.join();
```

```
    var credit = calculateCredits(assetsRef.get(), liabilitiesRef.get()); ❻

    t3.join(); ❼

    return credit;
}
```

코드는 다음과 같이 실행된다.

❶ AtomicReference(https://oreil.ly/zmP1k)로 스레드 사이에서 안전하게 데이터를 공유한다.
❷ 스레드 안전성을 보장하면서 저장된 결과는 메인 스레드에서 안전하게 접근할 수 있다.
❸ 신용 점수 계산과 무관한 작업은 병렬로 실행한다.
❹ 3개의 스레드를 동시에 시작해서 전체적인 실행 시간을 줄일 수 있다.
❺ 신용 점수 계산 전에 자산 조회 결과와 부채 조회 결과를 기다린다.
❻ 병렬로 실행된 자산 조회 결과와 부채 조회 결과를 사용해서 신용 점수를 계산한다.
❼ 신용 점수 계산과 무관한 작업을 완료하고 신용 점수 계산 결과를 반환한다.

자바 표준 동시성 패키지에서 제공하는 `AtomicReference`를 사용해서 객체 참조를 담는 데이터 구조에 스레드 안전성을 확보했다. 멀티스레드를 사용하고 있으므로 반드시 스레드 안정성이 있는 데이터 구조를 사용해야 한다.

스레드 사이에서 안전하게 객체 참조를 공유하려면 `AtomicReference`를 사용하자. 객체 참조가 아닌 기본값에 대해서는 `AtomicInteger`(https://oreil.ly/0m6-z), `AtomicLong`(https://oreil.ly/bwxw6) 같은 클래스를 사용하면 스레드 안전성을 확보할 수 있다.

신용 점수 계산 서비스를 완료하려면 개별 메서드 구현도 필요하다. 각 메서드는 실무에서 사용하는 데이터베이스 조회, API 호출을 시뮬레이션하기 위해 의도적으로 200밀리초 동안 `sleep`하는 코드를 포함하고 있다.

```
private Person getPerson(Long personId) {
    simulateDelay(200);
    return new Person(personId, "John Doe");
}

private List<Asset> getAssets(Person person) {
    simulateDelay(200);
    return List.of(
        new Asset("House", 300000),
        new Asset("Car", 25000)
    );
}

private List<Liability> getLiabilities(Person person) {
    simulateDelay(200);
    return List.of(
        new Liability("Mortgage", 200000),
        new Liability("Credit Card", 5000)
    );
}

private void importantWork() {
    simulateDelay(200);
    System.out.println("Important work completed");
}

private Credit calculateCredits(List<Asset> assets,
                                List<Liability> liabilities) {
    simulateDelay(200);
    double totalAssets = assets.stream().mapToDouble(Asset::value).sum();
    double totalLiabilities = liabilities.stream()
        .mapToDouble(Liability::amount)
        .sum();
    double creditScore = (totalAssets - totalLiabilities) / 1000;
    return new Credit(creditScore);
}

private void simulateDelay(int milliseconds) {
    try {
        Thread.sleep(milliseconds);
```

```java
    } catch (InterruptedException e) {
        Thread.currentThread().interrupt();
        throw new RuntimeException(e);
    }
}
```

InterruptedException을 올바르게 처리하기

자바에서 InterruptedException을 다룰 때는 예제 코드에 작성된 것처럼 스레드의 상태를 반드시 인터럽트된(interrupted) 상태로 유지해야 한다.

```java
catch (InterruptedException e) {
    Thread.currentThread().interrupt();
    throw new RuntimeException(e);
}
```

스레드가 Thread.interrupt()에 의해 인터럽트된 상태가 되면 내부적으로 인터럽트됐다는 플래그 값이 설정되며, 결과적으로 sleep(), wait() 또는 블로킹 I/O 작업 같은 블로킹 메서드가 InterruptedException을 던지게 만든다. 하지만 InterruptedException을 잡으면 인터럽트됐다는 플래그 값이 지워지며, 결과적으로 호출 스택의 상부로 이 예외가 전달되지 않아 문제가 될 수도 있다.

Thread.currentThread().interrupt()를 호출하면 다시 현재 스레드가 인터럽트됐다는 플래그 값이 설정되므로, Thread.interrupted() 메서드나 Thread.currentThread().isInterrupted() 메서드처럼 스레드 상태를 확인하는 코드에서 예외 발생 여부를 정확히 인지할 수 있다.

명시적인 예외 처리를 강제하는 일반 예외(checked exception)인 InterruptedException을 명시적인 예외 처리를 강제하지 않는 실행 예외(unchecked exception)인 RuntimeException으로 감싸서 던지면, 호출 스택상에서 throws InterruptedException이 선언되지 않은 메서드를 통해서도 예외가 전달될 수 있다. 이 방식은 throws 문이 지정되지 않은 인터페이스 메서드를 구현해야 할 때처럼 throws 문을 추가할 수 없는 상황에서 특히 유용하다.

비교를 위해 순차적으로 호출하는 기존 구현 내용도 주석만 붙이고 일단 남겨두자.

```java
// 순차 버전
public Credit calculateCredit(Long personId) {
    // 구현 내용 모두 주석 처리
}
```

메서드 실행 시간을 측정하면 성능 개선 효과를 분석할 때 도움이 된다. 실행 시간을 측정하고 기록하는 유틸리티 클래스 코드는 다음과 같다.

깃허브 소스 c01/ExecutionTimer.java

```
import java.util.concurrent.Callable;

public class ExecutionTimer {

    public static <T> T measure(Callable<T> task) throws Exception {
        long startTime = System.nanoTime();
        try {
            return task.call();
        } finally {
            long endTime = System.nanoTime();
            // 밀리초로 전환
            long duration = (endTime - startTime) / 1_000_000;
            System.out.println("Execution time: " + duration + " milliseconds");
        }
    }
}
```

위 클래스는 코드 실행을 이해하는 목적으로 단순하게 구현했다. JVM 워밍업, 미사용 코드 제거 (dead-code elimination) 등 다른 최적화를 포함하는 좀 더 견고한 벤치마크에는 JMH(https://oreil.ly/w6Nsy) 같은 도구를 사용하는 것이 좋다.

각 메서드 수행에 200밀리초가 소요된다고 가정하면 신용 점수 계산에 얼마나 걸리는지 예상할 수 있다.

`Thread.sleep(200)`은 DB 조회나 API 호출처럼 시간이 소요되는 과정을 시뮬레이션한 코드다. 이제 두 방식을 비교하는 코드를 작성해 보자.

깃허브 소스 c01/ParallelExecutionDemo.java

```
public class ParallelExecutionDemo {

    public static void main(String[] args) throws Exception {
        CreditCalculatorService service = new CreditCalculatorService();

        System.out.println("=== Sequential Execution ===");
        ExecutionTimer.measure(() -> service.calculateCredit(1L));
```

```
        System.out.println("\n=== Parallel Execution ===");
        ExecutionTimer.measure(() -> {
            try {
                return service.calculateCreditWithUnboundedThreads(1L);
            } catch (InterruptedException e) {
                Thread.currentThread().interrupt();
                throw new RuntimeException(e);
            }
        });
    }
}
```

실행하면 다음과 같은 결과가 출력된다.

```
=== Sequential Execution ===
Important work completed
Execution time: 1026 milliseconds
=== Parallel Execution ===
Important work completed
Execution time: 616 milliseconds
```

멀티스레드를 사용하도록 리팩토링해서 성능을 상당히 개선할 수 있었다. 병렬 실행 버전은 616밀리초가 소요되어 1,026밀리초가 소요된 순차 버전에 비해 약 1.66배 더 빨리 실행되며, 이 정도의 성능 개선이라면 사용자들도 확연히 빨라졌다고 느낄 수 있을 것이다.

병렬 버전은 스레드가 블로킹되는 시간을 줄여서 성능을 개선할 수 있지만, 특히 스레드 관리와 시스템 자원 사용과 관련하여 나름의 문제를 안고 있다. 필요할 때마다 스레드를 생성하는 방식에는 앞서 설명한 것처럼 스레드 생애주기 관리와 자원 할당 관련한 제어 메커니즘이 포함돼 있지 않다. 그래서 스레드 과다 사용으로 이어질 수 있고 이는 결국 잠재적으로 시스템 자원을 고갈시킬 수도 있다. 각 스레드는 그 자체로 메모리와 CPU를 사용하므로 가볍지만은 않은 자원이다. 따라서 스레드가 적절히 제어되지 않고 무분별하게 생성되면 `OutOfMemoryError`(https://oreil.ly/vD03r) 발생, 시스템 비정상 종료나 다른 병목 현상으로 이어질 수 있다.

이그제큐터 프레임워크 소개

스레드를 무분별하게 생성하는 위험을 피하려면 자바 동시성 프레임워크에서 제공하는 ExecutorService 같은 기능을 사용하는 것이 좋다. ExecutorService는 더 구조화된 방식으로 스레드를 사용할 수 있게 해준다.

ExecutorService는 단지 동시에 실행되는 스레드의 수를 제어하는 데 그치지 않고 스레드의 생애주기를 관리해서 스레드를 효율적으로 재사용 할 수 있게 해준다. 그래서 스레드 생애주기 관리에서 오는 작업 부담을 덜어준다.

ExecutorService를 사용해서 한 번 더 리팩토링해 보자.

깃허브 소스 c01/CreditCalculatorService.java

```
public Credit calculateCreditWithExecutor(Long personId)
    throws ExecutionException, InterruptedException {

    try (ExecutorService executor = Executors.newFixedThreadPool(5)) { ❶
        var person = getPerson(personId);

        var assetsFuture = executor.submit(() -> getAssets(person));                ┐❷
        var liabilitiesFuture = executor.submit(() -> getLiabilities(person)); ┘
        executor.submit(() -> importantWork()); ❸

        return calculateCredits(assetsFuture.get(), liabilitiesFuture.get()); ❹
    }
}
```

개선된 점은 다음과 같다.

❶ try 블록에서 빠져나갈 때 자동으로 제거되는 스레드 풀을 생성한다.
❷ 신용 점수 계산에 필수적인 데이터를 가져오는 태스크를 제출한다.
❸ 신용 점수 계산 작업의 실행 흐름을 막지 않는 작업을 제출한다.
❹ 필수 데이터를 가져오는 태스크 완료를 기다린 후 신용 점수를 계산하여 반환한다.

이제 ExecutionTimer.measure()를 사용해서 실행 시간을 측정하고 앞선 버전과 비교해 보자.

깃허브 소스 c01/ParallelExecutionDemo.java의 main 메서드를 아래 내용으로 대체

```
public static void main(String[] args) throws Exception {
    CreditCalculatorService service = new CreditCalculatorService();

    System.out.println("\n=== Parallel Execution With Executors ===");
    ExecutionTimer.measure(() -> {
        try {
            return service.calculateCreditWithExecutor(1L);
        } catch (InterruptedException e) {
            Thread.currentThread().interrupt();
            throw new RuntimeException(e);
        }
    });
}
```

실행 결과는 다음과 같다.

```
=== Parallel Execution With Executors ===
Important work completed
Execution time: 630 milliseconds
```

흥미롭게도 실행 시간은 앞선 버전과 크게 다르지 않다. 이그제큐터는 스레드 생성 및 관리를 쉽게 해주고, 적절한 작업 부하에 대해서는 실행 속도를 높여주며, 코드를 더 쉽게 조직화하고 깔끔하게 유지할 수 있게 해주면서 자바 애플리케이션의 동시 실행 작업 관리를 편리하게 만들어준다. 이제 이그제큐터 패키지의 유명한 장애물 하나를 넘어보자.

아직 남은 과제

이그제큐터 프레임워크는 자바 애플리케이션에서 자원 관리와 비동기 실행에 있어 상당한 개선을 가져왔다. 하지만 그 활용성을 극대화하려면 제약사항도 반드시 알아야 한다.

- `Future.get()`에서 발생하는 블로킹
  `Future` 객체를 사용해서 비동기를 적용하고 있지만, `get()` 메서드가 호출되면 완료될 때까지 실행 흐름이 막힌다. 결국 블로킹이 발생하는 위치를 옮길 뿐 블로킹을 제거하지는 못한다.

■ 캐시 일관성 유지 부하와 거짓 공유 위험

스레드 풀에 제출된 태스크는 메인 스레드 말고 서로 다른 CPU 코어에서 실행되는 다른 스레드에서 실행된다. 코어마다 캐시 상태가 달라질 수 있고 그 결과 캐시 일관성 프로토콜cache coherence protocol이 코어들 사이에서 캐시 일관성을 유지하기 위해 계속해서 캐시 데이터를 무효화invalidate하고 동기화synchronize해야 하므로 오히려 성능이 저하될 잠재적 위험이 생긴다.

요즘 CPU는 데이터 접근 속도를 높이기 위해 L 캐시[5]를 갖고 있다. L 캐시는 적은 양(하드웨어 아키텍처에 따라 크기는 달라진다)의 데이터를 저장하며, CPU가 데이터를 필요로 할 때 메인 메모리가 아닌 CPU 안에 있는 캐시에서 가져올 수 있으므로 훨씬 빨리 가져올 수 있다. 이처럼 캐시에 저장되는 일정 크기의 데이터를 **캐시 라인**cache line이라고 부르며, 이 캐시 라인을 활용해서 전체적인 성능을 획기적으로 향상할 수 있다.

다수의 태스크가 동시에 실행될 때 2개의 순차적인 태스크 각각에서 사용되는 데이터가 동일한 캐시 라인에 저장될 수도 있다. 그 2개의 태스크가 동일한 CPU에서 실행된다면 앞선 태스크를 실행하면서 캐시에 저장된 데이터를 그다음 태스크에서 바로 사용할 수 있으므로 메인 메모리를 다시 찾을 필요가 없어져서 두 번째 태스크는 미미하지만 더 빨리 실행될 수 있다. 하지만 두 태스크가 서로 다른 CPU에서 실행된다면, 첫 번째 태스크를 실행하는 CPU에서 캐시 데이터 변경이 발생하는 경우 두 번째 태스크를 실행하는 CPU도 캐시 라인을 무효화하고 전체 캐시 라인을 메인 메모리나 다른 코어의 캐시에서 가져와야 한다.

거짓 공유false sharing라고 알려진 이 현상은 서로 다른 스레드가 우연히 동일한 캐시 라인에 저장된 서로 다른 변수를 수정할 때 발생한다. 캐시 라인 무효화와 동기화가 빈번히 발생하면 태스크를 CPU 사이에 고르게 배분하는 이그제큐터 프레임워크 사용 시 전반적인 성능에 악영향을 끼칠 수 있다.

■ 합성력 부족

명령형 스타일 코드 그 자체가 문제가 있는 것은 아니지만, 함수의 합성composition을 활용하여 코드를 쉽게 이해하고 유지 관리할 수 있는 함수형이나 선언형 스타일을 선호하

5 자주 사용되는 데이터에 CPU가 빠르게 접근할 수 있도록 CPU 내부에 계층별로 존재하는 L1, L2, L3 캐시

는 개발자도 많다. 이그제큐터 프레임워크는 태생적으로 명령형 스타일이라서 합성력composability이 부족한 면이 있다.

캐시 일관성 프로토콜

최근에 만들어진 CPU는 MESI 프로토콜 또는 MOESI 프로토콜과 같은 캐시 일관성 프로토콜을 사용해서 각 CPU 코어가 메모리의 상태를 일관성 있게 볼 수 있도록 보장한다. 하나의 CPU 코어가 캐시 라인에 데이터를 저장하면, 캐시 일관성 프로토콜에 의해 다른 CPU의 캐시 라인도 무효화되거나 업데이트된다. 이는 데이터의 정확성을 보장하지만 여러 CPU 코어의 캐시 라인을 동일하게 유지하기 위해 빈번하게 캐시 라인을 무효화하거나 업데이트해야 하므로 성능에 부담을 줄 수도 있다.

이런 제약사항을 고려해 보면 다시 원점으로 되돌아온 것 같은 기분이 든다. 성능을 높이기 위해 멀티스레드를 사용해서 동시성 처리 효율을 높이려 했는데 위와 같은 제약사항이 있어 성능이 향상되지 않는다면, 이젠 어떻게 해야 하나? 이 문제를 어떻게 풀 수 있을까? 이그제큐터를 어떻게 사용해야 앞으로 더 효율적이고 유지보수하기 쉬운 코드를 작성할 수 있을까?

스레드 풀의 발전

이그제큐터 프레임워크는 동시성 처리에 상당한 도움을 주었지만, 앞서 살펴본 캐시 관련 성능 저하와 복잡한 태스크 의존 관계가 발생한다는 점이 문제가 될 수 있다. 자바의 포크/조인 풀fork/join pool은 성능에 중심을 둔 설계와 특별한 알고리즘으로 이 문제를 해결했다. 포크/조인 풀이 구현된 `ExecutorService`에는 더 복잡한 스레드 풀 메커니즘이 적용됐으며, 지능적인 태스크 스케줄링을 통해 성능과 자원 효율성을 높일 수 있었다. 이 부분을 더 자세히 살펴보자.

캐시 선호도와 태스크 분배

캐시 선호도cache affinity는 CPU 캐시의 지역성locality을 적극적으로 활용해서 태스크를 완료하는 개념을 가리킨다. 태스크가 특정 CPU에서 실행되면 그 태스크와 관련된 데이터도 해당 CPU의 코어에 로딩된다. 이 태스크와 관련 있는 다른 태스크가 동일한 코어에서 실행되면, 이 다른 태스크는 캐시에 저장된 데이터를 사용해서 메모리 접근 시간을 절약할 수 있고 결과적으로 성능 개선으로 이어진다.

포크/조인 풀은 워커worker 스레드가 로컬 큐에 있는 태스크를 실행하기 때문에 캐시 선호도를 활용할 수 있으며, 여러 태스크가 동일한 공유 데이터에 자주 접근하는 상황에서 특히 효과적이다. 포크/조인 풀은 캐시 선호도를 유지하면서 성능 저하를 유발하는 캐시 미스cache miss(필요한 데이터가 캐시에 없어서 메인 메모리에서 읽어와야 하는 상황)를 최소화할 수 있다.

예를 들어, 고해상도 이미지에 대해 압축을 수행하는 워커 스레드를 떠올려보자. 이미지를 처리하기 위해 스레드는 이미지를 더 작은 영역의 타일tile들로 나누고, 각 타일에 대해 색상 분석과 데이터 인코딩 같은 일련의 태스크를 로컬 큐에 저장한다. 스레드가 특정 타일에 대한 색상 분석 태스크를 마치면, 로컬 큐에서 동일한 타일을 인코딩하는 태스크를 꺼내서 실행한다. 해당 타일의 픽셀 데이터는 방금 분석 단계에서 코어의 캐시에 로드돼 있기 때문에, 스레드는 메모리에서 데이터를 다시 가져올 필요 없이 캐시에 있는 데이터를 사용해서 즉시 인코딩을 수행할 수 있으므로 메모리 데이터 로딩에 따르는 성능 손실이 발생하지 않는다.

Work-Stealing 알고리즘

포크/조인 풀은 스레드 사이의 작업 부하를 효율적으로 분산하기 위해 동적인 Work-Stealing 알고리즘을 사용한다. 포크/조인 풀에 있는 스레드들은 하나의 공유 태스크 큐를 사용하는 대신에 각자의 전용 큐를 갖고 있다. 한 스레드가 자신에게 할당된 작업을 모두 마치면, 다른 스레드의 큐의 끝에 있는 태스크를 '훔쳐와서' 수행한다. 이런 동적인 Work-Stealing 알고리즘은 아직 태스크가 전부 완료되지 않은 상태에서 아무 일도 하지 않고 놀고 있는 스레드가 발생하지 않게 함으로써 CPU 사용률을 극대화할 수 있다. 그림 1-3은 포크/조인 풀에서 Work-Stealing 알고리즘이 작동하는 방식을 보여준다. 이처럼 동적으로 태스크를 재분배하는 방식에서는 모든 스레드가 쉬지 않고 일을 하게 되므로 낭비되는 시간을 줄이고 전반적인 CPU 사용률을 높일 수 있다.

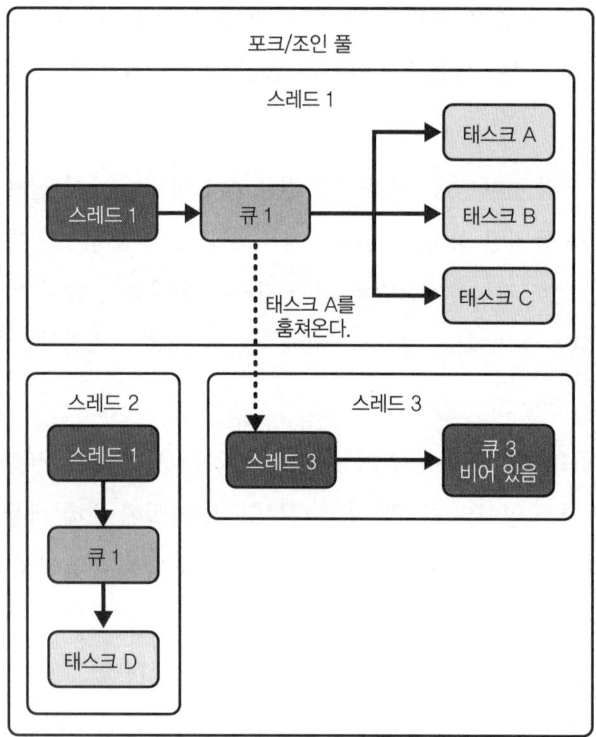

그림 1-3 포크/조인 풀의 Work-Stealing 알고리즘

포크/조인 풀 사용 예제

포크/조인 풀은 태스크 전송 과정을 단순화하고, 별도의 추가적인 조치 없이 자동으로 태스크를 효율적으로 분배한다. 포크/조인 풀을 사용하는 방법은 다음과 같다.

```
ForkJoinPool forkJoinPool = new ForkJoinPool();
forkJoinPool.submit(() -> {
    // 병렬 태스크 처리 로직
}).join();
```

복잡한 스레드 관리를 프레임워크에서 처리해 주므로, 개발자는 아주 단순한 코드 작성만으로 쉽게 태스크를 포크/조인 풀에 제출할 수 있다는 점을 확인할 수 있다.

일반적으로 포크/조인 풀은 `RecursiveAction`(https://oreil.ly/JNpA4)과 `RecursiveTask`(https://oreil.ly/4kYNM)를 사용해서 태스크를 더 작은 조각으로 분해하는 분할 후 정복 divide-and-conquer 알고리즘과 관련이 있다. 하지만 여기에서는 분할 후 정복 전략보다는 포크/조인 풀 그 자체에 중점을 두기로 한다.

포크/조인 풀은 2장에서 더 자세히 다룰 예정이다.

CompletableFuture를 활용한 작업 흐름 조합

이그제큐터 프레임워크와 포크/조인 풀을 사용해서 성능 개선 효과를 얻을 수 있지만, 복잡한 비동기 작업 흐름workflow을 조합하는 일은 여전히 까다롭다. 이 문제를 해결하기 위해 자바 8에서 `CompletableFuture`(https://oreil.ly/5VTeu)를 도입했다. 이 클래스는 조합성composability과 사용성에 초점을 맞춰 비동기 프로그래밍을 쉽게 작성할 수 있게 해준다.

앞에서 살펴봤던 예제에 나온 여러 비동기 태스크를 `CompletableFuture`를 사용해서 어떻게 조합할 수 있는지 알아보자.

조합력 있는 평문형 API

`CompletableFuture`를 사용하면 비동기 코드 작성 시 나타나는 콜백 지옥을 피해 더 선언적인 함수형 스타일로 코드를 작성할 수 있다. `CompletableFuture`에는 아주 풍부한 API가 준비돼 있으며 잘 사용하면 다수의 비동기 연산을 쉽게 연결해서 코드 가독성과 유지보수성을 개선할 수 있다. 앞선 예제를 `CompletableFuture`를 사용해서 다음과 같이 리팩토링할 수 있다.

깃허브 소스 c01/CreditCalculatorService.java

```
import java.util.concurrent.CompletableFuture;
import java.util.concurrent.ExecutionException;
import static java.util.concurrent.CompletableFuture.*;

public Credit calculateCreditWithCompletableFuture(Long personId)
        throws InterruptedException, ExecutionException {
    return runAsync(this::importantWork) ❶
            .thenCompose(aVoid -> supplyAsync(() -> getPerson(personId))) ❷
```

```
            .thenCompose(person -> supplyAsync(() -> getAssets(person))
                    .thenCombineAsync( ❸
                            supplyAsync(() -> getLiabilities(person)),
                            this::calculateCredits)) ❹
            .get(); ❺
}
```

CompletableFuture가 어떻게 동작하는지 차례차례 살펴보자.

❶ 독립적인 작업을 비동기로 시작한다.

❷ importantWork() 수행이 완료된 후에 person 데이터를 비동기로 가져온다.

❸ person 데이터를 사용해서 getAssets()와 getLiabilities()를 비동기로 병렬 실행한다.

❹ assets 데이터와 liabilities 데이터를 사용해서 신용 점수를 계산한다.

❺ 스레드 실행을 막고 신용 점수 계산 결과를 기다린 후 완료되면 반환한다.

예제를 보면 CompletableFuture를 사용해서 비동기 작업 흐름을 깔끔하고 간략한 코드로 작성할 수 있음을 알 수 있다.[6] 하지만 단점이 없는 것은 아니다.

CompletableFuture API의 장점과 단점을 알아보자.

CompletableFuture의 장점

CompletableFuture와 평문형 API를 사용하면 비동기 코드를 더 나은 방식으로 구조화할 수 있다. 뒤엉키고 중첩된 콜백이나 복잡하게 확장되는 태스크 객체의 위계 구조를 사용하는 대신에 일련의 변환transformation 및 중간 연산intermediate computation을 사용해서 작업 흐름을 정의하면 된다. 이렇게 하면 코드 가독성과 유지보수성을 높일 수 있고 비동기가 중점적으로 사용되는 애플리케이션에서 버그 발생 가능성을 줄일 수 있다.

6 ParallelExecutionDemo의 main 메서드에서 calculateCreditWithCompletableFuture()를 호출하도록 수정하면 실행해 볼 수 있다. – 옮긴이

내부적으로 CompletableFuture는 포크/조인 프레임워크 위에서 만들어졌다. 그래서 태스크를 효율적으로 분배하고 부하 상황에서 더 나은 성능을 내기 위해 최적화된 Work-Stealing 알고리즘을 활용한다. 또한 exceptionally, handle, whenComplete 같은 내장 메서드는 명시적으로 예외 처리를 할 수 있게 해준다. 특정 작업에 대해서는 커스텀 이그제큐터를 사용해서 더 섬세하게 스레드를 관리할 수 있다. 마지막으로 블로킹 방식의 get() 메서드를 사용해야 할 때도 있지만, 대부분의 경우 비동기 처리 파이프라인을 논블로킹 방식으로 구성해서 높은 응답성과 자원 효율성을 이끌어낼 수 있다.

CompletableFuture의 단점과 한계

CompletableFuture가 아주 강력한 기능을 제공하고 있지만, 명령형 프로그래밍에만 익숙한 개발자가 CompletableFuture를 잘 사용하려면 쉽지 않은 발상의 전환이 필요하다. 풍부한 API를 의미에 맞게 사용하는 법을 배우기 위해 꽤 많은 시간을 투자해야 할 수도 있다. 어떤 API를 어느 상황에서 사용하는 것이 가장 적합한지 이해해야 하고, 값 전달 기법도 알아야 한다. 이는 상당한 시간과 연습을 필요로 하며, 잘못 사용할 가능성도 높다.

예를 들어 get() 메서드는 블로킹 방식 메서드다. 사용해야만 할 때도 있지만, 신중하게 사용하지 않으면 비동기 프로그래밍의 효과를 전혀 보지 못하게 될 수도 있다. 또한 태스크 사이에 하나 이상의 의존 관계가 있어서 값의 전달이 필요하고, 예외 발생 시 복구가 필요한 상황에서도 CompletableFuture를 잘못 설계하고 사용하면 디버깅하기 매우 어려운 상황을 맞이할 수 있다. 마지막으로 CompletableFuture의 체이닝chaining 스타일이 적용된 코드를 디버깅할 때 흐름 제어도 쉽지 않다. 코드를 단계별로 실행하고, 특정 지점에 중단점breakpoint을 지정하고, 이전 단계의 상태로 되돌아가서 특정 구문의 컨텍스트를 확인하는 등, IDE를 통해 쉽게 해왔던 디버깅 작업도 CompletableFuture를 사용한 비동기 코드에서는 어려울 수 있다. 비동기 코드가 행 단위로 순서대로 실행되지 않으므로 실행 흐름이 모호하고 때로는 순서가 뒤바뀔 수도 있기 때문이다.

비동기 프로그래밍의 장점은 명확하고, CompletableFuture는 그 대안이라고 할 수 있는 리액티브 프레임워크와 마찬가지로 강력한 기능을 제공하지만, 현실적으로 정작 중요한 질문은 바로 이것이다. 개인이 아닌 조직 수준에서 비동기 프로그래밍의 복잡성을 맞이할 준비가 돼 있는가?

비동기 프로그래밍은 애플리케이션의 설계, 디버깅, 유지보수 방식에 대한 근본적인 변화를 요구한다. 비동기 프로그래밍을 통한 성능 개선 효과를 얻으려면 인지 부하, 어려운 디버깅, 아키텍처 복잡성 등 상당한 수준의 비용을 지불해야 한다. 따라서 비동기 프로그래밍을 수용하기 전에 팀이 클린 코드 원칙 준수, 복잡한 에러 처리 시나리오, 비동기 호출 체인 디버깅에 대한 경험이 있는지 고려해야 한다.

비동기 프로그래밍 도입은 단순한 기술적 선택이 아니라, 돌이키기 어려운 아키텍처 수준의 결정을 의미하며 애플리케이션 생애주기 전반에 걸쳐 영향을 미치게 된다. 따라서 팀의 역량과 애플리케이션의 현실적인 성능 요구사항을 고려해서 신중하게 결정해야 한다.

또 다른 패러다임의 비동기 프로그래밍

CompletableFuture가 강력한 도구임에 틀림없지만, 그것을 사용하기로 결정하는 것만으로는 남아 있는 어려움을 헤쳐나가거나 높은 수준의 성능을 이끌어낼 수 없다. 리액티브 프로그래밍은 데이터 스트림, 비동기 이벤트 처리, 논블로킹 연산에 초점을 맞춘 새로운 패러다임을 제시한다. 자바에서는 알엑스자바RxJava, 아카Akka, 이클립스 버트엑스Eclipse Vert.x, 스프링 웹플럭스Spring WebFlux 같은 프레임워크가 리액티브 패러다임을 구현해서 풍부한 기능을 제공한다.

예를 들어, 앞서 다뤘던 calculateCredit() 예제를 스프링 웹플럭스를 사용해서 다시 작성해보자. 먼저 pom.xml 파일에 필요한 의존 관계를 추가해야 한다.

```
<dependency>
    <groupId>org.springframework</groupId>
    <artifactId>spring-webflux</artifactId>
    <version>6.0.0</version>
</dependency>
```

리액티브 예제를 테스트하려면 메이븐 프로젝트를 생성해서 pom.xml 파일에 reactor-core 의존 관계를 추가해야 한다.

이제 다음 메서드를 CreditCalculatorService 클래스에 추가한다.[7]

```
public Mono<Credit> calculateCreditReactive(Long personId) {
    Mono<Void> importantWorkMono = Mono.fromRunnable(() -> importantWork()); ❶
    Mono<Person> personMono = Mono.fromSupplier(() -> getPerson(personId)); ❷
    Mono<List<Asset>> assetsMono = personMono
        .map(person -> getAssets(person)); ❸
    Mono<List<Liability>> liabilitiesMono = personMono
        .map(person -> getLiabilities(person)); ❹

    return importantWorkMono.then( ❺
        Mono.zip(assetsMono, liabilitiesMono) ❻
            .map(tuple -> {
                List<Asset> assets = tuple.getT1();
                List<Liability> liabilities = tuple.getT2();
                return calculateCredits(assets, liabilities); ❼
            })
    );
}
```

리액티브 흐름은 다음과 같다.

❶ importantWork()를 비동기로 실행하는 Mono 객체를 생성한다.

❷ 리액티브 스트림 안에서 person 데이터 조회 로직을 감싼다.

❸ 비동기 assets 데이터 조회 로직을 적용해서 person 스트림을 assets 스트림으로 변환한다.

---

7 calculateCreditReactive 메서드 소스 코드는 깃허브에 없으며 직접 추가해야 한다. 또한 실행해 보려면 ParallelExecutionDemo의 main 메서드를 다음과 같이 수정하고 실행해야 한다.

```
public static void main(String[] args) throws Exception {
    CreditCalculatorService service = new CreditCalculatorService();

    System.out.println("\n=== Parallel Execution With Executors ===");
    ExecutionTimer.measure(() -> {
        try {
            return service.calculateCreditReactive(1L).block();
        } catch (Exception e) {
            Thread.currentThread().interrupt();
            throw new RuntimeException(e);
        }
    });
}
```

– 옮긴이

❹ 비동기 liabilities 데이터 조회 로직을 적용해서 person 스트림을 liabilities 스트림으로 변환한다.

❺ importantWork()가 완료된 후에 신용 점수 계산 작업을 시작한다.

❻ assets 스트림과 liabilities 스트림을 하나의 스트림으로 결합한다.

❼ 결합된 스트림에서 assets 데이터와 liabilities 데이터를 획득해서 최종 신용 점수를 계산한다.

코드를 살펴보면 리액티브 스트림 용어와 연산자를 사용하고 있지만, 개념적으로는 CompletableFuture를 사용한 예제와 비슷하다는 느낌을 받는다. 하지만 리액티브 프로그래밍에 익숙하지 않다면 굉장히 혼란스러워 보이며 발행자publisher, 구독자subscriber, 배압backpressure, 리액티브 연산자 같은 새로운 개념을 이해하기 위해 굉장히 가파른 학습 곡선을 넘어야 한다.

리액티브 프로그래밍은 이 책의 목표를 넘어서므로 자세히 설명하지는 않으며 리액티브 스택을 다루는 다른 책을 참고하기 바란다.

이제 리액티브 프로그래밍에서 느껴졌던 한계를 되짚어 보고 왜 다른 패러다임을 필요로 했는지, 이 책의 주요 주제인 가상 스레드가 왜 필요해졌는지 알아보자.

리액티브 프레임워크의 단점

"세상에 공짜 점심은 없다."라는 말이 있다. 리액티브 프로그래밍도 마찬가지다. 어려운 점 몇 가지를 살펴보자.

- 가파른 학습 곡선
  명령형 프로그래밍 패러다임에 익숙한 개발자가 리액티브 프로그래밍의 근본 개념을 이해하려면 상당한 수준의 인식 전환이 필요하다. 리액티브 프레임워크의 바탕을 이루는 옵저버블Observables(https://oreil.ly/vboPE), 옵저버블 연산자(https://oreil.ly/PEMon), 스케줄러(https://oreil.ly/5vIfH), 배압(https://oreil.ly/4koKP) 같은 개념은 다른 동시성 모델에 비해 배우기 훨씬 어렵다.

- 인지 부하 증가
  리액티브 프레임워크에서 사용되는 함수형 프로그래밍 스타일은 오랫동안 명령형 프로그래밍이나 객체 지향 프로그래밍을 해온 대부분의 개발자에게는 굉장히 부담스러울 수 있다. 많이 사용되는 람다lambda뿐만 아니라 고차 함수higher-order function, 함수 합성composition, 연산자 체이닝, 변환을 처음 접해보면 코드 자체를 이해하는 것조차 어렵다. 그래서 모든 구성원이 리액티브 프로그래밍에 대해 비슷한 수준의 경험을 갖고 있지 않은 상황에서 리액티브 프로그래밍 방식을 유지하는 것은 (최소한 단기적으로는) 쉽지 않은 과제다.

■ 어려운 디버깅

전통적으로 사용해 오던 디버깅 도구나 기법도 리액티브 시스템에서는 그대로 동작하지 않는 경우가 있다. 예를 들어 체이닝된 연산자를 사용해서 비동기 작업 흐름을 구성한 상황에서 에러가 발생했을 때, 스택 트레이스에 표시되는 컨텍스트 정보만으로는 문제 원인을 파악하기 어려울 때가 많다. 그리고 스레드와 연산자 사이를 넘나드는 이벤트에서 마지막으로 발생한 이벤트가 무엇인지 알 수 없을 때도 있다. 그래서 리액티브 프레임워크에서 제공하는 전용 디버깅 도구가 필요할 수도 있다. 예를 들어, 네 곳에서 데이터를 조회하는 리액티브 파이프라인을 가정해 보자. 4개의 스트림을 변환하고 결합해야 결과를 만들어낼 수 있는데, 결합 단계에서 에러가 발생하면 스택 트레이스에는 결합 지점의 컨텍스트 정보가 표시되므로, 4개의 스트림 중에서 어떤 곳에서 에러가 발생했는지 알아내기 어렵다. 따라서 십여 개의 리액티브 파이프라인, 수십 개의 비동기 연산에서 데이터 흐름을 추적하는 일은 어렵다. 전통적인 스레딩 모델에서는 이런 일도 큰 비용 없이 비교적 직관적으로 수행할 수 있다.

■ 지나친 복잡함

리액티브 프레임워크가 제공하는 연산자를 사용한 합성은, 비록 강력하지만 주어진 비즈니스 요구사항이나 사용자 UI 요구사항에 비춰볼 때 지나치게 복잡한 코드를 만들어낸다는 단점이 있다. 비유하자면 치킨 카레는 평소에 늘 사용하던 조리 도구로 만들 수도 있지만 더 복잡한 방식으로 만드는 것도 가능하고, 때로는 그런 유혹에 빠지고 싶기도 하다. 마찬가지로 리액티브 프레임워크도 경험이 적은 개발자에게는 도메인에 걸맞지 않는 오버엔지니어링overengineering에 빠지도록 유혹의 손길을 보내기도 한다. 이런 유혹은 리액티브 프레임워크에만 있는 것은 아니고 강력한 추상화가 적용된 다른 도구나 라이브러리에도 존재하며, 적당히 멈춰야 하는 지점을 판단하지 못하는 개발자의 손에 이런 도구나 라이브러리가 쥐어지면 오버엔지니어링으로 이어지게 된다.

- **잠재적 불일치**

  리액티브 프로그래밍은 상당한 양의 비동기 연산, 이벤트 기반 데이터 흐름, 또는 고성능 데이터 스트림과 관련된 시나리오에 가장 적합하다. 비동기 작업이 많이 사용되지 않거나 데이터 흐름이 내재적으로 이벤트에 의해 좌우되지 않거나, 기초적인 동기 방식이나 요청/응답 방식만으로도 충분해서 굳이 리액티브 프레임워크를 학습해서 추상화하고 적용하는 데 드는 비용을 들일 필요가 없는 상황에서는 리액티브 시스템이나 프레임워크의 풍부한 기능이 별로 필요하지 않다.

- **벤더 종속**

  리액티브 프로그래밍의 핵심 아이디어는 당연히 특정 구현체에 종속되지 않으며 필요하다면 다른 구현체로 교체할 수 있다. 하지만 현실적으로는 각 리액티브 프레임워크가 저마다의 독특한 API도 포함하고 있다. 따라서 리액티브 프레임워크를 일단 선택하고 나면, 프레임워크에 사용되는 라이브러리를 나중에 교체하는 것은 현실적으로 어려우며, 이는 프로젝트의 전체 생애주기를 감안할 때 잠재적으로 유연성을 떨어뜨리게 된다. 결국 하나의 프레임워크에 종속lock-in되는 경향이 있으며, 이는 개발자를 채용할 때도 해당 프레임워크 사용 경험이 있는 개발자를 채용해야 하므로 제약이 될 수 있고, 해당 프레임워크의 업그레이드가 정체되거나 기술 지원이 원활하지 않으면 프로젝트 진행에 걸림돌이 될 수도 있으며, 필요시 다른 프레임워크로 마이그레이션하기도 어렵다.

이처럼 많은 단점에도 불구하고 리액티브 프로그래밍 프레임워크가 복잡한 비동기 시나리오를 굉장히 단순하게 관리할 수 있게 해준다는 장점은 분명하다. 하지만 프로젝트 상황을 고려해서 장점이 단점을 감당하고도 남을 정도인지 주의 깊게 비교 검토해야 한다.

자바 동시성의 혁명

자바의 전통적인 동시성 메커니즘은 지금까지 잘 작동해 왔다. 하지만 동시성 애플리케이션이 더 복잡해지고 더 다양한 상황을 다루게 되면서 다양한 문제에 직면해 온 것도 사실이고, 새로운 해법을 찾아 나서야 할 이유이기도 하다.

가상 스레드의 약속

전통적인 방식의 단점을 이해했으니 이제 새로운 문제 해법을 찾아야 할 때가 됐다. 바로 이 시점에서 자바의 동시성 처리 방식을 최고급 수준으로 올려놓을 수 있는 프로젝트 룸Project Loom이 시작됐다. 프로젝트 룸에서는 자바 동시성 처리에 **가상 스레드**virtual thread라 불리는 새로운 종류의 스레드를 도입하면서 새 시대의 막을 열었다. 가상 스레드는 전통적인 스레드 생성 비용과 비교하면 거의 비용이 들지 않는다고 볼 수 있을 정도로 굉장히 가벼운 스레드라서 필요할 때마다 생성해서 사용해도 성능에 영향을 미치지 않는다. 가상 스레드는 수백만 개를 생성해서 사용해도 문제가 없으며, 높은 동시성 처리 능력과 확장성이 필요한 애플리케이션에 적합한 새로운 돌파구라고 볼 수 있다.

이제 가상 스레드의 특징을 살펴보자.

기존 코드베이스와의 매끄러운 통합

프로젝트 룸의 특장점 중 하나는 기존 자바 코드를 크게 변경하지 않더라도 매끄럽게 통합해서 사용할 수 있다는 점이다. 예를 들어 이미 이그제큐터 프레임워크를 사용하고 있다면 `Executors.newVirtualThreadPerTaskExecutor()`(https://oreil.ly/K6hJ6), 이 한 줄만으로도 가상 스레드를 사용할 수 있다.

깃허브 소스 c01/CreditCalculatorService.java

```
public Credit calculateCreditWithVirtualThread(Long personId)
        throws ExecutionException, InterruptedException {

    try (var executor = Executors.newVirtualThreadPerTaskExecutor()) {  ❶
        var person = getPerson(personId);
        var assetsFuture = executor.submit(() -> getAssets(person));
        var liabilitiesFuture = executor.submit(() -> getLiabilities(person));
        executor.submit(this::importantWork);
        return calculateCredits(assetsFuture.get(), liabilitiesFuture.get());
    }
}
```

❶ executor 변수에 `Executors.newVirtualThreadPerTaskExecutor()`를 할당하면 가상 스레드의 모든 혜택을 바로 얻을 수 있다.

이렇게 간단하고 매끄러운 통합 덕분에 새로운 동시성 모델을 기존 코드에 아주 쉽게 적용할 수 있다.

가상 스레드와 플랫폼 스레드

가상 스레드는 **플랫폼 스레드**platform thread 위에서 동작한다. 플랫폼 스레드는 포크/조인 풀의 지원을 받고 있으므로, 플랫폼 스레드 위에서 동작하는 가상 스레드 역시 포크/조인 풀의 장점을 모두 활용할 수 있다. 그래서 가상 스레드와 플랫폼 스레드는 완벽하게 결합해서 최고의 자원 효율성과 확장성을 이끌어낼 수 있다.

지능적인 블로킹 연산 처리

가상 스레드의 가장 흥미로운 특징 중 하나는 지능적인 블로킹 연산 처리다. 가상 스레드는 `sleep`이나 네트워크 I/O 같은 블로킹 연산을 만나면 실행을 멈추고 제어권을 자동으로 플랫폼 스레드에게 넘겨준다. 제어권을 넘겨받은 플랫폼 스레드는 다른 가상 스레드를 실행할 수 있으므로 사용 가능한 자원을 낭비 없이 효율적으로 활용할 수 있다. 블로킹 연산이 완료되면 가상 스레드는 간단하게 블로킹 연산에 의해 멈췄던 지점에서 다시 실행을 시작할 수 있으며 체감할 수 있는 병목 현상이 발생하지 않는다.

가상 스레드의 장점

2장에서 가상 스레드의 핵심에 뛰어들기 전에 가상 스레드가 동시성 처리 방식을 어떻게 획기적으로 개선했는지 살펴보자. 주요 장점은 다음과 같다.

- 자원 효율성
  가상 스레드는 가벼워서 수백만 개를 생성해도 자원이 고갈되지 않는다. 이런 자원 효율성 덕분에 높은 동시성과 확장성을 가진 애플리케이션을 개발할 수 있다.

- 코드 단순성
  기존의 익숙한 블로킹 방식으로 코드를 작성하더라도 성능 손실이 발생하지 않으므로, 개발자는 더 직관적인 기존의 명령형 코드 스타일을 유지할 수 있다. 추가적인 학습 곡선을 넘을 필요가 없으며 코드도 쉽게 유지 관리할 수 있다.

- 최적 활용

  가상 스레드는 블로킹 연산 수행 중에는 제어권을 플랫폼 스레드에 넘겨준다. 이를 통해 플랫폼 스레드는 불필요하게 쉬지 않고 계속 CPU를 사용할 수 있게 되며 결과적으로 애플리케이션 성능도 높아진다.

자바에서 동시성을 사용하는 개발자의 가장 큰 고민거리 중 하나는 동시성을 올바르게 사용하기 위해 관련 전문지식을 반드시 학습해야 한다는 점이다. 프로젝트 룸은 자바 개발자들이 동시성을 사용하는 데 있어 획기적인 진전을 가져왔다. 덕분에 개발자는 기존에 이미 익숙한 패턴을 사용하더라도 높은 동시성과 확장성을 가진 애플리케이션을 작성할 수 있다.

정리

2장에서 혁신적인 가상 스레드에 대한 이야기를 계속 이어나갈 예정이다.

가상 스레드 개념을 더 깊이 파고들면서, 이 개념이 동시성 애플리케이션 설계 방식을 어떻게 변화시킬 수 있는지 생각해 보자. 가상 스레드는 단지 동시성을 다루는 하나의 방식일 뿐만 아니라, 더 효율적이고 확장성 있고 직관적인 방식으로 최신 컴퓨팅 요구사항을 충족시켜 주는 새로운 패러다임이라고 할 수 있다.

2장

쉼 없이 CPU를 활용하는 가볍고 부지런한 가상 스레드

> 신뢰성을 확보하려면 극도의 단순함을 택해야 한다. 가진 자들이 가장 선택하기 어려운 것이 바로 극도의 단순함이다.
>
> – 토니 호어Tony Hoare

가상 스레드는 자바 동시성 도구에 추가된 획기적인 기능이며, 개발자가 동시성 프로그램을 작성하는 방식을 근본적으로 바꾸고 있다. 덕분에 스레드를 굉장히 큰 규모의 동시성을 다루는 데 필수적인 기본 단위로 사용하는 것이 현실적으로 가능해졌다. 2장의 나머지에서 계속 이야기하겠지만, 가상 스레드는 우리가 오랫동안 사용해 온 플랫폼 스레드와는 사뭇 다르다. 특히 플랫폼 스레드가 운영체제나 POSIX 같은 스레드 라이브러리에 의해 관리되는 반면에, 가상 스레드는 자바 가상 머신Java Virtual Machine(JVM) 그 자체에 의해 관리된다. 운영체제가 관리하는 스레드에서 JVM이 관리하는 스레드로의 전환은 단순히 구현 세부 내용만 달라진 것이 아니다. 애플리케이션의 메모리 고갈이나 성능 저하 없이 수백만 개의 스레드를 생성해서 사용하는 방식은 전통적인 플랫폼 스레드에서는 아예 불가능했지만 가상 스레드를 사용하면 가능하며, 덕분에 훨씬 더 편리하게 동시성 프로그램을 작성할 수 있게 됐다. 2장에서는 가상 스레드의 아키텍처를 검토하고, 플랫폼 스레드와의 차이점을 논의하고, 현대 자바 애플리케이션을 위해 가상 스레드가 탄생하게 된 배경을 살펴보고, 가상 스레드가 동시성 프로그래밍을 어떻게 단순화하면서 전례 없는 확장성을 제공하는지 깊이 있게 탐구해 본다.

가상 스레드란

가상 스레드는 JVM에 의해 관리되기 때문에 스케줄링 및 관리를 운영체제에 의존하던 전통적인 플랫폼 스레드보다 훨씬 더 효율적으로 동작한다. 가상 스레드는 캐리어 스레드carrier thread 위에서 실행되는데, 캐리어 스레드는 본질적으로 포크/조인 풀에서 가져온 스레드다. 이런 설계 덕분에 가상 스레드는 고급 스레드 풀링 메커니즘과 효율적인 Work-Stealing 알고리즘의 장점을 그대로 물려받았다.

JVM 내부에 구현된 가상 스레드 스케줄러가 Work-Stealing 방식의 `ForkJoinPool`을 기반으로 하지만, 선입선출First-In, First-Out(FIFO) 모드로 동작한다는 점이 중요하다. 이 `ForkJoinPool`은 가상 스레드 스케줄링의 토대가 되며, 후입선출Last-In, First-Out(LIFO) 모드로 동작하는 병렬 스트림과 같은 다른 목적의 공용 풀과는 다르다.[1]

가상 스레드 스케줄러의 병렬성은 가상 스레드 스케줄링에 사용할 수 있는 플랫폼 스레드의 수를 의미하며 설정 가능한 파라미터다. 기본값은 시스템에서 사용 가능한 프로세서의 수로 설정되며, 이를 통해 하드웨어 자원을 최적으로 활용할 수 있다. 하지만 개발자는 시스템 프로퍼티인 `jdk.virtualThreadScheduler.parallelism`을 사용해서 특정 애플리케이션 요구사항 및 작업 부하 특성에 맞도록 세밀하게 설정할 수 있다.

자바에서는 애플리케이션 시작 시 다음과 같이 `-D` 옵션으로 시스템 프로퍼티를 지정할 수 있다.

```
java -Djdk.virtualThreadScheduler.parallelism=4 -jar yourApp.jar
```

`jdk.virtualThreadScheduler.parallelism` 시스템 프로퍼티 값을 4로 지정했고, *`yourApp.jar`* 대신에 실제 애플리케이션 jar 파일로 변경하면 된다.

또는 `System.setProperty(key, value)` 메서드(https://oreil.ly/-goJu)를 사용하면 코드에서도 시스템 프로퍼티를 지정할 수 있다.

---

1 일반적인 `ForkJoinPool`은 태스크가 서브태스크로 포크(fork)될 때 워커 스레드의 로컬 데크(double-ended queue, deque)의 맨 위에 넣고 꺼낼 때도 맨 위에서 꺼내는 LIFO 방식을 사용하고, 다른 워커 스레드의 태스크를 훔쳐와서 실행할 때는 다른 워커 스레드의 로컬 데크의 맨 아래에서 가져오는 FIFO 방식을 사용한다. 하지만 가상 스레드의 스케줄러는 `ForkJoinPool`이면서도 생성될 때 `asyncMode` 인자의 값이 `true`로 지정되기 때문에, 일반적인 `ForkJoinPool`과 다르게 포크된 태스크에 대해서도 FIFO 방식을 사용한다. https://bit.ly/4ayEBY5 참고 – 옮긴이

```
System.setProperty("jdk.virtualThreadScheduler.parallelism", "4");
```

시스템 프로퍼티는 코드에서 실제로 처음 읽어서 사용하기 전에 지정돼 있어야 한다는 점을 잊지 말아야 한다. 그래서 `main` 메서드의 시작 부분이나 스프링Spring/자카르타 EEJakarta EE/쿼커스Quarkus 애플리케이션 컨텍스트가 시작되기 전에 시스템 프로퍼티를 먼저 지정해야 한다.

자바의 두 가지 스레드 유형

가상 스레드가 도입되면서 자바에는 플랫폼 스레드와 가상 스레드, 이렇게 두 가지 종류의 스레드가 존재한다(그림 2-1).

- 플랫폼 스레드

  플랫폼 스레드는 자바가 처음 만들어졌을 때부터 존재하던 네이티브 스레드이며, 이 때문에 가끔 **전통적인 스레드**traditional thread 또는 **고전적인 스레드**classical thread라고 부르기도 한다. 다른 맥락에서는 **네이티브 스레드**native thread 또는 **운영체제 스레드**OS thread라고 부르기도 하지만, JDK에서의 공식적인 이름은 **플랫폼 스레드**다. 플랫폼 스레드는 운영체제에 의해 실행되는 무거운 스레드이며 스케줄링과 관리를 운영체제에 의존하고, 자바 스레드와 커널 스레드 사이에 일대일 관계를 유지한다. 또한 운영체제의 스케줄링과 컨텍스트 전환 메커니즘을 활용한다. 플랫폼 스레드는 자바 언어의 첫 시작부터 동시성 프로그래밍 모델의 근간이 되어왔다.

- 가상 스레드

  사용자 모드 스레드user-mode thread 또는 **경량 스레드**lightweight thread라고 부르기도 하는 가상 스레드는 JDK 21부터 새로 도입된 자바의 동시성 모델이다. 플랫폼 스레드와는 다르게 전적으로 JVM에 의해 관리되며, 수백만 개의 스레드를 생성하더라도 시스템 자원이 고갈되지 않는다. 가상 스레드는 직접적으로 커널 스레드와 매핑되지 않고 다수의 가상 스레드가 적은 수의 캐리어 스레드(플랫폼 스레드를 의미) 풀을 공유한다. 덕분에 JVM이 상대적으로 적은 운영체제 자원으로도 많은 수의 가상 스레드를 효율적으로 다중화multiplex할 수 있다.

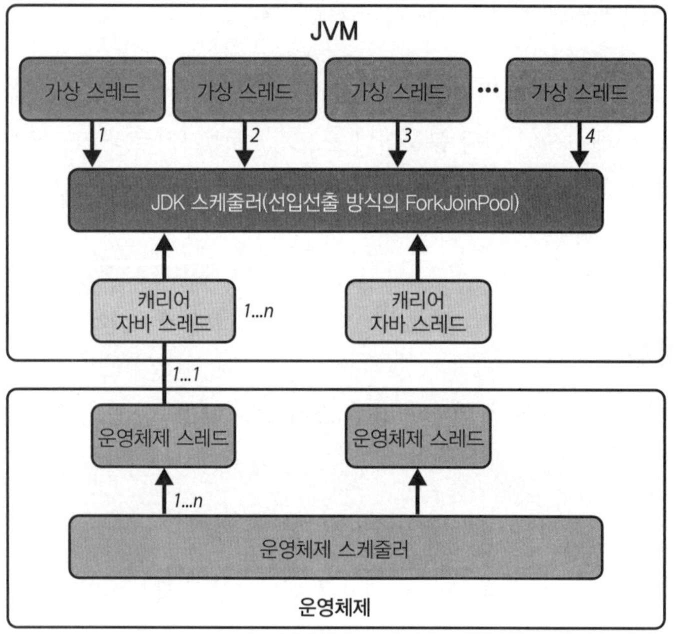

그림 2-1 가상 스레드와 캐리어 스레드의 스케줄링

플랫폼 스레드와의 결정적인 차이

플랫폼 스레드와 가상 스레드, 이렇게 두 종류의 스레드가 있다는 사실을 알게 됐으니 이제 그 둘의 결정적인 차이점을 알아보자.

- 가벼움

  가상 스레드는 플랫폼 스레드에 비해 훨씬 적은 양의 메모리를 사용하고 시스템 자원을 더 적게 소모한다. 그래서 수백만 개의 가상 스레드를 생성하더라도 시스템 자원이 고갈되지 않는다.

- 스케줄링

  가상 스레드는 운영체제가 아니라 JVM에 의해 스케줄링되므로 CPU 사이클을 낭비 없이 더 잘 사용할 수 있고 운영체제 스레드 스케줄링에서 발생하는 오버헤드를 피할 수 있다.

■ 블로킹 허용 능력

가상 스레드는 콘솔이나 파일, 네트워크에서 데이터를 읽을 때나 네트워크를 통해 파일에 저장하거나 또는 `sleep` 메서드 호출 같은 블로킹 연산을 수행할 때도 성능 저하가 발생하지 않는다. 가상 스레드는 블로킹 연산을 수행할 때 불필요하게 시스템 자원을 점유하지 않고 제어권을 캐리어 스레드에게 넘겨서, 다른 가상 스레드들이 계속 효율적으로 실행될 수 있기 때문이다.

■ 매끄러운 통합

가상 스레드는 기존 코드베이스를 크게 변경할 필요 없이 매끄럽게 통합되도록 설계됐다. 개발자는 작업 흐름을 조정해야 할 필요 없이 기존에 사용해 온 익숙한 코딩 패턴이나 추상화를 그대로 이어서 사용할 수 있다.

플랫폼 스레드의 한계를 완전히 고칠 수 없고, 플랫폼 스레드를 사용하는 한 확장성을 더 늘리기 위해 할 수 있는 일도 제한적이라는 점을 고려할 때, 가상 스레드는 확실히 플랫폼 스레드를 사용할 때보다 더 나은 확장성과 성능을 이끌어낼 수 있는 새롭고 개선된 동시성 모델이라고 할 수 있다. 이 새로운 동시성 모델은 자바 개발자들이 동시성 프로그래밍에 대해 생각하는 방식을 변화시킬 수 있고, 변화시킬 것이라고 믿는다. 2장 및 이어지는 내용에서 가상 스레드가 어떻게 작동하는지 자세히 살펴보고, 실제 프로젝트에서 사용하는 방법을 알아볼 것이다. 또한 앞으로 다룰 예제 프로젝트는 새롭고 흥미로운 방식으로 개발을 시작하는 데 도움을 줄 수 있을 것이다.

가상 스레드 사용 준비

프로젝트 룸의 가상 스레드는 JDK 21부터 안정적으로 지원되므로, JDK 21이 설치돼 있어야 한다. 여러 버전의 JDK를 관리할 수 있는 도구로 SDKMAN(https://sdkman.io)을 추천한다. 이 다목적 도구를 사용하면 JDK 설치와 버전 간 전환을 쉽게 수행할 수 있다. 설치 방법은 SDKMAN 공식 웹사이트를 참고하자. SDKMAN을 사용해서 JDK를 설치하면 개발자들은 시스템에서 자바 버전과 의존 라이브러리를 쉽게 관리할 수 있으므로 자바 개발 작업이 더 편리해진다.

SDKMAN 설치 후 다음 명령을 실행하면 그림 2-2와 같이 사용 가능한 JDK 버전 목록이 표시된다.

```
sdk list java
```

```
================================================================================
Available Java Versions for macOS ARM 64bit
================================================================================
 Vendor        | Use | Version      | Dist    | Status     | Identifier
--------------------------------------------------------------------------------
 Corretto      |     | 21.0.2       | amzn    |            | 21.0.2-amzn
               |     | 21.0.1       | amzn    |            | 21.0.1-amzn
               |     | 17.0.10      | amzn    |            | 17.0.10-amzn
               |     | 17.0.9       | amzn    |            | 17.0.9-amzn
               |     | 11.0.22      | amzn    |            | 11.0.22-amzn
               |     | 11.0.21      | amzn    |            | 11.0.21-amzn
               |     | 8.0.402      | amzn    |            | 8.0.402-amzn
               |     | 8.0.392      | amzn    |            | 8.0.392-amzn
 Gluon         |     | 22.1.0.1.r17 | gln     |            | 22.1.0.1.r17-gln
               |     | 22.1.0.1.r11 | gln     |            | 22.1.0.1.r11-gln
 GraalVM CE    |     | 21.0.2       | graalce |            | 21.0.2-graalce
               |     | 21.0.1       | graalce |            | 21.0.1-graalce
               |     | 17.0.9       | graalce |            | 17.0.9-graalce
 GraalVM Oracle|     | 21.0.2       | graal   |            | 21.0.2-graal
               |     | 21.0.1       | graal   |            | 21.0.1-graal
               |     | 17.0.10      | graal   |            | 17.0.10-graal
               |     | 17.0.9       | graal   |            | 17.0.9-graal
 Java.net      |     | 23.ea.12     | open    |            | 23.ea.12-open
               |     | 23.ea.11     | open    |            | 23.ea.11-open
               |     | 23.ea.10     | open    |            | 23.ea.10-open
               |     | 23.ea.8      | open    | installed  | 23.ea.8-open
               |     | 23.ea.7      | open    |            | 23.ea.7-open
               |     | 23.ea.6      | open    |            | 23.ea.6-open
               |     | 23.ea.5      | open    |            | 23.ea.5-open
               |     | 23.ea.4      | open    |            | 23.ea.4-open
               |     | 23.ea.3      | open    |            | 23.ea.3-open
               |     | 23.ea.2      | open    |            | 23.ea.2-open
               |     | 23.ea.1      | open    |            | 23.ea.1-open
               |     | 22.ea.36     | open    |            | 22.ea.36-open
               |     | 22.ea.35     | open    |            | 22.ea.35-open
               |     | 22.ea.34     | open    |            | 22.ea.34-open
```

그림 2-2 SDKMAN `list` 명령 실행 및 결과

아직 JDK 21이 설치돼 있지 않다면 다음 명령을 통해 설치할 수 있다.

```
sdk install java <사용할 자바 배포판 이름>
```

OpenJDK 21을 설치하려면 다음 명령을 실행하자.

```
sdk install java 21.0.2-open
```

2장에서는 가상 스레드를 사용하는 운영 환경에서 가장 많이 사용하는 JDK 21을 사용한다. 2장 이후에서 기존의 ThreadLocal을 대신하는 ScopedValue와 구조화된 동시성(structured concurrency) 같은 새로운 기능을 살펴볼 때는 더 최신 버전의 자바를 사용할 예정이다.[2]

가상 스레드 생성

JDK 21을 설치했으면 이제 가상 스레드를 생성하는 방법을 알아보자.

아주 단순한 상황에서는 `Thread.startVirtualThread()`(https://oreil.ly/FIiZ3) 메서드를 직접 호출해서 가상 스레드를 생성할 수 있다. 이 메서드는 `Runnable`을 인자로 받으므로 다음과 같이 람다식으로 넘겨주면 실행된다.

```
Thread.startVirtualThread(() -> {
    System.out.println("Unleash massive parallelism with virtual threads! Here's a
taste.");
});
```

코드를 실행하면 콘솔에 메시지가 표시될 것 같지만 실제로는 아무것도 출력되지 않는다! 이유가 뭘까? 가상 스레드는 기본적으로 데몬 스레드다. 따라서 가상 스레드를 생성한 메인 스레드 실행이 끝나면 JVM은 남아 있는 데몬 스레드도 함께 종료시킨다.

가상 스레드의 태스크를 정상적으로 실행하려면 가상 스레드 태스크 실행이 끝날 때까지 기다려야 한다.

```
public static void main(String[] args) throws InterruptedException {
    Thread vThread = Thread.startVirtualThread(() -> {
        System.out.println("Virtual threads make concurrency effortless!" +
            "See for yourself.");
    });
    vThread.join();
}
```

2 소스 코드 리포지터리에 있는 4장(ch04) 및 그 이후의 장에 대한 소스 코드는 JDK 25 기준으로 작성돼 있으므로 JDK 21에서는 컴파일 에러가 발생한다. 따라서 2장의 예제를 JDK 21로 실행하려면 별도의 git 브랜치를 생성하고 ch04~ch07 폴더를 삭제하는 것이 좋다. 또한 ch02/StructuredConcurrencyExample.java의 `main` 메서드에 있는 `StructuredTaskScope.open()`도 JDK 25에서 추가된 메서드이므로 `new StructuredTaskScope()`로 대체해야 JDK 21로 실행할 수 있다. – 옮긴이

가상 스레드 생성에 관해 좀 더 세밀하게 제어하려면 다음과 같이 Thread Builder API를 사용할 수도 있다.

```
var startedThread = Thread.ofVirtual()
    .start(() -> System.out.println("Hello world!"));
startedThread.join();
```

다음과 같이 가상 스레드 생성과 태스크 실행 시작을 분리할 수도 있다.

```
var unstartedThread = Thread.ofVirtual()
    .unstarted(() -> System.out.println("Hello world!"));
// 가상 스레드 생성 후 필요할 때 실행 시작
unstartedThread.start();
```

이그제큐터를 사용하고 있다면 다음과 같이 가상 스레드로 부드럽게 전환할 수 있다. 이 방식은 특히 가상 스레드를 사용하도록 하나하나 리팩토링하는 것이 현실적이지 않은 대규모 프로젝트에서 가상 스레드를 쉽게 사용할 수 있게 해준다.

```
try (var virtualExecutor = Executors.newVirtualThreadPerTaskExecutor()) {
    Future<String> future = virtualExecutor.submit(this::callService);
    // future 처리
}
```

이처럼 가상 스레드를 여러 가지 방식으로 생성해서 사용할 수 있기 때문에 기존 코드베이스에 적합한 방식을 선택해서 자연스럽고 매끄럽게 가상 스레드를 적용할 수 있다. 덕분에 익숙한 코딩 패턴이나 추상화를 사용하면서도 가상 스레드라는 새로운 동시성 모델을 사용해서 성능, 확장성, 자원 효율성을 개선할 수 있다.

가상 스레드에 적응하기

가상 스레드의 도입은 자바의 Thread API에도 변화를 가져왔지만, 다행히도 개발자 편의성을 최적화하는 방식으로 이루어졌다. 가상 스레드는 본질적으로 `Thread` 클래스의 인스턴스이며, 취소 역시 플랫폼 스레드와 마찬가지로 `interrupt()`(https://oreil.ly/hcXDN) 메서드를 호출해서 처리할 수 있다. 스레드 내부에서 실행되는 코드는 `interrupted` 플래그를 직접 확인하거나 대부분의 블로킹 메서드를 사용할 때와 마찬가지로 인터럽트를 자동으로 처리하는 메서드를 호출해야 한다.

이제 플랫폼 스레드와 가상 스레드의 인터럽트 처리 예제를 살펴보자.

먼저 플랫폼 스레드 인터럽트 예제는 다음과 같다.

깃허브 소스 c02/PlatformThreadInterruption.java

```
public class PlatformThreadInterruption {
    public static void main(String[] args) {
        Thread platformThread = Thread.ofPlatform().start(() -> {  ❶
            try {
                System.out.println("Platform thread started...");
                for (int i = 0; i < 5; i++) {
                    System.out.println("Platform thread working: " + i);
                    Thread.sleep(1000); // 작업 수행 시뮬레이션
                }
                System.out.println("Platform thread finished.");
            } catch (InterruptedException e) {  ❷
                System.out.println("Platform thread interrupted!");
                // 인터럽트에 따른 뒤처리
            }
        });

        try {
            Thread.sleep(2500);  // 일정 시간 동안 스레드가 계속 실행되게 한다.  ❸
        } catch (InterruptedException e) {}

        platformThread.interrupt();  ❹
    }
}
```

가상 스레드 인터럽트 처리 예제는 다음과 같다.

깃허브 소스 c02/VirtualThreadInterruption.java

```
public class VirtualThreadInterruption {
    public static void main(String[] args) {
        Thread virtualThread = Thread.ofVirtual().start(() -> {  ❶
            try {
```

```
                System.out.println("Virtual thread started...");
                for (int i = 0; i < 5; i++) {
                    System.out.println("Virtual thread working: " + i);
                    Thread.sleep(1000); // 자동으로 제어권 양보
                }

                System.out.println("Virtual thread finished.");
            } catch (InterruptedException e) {  ❷
                System.out.println("Virtual thread interrupted!");
                // 인터럽트에 따른 뒤처리
            }
        });

        try {
            Thread.sleep(2500);   // 일정 시간 동안 스레드가 계속 실행되게 한다.  ❸
        } catch (InterruptedException e) {}

        virtualThread.interrupt();  ❹
    }
}
```

인터럽트 처리 흐름은 다음과 같다.

❶ 빌더 패턴을 사용해서 플랫폼 스레드 또는 가상 스레드를 생성한다.

❷ 블로킹 연산 중 스레드가 인터럽트되면 InterruptedException 예외를 잡는다.

❸ 메인 스레드는 워커(worker) 스레드가 2, 3번의 반복을 마칠 때까지 2.5초 동안 기다린다.

❹ 워커 스레드를 인터럽트해서 예외 발생 및 뒤처리를 유발한다.

플랫폼 스레드 예제를 실행하면 다음과 같이 출력된다.

```
Platform thread started...
Platform thread working: 0
Platform thread working: 1
Platform thread working: 2
Platform thread interrupted!
```

가상 스레드 예제 실행 결과는 다음과 같다.

```
Virtual thread started...
Virtual thread working: 0
Virtual thread working: 1
Virtual thread working: 2
Virtual thread interrupted!
```

두 예제 모두 플랫폼 스레드와 가상 스레드 구별을 위한 문자열 외에는 사실상 동일한 결과가 나온다. 이는 가상 스레드 인터럽트 처리도 플랫폼 스레드와 동일하게 동작한다는 사실을 보여준다. 하지만 `Thread.sleep()` 같은 블로킹 연산 처리 과정에는 결정적인 차이가 있는데, 가상 스레드는 블로킹 연산을 만나면 불필요하게 자원을 점유하지 않고 제어권을 캐리어 스레드에게 넘겨서 블로킹되지 않은 다른 가상 스레드가 실행될 수 있게 한다.

익숙한 API를 통해 사용할 수 있지만 가상 스레드는 가볍다는 점과 스레드 그룹 같은 관리 방식에 있어서 뚜렷한 특징을 갖고 있다.

모든 가상 스레드는 단 하나의 스레드 그룹에 속하며, 다른 스레드 그룹을 가진 가상 스레드를 생성하는 API는 없다. 가상 스레드를 생성해서 `getThreadGroup()` 메서드를 호출하면 항상 동일한 `ThreadGroup` 인스턴스가 반환된다.

깃허브 소스 c02/VirtualThreadGroupExample.java

```
public class VirtualThreadGroupExample {
    public static void main(String[] args) throws InterruptedException {
        Set<ThreadGroup> threadGroups = new HashSet<>();

        for (int i = 0; i < 100; i++) { ❶
            Thread vThread = Thread.ofVirtual().start(() -> {
                try {
                    Thread.sleep(10);
                } catch (InterruptedException e) {
                    Thread.currentThread().interrupt();
                }
            });
            threadGroups.add(vThread.getThreadGroup()); ❷
        }

        Thread.sleep(1000); // 가상 스레드 실행 종료되도록 대기
        System.out.println("Unique thread groups: " + threadGroups.size());
```

```
        System.out.println("Thread group: " + threadGroups.iterator().next());
    }
}
```

❶ 스레드 그룹 동작 확인을 위해 100개의 가상 스레드를 생성한다.

❷ 각 가상 스레드의 스레드 그룹을 threadGroups 집합에 저장한다.

코드를 실행하면 다음과 같은 결과가 출력된다.

```
Unique thread groups: 1
Thread group: java.lang.ThreadGroup[name=VirtualThreads,maxpri=10]
```

이를 통해 가상 스레드는 쉽게 관리할 수 있도록 다음과 같은 불변의 고유한 특징을 갖고 있다는 사실을 알 수 있다.

- 우선순위
  가상 스레드의 우선순위는 NORM_PRIORITY(https://oreil.ly/g1mpf)로 정해진다.

- 데몬 상태
  모든 가상 스레드는 기본적으로 데몬 스레드다. 따라서 가상 스레드에 대해 setDaemon(https://oreil.ly/9VuRC) 메서드를 호출해서 데몬 스레드 상태를 변경하려고 해도 아무런 효과가 없다.

- 스레드 우선순위
  가상 스레드에 대해 setPriority(https://oreil.ly/IRu_B) 메서드를 호출하더라도 우선순위는 달라지지 않는다.

Thread API에도 다음과 같은 새로운 메서드가 추가됐고 일부 메서드는 사용 중단deprecate 됐다.

- isVirtual 메서드
  Thread::isVirtual(https://oreil.ly/OeLMn) 인스턴스 메서드는 스레드가 가상 스레드인지 판별해 준다.

- Duration을 사용하는 메서드

  자바 19에서 join(Duration)(https://oreil.ly/TgkJ9), sleep(Duration)(https://oreil.ly/sIYV6) 인스턴스 메서드가 추가되었다. 가상 스레드와 관련이 있는 것은 아니지만 편리하게 사용할 수 있다.

- threadId 메서드

  final이 아닌 getId()(https://oreil.ly/klDiG) 메서드는 사용 중단됐고, 대신에 final인 threadId()(https://oreil.ly/vq0IK) 메서드를 사용하는 것이 좋다.

사용 중단된 stop()(https://oreil.ly/-V_Ao), suspend()(https://oreil.ly/hflbW), resume()(https://oreil.ly/SsQv5), countStackFrames()(https://oreil.ly/fFdg8) 메서드는 자바 20부터는 플랫폼 스레드에서 호출되든 가상 스레드에서 호출되든 UnsupportedOperationException(https://oreil.ly/UZ7zY)을 던진다. 이 메서드들은 자바 공식 문서(https://oreil.ly/lSBHU)에 설명된 것처럼 처음부터 안전하지 않아서 자바 1.2부터 사용 중단 및 삭제 예정이었다.

가상 스레드에는 사소하지만 제약사항도 있다. 정적 메서드인 Thread::getAllStackTraces(https://oreil.ly/ZCVGV)는 플랫폼 스레드의 스택 트레이스만 반환하고 가상 스레드의 스택 트레이스는 포함하지 않는다. 또한 가상 스레드를 어떤 플랫폼 스레드가 실행하고 있는지 확인할 방법이 현재로서는 없다.

가상 스레드 도입에 따라 Thread API에도 일부 변화와 제약이 생겼지만 전반적으로 기존 API와 스레드 개념은 거의 그대로 유지됐기 때문에 가상 스레드로의 전환은 외형적으로는 크게 차이가 나지 않는다. 개발자는 개정된 가이드라인 안에서 새로운 기능을 올바르게 사용하면, 기존 코드베이스를 유지하면서도 가상 스레드가 제공하는 성능과 확장성 향상이라는 보상을 얻을 수 있다.

가상 스레드 생성 시연

가상 스레드는 자바 애플리케이션에 잠재돼 있는 진정한 확장성을 이끌어낸다. 가상 스레드를 사용하면 훨씬 더 많은 작업을 병렬로 실행할 수 있기 때문에 자바 애플리케이션의 확장성을 극적으로 높일 수 있다. 서버 애플리케이션이 수천 개의 동시 요청을 처리하는 일은 필수적이다. 이제 가상 스레드가 실제로 작동하는 모습을 살펴보자.

다음 예제에서는 각 태스크마다 새로운 가상 스레드를 생성하는 이그제큐터를 사용해 10,000개의 태스크를 제출하는 상황을 가정한다.

```
try (var executor = Executors.newVirtualThreadPerTaskExecutor()) {
    IntStream.range(0, 10_000).forEach(i -> {
        executor.submit(() -> {
            Thread.sleep(Duration.ofSeconds(1));
            return i;
        });
    });
}
```

단지 1초 동안 sleep하는 아주 단순한 태스크다. 요즘 하드웨어에서는 10,000개의 가상 스레드를 아무런 문제 없이 동시에 실행할 수 있다. JDK가 최소한의 운영체제 스레드(1개일 수도 있다)만으로 10,000개의 가상 스레드를 관리한다는 점이 인상적이다.

하지만 Executors.newCachedThreadPool()(https://oreil.ly/mzIbV)을 사용하면 10,000개의 운영체제 스레드를 생성하면서 프로그램은 비정상 종료된다. Executors.newFixedThreadPool(200)(https://oreil.ly/dttrO)을 사용해서 200개로 고정된 스레드 풀을 사용하면 동시성 처리 능력이 급격히 감소한다. 200개의 플랫폼 스레드를 사용하면 많은 태스크는 실질적으로는 순차적으로 처리될 수 있으며 모든 태스크를 완료하는 데 훨씬 많은 시간이 걸린다.

처리량과 확장성

가상 스레드는 충분한 워밍업warm-up을 거치면 초당 약 10,000개의 태스크를 처리할 수 있다. 만약 태스크 수를 백만 개로 늘려도 프로그램은 여전히 원활하게 실행되며, 거의 초당 백만 개의 처리량을 달성할 수 있다.

가상 스레드는 더 빠르게 실행되도록 설계된 것이 아니라 더 뛰어난 확장성을 제공하도록 설계되었다는 점을 명확히 할 필요가 있다. 가상 스레드는 리틀의 법칙Little's Law을 따르며, 작업을 더 빠르게 실행해서가 아니라 더 높은 동시성 처리 능력을 활용해서 더 높은 처리량을 이끌어낸다.

이상적인 상황을 가정할 때, 가상 스레드는 다음 특징을 가진 애플리케이션에서 처리량을 특히 더 향상할 수 있다.

- 높은 동시 작업 수
  애플리케이션에 수천 개 이상의 동시 작업이 있다면 가상 스레드는 판도를 바꾸는 주인공(게임 체인저game changer)이 될 수 있다. 가상 스레드는 수천 개의 요청을 동시에 처리해야 하는 대용량 웹 서버나, 병렬로 많은 수의 I/O 집중적인 작업을 수행하는 애플리케이션에서 가장 이상적인 효과를 볼 수 있다.

- CPU 집중적이지 않은 작업 부하
  가상 스레드는 CPU 집중적인 작업을 수행하는 시간보다 I/O 작업처럼 대기하는 시간이 많이 발생할 때 특히 유용하다.

가상 스레드가 자바 애플리케이션에 새로운 수준의 확장성을 도입한 것은 사실이지만, 동시성 문제의 만병통치약은 아니라는 점에도 주목해야 한다. 가상 스레드는 수많은 동시 작업이 CPU 집중적이지 않은 작업 부하와 결합될 때 가장 효과적일 가능성이 높다. 전통적인 멀티스레딩과 비교할 때, 가상 스레드는 자바 애플리케이션에 새로운 차원의 확장성을 제공할 수 있다. 이를 통해 개발자들은 CPU 시간이나 메모리에 부담을 주지 않고도 방대한 수의 요청을 처리할 수 있는 고수준의 동시성과 확장성을 갖춘 애플리케이션을 구축할 수 있다.

가상 스레드 확장성의 근본 원칙

리틀의 법칙은 멀티스레드 애플리케이션을 포함한 큐잉queuing 시스템의 성능에 대해 귀중한 통찰력을 제공하는 근본 원칙이다. 이 법칙은 모든 컴퓨팅 시스템의 성능과 본질적으로 연결된 세 가지 핵심 요소인 지연 시간latency, 동시성concurrency, 처리량throughput 사이에 수학적 관계를 설정한다.

이 법칙은 우아할 정도로 단순하며, 안정적인 시스템에서 처리량(λ)은 다음 공식으로 주어진다고 설명한다.

$$\lambda = \frac{N}{d}$$

이제 리틀의 법칙을 구성하는 요소들과 그 의미를 자세히 살펴보자.

- **처리량(λ)**
  단위 시간당 완료되는 항목(예: 태스크, 요청)의 평균 수
- **동시성(*N*)**
  동시에 처리되고 있는 항목의 평균 수
- **응답 시간(*d*)**
  단일 항목이 시작부터 완료까지 처리되는 데 걸리는 평균 시간

리틀의 법칙이 놀라운 점은 설명하는 시스템의 성격에 구애받지 않는다는 것이다. 이 법칙은 '작업 수행'에 걸린 시간과 '대기'에 걸린 시간을 구분하지 않으며, 동시성 단위가 스레드인지, CPU 코어인지, ATM 기계인지, 심지어 인간 은행원인지도 신경 쓰지 않는다. 이 법칙은 그저 처리량을 늘리기 위한 공식을 제공할 뿐이다.

가상 스레드와 리틀의 법칙

전통적인 스레딩 모델은 종종 생성할 수 있는 스레드 수에 대한 운영체제 수준의 제약 때문에 한계에 부딪힌다. 이러한 상황이 발생하면, 시스템의 처리량은 리틀의 법칙에 의해 제한된다. 이 법칙은 우리가 *N*(동시성)을 늘릴 수 없다면, 조작할 수 있는 변수는 단 하나, *d*(지연 시간)만 남는다는 것을 보여준다. 하지만 특히 I/O 집중적인 작업에서는 지연 시간을 줄이는 것이 항상 개발자의 통제 범위 내에 있는 것은 아니다.

이 지점에서 가상 스레드가 등장한다. 가상 스레드를 사용하면 프로그래밍 모델을 변경할 필요 없이 훨씬 더 높은 *N*, 즉 더 높은 동시성을 확보할 수 있으므로 전통적인 스레딩 모델의 제약에서 벗어날 수 있다. 더 높은 *N*은 리틀의 법칙에서 확인할 수 있는 것처럼, 더 높은 처리량으로 직접 이어진다. 가상 스레드는 *d*를 줄이지 않고도 λ를 늘릴 수 있는 비결이다.

이 개념을 명확히 하기 위해, 리틀 법칙의 처리량 산출 원리가 가상 스레드 및 그 확장성과 어떻게 관련되는지 측정하고 보여줄 예제를 만들어보자.

깃허브 소스 c02/LittleLawExample.java

```
import java.time.Duration;
import java.time.Instant;
import java.util.concurrent.ExecutorService;
import java.util.concurrent.Executors;
import java.util.concurrent.atomic.AtomicLong;
import java.util.stream.IntStream;

public class LittleLawExample {
    public static void main(String[] args) {
        int numTasks = 10000; ❶
        int avgResponseTimeMillis = 500; // 평균 응답 시간 ❷
        // 응답 시간을 조절할 수 있는 I/O 집중적인 작업 시뮬레이션
        Runnable ioBoundTask = () -> {
            try {
                Thread.sleep(Duration.ofMillis(avgResponseTimeMillis)); ❸
            } catch (InterruptedException e) {
                Thread.currentThread().interrupt();
            }
        };

        System.out.println("=== Little's Law Throughput Comparison ===");
        System.out.println("Testing " + numTasks + " tasks with "
            + avgResponseTimeMillis + "ms latency each\n");

        benchmark("Virtual Threads",
            Executors.newVirtualThreadPerTaskExecutor(), ioBoundTask, numTasks);
        benchmark("Fixed ThreadPool (100)",
            Executors.newFixedThreadPool(100), ioBoundTask, numTasks);
        benchmark("Fixed ThreadPool (500)",
            Executors.newFixedThreadPool(500), ioBoundTask, numTasks);
        benchmark("Fixed ThreadPool (1000)",
            Executors.newFixedThreadPool(1000), ioBoundTask, numTasks);
    }

    static void benchmark(String type, ExecutorService executor, Runnable task,
           int numTasks) {
        Instant start = Instant.now(); ❹
        AtomicLong completedTasks = new AtomicLong();

        try (executor) { ❺
```

```
            IntStream.range(0, numTasks)
                .forEach(i -> executor.submit(() -> {
                    task.run();
                    completedTasks.incrementAndGet();  ❻
                }));
        } ❼

        Instant end = Instant.now();
        long duration = Duration.between(start, end).toMillis();
        // 초당 처리량
        double throughput = (double) completedTasks.get() / duration * 1000;  ❽
        System.out.printf("%-25s - Time: %5dms, Throughput: %8.2f tasks/s%n",
            type, duration, throughput);
    }
}
```

❶ 1만 개의 태스크를 사용하면 처리량 차이를 보여줄 수 있을 만큼 충분한 부하를 주면서도 전체 실행 시간을 너무 길어지지 않게 할 수 있다.

❷ 500밀리초의 응답 시간은 데이터베이스 쿼리나 API 호출 같은 작업의 실질적인 응답 속도와 비슷하다. 응답 시간은 리틀의 법칙에서 지연 시간(*d*)에 해당한다.

❸ `Thread.sleep()`은 블로킹 입출력 연산을 흉내 낸다. `Thread.sleep()`이 호출되어 블로킹되면 가상 스레드는 캐리어 스레드를 다른 가상 스레드에게 양보한다.

❹ 모든 태스크의 제출에서 완료까지 전체 실행 시간을 측정한다.

❺ 이그제큐터를 인자로 하는 try-with-resources 구문은 `try` 블록 종료 후 이그제큐터 자원 해제를 보장하며, 제출된 모든 태스크가 완료된 후에 `try` 블록을 빠져나갈 수 있다.[3]

❻ `AtomicLong`은 동시에 실행되는 모든 스레드에 걸쳐 완료된 태스크의 수를 안전하게 추적한다.

❼ 제출된 모든 태스크의 실행이 완료되면 `try` 블록을 빠져나온다.

❽ 처리된 전체 태스크 수를 전체 수행 시간으로 나눠서 비교하기 쉬운 초당 처리량으로 환산한다.

예제에서 평균 응답 속도가 500밀리초인 I/O 집중적인 작업을 시뮬레이션해서, 가상 스레드를 사용했을 때와 고정된 수의 전통적인 플랫폼 스레드 풀을 사용했을 때의 처리량을 벤치마크했다.

실행 결과는 다음과 같으며, 플랫폼 스레드 기반의 고정 개수 스레드 풀에 비해 가상 스레드의 처리량이 얼마나 뛰어난지 알 수 있다.

3 자바 19부터 `ExecutorService`가 `AutoCloseable`을 상속받아서 try-with-resources 구문을 사용할 수 있게 됐다. – 옮긴이

```
=== Little's Law Throughput Comparison ===
Testing 10000 tasks with 500ms latency each

Virtual Threads           - Time:   552ms, Throughput: 18115.94 tasks/s
Fixed ThreadPool (100)    - Time: 50381ms, Throughput:   198.49 tasks/s
Fixed ThreadPool (500)    - Time: 10106ms, Throughput:   989.51 tasks/s
Fixed ThreadPool (1000)   - Time:  5080ms, Throughput:  1968.50 tasks/s
```


I/O 집중적인 작업을 처리하는 시나리오에서 가상 스레드의 처리량은 전통적인 스레드 풀의 처리량을 아득히 뛰어넘는다. 가상 스레드는 초당 18,115.94개의 태스크를 처리할 수 있지만, 스레드 개수로서는 꽤 많은 수라고 할 수 있는 1,000개를 사용하는 전통적인 스레드 풀도 초당 1,968.50개밖에 처리하지 못한다.

앞선 예제는 가상 스레드를 사용한 기초적인 코드로 리틀의 법칙을 보여준다. 하지만 실제 운영 환경에서 더 엄격한 성능 분석을 하려면 다음의 개선사항들을 고려해야 한다.

- JIT(just-in-time) 컴파일 효과를 반영하기 위한 JVM 워밍업 실행
- 통계 분석(평균, 표준편차)을 포함한 여러 번의 벤치마크 반복 실행
- 자원 트레이드오프를 이해하기 위한 메모리 사용량 모니터링
- 실제 환경 조건을 모델링하기 위해 지연 시간 변동(±10~20%)을 적용한 현실적인 I/O 시뮬레이션
- 한계점(breaking point) 파악을 위해 다양한 작업량을 사용하는 확장성 테스트
- 견고한 측정을 위한 타임아웃 및 적절한 오류 처리

이러한 개선사항들은 실제 성능 차이와 측정상의 오류를 구분하는 데 도움을 주고, 이로부터 실제 운영 환경에서 의사결정을 할 때 더 신뢰할 수 있는 통찰을 얻을 수 있다. 중요한 성능 평가는 JMH(Java Microbenchmark Harness)와 같이 이미 널리 사용되어 안정적인 마이크로벤치마킹 프레임워크 사용을 고려하는 것이 좋다.

플랫폼 스레드 풀을 사용할 때 더 많은 수의 스레드를 사용하면 처리량을 늘릴 수 있지만 한계가 있다. 운영체제 자원이 한정적이며, 스레드 관리에 대한 부담은 병목 현상으로 이어질 수 있다.

예제를 통해 가상 스레드를 사용하면 리틀의 법칙에서 지연 시간(d)을 감축하지 않더라도 동시성(N)을 늘려서 처리량(λ)을 높일 수 있다는 사실을 확인할 수 있었다. 가상 스레드는 특히 I/O 집중적인 작업처럼 지연 시간을 현실적으로 줄일 수 없는 상황에서, 동시성을 대폭 늘리는 방식으로 월등한 처리량을 얻을 수 있게 해준다.

실질적인 의미

가상 스레드는 더 높은 처리량을 달성하기 위해 개발자들이 프로그래밍 모델을 세밀하게 조정하거나 심지어 근본부터 다시 생각해야 하는 부담에서 벗어날 수 있게 해준다. 애플리케이션에 대기 시간이 긴 I/O 집중적인 작업이 많은 경우, 해당 작업을 처리하는 코드 작성 방식을 바꾸지 않고도 처리량을 상당히 높일 수 있다.

가상 스레드를 활용함으로써 결과적으로 리틀의 법칙에서 N(동시성)을 늘려서 궁극적으로 처리량(λ)을 높일 수 있다. 특히 네트워크 I/O 또는 디스크 I/O 같은 I/O 집중적인 작업의 특성으로 인해 지연 시간 d를 줄이기 어려운 상황에서 처리량을 높여야 할 때 특히 유용하다.

하지만 가상 스레드가 모든 성능 문제의 만병통치약은 아니라는 점에 유의해야 한다. I/O가 병목 현상의 원인일 때는 가상 스레드를 사용해서 처리량을 극적으로 개선할 수 있다. 그러나 동시에 처리해야 하는 태스크의 양이 아니라, 많은 연산 능력을 필요로 하는 CPU 집중적인 작업량이 병목 현상의 원인일 때는 가상 스레드가 전혀 도움이 되지 않는다.

리틀의 법칙과 가상 스레드의 실질적인 의미를 이해하면, 언제 어떻게 가상 스레드를 사용해야 애플리케이션의 확장성과 성능을 높일 수 있는지 더 명확하게 알 수 있다.

가상 스레드 내부 동작 방식

가상 스레드 도입으로 자바 동시성 모델은 한 단계 업그레이드됐다. 이제 그 핵심 메커니즘을 살펴보고 가상 스레드가 가진 진정한 힘을 이해해 보자.

스택 프레임과 메모리 관리

전통적인 스레드는 스택 프레임을 운영체제가 할당하는 일체형monolithic 메모리 블록에 저장한다. 그 결과 스레드에 필요한 스택 크기를 예측해야만 했다. 반면에 가상 스레드는 스택 프레임을 가비지 컬렉션 대상이 되는 힙heap에 저장한다. 덕분에 스레드에 필요한 스택 크기를 예측할 필요가 없다. 바로 이 점이 가상 스레드의 핵심이라고 할 수 있다. 가상 스레드가 사용할 수 있는 메모리 사용 공간은 수백 바이트에서 시작하며, 호출 스택이 커지고 줄어듦에 따라 자동으로 조정된다. 이러한 동적 메모리 관리를 통해 자원 효율성을 크게 높일 수 있다.

캐리어 스레드와 운영체제의 개입

운영체제는 가상 스레드의 존재를 알지 못하며, 오직 운영체제 수준의 스케줄링 단위인 플랫폼 스레드만을 인식할 수 있다. 자바 런타임은 코드를 가상 스레드에서 실행하기 위해 가상 스레드를 플랫폼 스레드에 마운트mount하는데, 이때 사용되는 플랫폼 스레드를 **캐리어 스레드**carrier thread라고 부른다. 캐리어 스레드는 특화된 `ForkJoinPool`의 일부다. 마운트 과정에는 힙에 있는 스택 프레임을 캐리어 스레드의 스택으로 임시 복사하는 것도 포함된다. 본질적으로, 캐리어 스레드는 가상 스레드의 코드를 실행하기 위해 '빌려온' 것이다.

블로킹 연산 처리

가장 중요한 개선점 중 하나는 가상 스레드가 블로킹 연산을 처리하는 방식이다. 가상 스레드가 I/O 대기처럼 일반적으로 스레드를 블로킹하는 연산을 만나면, 캐리어 스레드로부터 언마운트unmount될 수 있다. 캐리어 스레드의 스택에 복사된 후 코드가 실행되면서 변경이 발생한 스택 프레임 내용이 힙으로 다시 복사되고, 캐리어 스레드는 자유로운 몸이 되어 다른 작업을 수행할 수 있게 된다. 이 기능은 JDK 내의 거의 모든 블로킹 지점에 소급 적용되었다. 가상 스레드는 바로 이런 블로킹 연산 처리 방식 덕분에 자원 효율성을 극도로 높일 수 있다.

투명성과 비가시성

가상 스레드를 마운트하고 언마운트하는 과정은 투명해서 자바 코드에서 보이지 않는다. 현재 어떤 캐리어 스레드가 가상 스레드를 마운트해서 실행하는지 코드상에서 식별할 수 있는 방법은 없다. 캐리어 스레드의 `ThreadLocal`(https://oreil.ly/0TLqb) 값조차 가상 스레드에게는 보이지 않는다. 이런 높은 수준의 추상화 덕분에 기존 자바 코드베이스를 변경할 필요 없이 가상 스레드를 완벽하게 사용할 수 있게 된다.

가상 스레드의 개념은 가상 메모리 시스템과 유사하다. 가상 메모리 시스템에서 애플리케이션은 사실상 크기가 무제한인 주소 공간에 접근하는 듯한 환상 속에서 실행된다. 이는 가상 메모리의 어떤 부분이 실제 메모리에 매핑되고 어떤 부분이 디스크에 매핑되는지를 하드웨어 수준에서 판별해서 처리하기 때문에 가능하다. 이와 유사하게, 가상 스레드는 희소하고 비용이 많이 드는 플랫폼 스레드를 공유함으로써 사실상 무제한적인 멀티스레딩의 환상을 만들어낸다. 가상 메모리 시스템에서 사용되지 않는 메모리 페이지가 디스크로 '페이지 아웃'되는 것처럼, 사용되지 않는 가상 스레드의 스택은 힙으로 '페이지 아웃'된다.

가상 스레드의 작동 방식과 내부에 대한 더 자세한 내용은 이어지는 장에서 계속 알아볼 것이다.

비동기 연산 단순화

가상 스레드를 사용하면 비동기 연산과 태스크 집계aggregation를 굉장히 쉽게 할 수 있고, 비동기 태스크가 종료될 때까지 기다려야 하는 블로킹 부담이 사실상 사라진다. 그래서 Future(https://oreil.ly/CWUYq)의 블로킹 메서드인 get(https://oreil.ly/2JFZL)을 호출하더라도 성능 저하를 걱정할 필요가 없다. 그러나 가상 스레드가 진정 빛을 발하는 곳은 다수의 비동기 태스크 결과를 집계할 때다.

서로 다른 API에서 문장의 다양한 구성요소를 가져와서 하나의 응집력 있는 문장으로 결합하는 시나리오를 생각해 보자. 예를 들어, 간단하면서도 무작위로 생성된 문장을 만들기 위해 형용사와 명사 검색이 필요하다. 가상 스레드를 사용하면 이 작업은 놀라울 정도로 간단해진다.

깃허브 소스 c02/PhraseGeneratorExample.java

```
public String generatePhrase() throws ExecutionException, InterruptedException {
    try (var executor = Executors.newVirtualThreadPerTaskExecutor()) {
        Future<String> adjectiveFuture = executor.submit(this::fetchAdjective);
        Future<String> nounFuture = executor.submit(this::fetchNoun);

        String adjective = adjectiveFuture.get();
        String noun = nounFuture.get();

        return adjective + " " + noun;
    }
}
```

```
    private String fetchAdjective() {
        // API를 호출해서 형용사 조회
        return "beautiful";
    }

    private String fetchNoun() {
        // API를 호출해서 명사 조회
        return "sunset";
    }
```

예제에서는 개별 태스크를 수행하는 가상 스레드를 쉽게 생성할 수 있게 해주는 유틸리티인 VirtualThreadPerTaskExecutor(https://oreil.ly/K6hJ6)를 사용한다. ExecutorService의 submit 메서드를 사용해서, 형용사를 가져오는 태스크와 명사를 가져오는 태스크, 이렇게 2개의 태스크를 제출한다.

가상 스레드의 진정한 우아함은 제출된 작업들이 반환하는 Future 객체에 대해 get()을 호출할 때 드러난다. 가상 스레드는 가볍고 효율적이기 때문에, 결과가 나올 때까지 편안하게 블로킹하고 대기하더라도 과도한 자원을 소모하거나 성능 저하를 일으키지 않는다. 이렇게 비동기 연산 처리를 간편하게 단순화할 수 있으므로, 자원 소모나 성능 저하를 피하기 위해 복잡한 콜백 구조나 정교한 동기화 메커니즘을 사용할 필요가 없어졌다.

일단 형용사와 명사를 가져오면 'beautiful sunset'과 같이 매끄럽게 둘을 연결해서 하나의 구문을 완성할 수 있다.

invokeAll 메서드는 결과 타입이 동일한 유사한 태스크들이 있을 때 부담 없이 사용할 수 있다. 이 메서드는 결과를 List에 담아서 반환해야 할 때 특히 유용하다. 다음과 같이 여러 이미지를 비동기로 변환하는 여러 태스크에 대해 이 메서드를 사용할 수 있다.

깃허브 소스 c02/ImageProcessingExample.java

```
import javax.imageio.ImageIO;
import java.awt.image.BufferedImage;
import java.io.File;
import java.io.IOException;
import java.util.List;
import java.util.concurrent.*;
```

```java
public class ImageProcessingExample {
    public static void main(String[] args)
            throws InterruptedException, ExecutionException {
        try (var service = Executors.newVirtualThreadPerTaskExecutor()) { ❶

            List<Callable<BufferedImage>> tasks = List.of(
                () -> resize("https://example.com/img1.jpg", 200, 200),
                () -> grayscale("https://example.com/img2.jpg"),
                () -> rotate("https://example.com/img3.jpg", 90)
            ); ❷

            List<Future<BufferedImage>> results = service.invokeAll(tasks); ❸

            // 이미지 변환 처리 및 저장
            int i = 1;
            for (Future<BufferedImage> future : results) { ❹
                BufferedImage image = future.get(); ❺
                ImageIO.write(image, "jpg",
                    new File("output_image" + i + ".jpg"));
                i++;
            }
        } catch (IOException e) {
            throw new RuntimeException(e);
        }
    }

    static BufferedImage resize(String url, int width, int height) {
        // 이미지 다운로드 및 크기 변환 로직
        return null;
    }

    static BufferedImage grayscale(String url) {
        // 이미지 다운로드 및 흑백 처리 로직
        return null;
    }

    static BufferedImage rotate(String url, double angle) {
        // 이미지 다운로드 및 회전 변환 로직
        return null;
    }
}
```

❶ 여러 이미지 프로세싱을 동시에 처리하는 데 가상 스레드 이그제큐터를 사용한다.

❷ Callable 태스크를 원소로 하는 List를 생성한다. 각 태스크는 서로 다른 이미지 변환 연산을 수행한다.

❸ invokeAll()을 사용해서 모든 태스크를 동시에 제출한다. 각 태스크는 서로 다른 가상 스레드에서 동시에 실행된다.

❹ 반복문을 통해 List에 담겨 있는 태스크를 처리한다.

❺ 블로킹 메서드인 get()을 사용해서 결과 이미지를 획득한다. 가상 스레드는 블로킹 메서드인 get()을 호출한 후 결과를 받을 때까지 캐리어 스레드에게 제어권을 넘긴다.

현대 애플리케이션은 다수의 태스크를 동시에 처리하고 결과를 효율적으로 집계해야 할 때가 많다. 가상 스레드는 이런 요구사항을 충족시킬 수 있는 우아한 해답을 알려주며, I/O 집중적인 연산이 애플리케이션 성능을 지배하는 현대 컴퓨팅 환경에서 상당히 매력적이다.

든든한 구조적 동시성

앞선 예제는 문제없이 실행되고 동시에 실행되는 태스크를 처리하는 직관적인 방식을 보여주지만, 예외 처리나 타임아웃 처리도 없이 너무나도 단순하다. 실제로는 Future::get 메서드가 예외를 던질 수도 있고, 적절한 타임아웃 처리가 없다면 무한히 블로킹을 할 수도 있다.

JEP 505에서는 견고한 동시성 코드를 쉽게 작성할 수 있도록 구조적 동시성을 도입했다. 구조적 동시성 API는 구조화된 영역scope 안에서 태스크를 실행하고, 태스크 중 일부가 실패하거나 타임아웃이 발생하면 해당 영역 안에 있는 모든 태스크가 자동으로 취소되도록 설계됐다. 간단한 예제를 통해 살펴보자.

깃허브 소스 c02/StructuredConcurrencyExample.java

```
public static void main(String[] args) {
    try (StructuredTaskScope scope = StructuredTaskScope.open()) {
        StructuredTaskScope.Subtask<String> subtask1 =
            scope.fork(() -> fetchData("https://api1.example.com"));
        StructuredTaskScope.Subtask<String> subtask2 =
            scope.fork(() -> fetchData("https://api2.example.com"));
        scope.join();
        var result = subtask2.get() + subtask1.get();
        System.out.println(result);
    } catch (InterruptedException e) {
```

```
            throw new RuntimeException(e);
        }
    }
```

이 예제는 --enable-preview 옵션이 지정된 JDK 25에서 컴파일 및 실행된다.[4]

StructuredTaskScope를 사용해서 실패 즉시 중단fail-fast[5]되는 영역을 지정하면 타임아웃 처리와 예외 캡슐화를 아주 쉽게 적용할 수 있다. 예제에서 subtask1과 subtask2는 실패 즉시 중단 영역 안에서 포크fork된 태스크다. 둘 중 어느 한쪽에서 예외가 발생하여 실패하거나 타임아웃이 발생하면, 해당 영역 안에서 실행되는 모든 태스크가 취소되고 예외가 전파된다. 자바 언어에 내장된 구조를 사용해서 예외 전파와 타임아웃 처리를 멋지게 캡슐화하여 더 깔끔하고 견고한 코드를 작성할 수 있다.

자바에 구조적 동시성이 도입되면서 동시성 처리 능력이 있는 애플리케이션을 개발하는 과정이 훨씬 단순해졌다. 구조적 동시성이 적용된 영역에서 태스크를 실행하면 구조적 동시성 API가 태스크 실행 취소와 예외 처리를 자동으로 수행해 주므로 개발자의 부담이 눈에 띄게 줄어든다.

게다가 구조적 동시성을 적용하면 개발자의 의도를 더 깔끔하고 간결하게 드러낼 수 있는 선언적 프로그래밍 스타일의 코드를 더 쉽게 작성할 수 있다. 개발자는 스레드 생성 및 관리와 복잡한 취소 로직 같은 저수준 작업은 구조적 동시성 API에게 맡기고, 요구사항 충족에 필요한 고수준의 작업에 집중할 수 있다.

예제를 통해 구조적 동시성의 잠재력을 살짝 느낄 수 있었다. 이어지는 장에서는 매력 덩어리인 구조적 동시성과 관련된 고급 패턴, 다양한 스코프[6] 타입을 살펴보고, 가상 스레드를 사용해서 진정으로 견고한 동시성 애플리케이션을 만드는 데 구조적 동시성이 어떤 역할을 하는지 훨씬 더 깊게 탐구해 볼 것이다.

4 StructuredTaskScope.open() 메서드는 JDK 25에서 추가됐으므로, JDK 21에서 예제를 실행하려면 StructuredTaskScope.open()을 new StructuredTaskScope()로 대체해야 한다. – 옮긴이

5 오류가 발생했을 때 이후 과정을 진행하지 않고 가능한 이른 시점에 실행을 중단하는 방식 – 옮긴이

6 구조적 동시성을 간략하게 처음 소개하는 2장에서는 이질감을 줄이기 위해 'scope'를 '영역'이라고 번역했지만, 실제 구조적 동시성을 다룰 때는 '스코프'라고 번역한다. – 옮긴이

요청 제한을 통한 자원 제약 관리

가상 스레드는 본질적으로 무제한의 동시성으로 가는 문을 열어주며, 전례 없는 수의 작업을 동시에 처리할 수 있는 잠재력을 지니고 있다. 지금까지 가상 스레드의 긍정적인 면을 주로 논의했지만, 어떤 면에서는 가상 스레드 때문에 어려움을 겪을 수도 있다. 이는 소프트웨어를 구성하는 각 요소들의 부하 처리 능력이 모두 동일하지는 않기 때문이다. 예를 들어 가상 스레드를 사용하는 웹 애플리케이션은 분명히 백만 개의 요청을 수용하여 백만 개의 가상 스레드를 생성할 수 있지만, 웹 애플리케이션이 사용하는 데이터베이스는 그렇게 많은 요청을 처리하지 못할 수도 있다.

가상 스레드 이전에는 추가적인 특별한 메커니즘을 구현할 필요 없이 스레드 풀 그 자체만으로도 요청을 제한할 수 있었다. 스레드 풀에 1,000개의 스레드가 있다면, 스레드 풀을 통해 접근할 수 있는 밑바탕의 자원은 기껏해야 1,000개의 동시 부하만 발생하고 그 이상은 불가능했다. 그러나 가상 스레드는 사실상 무제한일 수 있기 때문에 과거와는 다른 난관에 맞닥뜨리게 된다. 그래서 가상 스레드를 사용할 때는 서비스의 과부하를 어떻게 방지할지 고민해야 한다.

이 문제를 해결하려면 결국 접근하려는 자원에 특화된 요청 제한rate-limiting 메커니즘이 필요하다. 요청 제한 메커니즘은 자원의 성격과 준수해야 하는 서비스 수준 협약service level agreement(SLA)에 따라 단순한 것부터 복잡한 것까지 다양할 수 있다.

이제 세마포어semaphore를 사용해 웹 서비스에 대한 동시 요청 수를 제어하는 예제를 살펴보자. 특히 요청 제한의 원리에 초점을 맞춰보자.

깃허브 소스 c02/ResourceAwareRateLimitExample.java

```
import java.net.URI;
import java.net.http.*;
import java.time.Duration;
import java.time.Instant;
import java.util.List;
import java.util.concurrent.*;
import java.util.stream.IntStream;

public class ResourceAwareRateLimitExample {
```

```
private static final HttpClient CLIENT = HttpClient.newBuilder()
    .connectTimeout(Duration.ofSeconds(10))  ❶
    .build();
private static final int MAX_PARALLEL = 10;  ❷
private static final Semaphore gate = new Semaphore(MAX_PARALLEL);  ❸
private static final String API_URL =
    "https://api.chucknorris.io/jokes/random";

public static void main(String[] args) throws Exception {
    Instant start = Instant.now();
    List<String> jokes = fetchJokes(50);  ❹
    long ms = Duration.between(start, Instant.now()).toMillis();
    System.out.printf("Fetched %d jokes in %d ms (avg %d ms)%n",
        jokes.size(), ms, ms / jokes.size());
    jokes.stream().limit(3).forEach(j -> System.out.println("• " + j));
}

private static List<String> fetchJokes(int n) throws Exception {
    try (ExecutorService pool = Executors.newVirtualThreadPerTaskExecutor()) {  ❺
        List<Future<String>> futures = IntStream.range(0, n)
            .mapToObj(i -> pool.submit(ResourceAwareRateLimitExample::fetchJoke))
            .toList();
        return futures.stream()
            .map(ResourceAwareRateLimitExample::join)  ❻
            .toList();
    }
}

private static String fetchJoke() throws Exception {
    HttpRequest req = HttpRequest.newBuilder(URI.create(API_URL))
        .GET()
        .timeout(Duration.ofSeconds(30))  ❼
        .build();
    try {
        gate.acquire();  ❽
        HttpResponse<String> res
            = CLIENT.send(req, HttpResponse.BodyHandlers.ofString());
        if (res.statusCode() != 200)
            throw new RuntimeException("API error " + res.statusCode());
        return parseJoke(res.body());
    } finally {
        gate.release();  ❾
```

```java
        }
    }

    private static String parseJoke(String json) {  ⑩
        int s = json.indexOf("\"value\":\"") + 9;
        int e = json.indexOf('"', s);
        return json.substring(s, e).replace("\\\"", "\"");
    }


    private static <T> T join(Future<T> f) {
        try {
            return f.get();
        } catch (InterruptedException e) {  ⑪
            Thread.currentThread().interrupt();
            throw new CompletionException(e);
        } catch (ExecutionException e) {
            throw new CompletionException(e.getCause());
        }
    }
}
```

❶ 네트워크 문제가 발생하더라도 공유해서 사용하는 `HttpClient`가 무한정 기다리지 않도록 타임아웃을 10초로 설정한다.

❷ 최대로 허용할 수 있는 동시 요청 개수를 10개로 정한다.

❸ 최대 동시 요청 개수를 지정해서 요청 제한 문지기 역할을 하는 세마포어를 생성한다.

❹ 세마포어가 동시성을 어떻게 제어하는지 살펴볼 수 있도록 최대 동시 요청 개수를 초과하는 50회의 농담 조회 요청을 시도한다.

❺ 제출된 요청당 1개의 가상 스레드를 만들어내는 이그제큐터를 생성한다. 이 방식은 I/O 집중적인 연산에 안성맞춤이다.

❻ 모든 `future`가 완료될 때까지 블로킹하면서 완료되는 순서대로 결과를 모은다.

❼ 개별 요청이 무제한으로 블로킹되지 않도록 요청당 타임아웃을 30초로 설정한다.

❽ 세마포어로부터 출입증을 획득한다. 출입증이 모두 반출되어 사용 중이면 기다려야 한다. 바로 이 지점에서 요청 제한이 작동한다.

❾ 예외가 발생하더라도 출입증이 반드시 반납되도록 `finally` 블록에서 출입증을 반납한다.

❿ 간단하게 JSON을 파싱(parsing)한다. 실제 운영 환경에서는 Jackson이나 Gson 같은 라이브러리를 사용한다.

⑪ InterruptedException 발생 시 인터럽트가 발생한 상태를 보존하고, ExecutionException 발생 시 실질적인 예외 원인을 가져와서 더 향상된 예외 처리를 적용한다.

예제에서는 세마포어 생성자 인자로 10을 지정하면서 동시 요청을 최대 10개로 제한했다. 세마포어를 통해 10개의 동시 요청이 이미 처리되는 중이라면 새로운 요청은 먼저 처리 중인 요청이 완료될 때까지 기다려야 한다. 이렇게 기다리면 자원 효율성이 떨어질 거라고 예상되지만, 가상 스레드에서는 블로킹이 발생해도 자원 효율성이 떨어지지 않는다는 사실을 기억하자. 바로 여기에서 가상 스레드의 진정한 가치가 여실히 드러난다. 요청 제한을 위해 의도적으로 병목 현상을 도입하더라도 가상 스레드의 효율성 덕분에 애플리케이션의 전반적인 성능에 미치는 부정적인 영향이 최소화된다.

자바의 세마포어 이해

세마포어semaphore는 문지기처럼 공유 자원에 대한 접근을 통제하는 동기화 메커니즘이다. java.util.concurrent 패키지에 있는 Semaphore 클래스(https://oreil.ly/8ACAn)를 사용하면 이러한 접근 제어를 쉽게 적용할 수 있다.

세마포어의 기본 개념은 아주 간단해서, 정해진 개수의 출입증permit을 관리할 뿐이다. 스레드가 특정 코드 섹션에 접근하려면 세마포어로부터 출입증을 하나 확보해야 한다. 스레드가 작업을 마치면 세마포어에 출입증을 반납한다. 만약 사용 가능한 출입증이 없다면, 스레드는 출입증이 반납될 때까지 대기한다.

세마포어의 주요 메서드는 다음과 같다.

- acquire()(https://oreil.ly/SEwgu)
  출입증을 요청한다. 받을 수 있는 출입증이 없다면 스레드는 기다린다.

- release()(https://oreil.ly/_mtvT)
  출입증을 반납한다. 대기 중인 스레드는 반납된 출입증을 받아서 자원에 접근할 수 있다.

- availablePermits()(https://oreil.ly/pCyco)
  현재 지급 가능한 출입증 개수를 반환한다.

겨우 5개의 데이터베이스 연결을 맺을 수 있는 커넥션 풀이 있다고 가정해 보자. 다음과 같이 세마포어를 사용하면 한 번에 최대 5개의 스레드만 데이터베이스 연결을 획득하는 것을 보장할 수 있다.

깃허브 소스 c02/ResourcePool.java

```
import java.util.Optional;
import java.util.concurrent.Semaphore;

public class ResourcePool {

    private final Semaphore semaphore;  ❶

    public ResourcePool(int resourceCount) {
        this.semaphore = new Semaphore(resourceCount);  ❷
    }

    public Optional<String> useResource(String query) {
        try {
            semaphore.acquire();  ❸
            try {
                // 데이터베이스 연결 획득 및 사용 시뮬레이션
                return queryDatabase(query);  ❹
            } finally {
                semaphore.release();  ❺
            }
        } catch (InterruptedException e) {
            Thread.currentThread().interrupt();  ❻
            return Optional.empty();
        }
    }

    private Optional<String> queryDatabase(String query) {
        // 데이터베이스 쿼리 실행 시뮬레이션
        try {
            Thread.sleep(100);
        } catch (InterruptedException e) {
            Thread.currentThread().interrupt();
            return Optional.empty();
        }
        return Optional.of("Result for: " + query);
```

```
    }
}
```

세마포어가 제한된 자원에 대해 어떻게 접근 제어를 하는지 살펴보자.

❶ 동기화를 담당하는 기본 요소인 세마포어를 저장하는 필드. 여기에 저장된 세마포어는 스레드 안정성이 보장되는 방식으로 사용 가능한 출입증 개수를 관리하고, 이를 통해 데이터베이스 연결에 대한 동시 접근을 제어한다.

❷ 세마포어를 생성하는 과정에서 최대 한도를 지정한다. 허용할 동시 접근의 최대 개수를 지정하며, 사실상 커넥션 풀의 크기를 결정한다.

❸ 실질적인 요청 제한이 일어나는 지점. `acquire()` 메서드는 지급 가능한 출입증이 없으면 출입증을 요청한 스레드를 블로킹해서 자원에 대한 접근을 차단한다.

❹ 출입증을 얻으면 임계 영역(critical section)으로 들어갈 수 있다. 예제에서는 제한된 자원(데이터베이스 연결)이 사용되는 영역이 임계 영역에 해당된다.

❺ 동시성 프로그래밍에서 자원 정리는 매우 중요하다. 예외가 발생하더라도 자원 누수가 발생하지 않도록 항상 `finally` 블록 안에서 출입증을 반납한다.

❻ 적절한 스레드 인터럽트 처리가 필수적이다. 적절한 스레드 인터럽트 처리를 위해 인터럽트 상태를 보존해서 호출자가 적절하게 응답할 수 있게 한다.

앞선 클래스에서 `useResource()` 메서드는 `resourceCount`만큼의 스레드만 데이터베이스 연결을 획득하도록 제한한다. 출입증을 받지 못한 스레드는 기다려야 한다.

실제 운영 시스템에서는 자원 사용량을 모니터링하고 타임아웃을 구현해서 무기한 블로킹을 막는 것이 좋다. `ResourcePool`에 있던 세마포어의 기능을 한층 업그레이드하여 더 든든하고 새로운 `MonitoredResourcePool`을 만나보자.

깃허브 소스 c02/MonitoredResourcePool.java

```
import java.util.Optional;
import java.util.Random;
import java.util.concurrent.Semaphore;
import java.util.concurrent.TimeUnit;
import java.util.concurrent.atomic.AtomicInteger;

public class MonitoredResourcePool {

    private final Semaphore semaphore;
    private final AtomicInteger activeConnections;  ❶
```

```
    private final AtomicInteger peakConnections; ❷

    public MonitoredResourcePool(int resourceCount) {
        this.semaphore = new Semaphore(resourceCount, true); ❸
        this.activeConnections = new AtomicInteger(0);
        this.peakConnections = new AtomicInteger(0);
    }

    public Optional<String> useResource(String query) {
        boolean acquired = false;
        try {
            acquired = semaphore.tryAcquire(5, TimeUnit.SECONDS); ❹
            if (!acquired) {
                return Optional.empty(); ❺
            }
            int current = activeConnections.incrementAndGet();
            peakConnections.updateAndGet(peak -> Math.max(peak, current)); ❻
            return queryDatabase(query);
        } catch (InterruptedException e) {
            Thread.currentThread().interrupt();
            return Optional.empty();
        } finally {
            if (acquired) {
                activeConnections.decrementAndGet();
                semaphore.release();
            }
        }
    }

    public int getCurrentActiveConnections() {
        return activeConnections.get();
    }

    public int getPeakConnections() {
        return peakConnections.get(); ❼
    }

    private Optional<String> queryDatabase(String query) {
        try {
            Thread.sleep(new Random().nextInt(500) + 500);
        } catch (InterruptedException e) {
            Thread.currentThread().interrupt();
```

```
            return Optional.empty();
        }
        return Optional.of("Result for: " + query);
    }
}
```

다음과 같이 운영 환경에 쓸 만한 기능이 추가됐다.

❶ 활성 연결(active connection) 모니터링은 디버깅과 용량 산정에 도움이 된다. activeConnections 카운터는 최대 활성 연결 제한을 강제하기 위해서가 아니라 오직 모니터링 목적으로 현재 활성 연결 개수를 추적한다.

❷ 용량을 적절하게 산정하려면 최대 사용(peak usage) 패턴을 파악하는 것이 매우 중요하다. peakConnections 카운터는 애플리케이션이 실행되는 동안 관찰된 최대 동시 연결 개수를 기록한다.

❸ 공정성(fairness)은 경쟁이 심한 시나리오에서 스레드 고갈(starvation)을 방지한다. 두 번째 파라미터로 true를 전달함으로써 스레드가 공정하게 선입선출(FIFO)로 출입증을 획득하도록 보장하는 세마포어를 생성한다.

❹ 타임아웃은 무기한 블로킹을 방지하고 시스템의 복원력(resilience)을 개선한다. 타임아웃을 설정한 tryAcquire 메서드는 무기한 블로킹되는 일 없이, 지정된 시간 경과 후 호출자에게 제어권을 반환한다.

❺ 요청 후 무한정 기다리게 하는 것보다는 정해진 방식으로 자연스럽게 실패 처리하는 편이 더 낫다. 타임아웃 기간 내에 자원을 획득할 수 없으면 비어 있는 Optional을 반환하여 자원 요청이 자연스럽게 실패 처리되도록 한다.

❻ 원자적 연산(atomic operation)을 사용하면 스레드 안전성이 보장되는 방식으로 집계할 수 있다. 원자적 연산을 사용해 멀티스레드 환경에서도 최대 연결 개수를 안전하게 업데이트함으로써 모니터링 중인 코드에서 경쟁 조건(race condition)이 발생하는 것을 방지한다.

❼ 지표(metric)를 노출하면 운영 가시성(operational visibility)을 획득할 수 있다. 최대 연결 개수라는 지표를 노출함으로써 자원 풀 사용 패턴에 대한 관측성(observability)을 제공하며, 이는 모니터링 및 알림 설정에 필수적이다.

모니터링 기능을 추가하며 업그레이드한 세마포어가 동시성 처리를 올바르게 수행하는지 테스트를 통해 확인해 보자.

깃허브 소스 c02/ResourcePoolTest.java

```
import java.util.ArrayList;
import java.util.List;
import java.util.Optional;
```

```
import java.util.concurrent.*;

public class ResourcePoolTest {

    public static void main(String[] args) throws Exception {
        int maxConcurrentThreads = 5;
        int totalRequests = 50;
        var pool = new MonitoredResourcePool(maxConcurrentThreads);

        var futures = new ArrayList<Future<Optional<String>>>();

        try (var executor = Executors.newVirtualThreadPerTaskExecutor()) {
            for (int i = 0; i < totalRequests; i++) {
                final int taskId = i;
               futures.add(executor.submit(() -> pool.useResource("Query " + taskId)));
            }

            int successCount = 0;
            int timeoutCount = 0;

            for (Future<Optional<String>> future : futures) {
                Optional<String> result = future.get();
                if (result.isPresent()) {
                    successCount++;
                } else {
                    timeoutCount++;  ❶
                }
            }

            System.out.printf("""
                    requests   : %d
                    successful: %d
                    timed-out : %d
                    peak usage: %d%n""",
                totalRequests, successCount, timeoutCount, pool.getPeakConnections());  ❷

            assert pool.getPeakConnections() <= maxConcurrentThreads
                : "Peak connections exceeded limit!";
        }
    }
}
```

테스트는 세마포어 기반의 요청 제한 효과를 잘 보여준다.

❶ 타임아웃을 추적하면 부하를 받는 상태에서 시스템의 동작을 이해하는 데 도움이 된다. timeoutCount는 정해진 시간 동안 기다려도 출입증을 받지 못해 발생한 타임아웃 개수를 추적하며 자원 경쟁 상태를 알 수 있게 해준다.

❷ 최대 연결 개수를 통해 요청 제한이 제대로 동작하고 있는지 확인할 수 있다. 이를 통해 테스트가 실행되는 동안 실제 동시 연결 개수가 최대 한도를 넘지 않도록 세마포어가 제 역할을 제대로 수행하고 있는지 알 수 있다.

테스트를 실행하면 다음과 같이 50개의 동시 요청이 제출되고, 최대 연결 수는 한도인 5개를 넘지 않는 것을 확인할 수 있고, 일부 요청은 타임아웃으로 지정된 5초 동안 출입증을 받지 못해 타임아웃 처리된 것으로 표시된다. 세마포어 기반의 요청 제한을 통해 자원이 잘 보호되고 있음을 수 있음을 알 수 있다.

```
Total requests: 50
Successful: 32
Timed out: 18
Peak concurrent connections: 5
```

세마포어를 사용하는 이유

예제를 통해 세마포어가 동시성을 얼마나 효과적으로 잘 조절하는지 확인했으니 이제 이 동기화 메커니즘이 매우 유용하게 활용되는 일반적인 시나리오 몇 가지를 더 살펴보자.

- 자원 관리
  세마포어는 네트워크 소켓이든 데이터베이스 연결이든 유한한 용량을 가진 모든 유형의 공유 자원에 대한 접근을 제한하는 데 이상적이다. 예를 들어, 애플리케이션이 10개의 동시 데이터베이스 연결 라이선스만 갖고 있다고 가정해 보자. 10개의 출입증으로 초기화된 세마포어는 이 제한을 절대 초과하지 않도록 보장하여, 라이선스 위반 및 연결 오류를 방지한다.

- 요청 제한
  세마포어를 사용해 웹 서비스 또는 API에 대한 요청 속도를 제어함으로써 과부하를 방지하고 원활한 사용자 경험을 보장할 수 있다. 예를 들어 외부 API가 분당 100개의 요청만 허용하는 경우, 1분 주기로 100개의 출입증을 다시 채우는 스케줄링된 태스크와 동시에 발급될 수 있는 출입증 최대 한도를 조절할 수 있는 세마포어를 함께 사용해 외부 API의 요청 제한을 준수할 수 있다.

- 일반적인 동시성 제어

  세마포어를 사용하면 특정 코드 섹션을 동시에 실행하는 스레드의 수를 정밀하게 관리할 수 있다. 이는 높은 동시성 처리 성능을 요구하는 애플리케이션의 안정성을 유지하는 데 매우 결정적이며, 특히 특정 수준의 병렬 처리만 감당할 수 있는 자원을 다룰 때 필수적이다.

세마포어를 사용할 때는 다음의 중요한 사항들을 염두에 두어야 한다.

- 공정성

  자바의 `Semaphore` 클래스는 공정성을 설정할 수 있다. 공정한 세마포어에서는 출입증이 요청된 순서대로 부여된다. 하지만 공정한 세마포어는 요청 순서를 유지하는 오버헤드로 인해 비공정한 세마포어에 비해 성능이 약간 떨어질 수 있다. 따라서 스레드 고갈이 발생하지 않도록 막는 것이 순수한 성능보다 더 중요할 때 공정성을 선택한다.

- 블로킹

  `acquire()` 메서드는 사용 가능한 출입증이 없을 경우 스레드를 블로킹할 수 있다. 다행히 자바에 가상 스레드가 도입되면서 이러한 블로킹과 관련된 오버헤드는 크게 줄어들었다. 플랫폼 스레드와 달리, 가상 스레드는 블로킹되더라도 운영체제 자원을 소모하지 않기 때문에 세마포어 기반 동기화의 확장성이 훨씬 좋아질 수 있다.

- 오류 처리

  `finally` 블록 내에서 출입증을 꼼꼼하게 반납해야 한다. 이는 예외가 발생하는 경우에도 자원 누수를 방지하고 적절한 자원 관리를 보장하는 데 필수적이다.

- 출입증 관리

  세마포어는 출입증을 특정 스레드와 연결하지 않는다는 점을 기억해야 한다. 그래서 출입증을 획득하지 못한 스레드마저 `semaphore.release()`를 호출할 수 있다. 이러한 유연성은 유용할 수 있지만, 의도하지 않게 유효 출입증 개수를 늘리는 결과를 초래할 수 있으므로 이를 방지할 수 있는 신중한 설계가 필요하다.

세마포어의 한계

세마포어는 제한된 자원을 보호하는 데 필수적이지만 특이한 위험도 함께 갖고 있다. 바로 어떤 스레드가 어느 출입증을 획득했는지 추적하지 않는다는 점이다. 출입증을 획득하지 못한 스레드도 출입증을 반납할 수 있다.

아래의 간단한 예제 코드를 보자.

```
// 2개의 출입증으로 시작
Semaphore semaphore = new Semaphore(2);

// 스레드 1: 실수로 출입증을 반납하지 않음
Thread.ofVirtual().start(() -> {
    semaphore.acquire();
    // 출입증을 반납하지 않음
});

// 스레드 2: 받지도 않은 출입증을 반납
Thread.ofVirtual().start(() -> {
    semaphore.release(); // 버그
    semaphore.release(); // 이중 버그
});

// 결과: 출입증이 3개가 되었고, release()를 더 호출하면 출입증 개수가 더 늘어날 수도 있음
```

운영 환경에서 이러한 위험은 데이터베이스 연결 초과, API 과부하, 또는 메모리 고갈로 이어질 수 있다.

다음과 같은 패턴을 적용해서 문제를 예방할 수 있다.

```
public <T> T useResource(Callable<T> task)
        throws Exception {
    semaphore.acquire();  // try 블록 진입 전에 출입증 획득

    try {
        return task.call();
    } finally {
        semaphore.release();  // finally 블록에서 항상 출입증 반납
    }
}
```

결론적으로, 세마포어를 이해하면 자바 애플리케이션에서 공유 자원을 관리하는 강력한 도구를 손에 쥘 수 있게 된다. 세마포어를 가상 스레드와 함께 사용하면 안정성과 최적의 성능을 보장하는 데 큰 도움이 되므로 특히 더 가치가 있다.

가상 스레드의 한계

지금까지 우리는 가상 스레드의 장점에 대해 알아봤다. 가상 스레드는 가벼운 경량 스레드로 설계되었으며, 자바 런타임에 의해 쉽게 스케줄링되어 더 효율적으로 동시성을 처리할 수 있게 해준다. 하지만 가상 스레드에는 **고정**pinning이라고 알려진 제약사항도 있으며, 이로 인해 잠재적으로 애플리케이션의 확장성과 성능에 좋지 않은 영향을 줄 수 있다.

가상 스레드 맥락에서 고정은 가상 스레드가 자신의 캐리어 스레드(가상 스레드가 실행되는 밑바탕의 플랫폼 스레드)에 묶여서 고정되는 상황을 의미한다. 고정된 상태에 빠진 가상 스레드는 블로킹 연산을 실행할 때 캐리어 스레드로부터 언마운트할 수 없으며, 고정돼 있는 동안 해당 캐리어 스레드를 독점적으로 점유하게 된다.

고정은 주로 두 가지 시나리오에서 발생한다.

- synchronized 블록 또는 메서드

  가상 스레드는 synchronized가 붙어 있는 블록이나 메서드에 진입할 때 캐리어 스레드에 고정된다. 가상 스레드가 고정되면 블로킹되더라도 캐리어 스레드가 다른 태스크를 실행할 수 없고, 마운트된 가상 스레드의 블로킹이 해제될 때까지 기다려야 한다.

- 네이티브 메서드 또는 외부 함수

  가상 스레드가 네이티브 메서드나 외부 함수foreign function[7]를 실행할 때도 고정된다.

가상 스레드의 진정한 가치는 블로킹 작업을 수행할 때 캐리어 스레드로부터 언마운트하여 캐리어 스레드를 다른 태스크 실행에 활용할 수 있도록 양보하는 능력에서 나온다. 고정이 발생하면 가상 스레드는 스스로 언마운트할 수 없다. 사용할 수 있는 캐리어 스레드의 수는 제한되어 있기 때문에 블로킹되는 상황에서 언마운트하지 않고 캐리어 스레드를 계속 점유

7 JVM 영역 외부에 존재하는 함수 – 옮긴이

하면 문제를 일으킬 수 있다. 만약 많은 가상 스레드가 장시간 고정되면, 캐리어 스레드도 장시간 점유된다. 결과적으로 다른 가상 스레드의 실행을 방해하며, 가상 스레드가 제공하는 동시성 처리 능력은 실질적으로 제한된다.

고정은 다음과 같은 방식으로 가상 스레드의 장점을 희석시킨다.

- **처리량 감소**
  고정된 가상 스레드가 캐리어 스레드를 점유하므로 그만큼 사용 가능한 캐리어의 수가 줄어들고, 다른 가상 스레드들은 사용 가능한 캐리어 스레드를 더 오래 기다려야 하며, 결과적으로 시스템의 전반적인 처리량은 떨어지게 된다.

- **자원 비효율성**
  캐리어 스레드는 시스템 명세에 묶여 있는 유한한 자원이다. 가상 스레드의 고정 때문에 캐리어 스레드가 블로킹되어 다른 태스크를 실행하지 못하고 완료될 때까지 기다려야 한다면 자원 사용 효율성은 떨어지게 된다.

- **확장성 문제**
  만약 가상 스레드의 상당 부분이 `synchronized` 블록 또는 네이티브 메서드의 빈번한 사용으로 인해 고정된다면, 확장성 문제에 직면할 수 있다.

다음과 같은 전략을 활용해서 고정의 영향을 완화할 수 있다.

- `synchronized` 블록이나 메서드 대신, `java.util.concurrent.locks` 패키지의 `ReentrantLock`을 사용하면 블로킹 발생 시 가상 스레드가 언마운트되므로 캐리어 스레드가 다른 태스크를 실행할 수 있다.
- 정기적으로 코드를 검토하여 가상 스레드 맥락에서 `synchronized` 메서드나 블록, 네이티브 메서드의 사용을 식별하고 최소화한다.

가상 스레드가 고정될 수 있다는 제약사항에 의해 발생하는 부작용을 이해하면, 자바 애플리케이션에 대해 더 나은 아키텍처 결정을 내릴 수 있다.

가상 스레드 고정

가상 스레드 고정 현상을 예제 코드를 통해 확인해 보자.

깃허브 소스 c02/ThreadPinnedExample.java

```
import java.util.List;
import java.util.stream.IntStream;

public class ThreadPinnedExample {

    private static final Object lock = new Object();

    public static void main(String[] args) {
        List<Thread> threadList = IntStream.range(0, 10)
            .mapToObj(i -> Thread.ofVirtual().unstarted(() -> {
                if (i == 0) {
                    System.out.println(Thread.currentThread());  ❶
                }
                synchronized (lock) {  ❷
                    try {
                        Thread.sleep(25);  ❸
                    } catch (InterruptedException e) {
                        Thread.currentThread().interrupt();
                    }
                }
                if (i == 0) {
                    System.out.println(Thread.currentThread());  ❹
                }
            })).toList();

        threadList.forEach(Thread::start);
        threadList.forEach(t -> {
            try {
                t.join();
            } catch (InterruptedException e) {
                Thread.currentThread().interrupt();
            }
        });
    }
}
```

코드가 실행될 때 벌어지는 일들을 하나하나 살펴보자.

❶ `i == 0`일 때 생성되는 첫 번째 가상 스레드에 대한 캐리어 스레드 정보를 synchronized 블록에 진입하기 전에 출력한다.

❷ 가상 스레드가 락을 획득하여 synchronized 블록에 진입할 때 캐리어 스레드에 고정된다. 고정되는 이유는 synchronized 블록이 가상 스레드가 캐리어 스레드로부터 언마운트되지 못하도록 막기 때문이다.

❸ sleep 메서드 호출은 블로킹 I/O 연산을 시뮬레이션한다. 일반적으로 가상 스레드에서 sleep 메서드가 호출되면 가상 스레드는 캐리어 스레드에서 언마운트되고, 캐리어 스레드는 다른 가상 스레드를 실행할 수 있다. 하지만 synchronized 블록 안에서 sleep 메서드가 호출되면 가상 스레드는 고정되고 25밀리초 대기하는 중에도 캐리어 스레드를 독점한다.

❹ synchronized 블록을 빠져나온 후에 캐리어 스레드 정보를 한 번 더 출력한다. 이를 통해 가상 스레드가 synchronized 블록 진입 전/후에 동일한 캐리어 스레드에서 실행되는지 확인할 수 있다.

코드를 실행하면 다음과 같이 출력되고, 첫 번째 가상 스레드에 고정이 발생했음을 확인할 수 있다.

```
VirtualThread[#21]/runnable@ForkJoinPool-1-worker-1
VirtualThread[#21]/runnable@ForkJoinPool-1-worker-1
```

synchronized 블록 진입 전/후의 캐리어 스레드 식별자(ForkJoinPool-1-worker-1)가 동일하게 유지되고 있음에 주목하자. 이를 통해 가상 스레드가 캐리어 스레드로부터 언마운트된 후 다른 캐리어 스레드에 마운트되어 실행된 것이 아님을 확인할 수 있다. 결국 synchronized 블록 안에서 블로킹 연산을 수행하는 동안 가상 스레드가 특정 캐리어 스레드에 고정됨을 알 수 있다.

JDK 24에서는 synchronized 블록 안에서도 가상 스레드가 고정되지 않는다. JVM이 synchronized 영역에서의 언마운트도 지원하므로 synchronized로 인해 발생하는 고정 현상에 의한 제약도 JDK 24부터는 완전히 사라진다. 하지만 JDK 23 및 그 이전 버전에서 동시성 애플리케이션을 설계할 때는 여전히 가상 스레드 고정 현상을 고려해야 한다.

예제처럼 10개가 아니라 1,000개 또는 10,000개의 가상 스레드로 확장하여, 이들 모두가 블로킹 작업을 포함하는 synchronized 블록에 진입하려고 시도하는 상황을 생각해 보자.

사용 가능한 캐리어 스레드는 소수에 불과하므로, 대부분의 가상 스레드는 캐리어 스레드를 줄 서서 기다리게 된다. 이러면 높은 동시성 처리 능력 확보라는 가상 스레드 사용 목적은 퇴색된다.

ReentrantLock으로 고정 문제 해결하기

ReentrantLock은 자바의 동기화 메커니즘으로, 전통적인 synchronized 블록보다 더 유연하고 정교한 스레드 상호작용을 허용하며, 공정성, 잠금 시도try-lock, 인터럽트 가능성interruptibility과 같은 추가 기능을 제공한다. ReentrantLock을 사용하는 주요 이점 중 하나는 가상 스레드 고정 문제를 피할 수 있다는 점이다.

다음 예제 코드는 ReentrantLock을 사용해 가상 스레드와 관련된 고정 문제를 회피하는 방법을 보여준다. 가상 스레드를 캐리어 스레드에 고정하는 synchronized 블록 대신에 동기화를 위해 ReentrantLock을 사용하면, 가상 스레드가 블로킹될 때 캐리어 스레드로부터 언마운트되는 것이 허용되며, 결과적으로 캐리어 스레드가 블로킹 연산 완료를 기다리지 않고 다른 태스크를 실행할 수 있게 된다.

깃허브 소스 ch02/PreventPinningExample.java

```
import java.util.concurrent.locks.ReentrantLock;
import java.util.stream.IntStream;

public class PreventPinningExample {

    private static final ReentrantLock lock = new ReentrantLock();  ❶

    public static void main(String[] args) {
        var threadList = IntStream.range(0, 10)
            .mapToObj(i -> Thread.ofVirtual().unstarted(() -> {
                if (i == 0) {
                    System.out.println(Thread.currentThread());  ❷
                }

                lock.lock();  ❸
                try {
                    Thread.sleep(25);  ❹
                } catch (InterruptedException e) {
                    Thread.currentThread().interrupt();
```

```
                } finally {
                    lock.unlock(); ❺
                }
                if (i == 0) {
                    System.out.println(Thread.currentThread()); ❻
                }
            })).toList();

        threadList.forEach(Thread::start);
        threadList.forEach(thread -> {
            try {
                thread.join();
            } catch (InterruptedException e) {
                Thread.currentThread().interrupt();
            }
        });
    }
}
```

synchronized 블록을 사용했던 버전과의 주요 차이점은 다음과 같다.

❶ 객체 모니터 대신에 ReentrantLock을 생성한다. ReentrantLock은 synchronized 블록과 마찬가지로 상호 배제(mutual exclusion) 효과를 내지만, synchronized 블록과 달리 고정 현상을 유발하지 않아 가상 스레드 친화적이다.

❷ 첫 번째 가상 스레드를 실행하는 캐리어 스레드 정보를 출력한다.

❸ lock() 메서드는 락(lock)을 획득해서 synchronized 블록에 진입한 것과 비슷한 효과를 낸다. 하지만 synchronized와는 다르게 가상 스레드를 고정하지 않는다.

❹ 락을 획득한 상태로 sleep 메서드를 실행하는 동안 가상 스레드는 캐리어 스레드로부터 언마운트되며, 캐리어 스레드는 다른 가상 스레드를 실행할 수 있게 된다.

❺ unlock 메서드는 finally 블록 안에서 호출해야 예외가 발생하더라도 항상 실행되어 락 반납을 보장할 수 있고, 결과적으로 데드락(deadlock) 발생을 예방할 수 있다.

❻ 락 반납 후에 캐리어 스레드 정보를 출력해서 어떤 변화가 있는지 확인한다.

예제를 실행하면 다음과 같은 결정적인 차이를 확인할 수 있다.

```
VirtualThread[#20]/runnable@ForkJoinPool-1-worker-1
VirtualThread[#20]/runnable@ForkJoinPool-1-worker-3
```

결과는 다음과 같이 해석할 수 있다.

- VirtualThread[#20]/runnable@ForkJoinPool-1-worker-1
  ID가 #20인 가상 스레드가 runnable 상태이고 ForkJoinPool-1-worker-1 캐리어 스레드에 마운트돼 있다.

- VirtualThread[#20]/runnable@ForkJoinPool-1-worker-3
  ID가 #20인 가상 스레드가 여전히 runnable 상태이고, 기존과는 다른 ForkJoinPool-1-worker-3 캐리어 스레드에 마운트돼 있다.

예제를 통해 가상 스레드가 처음에 마운트된 캐리어 스레드와 나중에 마운트된 캐리어 스레드가 다르다는 사실을 알 수 있다. 이는 synchronized 블록 대신에 ReentrantLock을 사용했기 때문에 가능하다. ReentrantLock을 사용하면 고정 문제를 근본적으로 피할 수 있고, 자바 런타임이 가상 스레드를 효율적으로 스케줄링할 수 있게 되어 캐리어 스레드가 불필요하게 점유되어 발생하는 비효율을 막을 수 있다.

핵심적인 차이는 구현에 있다. synchronized 블록이 가상 스레드 고정을 유발하는 객체 모니터를 사용하는 반면에, ReentrantLock은 가상 스레드를 인지할 수 있는 파킹/언파킹 메커니즘park/unpark mechanism을 사용한다.

> **파킹/언파킹 메커니즘**
>
> 파킹/언파킹 메커니즘은 자바의 저수준 스레드 조정 기본 방식이며, 많은 고수준 동시성 유틸리티가 이 메커니즘을 바탕으로 만들어진다. 스레드가 LockSupport.park()(https://oreil.ly/rvEjY)를 호출하면, 다음 상황이 발생할 때까지 해당 스레드는 '파킹(블로킹)'된다.
>
> – 다른 스레드가 해당 스레드를 대상으로 unpark()를 호출할 때
>
> – 해당 스레드가 인터럽트될 때
>
> – 호출이 허위로 반환될 때(드물지만 일어날 수 있다.)
>
> LockSupport.unpark(thread)(https://oreil.ly/HI-pC)를 호출하면 대상 스레드가 파킹 상태에서 깨어나 다시 진행할 수 있는 상태가 된다.
>
> ```
> // 스레드 A
> LockSupport.park(); // 언파킹될 때까지 블로킹된다.
> // 스레드 B
> LockSupport.unpark(threadA); // 스레드 A를 깨운다.
> ```

JVM은 가상 스레드가 언제 파킹되는지 감지할 수 있고, 파킹을 감지하면 캐리어 스레드로부터 가상 스레드를 언마운트할 수 있다. 따라서 파킹/언파킹 메커니즘은 가상 스레드 친화적이다. 바로 이 점이 객체 모니터를 사용해서 가상 스레드를 언마운트할 수 없게 만드는 synchronized와 다른 점이다.

가상 스레드가 ReentrantLock이 적용되는 영역에서 블로킹되면 자바 런타임은

1. 가상 스레드의 상태를 저장한다.
2. 가상 스레드를 캐리어 스레드로부터 언마운트한다.
3. 다른 가상 스레드를 캐리어 스레드에 마운트한다.
4. 나중에 락이 반납되면 언마운트된 가상 스레드를 사용 가능한 임의의 캐리어 스레드에 마운트한다.

synchronized 블록과 가상 스레드 고정

synchronized 블록이 가상 스레드의 고정을 유발할 수 있지만, 그 영향은 synchronized 블록 안에 있는 특정 코드에 따라 달라진다. 몇 가지 사례를 통해 알아보자.

사례 1: 고정 위험 거의 없음

```
synchronized (this) {
    return this.a + this.b;
}
```

가상 스레드는 락을 획득하기 위해 기다려야 한다. 락을 획득하고 블록 안으로 진입하면 가상 스레드는 캐리어 스레드에 고정된다. 고정된 채로 synchronized 블록 안에 있는 코드를 실행하지만, 코드는 단순히 두 값을 더할 뿐 블로킹 연산이 없고, 금방 완료할 수 있어서 synchronized 블록을 사용함에도 불구하고 고정에 뒤따르는 위험은 거의 없다.

사례 2: 잠재적 고정 위험

```
synchronized (this) {
    var response = httpClient.sendBlockingRequest(request);
    return response;
}
```

synchronized 블록 안에서 네트워크를 거치는 블로킹 메서드인 httpClient.sendBlockingRequest()를 호출하므로 고정 위험이 있다. synchronized 블록 안에서 네트워크 호출 후 응답이 올 때까지 가상 스레드는 캐리어 스레드에 고정된 채로 기다려야 하며, 이로 인해 동시성 처리 능력이 떨어지게 된다.

사례 3: 비슷한 고정 위험

```
synchronized (this) {
    this.wait();
}
```

synchronized 블록 안에서 Object.wait()를 호출하면 가상 스레드는 this.notify()가 호출될 때까지 고정된다.

핵심 요점

synchronized로 인해 발생하는 고정 위험의 심각성은 블록 안에서 수행하는 작업의 성격에 따라 달라진다. 매우 금방 실행될 수 있거나 논블로킹 연산은 일반적으로 심각하지 않다. 하지만 블로킹 호출이 있을 때는 심각한 위험이 될 수 있으므로 신중하게 고려해야 한다.

진화하는 환경

앞으로의 JDK 업데이트(https://oreil.ly/QaB-6)에서는 특정 상황에서 고정 위험을 완화할 수 있는 '언마운트 지원(unpinning-aware)' I/O 연산이 도입될 수 있다. 하지만 현재로서는 가상 스레드의 확장성을 극대화하려면 synchronized 블록보다는 ReentrantLock을 사용하는 것이 현명하다.

네이티브 메서드 호출과 고정

앞서 살펴본 synchronized 블록과 마찬가지로 이번에는 네이티브 메서드 호출이 어떻게 가상 스레드 고정을 유발하는지 C 언어로 된 함수와 JDK 22에 도입된 자바의 외부 함수 및 메모리 API Foreign Function & Memory API(FFM API)를 사용해서 알아보자.

먼저 C의 usleep 함수를 사용해서 어떤 작업을 시뮬레이션하는 네이티브 함수를 만든다.

깃허브 소스 c02/addNumbers.c

```
#include <unistd.h>
// 함수 정의
int addNumbers(int number1, int number2) {
    // 실행을 200,000마이크로초(200밀리초) 동안 멈춘다.
    usleep(200000);

    return number1 + number2;
}
```

이제 운영체제에 따라 다음 명령을 통해 컴파일한다.

- 리눅스: `gcc -shared -fPIC -o libaddNumbers.so addNumbers.c`
- 맥OS: `gcc -shared -fPIC -o libaddNumbers.dylib addNumbers.c`
- 윈도우(MinGW 같은 GCC 환경 사용): `gcc -shared -o addNumbers.dll addNumbers.c`

컴파일하면 동적 라이브러리 파일이 생성되며 맥OS의 경우 libaddNumbers.dylib 파일이 생성된다. 이제 가상 스레드에서 이 네이티브 메서드를 호출해 보자.

깃허브 소스 c02/ThreadPinnedNativeMethodExample.java

```
import java.lang.foreign.*;
import java.lang.invoke.MethodHandle;
import java.nio.file.Path;
import java.util.List;
import java.util.stream.IntStream;

public class ThreadPinnedNativeMethodExample {

    public static void main(String[] args) {
        List<Thread> threadList = IntStream.range(0, 10)
            .mapToObj(i -> Thread.ofVirtual().unstarted(() -> {
                if (i == 0) {
                    System.out.println(Thread.currentThread());  ❶
                }
                int sum = invokeNativeAddNumbers(56, 11);  ❷
                if (i == 0) {
                    System.out.println(Thread.currentThread());  ❸
                }
            })).toList();

        threadList.forEach(Thread::start);

        threadList.forEach(t -> {
            try {
                t.join();
            } catch (InterruptedException e) {
                Thread.currentThread().interrupt();
            }
        });
    }
```

```
    public static int invokeNativeAddNumbers(int a, int b) {
        try (Arena arena = Arena.ofConfined()) { ❹
            SymbolLookup lookup = SymbolLookup.libraryLookup(
                Path.of("libaddNumbers.dylib"), arena); ❺
            MemorySegment memorySegment = lookup.find("addNumbers")
                .orElseThrow(() ->
                    new RuntimeException("addNumbers function not found"));

            Linker linker = Linker.nativeLinker();
            FunctionDescriptor addNumbersDescriptor = FunctionDescriptor.of(
                ValueLayout.JAVA_INT,     // 반환 타입
                ValueLayout.JAVA_INT,     // 첫 번째 파라미터
                ValueLayout.JAVA_INT);    // 두 번째 파라미터
            MethodHandle addNumbersHandle = linker.downcallHandle(
                memorySegment, addNumbersDescriptor); ❻

            try {
                return (int) addNumbersHandle.invokeExact(a, b); ❼
            } catch (Throwable e) {
                throw new RuntimeException(e.getMessage());
            }
        }
    }
}
```

실행 과정에서 어떤 일이 벌어지는지 살펴보자.

❶ 네이티브 호출 전에 캐리어 스레드 정보를 출력해서 기준선(baseline)을 설정한다.

❷ 네이티브 메서드 호출이 발생하는 지점이다. 네이티브 메서드를 호출하면 가상 스레드는 자신의 캐리어 스레드에 고정된다.

❸ 네이티브 호출이 완료된 후, 캐리어 스레드가 변경되었는지 확인하기 위해 다시 한번 스레드 정보를 출력한다.

❹ FFM API(https://oreil.ly/TF4DO)는 자바의 네이티브 상호 운용성을 확보하는 새롭고 현대적인 방식이며, 이전의 JNI(Java Native Interface)를 대체한다. JDK 19에서 프리뷰 기능으로 도입되어 JDK 22에서 확정됐으며, 더 좋은 성능으로 더 안전하게 네이티브 코드 호출과 오프힙(off-heap) 메모리 관리를 수행할 수 있게 해준다. Arena(https://oreil.ly/vcHHG)는 네이티브 메모리 세그먼트의 생애주기를 관리하며, try-with-resources 블록을 벗어날 때 적절한 자원 정리를 보장해 준다. 다음 명령을 사용해서 네이티브 접근이 활성화된 상태로 예제를 실행할 수 있다.

```
java --enable-preview --source 21 --enable-native-access=ALL-UNNAMED
ThreadPinnedNativeMethodExample.java
```

❺ 운영체제에 따라 라이브러리 파일 확장자를 조정한다. 리눅스에서는 .so, 맥OS에서는 .dylib, 윈도우에서는 .dll을 사용한다.

❻ downcallHandle 메서드는 자바와 네이티브 함수를 연결해 주는 다리 역할을 하며, 자바에서 C 코드를 호출할 수 있게 해준다.

❼ 네이티브 호출 동안 가상 스레드는 자신의 캐리어 스레드로부터 언마운트할 수 없으며, 이로 인해 200밀리초 동안 고정이 발생한다.

실행 결과는 다음과 같다.

```
VirtualThread[#20]/runnable@ForkJoinPool-1-worker-1
VirtualThread[#20]/runnable@ForkJoinPool-1-worker-1
```

invokeNativeAddNumbers를 호출하기 전과 후의 스레드 식별자가 동일하다는 것은 네이티브 메서드가 실행되는 동안 가상 스레드가 고정되었음을 확인해 준다.

이제 이런 질문이 떠오른다. 네이티브 메서드 호출 중에 왜 이런 일이 발생했을까?

JVM이 네이티브 코드 실행을 검사하거나 제어할 수 없기 때문에 가상 스레드가 네이티브 메서드를 호출하면 고정된다. 가상 스레드가 네이티브 코드에 진입할 때에는 여러 제약 조건이 작용한다. 네이티브 코드는 스레드 간에 마이그레이션될 수 없는 스레드 로컬 상태를 가질 수 있으며, 네이티브 호출 스택은 자바 스택 프레임처럼 저장하고 복원할 수 없고, 네이티브 코드는 운영체제 수준의 스레드 기본 요소와 직접 상호작용할 수 있다. 이런 여러 제약사항 때문에 가상 스레드는 네이티브 호출 전체 구간 동안 자신의 캐리어 스레드에 마운트된 상태를 강제로 유지하게 된다.

이는 네이티브 호출이 빈번한 애플리케이션에서는 가상 스레드의 확장성 이점을 완전하게 누리지는 못할 수 있음을 의미한다. 그로 인한 손실을 완화하기 위해 호출 빈도를 줄이도록 작업을 일괄 처리하거나, 비동기 네이티브 API를 사용하거나, 중요한 네이티브 기능을 순수 자바로 재구현하는 것을 고려할 필요가 있다. 네이티브 호출이 병목 현상을 일으키는지 확인하기 위해 애플리케이션 동시성에 미치는 실제 영향을 항상 측정해야 한다.

JEP 491: 고정 현상 없는 가상 스레드 동기화

JEP 491: '고정 현상 없는 가상 스레드 동기화(Synchronize Virtual Threads Without Pinning)'(https://oreil.ly/zGYVq)는 JDK 24에 도입되었으며, synchronized 키워드를 가상 스레드 친화적으로 재작업함으로써 중요한 진전을 이뤄냈다. JEP 491 이전에는 가상 스레드가 synchronized 블록에 진입하면 플랫폼 스레드에 고정됐다. 하지만 JEP 491 업데이트를 통해 가상 스레드는 스스로 synchronized의 락을 획득하고, 유지하고, 해제할 수 있게 된다. 덕분에 JVM 스케줄러는 블로킹된 가상 스레드가 플랫폼 스레드에서 언마운트되도록 허용하여 불필요한 자원 점유를 방지하고 다른 작업들이 효율적으로 계속 실행되게 할 수 있다.

그렇다고 해서 가상 스레드 고정 문제가 완전히 사라지는 것은 아니다. 클래스 초기화 과정에서 블로킹되거나, 다른 스레드에 의한 클래스 초기화를 기다리는 경우, 또는 클래스 로딩이나 네이티브 코드 호출 중 심볼릭 참조(symbolic reference)를 해석하는 경우와 같이 일부 예외적인 상황에서는 여전히 고정이 발생한다. 이러한 상황은 비교적 드물지만, 매우 높은 동시성 처리 능력을 요구하는 애플리케이션에서는 문제를 일으킬 수 있다. JEP 491은 이러한 사례들을 모니터링하고 필요하다면 향후 업데이트에서 접근 방식을 개선할 것을 제안한다.

하지만 한 가지 알아야 할 사항이 있다. JEP 491 개선사항을 활용하려면 JDK 24 이상으로 마이그레이션해야 한다. 아직까지는 대부분의 애플리케이션에서 사용되는 장기 지원(long-term support, LTS) 버전은 JDK 21이므로, 고정 문제에 대해 계속 인지하고 그에 맞춰 애플리케이션을 설계하는 것이 합리적이다.

예를 들어, JDK 25에서 다음 명령을 실행하면 더 이상 synchronized 관련 고정 문제가 발생하지 않는다.

```
java --enable-native-access=ALL-UNNAMED ThreadPinnedExample.java
```

결과는 다음과 같이 출력되며, 캐리어 스레드가 달라지는 것을 확인할 수 있다.

```
VirtualThread[#26]/runnable@ForkJoinPool-1-worker-1
VirtualThread[#26]/runnable@ForkJoinPool-1-worker-6
```

가상 스레드에서 ThreadLocal 변수의 문제

ThreadLocal(https://oreil.ly/0TLqb) 클래스를 사용하면 변수를 생성한 스레드만 읽고 쓸 수 있는 변수를 만들 수 있다. 덕분에 여러 스레드가 동시에 동일한 데이터에 접근하려고 시도하는 시나리오에서 ThreadLocal을 사용하면 동기화를 사용할 필요가 없어진다.

ThreadLocal의 고전적인 사용 사례는 다음과 같다.

- 자원 격리
  ThreadLocal 변수는 스레드 안전하지 않은 자원을 저장하는 임무를 완벽하게 수행한다. 고전적인 예로 SimpleDateFormat[8]이 있는데, ThreadLocal에 SimpleDateFormat을 담으면 각 스레드가 서로 다른 SimpleDateFormat 인스턴스를 가짐으로써 충돌을 피할 수 있다.

- 암묵적 컨텍스트
  ThreadLocal 변수는 데이터베이스 연결, 사용자 세션 데이터, 또는 트랜잭션 ID와 같이 스레드가 수행하는 태스크와 관련한 컨텍스트 정보를 저장하는 데 일반적으로 사용된다.

가상 스레드의 도전 과제

자바의 가상 스레드는 가벼워서 단일 애플리케이션에서 잠재적으로 수백만 개가 실행될 수도 있다. 하지만 수백만 개의 가상 스레드에서 ThreadLocal 변수를 과도하게 사용하면 문제가 생길 수도 있다.

- 메모리 소비
  수백만 개의 가상 스레드가 저마다 ThreadLocal 변수의 복사본을 갖게 되면, 특히 저장되는 데이터의 크기가 클 경우 메모리 사용량이 급격히 증가할 수 있다.

- 오버헤드
  ThreadLocal 변수를 초기화하고 정리하는 작업에는 오버헤드가 따른다. 적은 수도 아니고 수백만 개라는 굉장히 큰 수의 가상 스레드에서는 이런 오버헤드도 성능에 부담이 될 수 있다.

- 상속
  가상 스레드는 전통적인 스레드처럼 부모 스레드로부터 ThreadLocal 값을 상속받는다. 이 상속은 추적과 디버깅을 어렵게 만드는 미묘한 버그를 유발할 수 있다.

---

8 자바 8부터는 ThreadLocal을 사용하지 않고도 스레드 안전성을 보장해 주는 DateTimeFormatter(https://oreil.ly/2WT6n)를 사용할 수 있다.

이제 가상 스레드에서 ThreadLocal에 과도하게 의존할 때 발생할 수 있는 잠재적인 문제를 예제를 통해 살펴보자.

깃허브 소스 c02/ThreadLocalExample.java

```
import java.time.Duration;
import java.util.stream.IntStream;

public class ThreadLocalExample {

    public static void main(String[] args) {
        ThreadLocal<LargeObject> threadLocal
            = ThreadLocal.withInitial(LargeObject::new);
        var threadList = IntStream.range(0, 1000)
            .mapToObj(i -> Thread.ofVirtual().unstarted(() -> {
                LargeObject largeObject = threadLocal.get();
                useIt(largeObject);
                sleep();
            })).toList();

        threadList.forEach(Thread::start);

        threadList.forEach(thread -> {
            try {
                thread.join();
            } catch (InterruptedException e) {
                Thread.currentThread().interrupt();
            }
        });
    }

    private static void useIt(LargeObject largeObject) {
        System.out.println(largeObject.data.length);
    }

    private static void sleep() {
        try {
            Thread.sleep(Duration.ofMinutes(5));
        } catch (InterruptedException e) {
            throw new RuntimeException(e);
        }
```

```
    }

    static class LargeObject {
        private byte[] data = new byte[1024 * 500]; // 500KB
    }
}
```

예제에서는 500KB나 되는 큰 LargeObject 객체를 생성하여 사용한다. 1,000개의 가상 스레드 모두에서 LargeObject의 복사본이 ThreadLocal에 저장된다. 프로그램을 실행하고 JConsole[9]을 실행해 보면 그림 2-3과 같이 메모리 사용량을 확인할 수 있다.

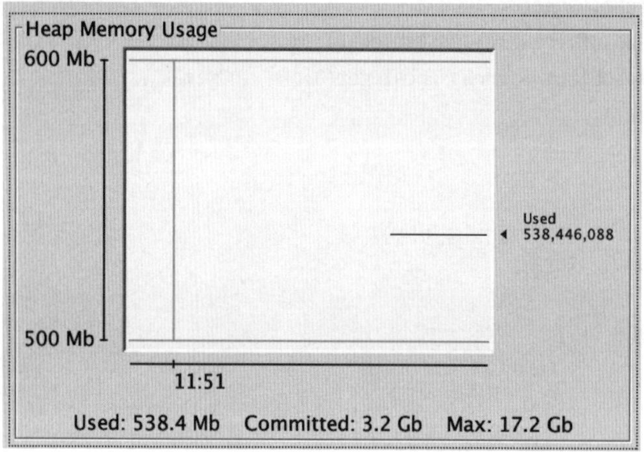

그림 2-3 ThreadLocal을 사용할 때의 힙 메모리 사용량

대략 500KB×1,000에 해당하는 메모리가 사용되는 것을 확인할 수 있다. 하지만 ThreadLocal을 사용하지 않도록 프로그램을 변경하고 실행한 후 JConsole에서 확인해 보면 메모리 사용량이 그림 2-4와 같이 급격히 낮아지는 것을 확인할 수 있다.

9 JDK에 포함돼 있는 모니터링 도구

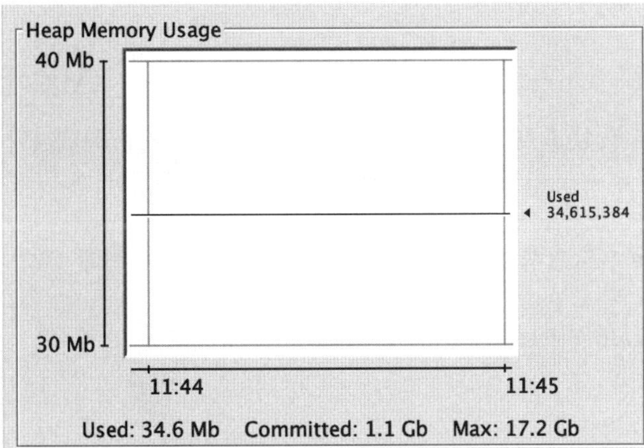

그림 2-4 ThreadLocal을 사용하지 않을 때의 힙 메모리 사용량

가상 스레드 환경에서 ThreadLocal과 관련된 메모리 및 오버헤드 문제를 확인하고 보니 ThreadLocal 말고 다른 대안이 필요해 보인다. 다음의 두 가지 전략을 떠올릴 수 있다.

- 스코프드 밸류
  스코프드 밸류scoped value는 가상 스레드를 염두에 두고 설계됐다. 스코프드 밸류의 불변성과 제한된 수명은 스레드 사이에서 안전하고 효율적으로 데이터를 주고받는 데 매우 적합하다. 스코프드 밸류는 5장에서 자세히 다룬다.

- 공유에 대한 재검토
  가상 스레드의 등장으로 인해 기존의 데이터 공유 방식을 전반적으로 재검토할 필요가 생겼다. ThreadLocal의 필요성을 최소화하도록 애플리케이션을 재구성할 수 있는지 탐색해 보면 확장성을 더 개선할 수 있는 설계로 이어질 수도 있다.

모니터링

가상 스레드의 한계를 살펴보니 문제의 출발점은 주로 두 가지라는 점이 명백해졌다. 바로 고정과 ThreadLocal이다. 이런 한계를 염두에 두고 새로운 애플리케이션을 만드는 것도 하나의 방법이겠지만, 그런 여유가 항상 주어지는 것은 아니다. 현실에서는 수백만 줄의 코드를 자랑하는 레거시 애플리케이션을 다뤄야 할 때도 있다. 다행히도 이런 상황에서 숨겨져 있는 문제를 드러내서 인지할 수 있게 도와주는 도구들이 있다.

ThreadLocal 모니터링

ThreadLocal을 추적하려면 -Djdk.traceVirtualThreadLocals 플래그를 사용해서 JVM을 시작해야 한다. 이 플래그를 사용하면 가상 스레드 안에서 ThreadLocal 변수가 사용될 때마다 스택 트레이스를 출력하며, 잠재적인 오용이나 과도한 사용을 알려준다.

다음 명령으로 ThreadLocalExample 프로그램을 실행해서 ThreadLocal을 모니터링해 보자.

```
java -Djdk.traceVirtualThreadLocals ThreadLocalExample.java
```

실행 결과는 다음과 같다.

```
VirtualThread[#23]/runnable@ForkJoinPool-1-worker-4
...
VirtualThread[#25]/runnable@ForkJoinPool-1-worker-6
    java.base/java.lang.ThreadLocal.setInitialValue(ThreadLocal.java:236)
    java.base/java.lang.ThreadLocal.get(ThreadLocal.java:194)
    java.base/java.lang.ThreadLocal.get(ThreadLocal.java:172)
    ca.bazlur.modern.concurrency.c02.ThreadLocalExample.lambda$main$0(
ThreadLocalExample.java:13)
    java.base/java.lang.VirtualThread.run(VirtualThread.java:329)
```

스택 트레이스에 ThreadLocal이 어디에서 어떻게 사용됐는지에 대한 귀중한 정보가 담겨 있다. 이를 통해 가상 스레드와의 호환성을 보장하는 ThreadLocal 사용법을 개선할 수 있다.

스택 트레이스에는 ca.bazlur.modern.concurrency.c02.ThreadLocalExample.lambda$main$0 (ThreadLocalExample.java:13)과 같이 작성한 소스 코드의 어디에서 ThreadLocal을 사용하는지 표시된다. 이는 문제 확인 및 해결에 있어 가장 중요한 정보라고 할 수 있으며, 이를 통해 추가적인 조사나 리팩토링 작업을 진행할 수 있다.

또한 가상 스레드별 스택 트레이스에 ThreadLocal.setInitialValue()가 호출되는 것이 확인되므로, 모든 가상 스레드는 각자 ThreadLocal 인스턴스를 초기화한다는 사실이 명백해졌다. 이는 앞서 살펴봤던 것처럼 많은 수의 가상 스레드를 사용할 때 잠재적으로 메모리 사용량의 증가로 이어질 수 있다는 우려를 재확인시켜 준다. 따라서 가상 스레드로의 마이그레이션을 검토할 때는 신중한 접근이 필요하다.

스택 트레이스는 디버깅에 필요한 귀중한 정보를 제공해 주며, ThreadLocal이 어디에서 사용되고 있는지 정확히 들여다볼 수 있게 해주는 창문이기도 하다. 이를 통해 ThreadLocal을 올바르게 사용하고 있는지 보장할 수 있을 뿐만 아니라, ThreadLocal이 병목 현상의 원인인지도 판별할 수 있고, 필요하다면 다른 것으로 대체하거나 구조 변경을 통해 애플리케이션의 성능을 향상할 수 있다.

가상 스레드 고정 현상 모니터링

ThreadLocal을 모니터링한 것과 비슷한 방식으로 소스 코드에서 발생하는 고정 문제도 모니터링할 수 있다. JVM 플래그, JDK 플라이트 레코더JDK Flight Recorder(JFR), 스레드 덤프thread dump를 생성할 수 있는 jcmd(https://oreil.ly/nnqx2)까지 고정 현상 모니터링을 도와주는 여러 도구가 있다. 먼저 JVM 플래그부터 살펴보자.

JVM 플래그 사용

시스템 프로퍼티인 jdk.tracePinnedThreads는 스레드가 고정된 상태에서 블로킹 작업을 만날 때 스택 트레이스를 남기도록 설계되었다. JVM을 -Djdk.tracePinnedThreads=full 플래그와 함께 실행하면 전체 스택 트레이스를 출력하며, 여기에는 모니터(락)를 보유하고 있는 자바 프레임과 네이티브 프레임도 강조되어 포함된다. 핵심 문제에 초점을 맞출 수 있도록 더 간결한 출력을 원한다면, -Djdk.tracePinnedThreads=short를 사용해서 트레이스의 범위를 문제 있는 프레임으로 제한할 수 있다.

다음 명령을 사용해 ThreadPinnedExample.java를 JVM 플래그와 함께 실행하고 어떤 정보가 출력되는지 확인해 보자.

```
java -Djdk.tracePinnedThreads=full ThreadPinnedExample.java
```

출력 결과는 다음과 같다.

```
VirtualThread[#28]/runnable@ForkJoinPool-1-worker-1
VirtualThread[#29]/runnable@ForkJoinPool-1-worker-2 reason:MONITOR
    java.base/java.lang.VirtualThread$VThreadContinuation.onPinned(VirtualThread.
java:199)
    java.base/jdk.internal.vm.Continuation.onPinned0(Continuation.java:393)
    java.base/java.lang.VirtualThread.parkNanos(VirtualThread.java:635)
```

```
    java.base/java.lang.VirtualThread.sleepNanos(VirtualThread.java:807)
    java.base/java.lang.Thread.sleep(Thread.java:507)
    ca.bazlur.modern.concurrency.c02.ThreadPinnedExample.lambda$main$0(
ThreadPinnedExample.java:18) <== monitors:1
    java.base/java.lang.VirtualThread.run(VirtualThread.java:329)
VirtualThread[#28]/runnable@ForkJoinPool-1-worker-1
```

출력 결과를 보면 어느 지점에서 스레드가 고정되어 블로킹되는지 알 수 있다. 특히 reason:MONITOR 태그는 스레드가 모니터(락)를 획득한 상태임을 알려주며, 락을 획득하여 고정된 스레드가 블로킹되면서 발생할 수 있는 잠재적인 병목 현상을 추적하는 데 결정적인 단서가 될 수 있다. <== monitors:1이 표시된 프레임은 고정된 스레드가 블로킹되는 위치를 알려준다.[10]

스택 트레이스를 분석해서 문제가 되는 코드 위치를 알 수 있고, 스레드 사용을 최적화하고 고정 현상 발생을 최소화하는 데 필요한 합리적인 정보 기반 결정을 내릴 수 있다. 이를 통해 필요하다면 코드를 변경할 수도 있다.

JDK 플라이트 레코더 활용하기

JDK 플라이트 레코더JDK Flight Recorder(JFR)는 전통적인 모니터링을 넘어, 가상 스레드의 미묘한 차이를 관찰하고 디버깅하는 데 특화된 기능을 갖고 있는 아주 소중한 도구다. JFR의 강력한 기능을 사용하면 디버깅을 효과적으로 또 치밀하게 수행할 수 있다. JFR은 동시성 프로그래밍의 복잡성을 헤쳐나가는 데 필수적이다.

다음은 가장 중요한 이벤트들이다.

- `jdk.VirtualThreadStart` 및 `jdk.VirtualThreadEnd`는 가상 스레드의 생성과 종료를 표시한다. 기본적으로 활성화되어 있지는 않지만, 활성화하면 스레드 생애주기를 상세히 추적할 수 있으며, 디버깅이나 정밀 분석에 도움이 될 수 있다.
- `jdk.VirtualThreadPinned`는 핵심 이벤트이며, 기본적으로 활성화되어 있다. 가상 스레드가 캐리어를 놓아줘야 하는 상황이지만, 고정되어 캐리어 스레드를 놓아주지 못하고 점유하고 있을 때 이 이벤트가 발생한다. 기본적으로 20밀리초 이상 고정 및 점

10 가상 스레드 고정과 synchronized 블록에 대해 옮긴이가 작성한 https://hackmd.io/@HomoEfficio/B1BHqu7Ebg를 참고한다. – 옮긴이

유하면 신호를 보내며 이 임곗값은 원하는 대로 지정할 수 있다. 고정 이벤트는 잠재적인 성능 병목 현상을 나타내며, 이로 인해 가상 스레드의 효율성에 따른 장점이 상쇄된다.

- `jdk.VirtualThreadSubmitFailed`도 기본적으로 활성화돼 있는 이벤트이며, 가상 스레드를 시작하거나 언파킹하는 데 실패했을 때 신호를 보낸다. 이는 JVM의 스레드 관리 내부에서 발생하는 자원 고갈이나 예상치 못한 병목 현상이 발생했음을 의미한다.

`jdk.VirtualThreadStart` 및 `jdk.VirtualThreadEnd`와 같은 특정 이벤트를 모니터링하기 위해, 우리는 두 가지 방식을 사용할 수 있다. JDK 미션 컨트롤JDK Mission Control(https://oreil.ly/4p_Ek)을 활용하면 GUI 기반으로 모니터링할 수 있고, 사용자 지정 JFR 구성 파일을 생성해서 더 직접적으로 제어할 수도 있다.

사용자 지정 JFR 구성 파일(.jfc)을 만들면 가장 관심 있는 이벤트를 간단하게 추적할 수 있다. 이 맞춤형 파일을 통해 선택적 모니터링이 가능하며, 자원을 집중하고 관련 데이터 포인트를 분석하는 데 초점을 맞춘다.

다음은 주요 가상 스레드 이벤트를 기록하도록 설계된 .jfc 파일의 기본 템플릿이다.

```xml
<?xml version="1.0" encoding="UTF-8"?>
<configuration version="2.0" label="Virtual Thread Events"
    description="JFR configuration to record virtual thread events">
  <event name="jdk.VirtualThreadStart">
    <setting name="enabled">true</setting>
  </event>
  <event name="jdk.VirtualThreadEnd">
    <setting name="enabled">true</setting>
  </event>
  <event name="jdk.VirtualThreadPinned">
    <setting name="enabled">true</setting>
  </event>
  <event name="jdk.VirtualThreadSubmitFailed">
    <setting name="enabled">true</setting>
  </event>
</configuration>
```

예제 소스 코드 파일이 있는 폴더에 VThreadEvents.jfc 파일을 생성하고 이 내용을 저장한다.

가상 스레드를 효과적으로 모니터링하는 방법을 알아보기 위해, JFR이 어떻게 동작하는지 보여주도록 설계된 예제를 차근차근 살펴보자.

깃허브 소스 c02/JFRVirtualThreadDemo.java

```
import java.time.Duration;
import java.util.concurrent.locks.Lock;
import java.util.concurrent.locks.ReentrantLock;

public class JFRVirtualThreadDemo {

    private static final Object syncLock = new Object();
    private static final Lock reentrantLock = new ReentrantLock();

    public static void main(String[] args) {
        // 가상 스레드 시작 및 종료 이벤트 유발
        Thread vThreadStartEnd = Thread.ofVirtual().unstarted(() -> {
            System.out.println("Virtual thread started and will end soon.");
        }); ❶
        vThreadStartEnd.start();
        joinThread(vThreadStartEnd);

        // 고정 현상이 발생하는 synchronized 블록 사용
        Thread vThreadPinnedSync = Thread.ofVirtual().unstarted(() -> {
            synchronized (syncLock) { ❷
                sleepUninterruptibly(Duration.ofMillis(500));
            }
        });
        vThreadPinnedSync.start();
        joinThread(vThreadPinnedSync);

        // 고정 현상이 발생하지 않는 ReentrantLock 사용
        Thread vThreadWithLock = Thread.ofVirtual().unstarted(() -> {
            reentrantLock.lock();
            try {
                sleepUninterruptibly(Duration.ofMillis(500)); ❸
            } finally {
                reentrantLock.unlock();
```

```
            }
        });
        vThreadWithLock.start();
        joinThread(vThreadWithLock);
    }

    private static void joinThread(Thread thread) {
        try {
            thread.join();
        } catch (InterruptedException e) {
            Thread.currentThread().interrupt();
        }
    }

    private static void sleepUninterruptibly(Duration duration) {  ❹
        boolean interrupted = false;
        try {
            long remainingNanos = duration.toNanos();
            long end = System.nanoTime() + remainingNanos;

            while (true) {
                try {
                    Thread.sleep(remainingNanos / 1_000_000,
                        (int) (remainingNanos % 1_000_000));
                    return;
                } catch (InterruptedException e) {
                    interrupted = true;
                    remainingNanos = end - System.nanoTime();
                }
            }
        } finally {
            if (interrupted) {
                Thread.currentThread().interrupt();
            }
        }
    }
}
```

❶ 가상 스레드의 기본적인 생애주기 이벤트를 사용한다. JFR은 VThreadEvents.jfc 파일에 지정한 것처럼 `VirtualThreadStart` 이벤트와 `VirtualThreadEnd` 이벤트를 모두 기록하며, 이를 통해 가상 스레드가 생성돼서 간단한 태스크를 얼마나 빨리 완료하는지 알 수 있다.

❷ synchronized 블록은 스레드 고정 현상을 일으킨다. 가상 스레드는 synchronized 블록에 진입할 때 고정되고, 고정된 상태에서 sleep을 호출하면 500밀리초 동안 캐리어 스레드를 불필요하게 계속 점유한다. 이때 VirtualThreadPinned 이벤트가 발생하며, JFR이 이를 포착한다.

❸ ReentrantLock을 사용하면 락을 사용하더라도 고정 현상이 발생하지 않는다. 가상 스레드는 sleep 호출 시 캐리어 스레드로부터 언마운트되며, 가상 스레드를 활용할 때 ReentrantLock이 더 권장되는 이유를 보여준다.

❹ 예제 목적에 맞게 스레드가 인터럽트 되더라도 정해진 시간까지 무조건 sleep한다.

모든 것이 준비됐으니 이제 직접 실행하고 결과를 확인해 보자. 다음 명령을 실행하면 JFR 기록이 시작된다.

```
java -XX:StartFlightRecording=filename=recording.jfr,settings=VThreadEvents.jfc
JFRVirtualThreadDemo.java
```

JFR은 VThreadEvents.jfc에 지정된 이벤트만 기록한다.

실행이 완료되면 결과는 recording.jfr 파일에 저장된다. JDK 미션 컨트롤 같은 도구를 사용해서 결과 파일을 분석할 수 있고, 단순히 다음 jfr 명령으로 recording.jfr 파일 내용을 읽어서 콘솔에 이벤트를 표시할 수도 있다.

```
jfr print --events jdk.VirtualThreadStart,jdk.VirtualThreadEnd,
jdk.VirtualThreadPinned,jdk.VirtualThreadSubmitFailed recording.jfr
```

콘솔로 출력하면 우리가 실행한 자바 애플리케이션의 가상 스레드 동작에 특화된 정보를 확인할 수 있다.

```
jdk.VirtualThreadStart {
    startTime = 10:23:14.936 (2024-03-23)
    javaThreadId = 23
    eventThread = "" (javaThreadId = 23, virtual)
}
jdk.VirtualThreadEnd {
    startTime = 10:23:14.939 (2024-03-23)
    javaThreadId = 23
    eventThread = "" (javaThreadId = 23, virtual)
}
jdk.VirtualThreadStart {
```

```
    startTime = 10:23:14.940 (2024-03-23)
    javaThreadId = 35
    eventThread = "" (javaThreadId = 35, virtual)
}
jdk.VirtualThreadPinned {
    startTime = 10:23:14.941 (2024-03-23)
    duration = 504 ms
    eventThread = "" (javaThreadId = 35, virtual)
}
jdk.VirtualThreadEnd {
    startTime = 10:23:15.445 (2024-03-23)
    javaThreadId = 35
    eventThread = "" (javaThreadId = 35, virtual)
}
jdk.VirtualThreadStart {
    startTime = 10:23:15.446 (2024-03-23)
    javaThreadId = 37
    eventThread = "" (javaThreadId = 37, virtual)
}
jdk.VirtualThreadEnd {
    startTime = 10:23:15.948 (2024-03-23)
    javaThreadId = 37
    eventThread = "" (javaThreadId = 37, virtual)
}
```

VirtualThreadStart.startTime과 VirtualThreadEnd.startTime의 차이를 보면 가상 스레드가 생성돼서 간단한 태스크를 얼마나 빨리 수행하고 종료하는지 확인할 수 있다. 또한 가상 스레드가 고정되어 캐리어 스레드를 비효율적으로 점유하면 VirtualThreadPinned 이벤트가 기록되는 것도 확인할 수 있다. VirtualThreadPinned.duration 값을 보면 가상 스레드가 504밀리초 동안 캐리어 스레드에 고정됐음을 알 수 있으며, 여기에서 잠재적인 성능 손실이 발생할 수 있음을 확인할 수 있다.

JDK 미션 컨트롤이나 Azul 미션 컨트롤(https://oreil.ly/qKQZ9)을 사용해서 recording.jfr 파일을 로딩하면 그림 2-5와 같이 GUI 환경에서 분석할 수 있다.

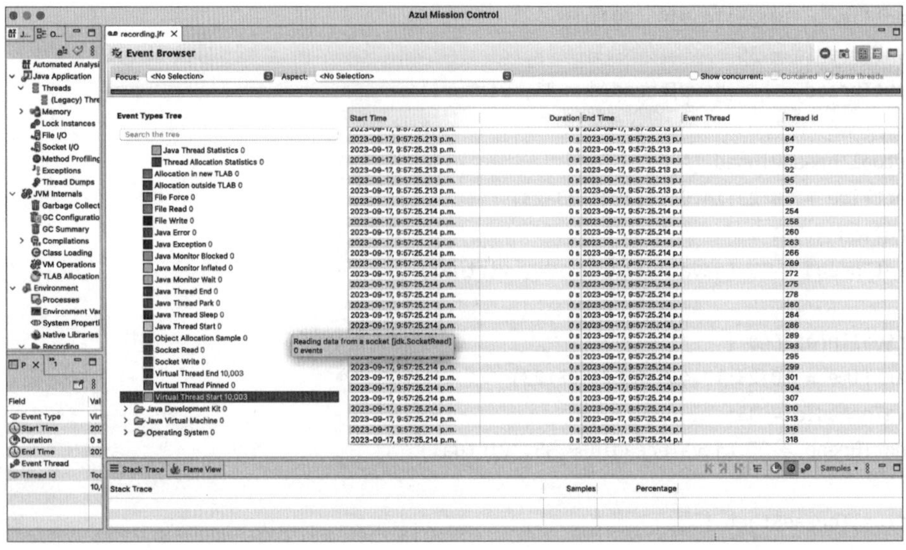

그림 2-5 Azul 미션 컨트롤을 사용한 JFR 결과 분석

jcmd 스레드 덤프에서 가상 스레드 확인

JDK 미션 컨트롤을 사용하면 더 복잡하고 정교한 분석을 수행할 수 있지만, 간단한 확인 용도로는 스레드 덤프를 사용하는 것도 좋다. `jcmd`(https://oreil.ly/nnqx2) 유틸리티를 사용하면 가상 스레드 관련 정보도 포함된 스레드 덤프를 생성할 수 있다.

스레드 덤프를 생성하려면 먼저 실행 중인 자바 애플리케이션의 프로세스 ID(PID)를 알아야 한다. `ps` 또는 `jps` 명령[11]을 사용하면 PID를 쉽게 얻을 수 있다. `jcmd` 명령의 `format` 옵션으로 스레드 덤프의 형식을 지정할 수 있다.

- 일반 텍스트

```
jcmd <PID> Thread.dump_to_file -format=text <file>
```

- JSON

```
jcmd <PID> Thread.dump_to_file -format=json <file>
```

11 일반적인 프로세스에 대해서는 `ps` 명령으로 PID를 확인할 수 있고, 자바 애플리케이션에 대해서는 `jps`로도 PID를 확인할 수 있다. `ps -ef | grep <프로세스 이름>`을 사용하면 프로세스 이름 기준으로 필터링한 프로세스 목록이 출력되며, 두 번째 열이 PID를 나타낸다. `jps` 명령으로 자바 프로세스 목록을 확인할 수 있고 `jps -l` 옵션을 추가하면 더 자세한 정보를 얻을 수 있다.

예를 들어, 다음 명령을 수행하면 JSON 형식으로 json 파일에 결과를 저장한다.

```
jcmd 12345 Thread.dump_to_file -format=json threaddump.json
```

JSON 형식은 JSON 데이터를 읽어서 사용할 수 있는 자동화된 디버깅이나 분석 도구를 활용할 수 있을 때 특히 더 유용하다. JSON 데이터를 사용하면 프로그램 로직을 사용해서 스레드 상태를 분석할 수 있으며, 많은 스레드를 사용하는 복잡한 시스템에서 특히 효과적이다.

jcmd 스레드 덤프는 ExecutorService 인터페이스에 의해 생성되어 네트워크 I/O 연산에 의해 블로킹된 가상 스레드를 나열한다. 하지만 다음 정보는 포함되지 않는다는 한계도 있다.

- 객체 주소
- 락
- 자바 네이티브 인터페이스Java Native Interface(JNI) 통계
- 힙 통계
- 그 외 전통적인 스레드 덤프에 공통적으로 포함되는 정보

필수적인 기본 정보에 초점을 맞추면 추가적인 잡음이나 때로는 지나치게 자세한 내용에 휘둘리지 않고 스레드 실행이나 블로킹에 관련된 문제 원인을 더 쉽게 분석하고 찾아낼 수 있다.

jcmd 명령과 JFR을 함께 사용하면 애플리케이션에서 가상 스레드가 어떻게 수행되고 있는지 전반적으로 파악할 수 있고, 이를 통해 더 효율적으로 디버깅하고 더 효과적으로 최적화할 수 있다.

스레드 덤프를 생성하는 프로그램

jcmd 같은 명령행 도구 외에, 자바 애플리케이션 안에서 프로그램 방식으로도 스레드 덤프를 생성할 수 있다. 다음 예제를 살펴보자.

깃허브 소스 c02/ThreadDumpDemo.java

```
import java.io.IOException;
import java.lang.ProcessHandle;
import java.time.Duration;
```

```
import java.util.List;
import java.util.concurrent.Executors;
import java.util.concurrent.TimeUnit;
import java.util.stream.IntStream;

public class ThreadDumpDemo {

    private static final int THREAD_COUNT = 1_000;
    private static final Duration WORK_DURATION = Duration.ofSeconds(5);
    private static final Duration DELAY_BEFORE_DUMP = Duration.ofSeconds(2);

    public static void main(String[] args) {
        long pid = ProcessHandle.current().pid();  ❶
        String outputFile = "dump.json";

        try (var executor = Executors.newVirtualThreadPerTaskExecutor()) {
            IntStream.range(0, THREAD_COUNT).forEach(i ->
                executor.submit(() -> sleep(WORK_DURATION)));  ❷

            executor.submit(() -> {
                sleep(DELAY_BEFORE_DUMP);  ❸
                runJcmdDump(pid, outputFile);
            });
        }
    }

    private static void sleep(Duration d) {
        try {
            TimeUnit.NANOSECONDS.sleep(d.toNanos());
        } catch (InterruptedException e) {
            Thread.currentThread().interrupt();
        }
    }

    private static void runJcmdDump(long pid, String file) {
        ProcessBuilder pb = new ProcessBuilder(List.of(
            "/bin/sh", "-c",
            String.format("jcmd %d Thread.dump_to_file -format=json %s",
                pid, file)));  ❹

        try {
            Process p = pb.start();
```

```
            int exit = p.waitFor();
            if (exit != 0) {
                System.err.printf("jcmd exited %d%n", exit);
                p.getInputStream().transferTo(System.err);
                p.getErrorStream().transferTo(System.err);
            }
        } catch (IOException | InterruptedException e) {
            Thread.currentThread().interrupt();
            System.err.println("Failed to run jcmd: " + e.getMessage());
        }
    }
}
```


이 프로그램이 스레드 상태를 어떻게 포착하는지 알아보자.

❶ ProcessHandle(https://oreil.ly/DmzRe) API를 사용해 현재 PID를 얻는다. 이 PID는 jcmd 도구가 덤프할 JVM 프로세스를 식별하는 데 필수적이다.

❷ 1,000개의 가상 스레드를 생성하고, 각 스레드는 5초 동안 sleep한다. 이를 통해 덤프를 얻을 때 많은 활성 스레드가 존재하도록 보장해서 동시성 작업 부하가 큰 상황을 시뮬레이션한다.

❸ 스레드 덤프는 2초 지연 후에 유발된다. 이 타이밍은 시스템 상태를 포착할 때 대부분의 가상 스레드가 활성(또는 sleep) 상태임을 보장한다.

❹ ProcessBuilder(https://oreil.ly/gHhAl)를 사용해 JSON 출력 형식으로 jcmd 명령을 실행한다. JSON 형식은 구조화된 데이터 형식이라서 전통적인 텍스트 덤프보다 프로그램적으로 구문 분석(parsing)해서 사용하기 쉽다.

이 프로그램은 자바의 ProcessBuilder를 사용해 프로그램 방식으로 스레드 덤프를 유발하고 포착하는 방법을 보여준다. 많은 수의 가상 스레드를 스케줄링한 다음, 마지막 스레드가 스케줄링되려고 할 때 스레드 덤프를 생성한다. 생성된 덤프는 JSON 파일에 저장되며, PID는 참조용으로 콘솔에 출력된다.

생성된 dump.json 파일에는 시스템 상태에 대한 풍부한 정보가 담겨 있다.

```
{
  "threadDump": {
    "processId": "76586",
    "time": "2024-03-23T15:01:41.901030Z",
    "runtimeVersion": "21+35-2513",
    "threadContainers": [
```

```
    {
      "container": "<root>",
      "parent": null,
      "owner": null,
      "threads": [
        {
          "tid": "1",
          "name": "main",
          "stack": [
            "java.base\/java.io.FileInputStream.readBytes(Native Method)",
            "java.base\/java.io.FileInputStream.read(FileInputStream.java:287)",
            "java.base\/java.io.BufferedInputStream.read1(BufferedInputStream.
java:345)",
            "java.base\/java.io.BufferedInputStream.implRead(BufferedInputStream.
java:420)",
            "... (나머지 스택 트레이스 생략)"
          ]
        },
        ... (나머지 스레드 정보 생략)
      ],
      "threadCount": "7"
    },
    {
      "container": "java.util.concurrent.ThreadPerTaskExecutor@768b771c",
      "parent": "<root>",
      "owner": null,
      "threads": [
        {
          "tid": "20",
          "name": "",
          "stack": [
            "java.base\/java.lang.VirtualThread.parkNanos(VirtualThread.java:631)",
            "java.base\/java.lang.VirtualThread.sleepNanos(VirtualThread.java:803)",
            "java.base\/java.lang.Thread.sleep(Thread.java:507)",
            "ThreadDumpDemo.sleepOfSeconds(ThreadDumpDemo.java:38)",
            "ThreadDumpDemo.lambda$main$0(ThreadDumpDemo.java:29)",
            "java.base\/java.util.concurrent.ThreadPerTaskExecutor$TaskRunner.run(
ThreadPerTaskExecutor.java:314)",
            "java.base\/java.lang.VirtualThread.run(VirtualThread.java:311)"
          ]
        }
        ... (나머지 스레드 정보 생략)
```

```
          ]
        },
        ... (나머지 스레드 컨테이너 정보 생략)
      ]
    }
  }
```

이제 JSON 내용을 하나하나 살펴보자.

- **메인 스레드**

  tid: "1"을 가진 main이라는 이름의 스레드는 메인 스레드를 나타낸다. 이곳에서 애플리케이션이 시작된다. 현재 파일 입력 작업을 수행하고 있다.

- **시스템 스레드**

  이름이 Reference Handler, Finalizer, Signal Dispatcher, Notification Thread인 스레드들은 JVM이 관리하는 스레드로, 가비지 컬렉션, 참조 객체, 기타 JVM 수준의 작업을 처리한다.

- **Common-Cleaner 스레드**

  Common-Cleaner 스레드는 가비지 컬렉터에 의해 처리된 참조 객체를 정리하는 역할을 담당한다.

- **가상 스레드**

  가상 스레드인 것처럼 보이는 스레드가 많이 보인다. 이들은 20, 22, 23 등과 같은 tid를 가진 수많은 이름 없는 스레드다. 이들은 실제로 가상 스레드이고 스택 트레이스에 java.lang.VirtualThread.parkNanos와 java.lang.VirtualThread.sleepNanos가 포함되어 있는데, 이는 sleepOfSeconds 호출 때문일 가능성이 높다.

실무에서 문제를 해결할 때는 스레드 덤프에서 다음과 같은 주요 단서를 찾게 된다.

- **블로킹된 스레드**

  BLOCKED 또는 WAITING 상태에 갇힌 스레드들은 종종 데드락deadlock이나 자원 경합resource contention 같은 문제를 나타낸다.

■ 자원 사용

스레드 덤프를 CPU 및 메모리 사용량 데이터와 결합하여 시스템이 과부하 상태인지 확인해야 한다. 과부하는 병목 현상을 유발할 수 있다.

HotSpotDiagnosticMXBean으로 스레드 덤프 생성

자바 관리 확장 기능Java Management Extensions(JMX)에는 애플리케이션 모니터링에 사용할 수 있는 강력한 도구들이 포함돼 있다. `com.sun.management` 패키지(https://oreil.ly/bVf_E)에 있는 `HotSpotDiagnosticMXBean`(https://oreil.ly/H4dl2)에 스레드 덤프의 형식을 지정할 수 있는 새로운 메서드가 추가됐다. 그래서 전통적인 일반 텍스트 형식 외에 JSON을 지정해서 구조적 분석에 사용할 수도 있다.

다음과 같이 `HotSpotDiagnosticMXBean`을 사용해서 JSON 스레드 덤프를 생성할 수 있다.

깃허브 소스 c02/ThreadDumpDemo.java에 아래 메서드 추가

```
public static void takeThreadDump(String outputFile) {
    var hotSpotDiagnosticMXBean
        = ManagementFactory.getPlatformMXBean(HotSpotDiagnosticMXBean.class);
    try {
        // outputFile이 절대 경로인지 확인
        if (!new File(outputFile).isAbsolute()) {
            throw new IllegalArgumentException("Output path must be absolute.");
        }
        hotSpotDiagnosticMXBean.dumpThreads(outputFile,
            HotSpotDiagnosticMXBean.ThreadDumpFormat.JSON);
    } catch (IOException e) {
        throw new RuntimeException("An error occurred while taking thread dump", e);
    }
}
```

`dumpThreads`(https://oreil.ly/uekb2) 메서드는 `ThreadDumpFormat`(https://oreil.ly/Npslp) `enum`을 인자로 받으므로, `TEXT_PLAIN`(https://oreil.ly/_dQ4n) 또는 `JSON`(https://oreil.ly/s5RUt)을 지정할 수 있다. 또한 스레드 덤프가 저장될 결과 파일의 절대 경로를 지정해 줘야 에러가

발생하지 않는다. 이 메서드는 JMX 도구와 함께 로컬 진단뿐만 아니라 원격 진단에도 사용할 수 있다.

가상 스레드 마이그레이션 요령

지금까지 가상 스레드의 장점과 한계, 디버깅하는 방법에 대해 알아봤다. 이제 가상 스레드로 마이그레이션할 때 필요한 요령을 정리해 보면 다음과 같다.

- **라이브러리 업데이트가 핵심이다**
  가상 스레드에서 고정 문제를 피하는 가장 좋은 방법은 가상 스레드용으로 업데이트된 라이브러리를 사용하는 것이다. 이런 라이브러리들은 캐리어 스레드를 붙잡아두지 않는 최신 동기화 도구를 사용하므로 고정 현상을 방지할 수 있다.

- **업데이트된 라이브러리가 없을 때**
  라이브러리를 당장 업데이트할 수 없다면, 기존의 블로킹 I/O나 오래된 코드를 `Executors.newFixedThreadPool()`과 같은 전통적인 스레드 풀로 옮기는 것이 좋다. 이렇게 하면 블로킹 코드가 가상 스레드의 성능에 영향을 주지 않도록 격리할 수 있다.

- **세마포어의 딜레마**
  세마포어는 고정 현상이 발생할 수 있는 코드 구역에 동시에 진입할 수 있는 가상 스레드 개수를 제한할 수 있다. 하지만 주의해서 사용해야 한다. 제한을 너무 낮게 설정하면 애플리케이션의 동시성이 떨어져서 가상 스레드의 장점이 사라질 수 있다.

가상 스레드를 사용해서 상당한 이득을 얻을 수 있지만, 그 잠재력을 제대로 활용하려면 몇 가지 요소를 신중히 고려해야 한다.

- **에코시스템의 변화**
  아직 많은 라이브러리가 가상 스레드에 완전히 대응하지 못하고 있다. 따라서 인내심을 가지고 정기적으로 업데이트를 확인해야 한다.

- **자원의 균형**
  가상 스레드는 훨씬 더 많은 작업을 동시에 실행할 수 있게 하지만, 그만큼 CPU나 메모리 같은 자원에서 병목이 발생할 수도 있다. 따라서 여전히 자원 사용을 제한하는 전략이 필요할 수 있다.

- **프레임워크 이해**
  사용 중인 프레임워크나 언어가 가상 스레드를 어떻게 지원하는지 알아야 한다. 프레임워크에 따라 피해야 할 특정 패턴이 존재할 수 있다.

가상 스레드를 도입하면 모니터링 수준을 높이는 것이 중요하다. 특히 다음 지표들을 주의 깊게 관찰해야 한다.

- **CPU**
  확장성이 잘 나오는지 확인하기 위해 CPU 사용 패턴을 추적해야 한다. 가상 스레드를 효율적으로 활용하고 있는지, 예상치 못한 고정 현상이 발생하지는 않는지 살펴봐야 한다.

- **메모리와 가비지 컬렉션**
  가상 스레드는 메모리 사용 패턴을 변화시킬 수 있다. 필요하다면 힙 크기나 가비지 컬렉션 설정을 세밀하게 조정해야 한다.

- **지연 시간과 처리량**
  결국 중요한 것은 속도와 양이다. 응답 속도가 실제로 빨라졌는지, 부하 상황에서도 더 많은 요청을 처리할 수 있는지를 확인해야 한다. 이러한 지표들이야말로 가상 스레드 전환의 실제 효과를 보여주는 핵심 근거라고 할 수 있다.

가상 스레드의 장점 되돌아보기

지금까지 가상 스레드의 동작 원리, 모니터링 방법, 그리고 주의할 점들을 살펴봤다. 이제 가상 스레드를 자바의 동시성 도구 세트에 추가된 거물급 신인이라고 부를 수 있게 만들어 준 핵심 장점들을 다시 한번 정리해 보자.

■ 단순한 동시성

가상 스레드는 우리가 동시성 코드를 작성하는 방식을 근본적으로 단순화한다. 매우 가볍기 때문에 작업과 작업 흐름을 훨씬 자연스럽게 표현할 수 있고, 기존의 스레드 관리 방식보다 인지 부하와 오류 가능성이 크게 줄어든다.

■ 향상된 확장성

가상 스레드를 사용하는 애플리케이션은 운영체제 스레드가 가진 자원 한계에 도달하지 않고도 훨씬 더 많은 수준의 동시 요청을 처리할 수 있다. 이는 수많은 연결이나 요청을 동시에 처리해야 하는 현대 서버 애플리케이션에서 특히 더 돋보이는 큰 장점이다.

■ 효율적인 자원 사용

가상 스레드는 메모리를 최소한으로만 사용하며, JVM이 이를 지능적으로 스케줄링한다. 덕분에 하드웨어 활용도가 높아지고, 같은 자원으로 더 많은 일을 하거나 운영 비용을 줄이는 효과를 얻을 수 있다.

■ 높은 호환성

가상 스레드의 또 다른 큰 장점은 기존 자바 패러다임과 자연스럽게 통합될 수 있다는 점이다. 기존 코드를 대대적으로 리팩토링하지 않아도 가상 스레드를 도입해 성능 향상 효과를 얻을 수 있다.

■ CPU 부하 감소

가상 스레드는 I/O 대기 중일 때 CPU 시간을 직접 점유하지 않기 때문에, 더 많은 CPU 자원을 실제로 필요한 곳에 쓸 수 있다. 그 결과 응답성과 처리 효율이 향상된다.

■ 효율적인 서버 프로그래밍

가상 스레드는 전통적인 요청당 스레드 모델을 새롭게 부활시킨다. 기존의 스레드로는 비효율적이었던 이 모델이, 가상 스레드를 통해 훨씬 더 확장성 있고 효율적인 서버 구조로 발전할 수 있다.

핵심은 확장성이다

자바에서 확장성이란, 애플리케이션이 늘어나는 작업량을 얼마나 효율적으로 처리하느냐에 관한 개념이다. 전통적으로는 스레드와 I/O 연산의 관계가 확장성의 가장 큰 병목이었다. 플랫폼 스레드는 마치 은행 창구 직원과 같다. 손님이 줄을 서서 기다리고 있지만, 직원은 네트워크 응답이나 데이터 처리를 기다리는 동안 아무 일도 하지 못한다.

가상 스레드는 이런 상황을 완전히 바꿔놓는다. 가상 스레드는 매우 가볍기 때문에 수천 개, 심지어 수백만 개까지 동시에 실행할 수 있다. 그리고 I/O 대기 중에는 캐리어 스레드에서 자연스럽게 분리되어 귀중한 메모리를 아낀다. 덕분에 시스템은 훨씬 더 많은 작업을 동시에 처리할 수 있다.

가상 스레드를 통해 우리는 마침내 현대 CPU의 잠재력을 완전히 끌어낼 수 있게 됐다. 수많은 가상 스레드를 지원할 수 있다면, 하드웨어 성능을 최대한 활용할 수 있다. 즉 더 많은 스레드는 더 높은 처리량으로 이어지고 더 빠른 응답 속도로 이어진다. 시스템에 요청이 폭주하더라도 여전히 부드럽게 동작할 수 있다.

앞서 은행에 비유했던 것을 그대로 이어보면, 확장성 있는 '은행(애플리케이션)'이 얻는 이점은 다음과 같다.

- 더 많은 고객 응대(더 많은 동시 요청 처리)
  이제 은행, 즉 애플리케이션은 느려지지 않으면서도 훨씬 더 많은 고객 요청을 동시에 처리할 수 있다.

- 대기 시간 감소(처리량 증가)
  자원을 효율적으로 사용하기 때문에 전체 서비스 속도가 빨라지고, 같은 시간 동안 더 많은 요청을 처리할 수 있다.

- 자원 사용 최적화(낮은 메모리 사용량)
  가상 스레드는 매우 가볍기 때문에 같은 수의 자원으로 더 많은 고객을 처리할 수 있다. 즉, 같은 하드웨어로 더 많은 일을 할 수 있다.

가상 스레드는 확장성 있는 자바 애플리케이션을 위한 거대한 도약이라고 할 수 있다. 기존의 무거운 스레드라는 제약에서 벗어나, 시스템이 더 효율적으로, 더 빠르게, 더 많은 요구를 감당할 수 있도록 만들어준다.

정리

가상 스레드의 도입은 자바 동시성 모델의 역사에서 상당히 큰 전환점이라고 할 수 있다. 가상 스레드를 사용하면 운영 환경에서 실행되는 애플리케이션의 확장성과 성능을 획기적으로 높일 수 있다.

애플리케이션에 가상 스레드를 도입할 때는, 우선 I/O 집중적인 연산처럼 효과가 큰 부분부터 적용해 보는 것이 좋다. 이후 점진적으로 사용 범위를 넓히면서 성능과 자원 사용량의 변화를 주의 깊게 모니터링해야 한다.

스레드 활동을 면밀히 관찰하고, 잠재적인 병목 지점을 찾아내고, 가상 스레드의 장점을 최대한 활용하고 있는지 점검해야 한다. 고정 현상과 `ThreadLocal`의 한계를 기억하고, 불필요한 고정 현상을 피하기 위해 `ReentrantLock` 같은 현대적인 동기화 도구 사용을 고려해야 한다. 또한 최신 라이브러리와 프레임워크의 가상 스레드 지원 현황을 꾸준히 확인하여 새로운 최적화 기능을 적극적으로 활용해야 한다.

기존의 동시성 처리 패턴을 다시 점검해 보고, 가상 스레드가 제공하는 단순하고 자연스러운 동시성 모델을 적극 수용해야 한다. 이를 통해 더 단순한 방식으로 동시성 처리 능력을 높이면서 애플리케이션의 성능과 확장성을 모두 획기적으로 개선할 수 있고, 결과적으로 더 깔끔하고 유지보수하기 쉬운 코드를 만들어낼 수 있다.

자바가 계속 진화하는 만큼, 새로운 소식에 귀를 기울이고 적응력을 유지한다면 새롭게 도입된 강력한 기능을 완전히 활용할 수 있고 애플리케이션의 잠재력을 최대한 끌어낼 수 있을 것이다.

3장

직접 만들어보고 이해하는 최신 동시성 메커니즘

> 모든 것에는 원인이 있으므로, 어떤 것의 원인을 알지 못하면 그것을 완전히 이해했다고 할 수 없다.
>
> – 이븐 시나Ibn Sina(아비센나Avicenna), 약 1025년경

어떤 것의 사용법을 아는 것도 중요하지만, 작동 원리를 이해하는 것이 더 본질적이다. 내부 구조를 이해하면 그에 대한 고마움을 더 깊이 느낄 수 있을 뿐만 아니라, 문제가 생겼을 때 빠르게 해결할 수 있다. 그래서 자바 개발자라면 가상 스레드가 어떻게 구현돼 있는지, 내부적으로 어떻게 동작하는지를 아는 것이 매우 중요하다. 3장에서는 가상 스레드의 내부 동작과 구현 방식을 살펴본다.

가상 스레드의 구현을 이해하려면 두 가지 개념을 알아야 한다. 하나는 `ForkJoinPool`, 그리고 다른 하나는 **컨티뉴에이션**continuation이다. `ForkJoinPool`은 가상 스레드를 스케줄링하는 스케줄러이고, 컨티뉴에이션은 가상 스레드가 실행을 멈췄다가 나중에 멈춘 지점에서 이어서 다시 실행할 수 있게 하는 핵심 메커니즘이다. 먼저 스레드 풀에 대해 살펴본 뒤 `ForkJoinPool`을 조금씩 깊이 들여다보면서, 가상 스레드를 지원하기 위해 어떤 부분이 달라졌는지 자세히 살펴보자.

스레드 풀

1장에서는 자바의 이그제큐터 프레임워크를 다뤘는데, 이그제큐터가 바로 스레드 풀의 구현체다. 하지만 1장에서는 스레드 풀이 어떻게 작동하는지, 그리고 왜 필요한지는 자세히 다루지 않았다.

이름에서 알 수 있듯이, 스레드 풀은 애플리케이션이 시작될 때 미리 생성되어 계속 실행 중인 스레드들의 집합이다. 스레드 풀을 만드는 전략은 종류에 따라 다를 수 있지만, 일정 수의 스레드를 미리 만들어 준비해 두고 계속 유지하며 사용한다는 핵심 아이디어는 동일하다.

스레드 풀에는 태스크를 담아둘 큐queue가 있다. 태스크가 큐에 들어오면, 스레드 풀은 사용 가능한 스레드가 생기는 즉시 큐에서 태스크를 꺼내 실행한다. 하나의 태스크 처리가 끝나면 다음 태스크를 꺼내 실행하고, 큐에 태스크가 있는 한 계속해서 이를 반복한다. 만약 큐가 비어 있다면 새로운 태스크가 들어올 때까지 기다린다. 반대로 모든 스레드가 바쁘다면, 추가로 들어오는 태스크는 큐에 쌓여 다른 태스크 처리를 마친 스레드가 큐에서 자신을 꺼내 갈 때까지 대기한다.

스레드 풀이 필요한 이유

1장에서 살펴본 것처럼 스레드는 쉽게 만들 수 있다. 하지만 필요할 때마다 스레드를 반복해서 생성하는 식으로 접근하면 문제가 생긴다. 그렇게 계속해서 스레드를 만들다 보면 결국 운영체제에서 허용하는 최대 스레드 수에 도달하게 되고, 그 결과 원치 않게 애플리케이션이 다운될 수도 있다.

따라서 실행 중인 애플리케이션에서 생성할 수 있는 스레드 개수에 대한 통제가 필요하다. 스레드 풀은 바로 이 통제를 가능하게 해준다. 또한 스레드 풀은 너무 많은 동시 작업이 한꺼번에 자원을 사용하는 걸 방지하는 자연스러운 요청 제한 역할도 한다.

애플리케이션에 필요한 적절한 스레드 개수를 미리 정하고 애플리케이션 시작 시점에 한도를 설정함으로써, 특히 많은 수의 동시 요청이 들어올 때 자원이 고갈되는 일을 막을 수 있다. 예를 들어 웹 애플리케이션에서 들어오는 요청마다 새로운 스레드를 만든다면, 요청이 갑자기 폭주할 때 애플리케이션이 쉽게 다운될 것이다.

스레드 풀은 단순히 통제 수단만 제공하는 게 아니다. 새로운 스레드를 매번 생성할 필요 없이, 이미 생성된 스레드를 재사용해 즉시 태스크를 실행할 수 있기 때문에 응답 속도가 빨라진다. 또한 스레드 풀은 스레드의 생애주기를 알아서 관리하므로, 개발자가 직접 스레드를 관리할 때 생길 수 있는 복잡성과 스레드 누수thread leak 같은 오류를 줄여준다.

게다가 스레드 풀은 우리가 태스크를 '스레드'가 아닌 '작업 단위'로 바라보게 해준다. 덕분에 개발자는 스레드의 세부 동작보다는, 비즈니스 로직 동시 실행이라는 본질적인 문제에 집중할 수 있다.

이제 스레드 풀이 무엇이고 왜 필요한지 알았으니, 내부적으로 어떻게 동작하는지 이해하기 위해 아주 간단한 스레드 풀을 직접 만들어보자.

단순한 스레드 풀 만들기

앞으로 만들 SimpleThreadPool 클래스는 단순하지만 스레드 풀의 핵심 개념을 보여주기에 충분하다. 먼저 SimpleThreadPool의 내부 클래스인 Worker 클래스부터 살펴보자.

깃허브 소스 c03/SimpleThreadPool.java

```
class Worker extends Thread {

    public Worker(ThreadGroup threadGroup, String name) {
        super(threadGroup, name);
    }

    @Override
    public void run() {
        while (running) {
            try {
                Runnable task = queue.take(); ❶
                task.run();
            } catch (InterruptedException e) {
                Thread.currentThread().interrupt();
            }
        }
    }
}
```

❶ Worker 클래스는 SimpleThreadPool 클래스의 내부 클래스이므로, SimpleThreadPool 클래스의 queue 필드에 직접 접근할 수 있다.

각 Worker 클래스는 Thread 클래스를 상속받는 독립적인 스레드이며, 공유된 큐에서 태스크를 계속 꺼내 와서 실행한다.

이제 SimpleThreadPool을 살펴보자.

깃허브 소스 c03/SimpleThreadPool.java

```
import java.util.concurrent.BlockingQueue;
import java.util.concurrent.LinkedBlockingDeque;

public class SimpleThreadPool implements AutoCloseable {

    private final BlockingQueue<Runnable> queue;
    private final ThreadGroup threadGroup;
    private volatile boolean running = true;  ❶

    public SimpleThreadPool(int poolSize, int queueSize) {
        Worker[] threads = new Worker[poolSize];
        this.queue = new LinkedBlockingDeque<>(queueSize);  ❷
        this.threadGroup = new ThreadGroup("SimpleThreadPool");

        for (int i = 0; i < poolSize; i++) {
            threads[i] = new Worker(threadGroup, "Worker-" + i);
            threads[i].start();  ❸
        }
    }

    public void submit(Runnable task) {
        try {
            queue.put(task);  ❹
        } catch (InterruptedException e) {
            Thread.currentThread().interrupt();
        }
    }

    public void shutdown() {
        this.running = false;
        threadGroup.interrupt();  ❺
```

```
    }

    @Override
    public void close() {
        while (!queue.isEmpty()) { ❻
            try {
                Thread.sleep(100);
            } catch (InterruptedException e) {
                Thread.currentThread().interrupt();
                return; // 안전한 종료
            }
        }
        shutdown();
    }

    class Worker extends Thread {

        public Worker(ThreadGroup threadGroup, String name) {
            super(threadGroup, name);
        }

        @Override
        public void run() {
            while (running) {
                try {
                    Runnable task = queue.take();
                    task.run();
                } catch (InterruptedException e) {
                    // 풀은 인터럽트를 사용해서 셧다운하지 않으므로
                    // 인터럽트 발생 시에는 그냥 현재 스레드를 인터럽트한다.
                    Thread.currentThread().interrupt();
                }
            }
        }
    }
}
```

running 플래그는 워커(Worker 클래스의 인스턴스)의 생애주기를 제어하는 역할을 한다. 이 플래그는 스레드 풀의 필드이므로, 우리가 원할 때 풀을 안전하게 종료할 수 있다. 큐에 태스크가 있고 풀의 상태가 실행 중이라면, 풀에 있는 스레드는 계속 큐에서 태스크 꺼내기를 시도한다는 점이 스레드 풀의 기본 아이디어다. 만약 큐에 태스크가 없으면, 스레드는 새로운 태스크가 들어올 때까지 기다린다. 블로킹 큐를 사용해서 태스크가 큐 안에 없다면 스레드는 큐에 태스크가 들어올 때까지 기다린다.

모든 `Worker` 스레드는 그룹 지어져서 `ThreadGroup`(https://oreil.ly/jHIrv)에 속한다. 이렇게 하면 스레드 관리가 더 쉬워진다. 예를 들어 그룹에 인터럽트 신호를 보내면 그룹에 속한 모든 스레드가 종료되므로, 그룹 내 모든 스레드를 종료하기 위해 개별 스레드마다 직접적으로 인터럽트를 보낼 필요가 없다. 물론 내부적으로는 결국 스레드가 각각 인터럽트를 받아서 종료된다.

`SimpleThreadPool`의 세 가지 필드인 `queue`, `threadGroup`, `running`에 대해 살펴봤으니 이제 `SimpleThreadPool`의 구현 세부 내용을 자세히 알아보자.

❶ `volatile` 키워드는 모든 스레드가 `running` 플래그의 변화를 즉각 인지할 수 있도록 보장한다. 이를 통해 워커가 셧다운(shutdown) 신호를 받지 못하는 일이 발생하지 않게 한다.

❷ `LinkedBlockingDeque`는 스레드 안전성이 보장되는 방식으로 태스크의 제출과 조회를 처리할 수 있다. 큐 크기에 한도를 정함으로써 태스크 누적에 의해 메모리가 고갈되는 문제를 예방할 수 있다.

❸ 워커는 생성 후 바로 시작되어 태스크가 제출되자마자 가져와서 실행할 수 있다.

❹ `put()` 메서드는 큐가 태스크로 가득 차 있으면 블로킹한다. 이를 통해 풀에 과부하가 걸리지 않도록 자연스럽게 막아주는 배압(backpressure) 역할을 한다.

❺ 스레드 그룹에 인터럽트 신호를 보내면 그룹 내 모든 스레드에 동시에 인터럽트 신호가 전달되고, 안전하게 조율된 방식으로 셧다운 처리가 진행된다.

❻ 안전한 셧다운은 처리 중인 태스크가 완료될 때까지 기다려서 풀을 폐쇄하더라도 작업 일부가 유실되지 않도록 보장한다.

`SimpleThreadPool` 클래스에는 두 가지 주요 메서드인 `submit()`과 `shutdown()`이 있다. 또한 `AutoCloseable` 인터페이스를 구현하고 있어서, try-with-resources 패턴을 사용할 수 있다. 그래서 `close` 메서드 구현도 함께 포함되어 있다.

`SimpleThreadPool` 클래스의 생성자는 워커 스레드 개수(`poolSize`)와 큐의 크기(`queueSize`)를 받아 스레드 풀을 초기화한다. 이 과정에서 워커 스레드들을 생성하고 시작한다. 태스크를 저장하기 위해 `LinkedBlockingDeque`(https://oreil.ly/Xcv3-)를 사용했는데, 이는 작업을 추가하거나 가져올 때 스레드 안전성을 보장한다. 덕분에 여러 워커 스레드가 동시에 큐에 접근하더라도 문제가 생기지 않는다.

submit() 메서드는 새로운 태스크를 큐에 추가하여, 나중에 풀에 있는 스레드가 큐에서 태스크를 꺼내어 실행할 수 있도록 한다. shutdown() 메서드는 running 플래그를 false로 바꿔서 풀에 속한 스레드가 큐에서 더이상 태스크를 꺼내지 않도록 하고, 풀에 속한 모든 스레드에 interrupt 신호를 보내 스레드를 중단하도록 지시한다. close() 메서드는 스레드 풀을 안전하게 셧다운하는 역할을 한다. 종료 전에 잠시 대기하면서 큐가 비워지기를 기다린 뒤 셧다운 절차를 시작한다. 이렇게 하면 대기 중이던 태스크가 모두 정상적으로 처리 완료됨을 보장할 수 있다.

이제 SimpleThreadPool을 실제로 어떻게 사용할 수 있는지 살펴보자. 다음은 그 사용 예시다.

깃허브 소스 c03/SimpleThreadPoolDemo.java

```
public class SimpleThreadPoolDemo {

    public static void main(String[] args) throws InterruptedException {
        try (var threadPool = new SimpleThreadPool(4, 100)) {
            for (int i = 0; i < 100; i++) {
                int finalI = i;
                threadPool.submit(() -> runTask(finalI));
            }
        }

        Thread.sleep(10_000);
        System.out.println("Main thread finished");
    }

    private static void runTask(int id) {
        System.out.printf("Task %d on %s%n", id,
            Thread.currentThread().getName());
        try {
            Thread.sleep(100);  // 작업 처리 시뮬레이션
        } catch (InterruptedException e) {
            Thread.currentThread().interrupt();
        }
    }
}
```

예제에서는 100개의 태스크를 저장할 수 있는 큐와 4개의 워커 스레드를 가진 SimpleThreadPool을 생성한다. 그리고 태스크 ID와 스레드 이름을 출력하는 단순한 태스크를 100개 제출한다. try-with-resources 블록은 실행 흐름이 블록을 벗어날 때 SimpleThreadPool의 close() 메서드 호출을 보장하며, 결과적으로 스레드 풀이 안전하게 셧다운되게 한다.

코드를 실행하면 다음과 같이 출력된다.

```
Task 1 is being executed by Worker-2
Task 0 is being executed by Worker-0
Task 2 is being executed by Worker-3
Task 3 is being executed by Worker-1
…
```

예제는 SimpleThreadPool이 제한된 수의 스레드를 사용해서 많은 수의 태스크를 효율적으로 처리하는 것을 보여준다. 풀 크기와 큐 크기를 다양하게 조정하면서 테스트해 보면 성능과 자원 사용에 어떤 영향을 미치는지 관찰해 볼 수 있다.

하지만 이 예제는 기본 개념 이해를 목적으로 아주 단순하게 설계됐다. 실제 운영하는 애플리케이션에서는 SimpleThreadPool처럼 단순한 스레드 풀이 아니라 ExecutorService처럼 더 견고하고 다양한 기능을 가진 스레드 풀 구현체를 사용할 것이다. 예를 들면 어떤 스레드 풀은 스레드 개수의 최소 한도와 최대 한도 값을 갖는데, 이런 스레드 풀은 최소 개수 만큼만을 생성해서 사용하다가 필요하면 스레드 최대 개수만큼의 스레드를 추가로 생성해서 사용한다.

이그제큐터 프레임워크

이그제큐터 프레임워크는 사용하기 쉬우면서도 성능을 극대화할 수 있도록 설계됐다. 이그제큐터 프레임워크에는 공통 인터페이스인 ExecutorService(https://oreil.ly/JQWme)를 구현하는 다양한 구현체가 있다. 팩토리[factory] 클래스인 Executors(https://oreil.ly/lDFVL)를 사용해서 원하는 구현체를 골라 사용할 수 있다.

예를 들어, 고정 크기를 가진 10개의 스레드 풀이 필요하다면 다음과 같이 ExecutorService 구현체를 얻을 수 있다.

```
ExecutorService service = Executors.newFixedThreadPool(10);
```

newFixedThreadPool(https://oreil.ly/dttrO)은 인자로 받은 풀 크기와 몇 가지 추가 인자를 사용해서 내부적으로 ThreadPoolExecutor(https://oreil.ly/tRWwo) 인스턴스를 생성한다. 실제로 Executors 클래스의 여러 팩토리 메서드는 각자의 목적에 맞게 설정된 인자를 ThreadPoolExecutor 생성자에게 전달해서 ThreadPoolExecutor 인스턴스를 생성하고 반환한다.

ThreadPoolExecutor 생성자와 파라미터를 좀 더 자세히 살펴보자.

```
public ThreadPoolExecutor(int corePoolSize,
                          int maximumPoolSize,
                          long keepAliveTime,
                          TimeUnit unit,
                          BlockingQueue<Runnable> workQueue,
                          ThreadFactory threadFactory,
                          RejectedExecutionHandler handler) {}
```

생성자에 사용되는 파라미터는 다음과 같다.

- corePoolSize
  allowCoreThreadTimeOut(https://oreil.ly/cnxif)이 설정되지 않은 한, 스레드가 아무 태스크도 처리하지 않고 대기 중idle일 때도 유지되는 스레드의 최소 개수다.

- maximumPoolSize
  풀에 허용되는 스레드의 최대 개수다.

- keepAliveTime
  스레드 수가 corePoolSize보다 많을 때, 초과된 유휴 스레드가 새로운 태스크를 기다리며 살아 있는 최대 시간이다. 이 시간이 지나면 초과 스레드는 종료된다.

- unit
  keepAliveTime의 시간 단위다. 예를 들어 나노초, 밀리초, 초 등의 단위를 지정할 수 있다.

- workQueue
  태스크가 실행되기 전에 보관되는 큐다. execute 메서드를 통해 제출된 Runnable 태스크들이 이 큐에 저장된다.

- threadFactory

  Executor가 새로운 스레드를 생성할 때 사용하는 팩토리다.

- handler

  스레드 수와 큐 용량이 모두 한계에 도달해 실행이 막힌 상황을 처리하는 핸들러다.

ThreadPoolExecutor의 파라미터를 이해하면 Executors 클래스의 다양한 팩토리 메서드들이 각자의 스레드 풀을 어떻게 구성하는지 알 수 있다. 예를 들어 newFixedThreadPool()은 corePoolSize와 maximumPoolSize를 동일한 값으로 설정하여, 명시적으로 종료시키지 않는 한 항상 같은 수의 스레드가 살아 있는 고정 크기 스레드 풀을 만든다.

많은 프레임워크가 이 클래스를 활용해서 태스크 실행을 효율적으로 관리한다. 예를 들어, 스프링 프레임워크에서는 ThreadPool을 ThreadPoolTaskExecutor(https://oreil.ly/Btpa_)로 감싸서 비동기 작업을 매끄럽게 처리한다. 적절한 풀 크기를 설정하는 것은 최적의 성능을 얻기 위해 매우 중요하다.

스레드 풀을 설정할 때는 두 가지 중요한 크기를 고려해야 한다. 바로 코어 풀 크기와 최대 풀 크기다. **코어 풀 크기**core pool size는 스레드가 아무 일도 하지 않고 대기 중이라도 항상 풀 안에 유지되는 최소한의 스레드 개수를 의미한다. 이러한 코어 스레드 집합을 유지하는 것은 매우 중요하다. 왜냐하면 스레드를 새로 생성하는 데 드는 비용이 크기 때문이다. 코어 풀 크기만큼의 스레드를 미리 만들어두면, 시스템은 새로운 태스크가 들어올 때마다 스레드를 새로 만드는 오버헤드 없이 빠르게 태스크를 할당할 수 있다. 이 스레드들은 실행할 태스크가 없을 때는 대기 상태로 있다가, 새로운 태스크가 도착하면 즉시 처리할 준비를 한다.

하지만 너무 많은 스레드를 만들어서 대기 상태에 있는 스레드가 많으면 CPU 사이클과 메모리 같은 자원이 불필요하게 낭비된다. 그래서 최소 스레드 수를 적절하게 설정하는 것이 중요하다. 한편 **최대 풀 크기**maximum pool size는 스레드 풀이 가질 수 있는 활성 스레드의 상한선을 정의한다. 이 덕분에 스레드 풀은 태스크가 급격히 늘어날 때 더 많은 스레드를 만들어 부하를 흡수할 수 있다.

코어 풀 크기와 최대 풀 크기를 최적으로 설정하는 것은 성능 튜닝의 핵심이다. 이 값들은 애플리케이션이 실행되는 작업 부하의 특성이나 하드웨어 환경에 따라 크게 달라진다. 안

타깝게도 정답은 하나로 정해져 있지 않다. 개발자는 보통 여러 설정을 실험하고, 성능 지표를 모니터링하면서 경험적으로 가장 균형 잡힌 구성을 찾아야 한다.

일반적인 기준은 다음과 같다.

CPU 집중적인 작업이 많다면, 스레드 수는 가능한 CPU 코어 수와 맞추는 것이 좋다. 스레드를 과도하게 늘리면 컨텍스트 전환과 동기화 오버헤드가 증가해 오히려 성능이 떨어질 수 있다.

반면, 데이터베이스 호출 같은 I/O 집중적인 작업이 많다면, CPU 코어 수보다 많은 스레드를 두는 것이 유리할 수 있다. 입출력을 기다리는 동안 다른 태스크를 처리할 수 있기 때문이다.

가상 스레드는 I/O 집중적인 작업에 대한 스레드 풀 관리의 복잡성을 사실상 제거해 준다. 하지만 가상 스레드가 큰 장점을 갖고 있더라도, 기존 스레드 풀의 사용 사례가 완전히 사라지는 것은 아니다. 레거시 시스템, 호환성 요구사항, 특정 성능 조건 등은 여전히 전통적인 스레드 풀을 필요로 할 수 있다. 예를 들어, 오픈리버티OpenLiberty[1]에서 수행한 최근 연구(https://oreil.ly/NNN5x)에 따르면, 그들의 자체 `ThreadPool` 구현이 가상 스레드보다 더 나은 성능을 보였다고 한다. 이는 기존 스레드 풀을 효과적으로 설정하고 활용하는 방법을 이해하는 것이 매우 중요하다는 사실을 잘 보여준다.

이제 이그제큐터 프레임워크에서 JDK가 제공하는 다양한 스레드 풀 타입들을 간단히 살펴보자.

FixedThreadPool

`FixedThreadPool`(https://oreil.ly/4NKEP)은 스레드의 개수가 고정돼 있는 풀이다. 모든 스레드가 바쁜 상태일 때 새로 제출된 태스크는 큐에 쌓여서 기다리고, 다른 태스크 처리를 마친 스레드가 큐에 있는 태스크를 가져와서 실행한다. 이 방식은 활성 스레드의 개수를 일정하게 유지하므로 작업 부하의 규모를 예측할 수 있을 때 유용하다.

1 오픈리버티는 마이크로서비스와 클라우드 기반 애플리케이션 구축에 최적화된 경량, 클라우드 네이티브 자바 실행 환경이다. 자카르타 EE, 마이크로프로파일(MicroProfile) 등의 개방형 표준을 지원한다.

간단한 예는 다음과 같다.

```
try (ExecutorService fixedPool = Executors.newFixedThreadPool(4)) {
    for (int i = 0; i < 10; i++) {
        fixedPool.submit(() -> {
            System.out.println(Thread.currentThread().getName()
                + " is executing a task");
        });
    }
}
```

적용 대상: FixedThreadPool은 동시에 일정한 수의 스레드가 작업을 수행해야 하는 애플리케이션에 적합하다. 예를 들어, 서버 애플리케이션처럼 예측 가능한 수준의 동시성을 유지해야 하는 경우에 이상적이다. 또한 자원이나 데이터베이스 연결 수가 제한된 환경에서도, 고정된 스레드 풀을 사용하면 시스템의 과부하를 막을 수 있다.

CachedThreadPool

CachedThreadPool(https://oreil.ly/MUcqT)은 이전에 생성된 스레드가 유휴 상태이면 재사용하고, 새 스레드가 필요하면 동적으로 생성한다. 스레드 풀이 태스크의 양에 따라 자동으로 확장 또는 축소될 수 있기 때문에 작업 부하의 크기가 자주 변할 때 특히 유용하다.

```
try (ExecutorService cachedPool = Executors.newCachedThreadPool()) {
    for (int i = 0; i < 10; i++) {
        cachedPool.submit(() -> {
            System.out.println(Thread.currentThread().getName()
                + " is executing a task");
        });
    }
}
```

적용 대상: 짧은 시간 동안 수행되는 태스크를 굉장히 많이 처리해야 하거나, 태스크가 불규칙하게 몰리는 상황에 적합하다. 하지만 실행 시간이 긴 태스크를 처리해야 하는 상황에서는 너무 많은 스레드가 동시에 생성되어 시스템 자원이 과도하게 사용될 수 있기 때문에 적합하지 않다.

SingleThreadExecutor

SingleThreadExecutor(https://oreil.ly/xdp-9)는 태스크를 단 하나의 스레드만 사용해서 순차적으로 실행하는 것을 보장한다. 단 한 사람의 일꾼이 일감이 들어오는 대로 처리하는 모습을 상상하면 된다.

```
try (var singleThreadPool = Executors.newSingleThreadExecutor()) {
    for (int i = 0; i < 5; i++) {
        singleThreadPool.submit(() -> {
            System.out.println(Thread.currentThread().getName()
                + " is executing a task");
        });
    }
}
```

적용 대상: 태스크가 동시에 실행되면 안 되거나 반드시 순차적으로 실행돼야 할 때 적합하다. 그래서 SingleThreadExecutor는 한 번에 하나의 태스크만 접근을 허용하는 공유 자원을 다룰 때 자주 사용되며, 경쟁 조건이 발생하지 않도록 보장한다.

ScheduledThreadPoolExecutor

ScheduledThreadPoolExecutor(https://oreil.ly/Utb7K)는 지연된 시간 후 실행되거나 일정한 간격으로 반복 실행되도록 태스크를 스케줄링한다.

```
try (ScheduledExecutorService scheduledPool
        = Executors.newScheduledThreadPool(2)) {
    scheduledPool.scheduleAtFixedRate(() -> {
        System.out.println(Thread.currentThread().getName()
            + " is running a scheduled task");
    }, 0, 5, TimeUnit.SECONDS);
}
```

적용 대상: 알림 전송, 시스템 상태 점검, 주기적인 유지보수 작업과 같이 정기적으로 반복 실행해야 하는 태스크에 적합하다. ScheduledThreadPoolExecutor는 수동적인 개입 없이도 태스크가 지정된 빈도로 실행되도록 보장한다.

WorkStealingPool

WorkStealingPool(https://docs.oracle.com/en/java/javase/22/docs/api/java.base/java/util/concurrent/Executors.html#newWorkStealingPool(int))은 Work-Stealing 알고리즘을 사용해서 스레드 사이의 작업 부하를 동적으로 분산시켜 균형을 맞추는 스레드 풀로서, 사용 가능한 프로세서를 최대한 효율적으로 활용하도록 설계돼 있다.

```
try (ExecutorService workStealingPool = Executors.newWorkStealingPool()) {
    for (int i = 0; i < 10; i++) {
        workStealingPool.submit(() -> {
            System.out.println(Thread.currentThread().getName()
                + " is executing a task");
        });
    }
}
```

적용 대상: 작고 독립적인 태스크가 굉장히 많은 상황에서 CPU 코어의 사용률을 극도로 높여야 할 때 WorkdStealingPool이 적합하다.

ForkJoinPool(https://oreil.ly/rsb95)이라는 특별한 유형의 스레드 풀이 있다. 이 풀은 분할 후 정복[divide-and-conquer] 방식으로 태스크를 처리하도록 설계됐다. 즉 큰 문제를 여러 개의 작은 독립 태스크로 나누어 병렬로 처리할 수 있게 해준다. 실제로 ForkJoinPool 역시 내부적으로는 Work-Stealing 알고리즘을 사용한다. ForkJoinPool의 자세한 동작 방식은 이 장의 뒷부분에서 더 깊이 살펴본다.

Callable과 Future: 태스크 결과 처리

지금까지 Runnable(https://oreil.ly/XI_fh)을 사용해서 태스크를 제출했는데, Runnable은 반환값이 없을 때만 사용할 수 있다. 그러면 태스크 실행 완료 후 반환값을 받아서 사용해야 할 때는 어떻게 해야 할까? 바로 Callable(https://oreil.ly/TvnqA)과 Future(https://oreil.ly/y6fnZ)를 사용하면 된다.

Callable

Callable 인터페이스는 다음과 같다.

```
public interface Callable {
    V call() throws Exception;
}
```

Runnable과 마찬가지로 함수형 인터페이스이며, 값을 반환하고 예외를 던질 수 있다는 점만 Runnable과 다르다.

예제를 살펴보자.

깃허브 소스 c03/CallableExample.java

```
import java.util.Map;
import java.util.concurrent.*;

public class CallableExample {

    static final Map<Integer, Long> cache = new ConcurrentHashMap<>(
        Map.of(0, 0L, 1, 1L)  ❶
    );

    public static void main(String[] args) throws Exception {
        try (ExecutorService threadPool = Executors.newCachedThreadPool()) {
            Future<Long> fibonacciNumber = threadPool.submit(new Callable<Long>() {  ❷
                @Override
                public Long call() throws Exception {
                    return fibonacci(50);  ❸
                }
            });
        }
    }

    private static Long fibonacci(int n) {
        if (cache.containsKey(n)) {
            return cache.get(n);
        } else {
            long result = fibonacci(n - 1) + fibonacci(n - 2);
            cache.put(n, result);  ❹
            return result;
        }
    }
}
```

❶ ConcurrentHashMap을 사용해서 피보나치(Fibonacci) 수열 계산 결과를 캐시해 둔다. 스레드 안전성이 보장되는 해시맵이므로 재귀적인 구현에서 동시 접근 효율성을 높일 수 있다.

❷ submit 메서드는 Callable<Long> 타입의 태스크를 받아들이고, Future<Long>을 반환한다. 이 Future 객체는 비동기적으로 수행되는 계산 결괏값을 나중에 받아올 수 있게 해준다.

❸ Runnable의 run() 메서드와 달리, Callable의 call() 메서드는 값을 반환한다. 예제에서는 피보나치 수열의 50번째 값을 반환한다.

❹ cache는 동일한 계산을 반복하지 않도록 보장해 준다. 동일한 계산이 여러 번 반복될 수 있는 재귀적인 알고리즘에서는 동일 계산 방지가 굉장히 중요한 역할을 한다.[2]

예제에서는 50번째 피보나치 수를 계산하는 태스크를 제출한다. Callable 인터페이스를 사용해서 태스크를 제출했는데, Callable이 함수형 인터페이스이므로 다음과 같이 람다식을 사용해서 제출할 수도 있다.

```
Future fibonacciNumber = threadPool.submit(() -> fibonacci(50));
```

그런데 결과를 직접 반환하는 것이 아니라 Future 인터페이스로 감싸서 반환하고 있다.

Future

Future 인터페이스에는 다음과 같이 여러 메서드가 있다.

```
public interface Future<V> {
    boolean cancel(boolean mayInterruptIfRunning);
    boolean isCancelled();
    boolean isDone();
    V get() throws InterruptedException, ExecutionException;
    V get(long timeout, TimeUnit unit)
        throws InterruptedException, ExecutionException, TimeoutException;
}
```

이 중에서 get() 메서드와 isDone() 메서드가 가장 많이 사용된다.

Callable을 사용해서 태스크를 제출하면, 태스크가 아직 실행 완료되지 않았더라도 Future가 즉시 반환된다. isDone() 메서드를 호출하면 태스크가 완료됐는지 확인할 수 있고, get() 메서드로 결과를 가져올 수 있다.

2 동일 계산 방지 없이 재귀 알고리즘으로 피보나치 수를 계산하면 어떤 일이 생기는지 궁금하다면 https://bit.ly/2uGV50j를 참고하자. – 옮긴이

get() 메서드는 블로킹 연산이다. get() 메서드를 호출한 스레드는 결과를 얻을 수 있을 때까지 블로킹된다.

이제 여러 가지 피보나치 수를 계산하는 예제를 살펴보자.

깃허브 소스 c03/CallableExample.java

```
public static void main(String[] args) {
    List<Future<Long>> futures = new ArrayList<>();
    List<Integer> fibonacciIndices = List.of(10, 20, 30, 40, 50);

    try (ExecutorService threadPool = Executors.newCachedThreadPool()) {
        for (int index : fibonacciIndices) {
            futures.add(threadPool.submit(() -> fibonacci(index)));
        }
        for (Future<Long> future : futures) {
            System.out.println("Fibonacci number: " + future.get());
        }
    } catch (ExecutionException | InterruptedException e) {
        throw new RuntimeException(e);
    }
}
```

이번 예제에서는 여러 개의 Callable 태스크가 제출되어 병렬로 실행된다. 하지만 반복문 안에서 future.get() 메서드를 호출하면 제출된 태스크 중 특정 태스크가 완료될 때까지 main 메서드가 블로킹된다. 하지만 메인 스레드가 블로킹되고 있는 동안에도 다른 스레드는 계속 자기가 맡은 태스크를 실행할 수 있다.

ForkJoinPool

자바 7부터는 일반적인 ThreadPoolExecutor 외에 ForkJoinPool이라는 특별한 스레드 풀이 추가되었다. 겉보기에는 다른 스레드 풀과 비슷하지만, 특별한 목적이 있다. ForkJoinPool

은 ExecutorService 인터페이스를 구현하지만, 전통적인 ThreadPoolExecutor와는 핵심 설계와 작동 원리에서 큰 차이가 있다.

ForkJoinPool은 Work-Stealing 메커니즘을 사용한다. 각 스레드는 자신의 태스크 큐를 갖고 있고, 대기 중인 스레드는 다른 스레드의 큐 뒤쪽에서 태스크를 훔쳐와 실행할 수 있다. Work-Stealing 알고리즘은 곧 자세히 알아볼 것이다.

반면 전통적인 스레드 풀은 공유 큐shared queue에 태스크를 넣고, 대기 중인 유휴 스레드가 공유 큐에 있는 태스크를 가져가는데, 이렇게 하면 스레드가 태스크를 가져가기 위해 경쟁하게 되고 오버헤드가 발생할 수 있다.

전통적인 스레드 풀은 보통 고정된 개수의 스레드를 유지하며, 스레드 생성이나 종료가 상대적으로 덜 유동적이다. 반면 ForkJoinPool은 작업량과 프로세서의 가용성에 따라 능동적으로 스레드 수를 조정할 수 있다. 효율성을 유지하기 위해 스레드를 동적으로 추가하거나, 일시 중단하거나, 다시 활성화할 수 있다.

또한 전통적인 스레드 풀은 락lock이나 조건 변수condition variable 같은 명시적 동기화 기법에 의존하여 태스크 접근이나 스레드 동기화를 관리한다. 하지만 ForkJoinPool은 Work-Stealing 알고리즘 덕분에 이런 동기화가 거의 필요 없다. 각 스레드가 좀 더 자율적으로 동작할 수 있어 경쟁과 오버헤드가 줄고, 성능이 크게 향상된다.

기존의 스레드 풀은 태스크 사이의 의존성dependency을 인식하지 못한다. 즉 어떤 서브태스크subtask가 다른 선행 태스크의 결과를 기다려야 할 경우, 그 서브태스크를 실행 중인 스레드는 다른 스레드가 선행 태스크를 완료할 때까지 아무것도 하지 못하고 멈춰서 기다리게 되는 문제가 있다.

반면 ForkJoinPool은 큰 태스크를 더 작은 서브태스크로 재귀적으로 분할할 수 있도록 설계돼 있다. 따라서 태스크가 트리 형태로 나눠지며, 만약 한 태스크가 자신의 서브태스크 완료를 기다려야 한다면, 실행을 잠시 보류하고 다른 태스크를 실행할 수 있다.

예를 들어, 20번째 피보나치 수를 계산하는 프로그램을 작성한다고 가정하자. 이 과정을 시연하기 위해 여러 스레드를 이용하면 더 빠를 것이라는 가정하에 멀티스레드 방식으로 구현한다. 우선 스레드 개수를 고정해서, 100개의 스레드로 시작해 보자.

```
import java.util.Map;
import java.util.concurrent.*;

public class FibonacciNumberWithTraditionalThreadPool {

    private static final Map<Integer, Long> cache = new ConcurrentHashMap<>(
        Map.of(0, 0L, 1, 1L)
    );

    private static long getFibonacci(int i, ExecutorService pool) {
        if (cache.containsKey(i)) {
            return cache.get(i);
        }
        Future<Long> future1 = pool.submit(() -> getFibonacci(i - 1, pool)); ❶
        Future<Long> future2 = pool.submit(() -> getFibonacci(i - 2, pool)); ❷
        try {
            long l1 = future1.get(); ❸
            long l2 = future2.get();
            long result = l1 + l2;
            cache.put(i, result);
            return result;
        } catch (InterruptedException | ExecutionException e) {
            throw new RuntimeException(e);
        }
    }

    public static void main(String[] args) {
        try (var pool = Executors.newFixedThreadPool(100)) { ❹
            Future<Long> future = pool.submit(() -> getFibonacci(20, pool));
            Long l = future.get();
            System.out.println("Fibonacci number is: " + l);
        } catch (ExecutionException | InterruptedException e) {
            throw new RuntimeException(e);
        }
    }
}
```

❶, ❷ 각 태스크는 Fibonacci(*n* − 1)을 계산하는 서브태스크와 Fibonacci(*n* − 2)를 계산하는 태스크, 이렇게 2개의 태스크를 제출한다. 태스크가 이진 트리 형태로 계속 포크된다.

❸ 부모 태스크는 `future.get()` 메서드를 호출하므로, 서브태스크가 모두 끝날 때까지 블로킹되고 스레드를 점유한 채 기다린다.

❹ 스레드 풀에는 스레드가 100개나 있지만, 각 스레드는 서브태스크 완료를 기다려야 하므로 100개의 스레드가 금방 고갈된다.

앞의 자바 코드는 20번째 피보나치 수를 계산하기 위해 스레드 풀과 캐시를 사용한다. `getFibonacci()` 메서드는 문제를 더 작은 문제로 재귀적으로 쪼개서 하위 계산 작업을 스레드 풀에 제출한다. `ConcurrentHashMap`(https://oreil.ly/v5zUs)은 이미 계산된 결과를 저장해 두는 캐시 역할을 하며, 앞서 계산된 결과를 저장해서 중복 계산을 방지한다.

하지만 이 코드를 실행하면 결과가 나오지 않고 데드락이 발생한다. 스레드는 최대 100개로 제한되어 있고, `getFibonacci()` 메서드는 호출될 때마다 2개의 서브태스크를 제출하고, 자신은 그 서브태스크가 끝날 때까지 기다린다. 서브태스크들도 마찬가지로 또 다른 서브태스크를 만들며 계속해서 더 많은 태스크를 생성한다.

이렇게 계속 진행되다 보면 모든 스레드가 서브태스크의 완료를 기다리며 블로킹된 상태가 되면서 풀에 유휴 스레드가 남지 않게 된다. 서브태스크가 큐에 남아 있는데, 스레드 풀에는 스레드가 하나도 남아 있지 않아서 태스크를 가져가서 실행할 수 없으므로 결국 데드락이 발생한다. 더 많은 스레드를 투입하면 데드락을 해결할 수 있지만, 아쉽게도 사용할 수 있는 스레드에는 한계가 있다.

데드락이 발생한 상태에서 다음 명령으로 스레드 덤프를 생성해 보자.

```
jcmd 36427 Thread.dump_to_file -format=json threaddump.json
```

스레드 덤프 내용을 그림으로 요약하면 대략 그림 3-1과 같이 스레드가 연결돼 있음을 알 수 있다.

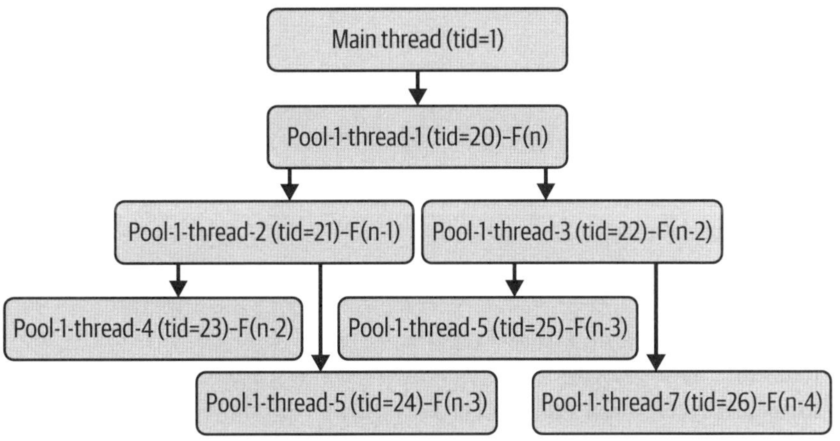

그림 3-1 피보나치 수를 계산하는 스레드 구조

반면에 20번째 피보나치 수를 계산하는 동일한 과제를 `ForkJoinPool`을 사용해서 구현하면 데드락이 발생하지 않는다. `ForkJoinPool`은 작업을 여러 하위 문제로 나누어 처리하도록 특별히 설계돼 있기 때문에, 서브태스크의 완료를 기다리는 동안 자신의 태스크 실행을 잠시 중단suspend하고 대기 중인 다른 태스크를 처리할 수 있다. 따라서 앞선 예제처럼 큐에 있는 태스크를 가져가서 수행할 수 있는 스레드가 없어서 발생하는 데드락이 발생하지 않는다.

`ForkJoinPool`을 사용해서 구현한 코드는 다음과 같다.

깃허브 소스 c03/FibonacciNumberWithForkJoinPool.java

```
import java.util.Map;
import java.util.concurrent.*;
import java.util.Map;
import java.util.concurrent.*;

public class FibonacciNumberWithForkJoinPool {

    private static final Map<Integer, Long> cache = new ConcurrentHashMap<>(
        Map.of(0, 0L, 1, 1L)
    );

    static class FibonacciTask extends RecursiveTask<Long> {  ❶
        private final int n;
```

```
        public FibonacciTask(int n) {
            this.n = n;
        }

        @Override
        protected Long compute() {
            if (cache.containsKey(n)) {
                return cache.get(n);
            }
            FibonacciTask f1 = new FibonacciTask(n - 1);
            f1.fork();  ❷
            FibonacciTask f2 = new FibonacciTask(n - 2);
            long result = f2.compute() + f1.join();  ❸
            cache.put(n, result);
            return result;
        }
    }

    public static void main(String[] args) {
        try (var pool = new ForkJoinPool()) {  ❹
            Long result = pool.invoke(new FibonacciTask(20));
            System.out.println("Fibonacci number is: " + result);
        }
    }
}
```

ForkJoinPool이 데드락을 어떻게 피하는지 알아보자.

❶ RecursiveTask(https://oreil.ly/4kYNM)는 포크/조인 분할을 위해 특별히 설계된 클래스로서, 태스크를 분할하기 위한 프레임워크를 제공한다.

❷ fork()(https://oreil.ly/Pcvmt) 메서드는 서브태스크를 비동기적으로 스레드 풀에 제출하며, 현재 스레드의 데크(deque)에 추가한다.

❸ 이 지점에서 핵심적인 차이가 있다. compute()(https://oreil.ly/8TBFk)는 f2를 현재 스레드에서 직접 실행하여 불필요한 스레드 소모를 피하고, join()(https://oreil.ly/JkAAe)은 f1이 완료될 때까지 기다린다. 만약 f1이 아직 끝나지 않았다면, 스레드는 블로킹되지 않고 다른 태스크를 훔쳐와서 실행할 수 있다.

❹ ForkJoinPool은 사용 가능한 프로세서 수에 맞게 최적화된 기본 설정을 사용한다.

이 자바 코드는 재귀적인 태스크를 효율적으로 병렬 실행하도록 설계된 ForkJoinPool을 이용해 20번째 피보나치 수를 계산한다. 이번에도 ConcurrentHashMap을 사용해 이미 계산된 피보나치 수를 저장함으로써 중복 계산을 방지한다. FibonacciTask 클래스는 RecursiveTask를 상속받으며, 이를 통해 태스크를 분할하고 병렬로 실행할 수 있다.

코드를 실행하면 이번에는 즉시 결과를 얻을 수 있다.

이제 ForkJoinPool이 왜 특별한지 이해했으니, ForkJoinPool이 가상 스레드 구현에 사용되는 이유를 살펴보자.

자바에서 경합(contention)은 스레드들이 객체, 변수, I/O 스트림 같은 공유 자원에 독점적으로 접근해야 할 때 발생한다. 보통 이런 자원은 synchronized 블록이나 락(lock) 같은 동기화 기법으로 보호된다. 이러한 동기화 메커니즘은 프로그램의 정확성(correctness)을 보장하지만, 경합이 너무 많아지면 애플리케이션의 성능이 저하될 수 있다. 예를 들어, 여러 스레드가 락을 얻기 위해 기다리는 시간이 길어지면 전체 실행 시간이 늘어나게 된다. 따라서 경합이 적은 구조로 프로그램을 설계할수록 성능이 향상될 가능성이 높다. 사실 ForkJoinPool이 매우 뛰어난 성능을 발휘하는 이유도 경합을 최소화하도록 설계됐기 때문이다.

가상 스레드에서 ForkJoinPool을 사용하는 이유

일반 스레드 풀과 마찬가지로, ForkJoinPool도 미리 정의된 수의 워커 스레드로 구성돼 있다. 만약 생성자 인자에서 스레드 개수를 지정하지 않으면, ForkJoinPool은 실행 중인 시스템의 가용 프로세서 수만큼의 스레드를 기본값으로 사용한다.

ForkJoinPool은 CPU 집중 작업과 I/O 집중 작업 모두에 사용할 수 있다. 하지만 CPU 집중적인 작업에서는 가용 프로세서 수보다 많은 스레드를 풀에 갖고 있어도 이득이 되지 않는다는 사실을 이해하는 것이 중요하다. CPU 집중적인 작업에서는 모든 스레드가 CPU 시간을 두고 경쟁하기 때문에, 코어 수가 고정되어 있는 상황에서 스레드 수를 늘리면 컨텍스트 전환 오버헤드만 증가한다. 즉, 실제로는 CPU 코어 수만큼의 스레드만 동시에 실행될 수 있고, 나머지 스레드들은 대기만 하게 되어 아무런 성능 향상을 가져오지 않는다.

반면, I/O 집중적인 작업에서는 더 많은 스레드를 사용하는 것이 유리하다. 일부 스레드가 I/O 작업 때문에 블로킹되어 있을 때, 다른 스레드들이 계속해서 실행될 수 있기 때문이다.

앞선 장에서 가상 스레드가 I/O 집중적인 작업에 얼마나 유리한지 살펴본 바 있다. 이제 `ForkJoinPool`이 가상 스레드와 어떻게 관련되는지 알아보기 전에, 먼저 `ForkJoinPool` 내부에서 실제로 어떤 일이 일어나는지 살펴보자.

각 워커 스레드는 데크double-ended queue(deque)로 만들어진 자신만의 작업 큐Work Queue를 갖고 있다. 각 워커 스레드는 태스크를 보통 한쪽 끝에서 LIFO(후입선출) 방식으로 넣고(푸시push) 꺼낸다(팝pop). 다른 스레드는 반대쪽 끝에서 FIFO(선입선출) 방식으로 태스크를 훔쳐올 수 있다. 워커 스레드가 분할 후 정복 알고리즘의 일부인 태스크 분할을 수행하면, 분할 결과 새로 생성된 서브태스크들을 자신의 작업 큐에 직접 추가한다. 그림 3-2를 보자.

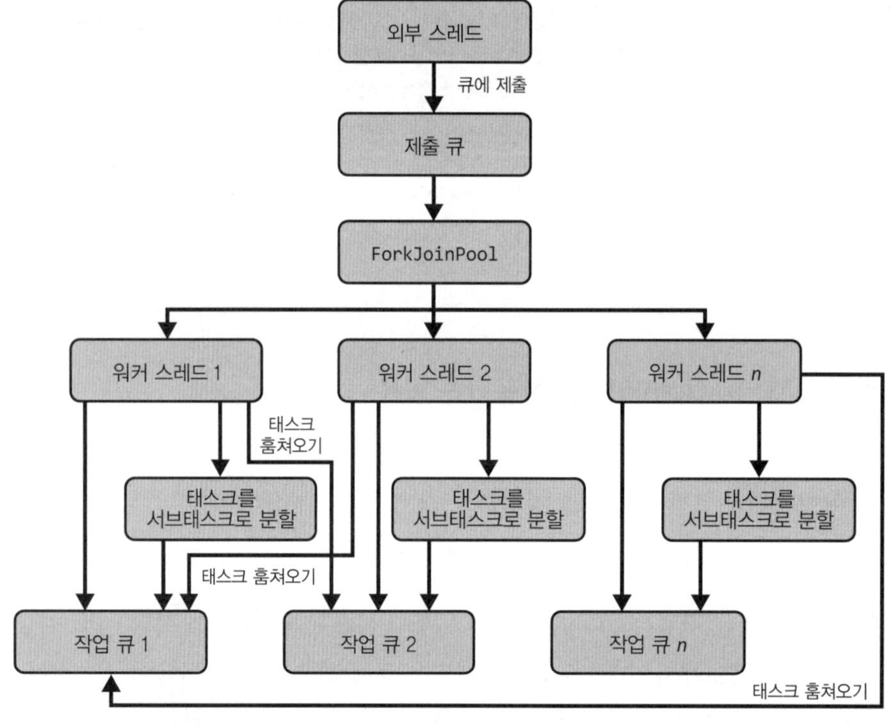

그림 3-2 ForkJoinPool 태스크 흐름: 외부 스레드가 태스크를 제출하면, 자신의 작업 큐를 관리하는 워커 스레드에 태스크가 분배되고, 워커 스레드는 자신에게 분배된 태스크 실행을 마친 후에 다른 스레드의 태스크를 훔쳐와서 실행한다.

워커 스레드에 속하지 않는 외부 스레드는 태스크를 제출하고, 이 태스크들은 제출 큐submission queue를 통해 시스템에 들어온다. 제출 큐는 작업 큐와 비슷하지만, `ForkJoinPool`이 직접 관리한다. 동기화를 위해 명시적으로 락lock 같은 메커니즘을 사용하는 대신, 비교 후 교체compare-and-swap(CAS) 같은 원자적 연산을 이용해 동시 접근을 효율적으로 관리한다.

워커 스레드는 '바쁜 일벌busy bee'에 비유할 수 있다. 이들은 쉬지 않고 일하기 위해 끊임없이 일거리를 찾아다닌다. 워커 스레드의 수는 제한되어 있으므로, 이들이 항상 의미 있는 일을 하도록 유지하는 것이 중요하다. 워커 스레드는 자신의 작업 큐에 더 이상 수행할 태스크가 없을 때, '도둑stealer'이 되어 다른 워커 스레드의 작업 큐에서 태스크를 훔쳐온다. 바로 여기서 'Work-Stealing' 마법이 일어난다!

처음 보면, 워커 스레드와 도둑 스레드가 동시에 같은 큐에 접근하려고 하면 경합이 발생할 것처럼 보일 수 있다. 그래서 ForkJoinPool은 경합을 최소화하기 위해 두 스레드가 큐의 서로 다른 끝에서 태스크를 가져가도록 설계돼 있다.

일반적으로, 작업 큐를 소유한 워커 스레드는 팝pop 메서드를 사용해 앞쪽(LIFO, 후입선출)에서 태스크를 가져오고, 도둑 스레드는 뒤쪽(FIFO, 선입선출)에서 태스크를 가져간다. 푸시push 메서드는 새로운 태스크를 큐의 맨 앞에 추가한다. 워커 스레드가 태스크를 팝pop할 때는 가장 나중에 추가된 태스크, 즉 큐의 맨 앞에 있는 태스크를 가져가므로, 작업 큐는 사실상 스택처럼 동작한다. 이쯤 되면 이런 의문이 생길 수 있다. 그렇다면 큐에 제출된 지 오래된 태스크는 불공평하게 계속 뒤로 밀리는 거 아닌가?

질문의 답은 이렇다. CPU에는 최근에 접근한 데이터를 저장하는 캐시cache가 있다. 최신 태스크를 우선 처리하면, 그 태스크에 필요한 데이터가 이미 캐시에 들어 있을 확률이 높아진다. 따라서 LIFO 방식을 사용하면 캐시 미스cache miss(CPU가 메모리에서 데이터를 다시 가져와야 하는 상황)가 줄어들고, 결과적으로 성능이 향상된다. 그렇다면 제출된 지 오래된 태스크는 어떻게 될까? 그건 바로 도둑 스레드의 역할이다. 도둑 스레드는 큐의 맨 뒤tail에 있는 가장 오래된 태스크를 가져와 실행한다.

ForkJoinPool은 이런 최적화 전략 외에도 비교 후 교체(CAS) 연산을 사용해서 영리하게 큐를 관리한다. 비교 후 교체 연산은 많은 스레드가 동시에 접근하더라도 매우 높은 효율로 동작하도록 설계돼 있다.

비교 후 교체 연산을 사용해 락 없는 카운터 구현하기

비교 후 교체(CAS) 기법은 동시성 알고리즘을 설계할 때 사용된다. 이 방법은 전통적인 락 메커니즘을 사용하지 않고도 공유 값에 대한 동시 수정을 안전하게 처리한다. CAS를 사용하는 스레드는 락을 획득하는 대신, 변수의 현재 값을 예상 값과 비교하고, 두 값이 일치할 때만 새 값으로 교체한다.

다음은 자바의 `VarHandle`(https://oreil.ly/3lC84)을 사용해 CAS 기반의 원자적 카운터를 구현한 예시다. 이 카운터는 CAS 연산을 이용해 원자적으로 업데이트되며, 명시적인 락 없이도 스레드 안전성을 보장한다.

깃허브 소스 c03/AtomicCounter.java

```
import java.lang.invoke.MethodHandles;
import java.lang.invoke.VarHandle;

public class AtomicCounter {

    private volatile int counter = 0;
    private static final VarHandle COUNTER_HANDLE;

    static {
        try {
            COUNTER_HANDLE = MethodHandles.lookup().findVarHandle(
            AtomicCounter.class, "counter", int.class); ❶
        } catch (ReflectiveOperationException e) {
            throw new Error(e);
        }
    }

    public void increment() {
        int current;
        int next;
        do {
            current = counter; ❷
            next = current + 1;
        } while (!COUNTER_HANDLE.compareAndSet(this, current, next)); ❸
    }

    public int get() {
        return counter;
    }
```

```
    public static void main(String[] args) throws InterruptedException {
        AtomicCounter atomicCounter = new AtomicCounter();
        Thread.ofPlatform().start(() -> {
            for (int i = 0; i < 100; i++) {
                atomicCounter.increment();
            }
        });
        Thread.ofPlatform().start(() -> {
            for (int i = 0; i < 100; i++) {
                atomicCounter.increment();
            }
        });
        Thread.sleep(100);
        System.out.println("Final Counter Value: " + atomicCounter.get()); ❹
    }
}
```


CAS가 스레드 안전성을 어떻게 보장하는지 알아보자.

❶ VarHandle을 사용하면 원자적 연산을 사용해 저수준에서 변수에 접근할 수 있다. 이 방식은 리플렉션(reflection) 방식보다 성능이 뛰어나며 volatile만 사용하는 것보다 더 확실하게 스레드 안전성을 보장한다.

❷ 현재 값을 읽고 다음 값을 계산한다. 이 상태가 '예상'하는 상태다.

❸ CAS 연산은 카운터가 여전히 현재 값과 같은지를 원자적으로 확인한다. 같다면 새 값으로 업데이트하고 true를 반환한다. 만약 다른 스레드가 먼저 값을 수정했다면 false를 반환하고, 연산을 다시 시도한다.

❹ 최종 결괏값은 정확히 200이 되어야 하며, 이는 여러 스레드가 동시에 접근했음에도 증가 연산이 누락 없이 모두 실행됐음을 보여준다.

코드에서는 2개의 플랫폼 스레드가 각각 카운터를 100번씩 증가시킨다. CAS 연산 덕분에 값은 문제없이 안전하게 업데이트된다. CAS 연산을 사용할 경우, 스레드들은 서로를 블로킹하지 않는다. 대신 각 스레드는 공유 변수를 원자적으로 업데이트하려 시도하며, 만약 다른 스레드가 먼저 값을 수정해서 연산이 실패하면, 해당 스레드는 성공할 때까지 계속 재시도한다.

이 방식은 블로킹이 없고 락을 획득하고 해제하는 데 드는 오버헤드를 줄일 수 있어서 특히 경합이 심하지 않을 때 훨씬 효율적이다. 바로 이런 이유로 ForkJoinPool은 작업 큐를 관리할 때 CAS 연산을 사용한다. 덕분에 스레드가 불필요하게 대기하지 않고 생산적으로 작업을 이어갈 수 있다.

ForkJoinPool은 처음에 이용 가능한 모든 프로세서 코어를 활용해서 병렬 처리 속도 향상을 목표로 설계됐고, 분할 후 정복 알고리즘을 이용해서 그 목표를 달성할 수 있었다. 기본 아이디어는, 큰 작업을 여러 개의 작은 작업으로 나누고 그 작은 작업들이 서로 독립적으로 계산될 수 있을 만큼 단순해질 때까지 계속 분할하는 것이다.

하지만 여기서 한 가지 주의할 점이 있다. ForkJoinPool은 스레드 풀의 관리자일 뿐, 작업을 작은 단위로 나누는 일을 직접 수행하지는 않는다. **작업을 어떻게 나눌지는 개발자의 책임이다.** 이때 등장하는 것이 RecursiveTask(https://oreil.ly/4kYNM)와 RecursiveAction(https://oreil.ly/JNpA4) 같은 클래스들이다. 개발자는 보통 이 클래스들을 상속받아 자신의 태스크 클래스를 만들고, 그 안에 분할 및 처리 로직을 구현한다.

하나의 태스크가 여러 개의 서브태스크로 분할되면, 부모 태스크는 이 서브태스크들이 모두 실행 완료될 때까지 기다린다. 모든 서브태스크 실행이 완료되면 부모 태스크는 조인join(병합merge) 과정을 통해 모든 서브태스크의 결과를 하나로 합친다. 이때 부모 태스크가 서브태스크들의 완료를 기다리는 동안, 부모 태스크를 실행하던 워커 스레드는 놀지 않고 자신의 큐에 남은 다른 태스크를 처리하거나, 다른 스레드의 워커 큐에서 태스크를 훔쳐와서 계속 일을 한다. 바로 이 점이 ForkJoinPool이 다른 일반적인 스레드 풀과 구별되는 독특한 점이다.

하지만 시간이 지나면서 ForkJoinPool의 사용 범위는 점점 확장되었다. 특히 이벤트 스타일의 태스크처럼 서로 독립적으로 실행되며, 결과를 합치기 위해 다른 태스크의 실행 완료를 기다릴 필요가 없는 태스크에도 사용되기 시작했다. 이런 경우에는 생성자 인자를 적절히 지정해서 비동기async 모드로 ForkJoinPool을 생성할 수 있다. 비동기 모드에서는 ForkJoinPool이 LIFO(후입선출) 대신 FIFO(선입선출) 정책으로 전환된다. 이 방식은 분할 정복처럼 재귀적인 모델이 아닌, 이벤트나 외부 트리거처럼 제출된 순서대로 처리되는 것이 중요한 태스크들에 더 적합하다.

다음 예제를 살펴보자.

```
import java.util.concurrent.ForkJoinPool;

public class AsyncModeExample {

    public static void main(String[] args) {
        try (ForkJoinPool forkJoinPool = new ForkJoinPool(4,
                ForkJoinPool.defaultForkJoinWorkerThreadFactory, null, true)) {
            for (int i = 0; i < 10; i++) {
                forkJoinPool.submit(new EventTask("Event " + i));
            }
        }
    }

    record EventTask(String eventName) implements Runnable {
        public void run() {
            System.out.println("Processing " + eventName
                + " in thread: " + Thread.currentThread().getName());
            try {
                Thread.sleep(1000);
            } catch (InterruptedException e) {
                Thread.currentThread().interrupt();
            }
            System.out.println("Completed " + eventName
                + " in thread: " + Thread.currentThread().getName());
        }
    }
}
```

ForkJoinPool 생성자의 마지막 파라미터인 asyncMode 값을 true로 지정해서 비동기 모드로 생성했다. Executors.newWorkStealingPool()을 사용해도 비동기 모드의 ForkJoinPool이 생성된다.[3]

중요한 점은 ForkJoinPool이 훨씬 효율적이고 성능이 좋다는 사실이다. 그래서 가상 스레드 스케줄링에 ForkJoinPool이 선택됐다. 가상 스레드를 사용할 때는 비동기 모드가 사용되며, ForkJoinPool 안에 있는 스레드가 모든 가상 스레드의 실행과 스케줄링을 담당한다.

3 Executors.newWorkStealingPool()은 내부적으로 asyncMode 파라미터를 true로 지정해서 ForkJoinPool 생성자를 호출한다. – 옮긴이

컨티뉴에이션

컨티뉴에이션continuation은 추상적인 개념으로서 수학, 컴퓨터 과학, 일상 언어 등 사용되는 곳마다 의미가 다르다. 프로그래밍에서 컨티뉴에이션이란, 프로그램의 현재 실행 상태를 저장하고 중단된 다음, 나중에 중단 지점에서 다시 이어서 실행할 수 있는 기능을 의미한다.

이는 스레드의 동작 방식과 유사하다. 컨텍스트 전환을 수행할 때 현재 상태를 스냅샷으로 저장해 두고, 나중에 그 스냅샷을 이용해서 저장된 상태를 복원하고 이어서 실행한다. 그러나 컨티뉴에이션은 이 개념을 더 세밀하게 적용해서 메서드 수준에서도 사용할 수 있다.

예를 들어, 어떤 메서드에 여러 줄의 코드가 있다고 가정하자. 일반적으로 메서드가 호출되면 처음부터 끝까지 순차적으로 실행된다. 메서드가 중간에 종료되었다가 다시 호출되면, 처음부터 다시 실행이 시작된다.

하지만 컨티뉴에이션을 사용하면 메서드가 특정 지점에서 '일시 정지pause'됐다가, 다시 호출될 때 일시 정지된 지점부터 정확히 이어서 실행할 수 있으며, 실행 상태(변숫값 등)도 일시 정지됐을 때의 상태 그대로 유지된다.

컨티뉴에이션은 예외 처리, 논블로킹 I/O, 동시성 제어, 제너레이터generator 등 다양한 프로그래밍 기법에서 활용된다.[4]

컨티뉴에이션이 어떻게 동작하는지 알아보자.

자바 21부터 내부 패키지를 통해 컨티뉴에이션을 사용할 수 있다. 내부 API를 운영 환경에 직접 사용하는 것은 권장되지 않지만, 어떻게 동작하는지 알아보기 위해 학습용으로 사용하는 것은 무리가 없다. 예제를 살펴보자.

깃허브 소스 c03/ContinuationExample.java

```
import jdk.internal.vm.Continuation;
import jdk.internal.vm.ContinuationScope;

public class ContinuationExample {
    public static void main(String[] args) {
        ContinuationScope scope = new ContinuationScope("main");
```

4 **제너레이터**는 여러 값을 순차적으로 반환할 수 있는 함수다. 제너레이터는 값을 하나 반환할 때마다 실행이 일시 정지되고, 이후 다시 호출되면 일시 정지한 지점부터 이어서 실행된다. 컨티뉴에이션과 동작 방식이 유사하다.

```
        Continuation continuation = new Continuation(scope, () -> {
            System.out.println("Hello from continuation");
            Continuation.yield(scope);
            System.out.println("Hello again from continuation");
            Continuation.yield(scope);
            System.out.println("Done from continuation");
        });
        System.out.println("Before starting continuation");
        continuation.run();
        System.out.println("After starting continuation");
        continuation.run();
        System.out.println("After starting continuation again");
        continuation.run();
    }
}
```


jdk.internal.vm 패키지에 있는 Continuation(https://oreil.ly/vfTNY)과 ContinuationScope(https://oreil.ly/CRbK7) 클래스를 사용했다. 이 클래스는 공개된 자바 API가 아니기 때문에 실행 시 다음과 같은 JVM 옵션을 지정해 줘야만 사용할 수 있다.

```
--add-exports java.base/jdk.internal.vm=ALL-UNNAMED
```

예제 설명 목적으로 작성한 학습용 코드이며, 컨티뉴에이션은 내부 API이므로 운영 환경에 사용하면 안 된다. 내부 API는 공지 없이 변경되거나 제거될 수도 있으므로 운영 환경에 사용하면 예상치 못한 일이 벌어질 위험이 있다.

ContinuationScope는 컨티뉴에이션에 유일한 전용 스코프scope를 생성한다. Continuation은 본질적으로 일시 정지되고 재개될 수 있는 코드 조각이다.

예제 코드를 실행하면 다음과 같은 결과를 확인할 수 있다.

```
Before starting continuation
Hello from continuation
After starting continuation
Hello again from continuation
After starting continuation again
Done from continuation
```

가장 먼저 Before starting continuation이 출력되었다. continuation.run()이 호출되면 컨티뉴에이션 실행이 시작되고 Hello from continuation을 출력한 다음, Continuation.yield(scope)를 호출하면서 일시 정지되고 제어권이 main 메서드로 넘어간다.

main 메서드에서 After starting continuation을 출력하고 continuation.run()을 호출하면 다시 컨티뉴에이션 안으로 진입하여 일시 정지된 지점에서 실행이 이어지며 Hello again from continuation을 출력하고 yield를 호출하면서 제어권이 다시 main 메서드로 넘어간다.

main 메서드에서 After starting continuation again을 출력하고 continuation.run()을 호출하면 다시 컨티뉴에이션 안의 yield 지점으로 진입해서 Done from continuation을 출력한 후 남아 있는 코드가 없으므로 컨티뉴에이션이 종료된다.

컨티뉴에이션은 가상 스레드 안에서 기본적으로 이렇게 동작한다. 메서드가 가상 스레드에서 실행되어 블로킹 I/O 연산을 만나면, 컨티뉴에이션이 Continuation.yield(scope) 메서드를 호출해서 가상 스레드를 일시 정지시켜 캐리어 스레드로부터 언마운트되게 한다. 블로킹 I/O 연산이 완료되면 가상 스레드는 다시 스케줄링되고 캐리어 스레드에 마운트되어 일시 정지된 지점부터 이어서 실행된다.

그렇다면 Continuation은 이런 일을 어떻게 해내는 걸까?

프로그램에서 실행되는 모든 것은 스레드, 특히 플랫폼 스레드에 의해 실행된다. 각 스레드는 스택과 스택 프레임을 갖고 있다. 코드를 실행하면 메서드를 호출할 때마다 그림 3-3과 같이 스택 아래 방향으로 스택 프레임이 추가된다.

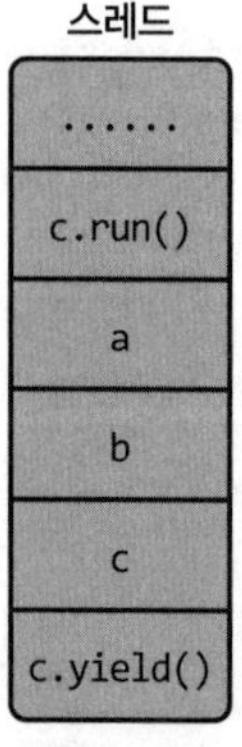

그림 3-3 Continuation.run()이 호출된 후의 스택과 스택 프레임

실행 중인 플랫폼 스레드는 c.run()을 호출하면서 컨티뉴에이션 c를 시작한다. run() 메서드는 메서드 a를 호출하는데 메서드 a는 메서드 b를 호출하고 메서드 b는 메서드 c를 호출한다. 그리고 메서드 c는 컨티뉴에이션 c의 yield() 메서드를 호출한다. c.yield()가 호출되면 컨티뉴에이션은 실행을 일시 정지하고 반환한다. 컨티뉴에이션 c는 나중에 다른 플랫폼 스레드에 의해 실행되겠지만, 지금은 일단 반환해야 한다. c.run()이 반환되면 스레드는 작업을 완료하게 되지만, c.run()은 아직 작업을 끝낸 것이 아니고 일시 정지된 것이다. 일시 정지되면서 c.run()이 실제로 하는 것은 그림 3-4와 같이 a에서 c.yield()까지 모든 프레임을 컨티뉴에이션 객체 안에 저장하는 일이다.

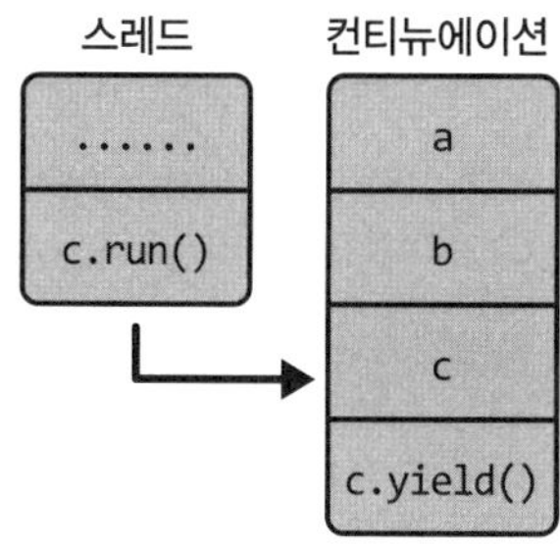

그림 3-4 c.yield()가 호출된 후 실행 중인 스레드의 스택 프레임이 컨티뉴에이션으로 이동한다.

나중에 컨티뉴에이션 c가 다시 마운트되면 이번에는 정반대 방향으로 이동된다. 모든 프레임이 다시 스레드의 스택으로 복사되고 c.yield()가 반환하면 일시 정지됐던 지점에서 다시 실행이 이어진다. 이때의 스레드 스택은 그림 3-5와 같다.

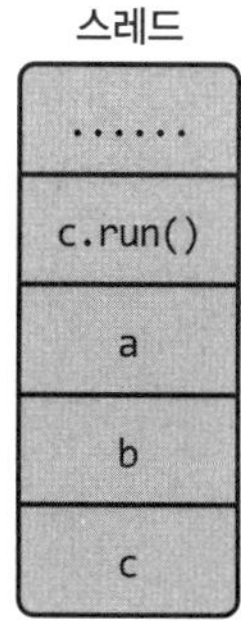

그림 3-5 컨티뉴에이션의 실행이 재개되면 스택 프레임이 다시 스레드로 복사된다.

지금까지 벌어지는 일을 큰 틀에서 보면 다음과 같다. 가상 스레드(컨티뉴에이션)가 언마운트될 때 스레드의 스택 프레임이 다른 곳으로 복사되고, 가상 스레드가 다시 마운트되면 다른 곳에 복사된 스택 프레임이 다시 스레드의 스택으로 복사된다. 하지만 이런 복사 작업은 비용이 많이 든다. 컨티뉴에이션이 일시 정지될 때마다 스택 전체가 복사되기 때문에 특히 호출 스택이 아주 깊을 때는 비용이 더욱 많이 든다.

바로 이 문제를 해결하기 위해 JVM에는 지능적인 지연 복사lazy copy 메커니즘이 구현돼 있다. 지연 복사는 불필요한 스택 프레임 복사를 피하기 위한 최적화 기법이다. 컨티뉴에이션이 처음으로 일시 중단될 때는 전체 스택 프레임을 컨티뉴에이션 객체로 복사한다. 그러나 이 컨티뉴에이션 객체가 다시 재개될 때는 컨티뉴에이션에 있던 스택 프레임 전체를 스레드의 스택으로 다시 복사하지 않고, 그림 3-6과 같이 한두 개의 프레임만 복사한다.

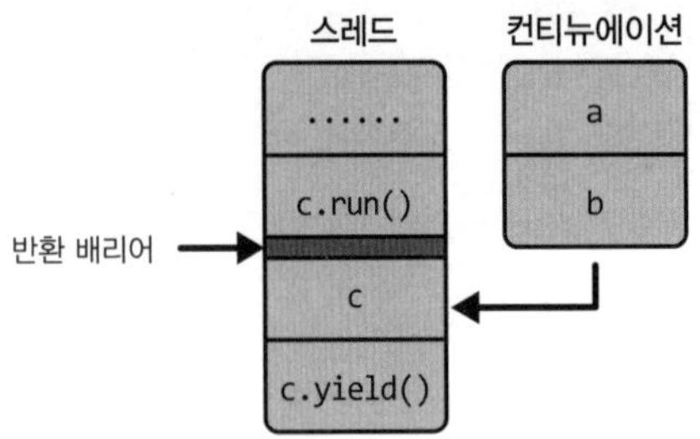

그림 3-6 지연 복사 메커니즘을 통해 일부만 다시 스레드로 복사된 스택 프레임

`c.yield()`가 반환되면 `c`로 돌아가고, `c`가 반환되면 `b`로 돌아가야 한다. 하지만 그림 3-6에 나온 것처럼 스레드 스택에는 `b`가 없다. 대신에 반환 배리어return barrier라는 메커니즘이 적용돼 있다.

반환 배리어는 함수의 반환 지점에 주입된 작은 코드 조각으로서, 함수가 반환될 때 필요한 프레임을 컨티뉴에이션 스택으로부터 복사해 와야 하는지 확인한다. `b`가 스레드 스택에 없기 때문에 `b`를 실행하려면 컨티뉴에이션으로부터 복사해 와야 하므로, `c`는 `b`로 돌아가지 않고 `b`를 컨티뉴에이션으로부터 복사해서 스레드 스택으로 가져오는 VM 코드가 있는 지점으로 돌아간다. 그러고 나서 `b`가 스레드 스택에 복사되면 `b`를 실행한다.

`b`가 또 다른 메서드 `d`를 호출하고, 이어서 `c.yield()`가 호출되면, 이번에는 `b`와 `d`가 컨티뉴에이션 객체로 복사된다.

이 정도면 일상 실무에서 자바 컨티뉴에이션을 사용하는 데 충분하다고 생각하지만, 설명이 더 필요하다면 프로젝트 룸의 소스 코드(https://oreil.ly/556J8)를 보는 것도 도움이 될 것이다. 또한 론 프레슬러(Ron Pressler)의 발표(https://oreil.ly/Dly1t)에서도 컨티뉴에이션과 관련된 거의 모든 것을 다루고 있다.

가상 스레드 직접 만들어보기

가상 스레드가 컨티뉴에이션을 어떻게 사용하는지 핵심 개념을 자세히 알아보기 위해, 스레드와 비슷한 추상화 구조를 직접 만들어보자. 이 단순화한 추상화 구조를 NanoThread라고 부르자. 자바의 Continuation API를 이용하면 가상 스레드의 동작을 시뮬레이션할 수 있다. 이번 절에서는 NanoThread부터 시작해서 NanoThreadScheduler 클래스, 마지막으로 파일 전송 작업을 시뮬레이션하는 코드까지 단계별로 살살이 살펴본다.

NanoThread 클래스

NanoThread 클래스는 Continuation API를 바탕으로 만들어진 커스텀 가상 스레드를 나타낸다. NanoThread는 Runnable을 받아 생성되며, 해당 Runnable은 Continuation 안에 캡슐화된다. 다음 코드를 보자.

깃허브 소스 c03/NanoThread.java

```
import jdk.internal.vm.Continuation;
import jdk.internal.vm.ContinuationScope;
import java.util.concurrent.atomic.AtomicInteger;

public class NanoThread {

    public static final NanoThreadScheduler NANO_THREAD_SCHEDULER
        = new NanoThreadScheduler();
    private static final AtomicInteger COUNTER
        = new AtomicInteger(1);
    public static final ContinuationScope SCOPE
       = new ContinuationScope("nanoThreadScope");
    private final Continuation continuation;
```

```
    private final int nid;

    private NanoThread(Runnable runnable) {
        this.nid = COUNTER.getAndIncrement();
        this.continuation = new Continuation(SCOPE, runnable);
    }

    public static void start(Runnable runnable) {
        var nanoThread = new NanoThread(runnable);
        NANO_THREAD_SCHEDULER.schedule(nanoThread);
    }

    public void run() {
        continuation.run();
    }

    public static NanoThread currentVThread() {
        return NanoThreadScheduler.CURRENT_NANO_THREAD.get();
    }

    @Override
    public String toString() {
        return "NanoThread-" + nid + "-" + Thread.currentThread().getName();
    }
}
```

NanoThread 클래스는 COUNTER를 이용해서 유일한 ID 값을 생성하고 Continuation을 관리한다. NanoThread 인스턴스는 실행 로직을 담고 있는 Runnable을 인자로 받아서 초기화되고 생성된다.

run() 메서드에서는 마술이 펼쳐진다. 단순히 컨티뉴에이션의 run() 메서드를 호출해서 Runnable 로직을 실행한다. 언젠가 Continuation.yield()가 호출되면 가상 스레드처럼 NanoThread의 실행이 일시 정지되고, 나중에 일시 정지된 지점부터 이어서 실행할 수 있다.

start() 메서드는 NanoThread를 생성한 후에 실행할 수 있도록 스케줄러에 전달한다.

NanoThread 스케줄러

NanoThreadScheduler 클래스는 NanoThread 인스턴스를 관리하고 실행하는 데 핵심 역할을 담당한다. WorkStealingPool을 사용해서 태스크를 스케줄링하고, ScheduledExecutorService(https://oreil.ly/ERUCr)를 사용해서 스레드 실행 일시 정지와 yield를 유발하는 I/O 집중적인 연산을 시뮬레이션한다.

스케줄러 코드를 살펴보자.

깃허브 소스 c03/NanoThreadScheduler.java

```
import java.util.concurrent.ExecutorService;
import java.util.concurrent.Executors;
import java.util.concurrent.ScheduledExecutorService;

public class NanoThreadScheduler {
    public static final ThreadLocal<NanoThread> CURRENT_NANO_THREAD
        = new ThreadLocal<>();

    public static final ScheduledExecutorService IO_EVENT_SCHEDULER =
        Executors.newSingleThreadScheduledExecutor();
    private final ExecutorService workStealingPool =
        Executors.newWorkStealingPool(2);

    public void schedule(NanoThread nanoThread) {
        workStealingPool.submit(() -> {
            CURRENT_NANO_THREAD.set(nanoThread);
            nanoThread.run();
            CURRENT_NANO_THREAD.remove();
        });
    }
}
```

NanoThreadScheduler는 ThreadLocal 변수인 CURRENT_NANO_THREAD를 사용해서 워커 스레드에서 어떤 NanoThread 인스턴스가 실행 중인지 추적한다. IO_EVENT_SCHEDULER는 가상 스레드의 동작을 이해하는 데 꼭 필요한 I/O 연산을 시뮬레이션한다.

schedule() 메서드는 NanoThread 인스턴스를 실제 태스크를 실행하는 WorkStealingPool에 제출한다. 예제에서 사용하는 WorkStealingPool은 2개의 워커 스레드를 갖고 있고 큐에 있는 태스크를 끊임없이 체크한다. 풀에 사용되는 스레드 개수를 더 늘릴 수도 있지만 설명을 위해서는 2개면 충분하다.

파일 전송 시뮬레이션

예제에서는 I/O 집중적인 연산인 파일 전송을 시뮬레이션한다. IO_EVENT_SCHEDULER가 임의의 지연을 발생시켜 파일 전송을 시뮬레이션한다.

깃허브 소스 c03/FileOperation.java

```
import jdk.internal.vm.Continuation;
import java.util.Random;
import java.util.concurrent.TimeUnit;
import static ca.bazlur.mcj.chap3.custom.NanoThread.NANO_THREAD_SCHEDULER;
import static ca.bazlur.mcj.chap3.custom.NanoThread.SCOPE;
import static ca.bazlur.mcj.chap3.custom.NanoThreadScheduler.CURRENT_NANO_THREAD;
import static ca.bazlur.mcj.chap3.custom.NanoThreadScheduler.IO_EVENT_SCHEDULER;

public class FileOperation {

    private final Random random = new Random();

    public void transfer(String filePath) {
        System.out.println("Start transferring file: " + filePath);
        NanoThread nanoThread = NanoThread.currentVThread();
        IO_EVENT_SCHEDULER.schedule(() ->
            NANO_THREAD_SCHEDULER.schedule(nanoThread),
            random.nextInt(1000), TimeUnit.MILLISECONDS);
        CURRENT_NANO_THREAD.remove();
        Continuation.yield(SCOPE);
        System.out.println("Transfer completed for file: " + filePath);
    }
}
```

FileOperation 클래스에는 파일 전송을 시뮬레이션하는 transfer() 메서드가 정의돼 있으며, ScheduledExecutorService인 IO_EVENT_SCHEDULER를 사용해서 실제 I/O 연산 완료까지의 대기 시간을 시뮬레이션하는 임의의 지연 시간 후에 NanoThread의 실행을 재개하도록 스케줄링한다.

바로 뒤이어 Continuation.yield(SCOPE)가 호출되면 실행이 일시 정지되고, 캐리어 스레드는 다른 NanoThread를 실행할 수 있게 된다. 임의의 지연 시간이 지나면 파일 전송이 완료됐다고 간주하고, NANO_THEAD_SCHEDULER에 nanoThread가 제출되면서 run() 메서드가 호출되고 일시 정지된 지점부터 이어서 실행한다.

예제 실행

앞서 설명한 클래스를 모두 합쳐서 NanoThread 시스템을 통해 파일 동시 전송을 시뮬레이션하는 시나리오는 다음과 같다.

깃허브 소스 c03/NanoThreadDemo.java

```
import java.time.Duration;

public class NanoThreadDemo {

    public static void main(String[] args) throws Exception {
        FileOperation fileOperation = new FileOperation();
        for (int i = 0; i < 4; i++) {
            int finalI = i;
            NanoThread.start(() -> {
                System.out.println("Transfer: "
                    + "File_" + finalI + " Running in VThread: "
                    + NanoThread.currentVThread());

                fileOperation.transfer("File_" + finalI);

                System.out.println("Transfer: " + "File_" + finalI
                    + " Completed in VThread: " + NanoThread.currentVThread());
            });
        }
        // 스케줄러가 모든 nanoThread 실행을 완료할 때까지 1분 동안 대기
        Thread.sleep(Duration.ofMinutes(1));
    }
}
```

NanoThreadDemo 클래스에서는 4개의 NanoThread를 생성하는데 각각 파일 전송을 시뮬레이션한다. 4개의 파일 전송을 동시에 실행하고 일시 정지된 후 임의의 지연 시간에 따라 다시 이어서 실행된다.

다음 명령으로 예제를 실행하면,[5]

```
java --add-exports java.base/jdk.internal.vm=ALL-UNNAMED NanoThreadDemo.java
```

다음과 같이 출력된다.

```
Transfer: File_1 Running in VThread: NanoThread-2-ForkJoinPool-1-worker-2
Transfer: File_0 Running in VThread: NanoThread-1-ForkJoinPool-1-worker-1
Start transferring file: File_1
Start transferring file: File_0
Transfer: File_2 Running in VThread: NanoThread-3-ForkJoinPool-1-worker-2
Start transferring file: File_2
Transfer: File_3 Running in VThread: NanoThread-4-ForkJoinPool-1-worker-2
Start transferring file: File_3
Transfer completed for file: File_3
Transfer: File_3 Completed in VThread: NanoThread-4-ForkJoinPool-1-worker-1
Transfer completed for file: File_0
Transfer: File_0 Completed in VThread: NanoThread-1-ForkJoinPool-1-worker-1
Transfer completed for file: File_1
Transfer: File_1 Completed in VThread: NanoThread-2-ForkJoinPool-1-worker-1
Transfer completed for file: File_2
Transfer: File_2 Completed in VThread: NanoThread-3-ForkJoinPool-1-worker-1
```

출력된 내용을 잘 살펴보면 File_1 전송은 NanoThread-2-ForkJoinPool-1-worker-2에서 시작되지만, NanoThread-2-ForkJoinPool-1-worker-1에서 전송이 완료되는 것을 확인할 수 있다. NanoThread는 동일하지만 이를 실행하는 워커 스레드는 달라질 수 있다. 가상 스레드도

5 자바 22 이상에서는 자바 런처(java launcher)가 멀티 파일을 지원하므로 이 명령으로 실행되지만, 자바 22 미만에서는 싱글 파일만 지원하기 때문에 에러가 발생한다. 따라서 다음 명령으로 NanoThreadDemo에서 사용된 FileOperation, NanoThread, NanoThreadScheduler를 먼저 컴파일해야 한다.

```
javac --add-exports java.base/jdk.internal.vm=ALL-UNNAMED FileOperation.java NanoThread.java
NanoThreadScheduler.java
```

컴파일 후 실행 시 다음과 같이 --class-path 옵션을 지정해 주면 정상적으로 실행된다.

```
java --class-path=../../../../../ --add-exports java.base/jdk.internal.vm=ALL-UNNAMED NanoThreadDemo.
java
```

– 옮긴이

정확히 똑같은 방식으로 동작한다. 가상 스레드가 워커 스레드에서 시작되더라도 I/O 연산에 의해 일시 정지되면, 나중에 다시 스케줄링될 때는 그림 3-7처럼 완전히 다른 워커 스레드에서 실행이 이어질 수도 있다.

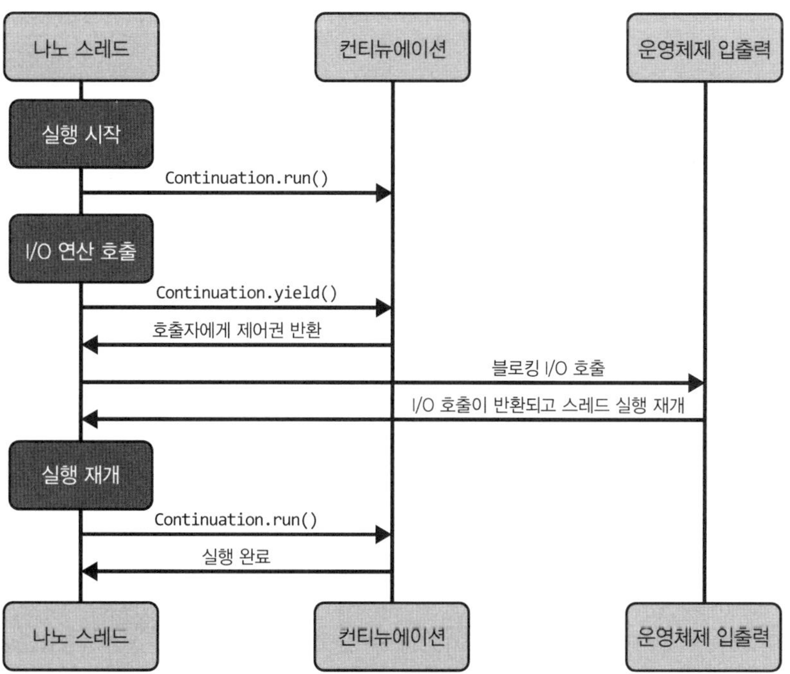

그림 3-7 신개념 NanoThread 개념을 보여주는 고수준 설계

마지막으로 이 예제는 오로지 학습 목적으로 만들었다는 점을 잊지 말자.

가상 스레드와 I/O 폴링

실제로 가상 스레드가 I/O 연산을 시작하면 `Continuation`이 일시 정지된다. 내부적으로는 스레드가 `LockSupport.park()` 메서드(https://oreil.ly/rvEjY)를 실행한다. `LockSupport.park()` 메서드는 다음과 같다.

```
public static void park() {
    if (Thread.currentThread().isVirtual()) {
        VirtualThreads.park();
    } else {
```

```
        U.park(false, 0L);
    }
}
```

VirtualThreads.park() 메서드 안에서는 몇 단계를 거친 후에 yieldContinuation() 메서드를 호출한다. 이 메서드가 호출되면 가상 스레드는 실질적으로 캐리어 스레드(가상 스레드를 실행하는 플랫폼 스레드)로부터 분리된다.

이제 중요한 질문이 떠오른다. 소켓으로 데이터가 들어오면 누가 가상 스레드를 언파킹하는 것일까?

바로 JVM 수준에서 동작하는 읽기 폴러read poller가 그 주인공이다. 기본적으로 읽기 폴러는 이벤트 루프이며, read(), connect(), accept() 같은 동기 네트워크 연산이 호출됐지만 즉시 완료되지 않을 때 이를 모니터링한다. 소켓에 데이터가 도착하는 것처럼 I/O 연산이 완료되면 폴러가 알림을 받고 해당 I/O 연산 완료를 기다리던 가상 스레드를 언파킹한다. 이 메커니즘은 쓰기 연산에도 동일하게 적용되며, 비슷한 역할을 하는 쓰기 폴러write poller가 사용된다.

폴러는 맥OS에서는 kqueue(https://oreil.ly/cB2Fe), 리눅스에서는 epoll(https://oreil.ly/ksG8z), 윈도우에서는 윈속WinSock 보조 함수 드라이버Ancillary Function Driver 위에서 epoll과 유사한 API를 제공하는 wepoll(https://oreil.ly/JYXmb)을 사용한다.

폴러는 파일 디스크립터file descriptor와 가상 스레드 사이의 매핑 정보를 유지한다. 예를 들어 소켓이 폴러에 등록되면, 그 소켓의 파일 디스크립터와 해당 I/O 연산의 완료를 기다리는 가상 스레드가 매핑된다. 어떤 이벤트(예: 소켓에 데이터 도착)에 의해 깨어나면, 폴러의 이벤트 루프는 매핑 정보에서 그 이벤트의 파일 디스크립터와 매핑된 가상 스레드를 찾고, 실행을 재개할 수 있도록 스레드를 언파킹한다.

이 과정이 궁금하다면 OpenJDK 저장소에서 Poller 클래스의 소스 코드(https://oreil.ly/MEBWI)를 살펴볼 것을 추천한다. JVM이 epoll, kqueue 등 플랫폼별 메커니즘을 활용해서 가상 스레드가 I/O를 기다리는 동안에도 불필요하게 자원을 낭비하지 않고 효율적으로 처리하는 과정을 확인할 수 있다.

JDK 라이브러리의 거의 모든 블로킹 지점은 가상 스레드를 지원할 수 있도록 다시 작성되었다. 현재 대부분의 블로킹 연산은 가상 스레드가 블로킹 호출을 만나면 언마운트되어 캐리어 스레드(운영체제의 스레드)에 대한 점유를 해제하는 방식으로 동작한다. 이를 통해 시스템은 자원을 과도하게 소모하지 않으면서도 수많은 가상 스레드를 동시에 처리할 수 있다.

이러한 기본 개념을 이해하면 가상 스레드를 더 자신 있게 다룰 수 있으며, 개발자로서 훨씬 균형 잡힌 시각을 가질 수 있게 된다.

4장

빈틈없이 견고하고 편리한 구조적 동시성

단순함은 신뢰성의 전제 조건이다.

– 에츠허르 W. 다익스트라Edsger W. Dijkstra

지금까지 가상 스레드가 블로킹 태스크를 처리함에 있어 어떻게 새로운 가능성의 문을 활짝 열 수 있었는지 살펴봤다. 수천 개의 가벼운 가상 스레드를 거의 오버헤드 없이 생성할 수 있게 되면서, 이제 블로킹 호출은 더 이상 걱정거리가 되지 않는다. 하지만 여전히 해결해야 할 중요한 문제가 남아 있다. 바로, 여러 스레드에 나뉘어 분산된 태스크들 사이의 관계와 의존성을 어떻게 관리할 것인가 하는 점이다.

예를 들어 하나의 부모 태스크가 여러 개의 서브태스크에 의존하고 있고, 각각의 서브태스크가 서로 다른 스레드에서 실행된다고 하자. 부모 태스크가 예상치 못하게 종료되면, 그 서브태스크들은 여전히 독립적으로 실행을 계속한다. 부모가 사라진 시점에서 그 결과는 더 이상 의미가 없음에도 불구하고 서브태스크들은 계속 실행되면서 자원을 소모한다.

또한 부모 태스크가 모든 서브태스크가 완료된 뒤에만 끝나야 한다면, 서브태스크 중 하나라도 실패할 경우 전체 작업이 취소되는 것이 이상적이다. 이런 조율이 이루어지지 않으면 수많은 고아 스레드가 생기게 된다. 고아 스레드는 불필요한 일을 수행하면서 메모리와 프로세서 시간을 낭비하게 되고, 이런 비효율은 종종 큰 비용으로 이어진다.

기존의 동시성 모델, 예를 들어 ExecutorService와 Future는 태스크의 위계 구조hierarchy를 지원하지 않는다. 따라서 취소 신호를 전파하거나 오류를 구조적으로 처리하기 어렵다. 이런 이유로 기존의 동시성 프로그래밍은 단편화되고, 오류가 발생하기 쉽다.

구조적 동시성structured concurrency은 관련된 여러 태스크를 하나의 단일 작업 단위로 취급할 수 있게 하여 이러한 문제를 해결하는 패러다임이다. 서브태스크의 생애주기를 부모 태스크에 종속시켜서 동시 실행의 구조를 명확하고 관리하기 쉽게 만든다. 이를 통해 오류 처리와 취소가 단순해질 뿐만 아니라, 동시 실행 코드의 신뢰성과 관측성이 크게 향상된다.

4장에서는 자바의 구조적 동시성을 살펴보고, 기존 동시성 모델의 한계를 어떻게 극복하는지 알아본다. 먼저 StructuredTaskScope(https://bit.ly/3N70t4T) API를 살펴보고, 이 API가 태스크 위계 구조를 관리하는 데 어떤 도움을 주는지 논의한 다음, 실제 예제를 통해 사용법을 알아본다. 4장을 마치면 자바 애플리케이션에서 구조적 동시성을 구현하는 방법과, 더 견고하고 유지보수하기 쉬운 동시성 코드를 작성하는 방법을 명확히 이해하게 될 것이다.

비구조적 동시성의 문제

자바에서는 전통적으로 ExecutorService와 Future 같은 추상화를 사용해 동시성을 관리해 왔다. 이 클래스들을 사용해서 태스크를 동시에 실행할 수는 있지만, 태스크 간의 조율이 필요한 경우 여러 어려움에 직면하게 된다.

흔히 볼 수 있는 예를 들어보자. 어떤 웹 애플리케이션이 상품 정보를 가져오고, 그 상품에 대한 리뷰를 함께 불러와 화면에 표시하는 상황을 떠올려보자. ExecutorService를 사용하면 두 가지 작업을 병렬로 실행할 수 있어 응답 시간을 단축할 수 있다.

이 시나리오를 자바 코드로 단계별로 구성해 보면, 우선 상품 정보와 리뷰를 담을 데이터 구조를 정의해야 한다. 이런 단순한 데이터 전달 역할에 record를 사용하면 코드를 간결하고 단순하게 작성할 수 있다. 또한 상품 서비스 로직에 특화된 오류를 효과적으로 처리하기 위해 ProductServiceException이라는 사용자 정의 예외도 함께 정의한다.

깃허브 소스 c04/model/Product.java, c04/model/ProductInfo.java, c04/model/Review.java

```
record Product(Long id, String name, String description) {}
record Review(Long id, String comment, int rating, Long productId) {}
record ProductInfo(Product product, List<Review> reviews) {}
```

깃허브 소스 c04/exception/ProductServiceException.java

```
class ProductServiceException extends RuntimeException {
    public ProductServiceException(String message, Throwable cause) {
        super(message, cause);
    }

    public ProductServiceException(String message) {
        super(message);
    }
}
```

데이터 모델과 사용자 정의 예외를 준비했으니, 실제 데이터 조회 작업을 시뮬레이션할 차례다. 실제 환경에서 데이터를 조회할 때 네트워크 지연이 발생하며, 보조 메서드helper method를 통해 네트워크 지연을 흉내 낼 수 있다. 곧 정의할 ProductService 클래스에는 지연을 발생시키는 sleepForAWhile(), 간단한 스레드 식별자를 포함해 로그를 남기는 log(), 데이터를 가져오는 fetchProduct()와 fetchReviews() 같은 보조 메서드들이 포함될 것이다. 이 보조 메서드는 실행 중인 스레드의 이름을 포함해 진행 상황을 출력함으로써 동시성 처리 과정을 시각적으로 이해할 수 있게 도와준다.

이제 핵심 클래스인 ProductService를 구현할 수 있다. 여기서 가장 중요한 메서드는 fetchProductInfo()다. 이 메서드는 Executors.newVirtualThreadPerTaskExecutor()를 사용하는데, 이는 각 태스크마다 가벼운 가상 스레드를 생성하므로 I/O 집중적인 작업에 적합하다. fetchProductInfo()는 상품 조회와 리뷰 조회 태스크를 동시에 실행하고, Future.get()을 사용해 두 태스크가 완료될 때까지 기다린 뒤 그 결과를 가져온다. 작업을 시뮬레이션하기 위한 보조 메서드들은 캡슐화를 위해 클래스 내부의 private 인스턴스 메서드로 포함되어 있다.

깃허브 소스 c04/ProductService.java

```
public class ProductService {
    public ProductInfo fetchProductInfo(Long productId) {
        log("Fetching product & reviews for id: " + productId);

        try (var executorService
                = Executors.newVirtualThreadPerTaskExecutor()) { ❶
            Future<Product> productTask =
                executorService.submit(() -> fetchProduct(productId)); ❷
            Future<List<Review>> reviewsTask =
                executorService.submit(() -> fetchReviews(productId)); ❸

            Product product = productTask.get(); ❹
            log("Product retrieved for id: " + productId);

            List<Review> reviews = reviewsTask.get(); ❺
            log("Reviews retrieved for id: " + productId);

            log("All info fetched for id: " + productId);

            return new ProductInfo(product, reviews); ❻
        } catch (ExecutionException | InterruptedException e) { ❼
            Throwable cause = e.getCause() != null ? e.getCause() : e;
            log("Error processing product info for id: " +
                productId + ": " + cause.getMessage());

            if (e instanceof InterruptedException) {
                Thread.currentThread().interrupt();
            }
            throw new ProductServiceException(
                "Fetch failed for id: " + productId, cause);
        }
    }
}
```

❶ 제출된 각 태스크마다 새로운 가상 스레드를 생성하는 ExecutorService를 만든다.

❷ 동시에 실행할 상품 조회 작업을 제출한다.

❸ 동시에 실행할 리뷰 조회 작업을 제출한다.

❹ 상품 조회 태스크가 완료될 때까지 블로킹하고, 결과를 가져온다.

❺ 리뷰 조회 태스크가 완료될 때까지 블로킹하고, 결과를 가져온다.

❻ 두 결과를 결합해 최종 ProductInfo 객체를 만든다.

❼ 실행 중 발생한 ExecutionException이나 InterruptedException을 적절히 처리한다.

상품 서비스 예제 완성에 필요한 보조 메서드는 다음과 같이 구현한다.

깃허브 소스 c04/ProductService.java

```
private Product fetchProduct(Long productId) {
    log("Fetching product id: " + productId);
    sleepForAWhile(Duration.ofSeconds(1)); // 네트워크 호출 시뮬레이션
    return new Product(productId, "Sample Product",
        "A great product description.");
}

private List<Review> fetchReviews(Long productId) {
    log("Fetching reviews for id: " + productId);
    sleepForAWhile(Duration.ofSeconds(2)); // 네트워크 호출 시뮬레이션
    return List.of(
        new Review(1L, "Excellent!", 5, productId),
        new Review(2L, "Good value.", 4, productId)
    );
}

private void sleepForAWhile(Duration duration) {
    try {
        Thread.sleep(duration);
    } catch (InterruptedException e) {
        Thread.currentThread().interrupt();
        throw new RuntimeException("Thread interrupted during sleep", e);
    }
}

private static void log(String message) {
    Thread currentThread = Thread.currentThread();
    String threadName = currentThread.isVirtual()
        ? "VThread[#" + currentThread.threadId() + "]"
        : currentThread.getName(); ❶
    String currentTime = LocalTime.now()
        .format(DateTimeFormatter.ofPattern("HH:mm:ss.SSS"));
    System.out.printf("%s %-15s: %s%n", currentTime, threadName, message);
}
```

```
void main() { ❷
    ProductService productService = new ProductService();
    long testProductId = 1L;
    log("Attempting to fetch product info for ID: " + testProductId);

    try {
        ProductInfo productInfo = productService.fetchProductInfo(testProductId);
        log("Successfully retrieved: " + productInfo);
    } catch (ProductServiceException e) {
        log("Service Error: " + e.getMessage() +
            (e.getCause() != null ? " | Caused by: " +
             e.getCause().getMessage() : ""));
    }
}
```

❶ 현재 작업을 어떤 스레드가 실행하는지 알 수 있도록 사용자 정의 로그 포맷을 정의한다. 일반적으로 가상 스레드는 이름이 없지만 `toString()`을 사용하면 `VirtualThread[#34]/runnable@ForkJoinPool-1-worker-1`과 같이 조금 긴 이름을 얻을 수 있는데, 플랫폼 스레드와 가상 스레드를 쉽게 구별하기만 하면 되므로 `VThread[#34]`와 같이 줄여서 사용한다.

❷ 실행되면 동시성 실행 흐름과 에러 처리 내용을 출력한다.

4장부터는 JDK 25를 사용한다. 다음 명령으로 예제를 실행해서 어떻게 동작하는지 살펴보자.

```
java ProductService.java
```

출력 결과는 다음과 같다.

```
00:50:27.625 main        : Attempting to fetch product info for ID: 1
00:50:27.627 main        : Fetching product & reviews for id: 1
00:50:27.631 VThread[#34]: Fetching product id: 1
00:50:27.631 VThread[#36]: Fetching reviews for id: 1
00:50:28.638 main        : Product retrieved for id: 1
00:50:29.652 VThread[#36]: Fetched reviews for id: 1
00:50:29.653 main
00:50:29.653 main
00:50:29.660 main
ProductInfo[product=Product[id=1, name=Sample Product, description=A great
product description.], reviews=[Review[id=1, comment=Excellent!, rating=5,
productId=1], Review[id=2, comment=Good value., rating=4, productId=1]]]
```

처음 보면 작업을 상품 상세 조회와 리뷰 조회, 이 두 가지 동시 실행 태스크로 나눠서 완벽하게 합리적으로 동작하는 것처럼 보인다. 하지만 자세히 살펴보면 몇 가지 문제점이 드러난다. 두 작업을 실행하는 메서드가 각각 독립적으로 동시에 실행되므로, 각 메서드는 성공하거나 실패할 수 있다.

상품 데이터베이스에 일시적으로 접근할 수 없는 상황을 상상해 보자. 그림 4-1과 같이 fetchProduct() 태스크는 예외를 던져서 메인 스레드를 멈추게 하지만, fetchReviews() 태스크는 이 사실을 알지 못하고 자신의 스레드에서 계속 작업을 실행한다. 이런 스레드 누수는 잠재적으로 불필요하게 자원을 갉아먹고 서버에 불필요한 부하를 유발한다.

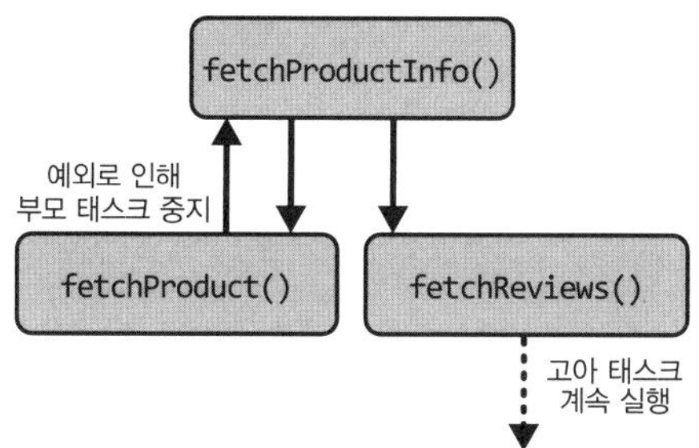

그림 4-1 부모 태스크가 2개의 서브태스크를 실행하고, 하나의 서브태스크에서 예외가 발생하면 부모 태스크가 멈추게 되지만 나머지 서브태스크는 고아 태스크가 되어 계속 실행된다.

사용자가 요청을 중단하기로 결정하면, 서버는 요청 스레드를 인터럽트하여 의미 없는 실행을 멈추는 것이 좋다. 하지만 이렇게 해도 서브태스크들은 취소되지 않는다. fetchProduct()와 fetchReviews() 태스크는 fetchProductInfo() 메서드가 실패한 뒤에도 계속 실행된다. 그 결과 2개의 스레드에서 누수가 발생하고, 의미 없는 요청에 대해 소중한 CPU 사이클이 낭비된다.

fetchProductInfo() 메서드는 두 하위 메서드의 결과를 바탕으로 결과를 반환한다. 즉 두 결과가 모두 성공해야만 fetchProductInfo()가 성공하고, 그렇지 않으면 실패한다. 그러나 만약 fetchProduct()가 fetchReviews()보다 훨씬 오래 걸리고, fetchProduct()가 실행되는 도중에 fetchReviews()가 실패한다면 어떻게 될까? 이 경우 fetchProductInfo() 메서드는 결국 사용할 곳이 없어진 fetchProduct()의 완료를 불필요하게 기다리게 된다.

이 문제들을 실제로 확인하기 위해, 현실적인 실패 시나리오를 만들어보자. 태스크 하나는 훨씬 오래 걸리고, 다른 하나는 빠르게 실패하도록 메서드를 수정한다.

```
// 주석 처리돼 있는 fetchProduct(Long productid)
private Product fetchProduct(Long productId) {
    log("Fetching product id: " + productId);
    if (productId == 1L) {
        log("Product id: " + productId
            + " - simulating long network call (5 seconds).");
        sleepForAWhile(Duration.ofSeconds(5));
        log("Product id: " + productId + " fetch complete.");

        return new Product(productId,
            "Long-Fetched Product", "This product takes time to fetch.");
    }

    log("Product id: " + productId +
        " - simulating standard network call (1 second).");
    sleepForAWhile(Duration.ofSeconds(1));
    log("Product id: " + productId + " fetch complete.");

    return new Product(productId, "Sample Product",
        "A great product description.");
}

// 주석 처리돼 있는 fetchReviews(Long productid)
private List<Review> fetchReviews(Long productId) {
    log("Fetching reviews for id: " + productId);
    if (productId == 1L) {
        log("Reviews for id: " + productId
            + " - simulating quick failure after 1 second.");
        sleepForAWhile(Duration.ofSeconds(1));

        throw new ProductServiceException("Simulated failure " +
            "fetching reviews for product " + productId);
    }

    log("Reviews for id: " + productId
        + " - simulating network call (2 seconds).");
    sleepForAWhile(Duration.ofSeconds(2));
    List<Review> reviews = List.of(
        new Review(1L, "Excellent!", 5, productId),
        new Review(2L, "Good value.", 4, productId)
```

```
    );
    log("Fetched reviews for id: " + productId);

    return reviews;
}
```

productId가 1L일 때만, 상품 조회는 데이터베이스 응답이 늦어져서 5초가 걸리도록 하고, 리뷰 조회는 1초가 걸리도록 해두었다. 이런 타이밍 차이를 통해 자원 누수 문제를 완벽하게 재현할 수 있다.

코드 실행 결과는 다음과 같다.

```
00:58:02.885 main           : Attempting to fetch product info for ID: 1
00:58:02.887 main         : Fetching product & reviews for id: 1
00:58:02.890 VThread[#36] : Fetching reviews for id: 1
00:58:02.890 VThread[#34] : Fetching product id: 1
00:58:02.890 VThread[#36] : Reviews for id: 1 - simulating quick failure after
1 second.
00:58:02.891 VThread[#34] : Product id: 1 - simulating long network call
(5 seconds).
00:58:07.899 VThread[#34] : Product id: 1 fetch complete.
00:58:07.900 main         : Product retrieved for id: 1
00:58:07.905 main         : Error processing product info for id:
1: Simulated failure fetching reviews for product 1
00:58:07.906 main           : Service Error: Fetch failed for id:
1 | Caused by: Simulated failure fetching reviews for product 1
```

결과를 보면 예상했던 것처럼 자원 누수 문제가 그대로 드러난다. fetchReviews() 메서드가 예외를 던지더라도 fetchProduct() 메서드는 5초 동안 계속 실행된다. 이미 리뷰 조회에 실패해서 상위 메서드인 fetchProductInfo()가 올바로 완료될 수 없는 상황이기 때문에 상품 조회는 사실상 필요가 없으므로 5초간 기다리는 것은 불필요한 낭비다.

이 예제는 비구조적 동시성의 핵심 문제를 드러낸다. 비구조적 동시성은 태스크들을 서로 독립적인 존재로 취급하며, 그 사이의 관계나 의존성을 무시한다. 그 결과 오류, 자원 누수, 성능 병목 현상이 쉽게 발생하는 환경이 조성된다. 더 나아가 문제를 진단하기도 어려워진다. 스레드 덤프 같은 관측 도구를 사용하더라도, 각 메서드 호출이 서로 관련 없는 스레드들의 스택으로만 표시되어 태스크와 서브태스크 간의 관계를 전혀 파악할 수 없다.

이것은 과거의 goto(https://oreil.ly/i40L7) 문과 비슷하다. goto를 사용하면 임의의 위치로 프로그램의 흐름이 점프하기 때문에, 로직을 추적하기가 매우 어려워진다. 마찬가지로 비구조적 동시성에서는 태스크나 스레드가 예측 불가능한 순서로 실행될 수 있기 때문에 원하는 시점에 프로그램이 어떤 상태에 있는지 파악하기 어렵다.

구조적 동시성은 이러한 문제를 해결할 수 있는 패러다임 전환을 제시한다. 이를 통해 동시성을 활용하는 프로그래밍 코드를 훨씬 깔끔하고 직관적으로 이해할 수 있게 작성할 수 있다.

든든한 구조적 동시성

구조적 동시성은 완전히 새로운 방식으로 자바의 동시성을 다룬다. 동시에 실행되는 태스크들을 서로 무관하고 독립적인 존재로 취급하는 게 아니라, 프로그램의 논리적 구조를 반영해서 동시에 실행되는 태스크들을 체계적으로 조직화한다.

핵심 원칙은 단순하다. 어떤 태스크가 여러 개의 동시 실행 서브태스크를 생성한다면, 그 서브태스크들은 모두 부모 태스크 코드의 동일한 지점으로 돌아와야 한다. 마치 관리자가 팀원들에게 일을 분담해 맡기고, 프로젝트가 완료되기 전에 모두의 보고를 받아야 하는 것과 같다.

이 모델에서 부모 태스크는 감독자의 역할을 한다. 서브태스크를 모니터링하고, 완료될 때까지 기다리며, 문제가 발생하면 개입한다. 단순해 보이지만, 동시성 코드의 신뢰성과 유지보수성에 깊은 영향을 미친다. 각 서브태스크는 성공하든 실패하든 상관없이, 작업이 끝나기 전에 반드시 부모 태스크에게 보고해야 한다.

이제 구조적 동시성으로 얻을 수 있는 몇 가지 이점을 살펴보자.

첫째, 구조적 동시성을 사용하면 관련된 태스크 집합(같은 위계에 있는 태스크들) 전체에 걸쳐 통합적으로 오류 처리와 취소를 다룰 수 있게 된다. 예를 들어 하나의 서브태스크가 오류를 만나거나 취소되면 같은 위계에 있는 태스크들은 자동으로 종료되며, 오류는 태스크 위계 구조를 따라 자연스럽게 상위로 전달된다.

둘째, 구조적 동시성은 태스크의 부모-자식 생애주기를 엄격하게 보장함으로써 스레드 누수를 방지한다. 태스크는 자신의 유효 범위를 벗어나서 존재할 수 없으며, 부모 태스크는 모든 서브태스크를 정리한 뒤에만 종료될 수 있으므로 시스템 동작에 대한 예측 가능성이 더 높아진다.

또한 구조적 동시성은 태스크 간 의존 관계를 명확하고 직관적으로 표현해 관측성을 높인다. 스레드 덤프나 전문 프로파일러 같은 도구는 이러한 태스크들 사이의 관계를 쉽게 추적할 수 있다. 향상된 추적성 덕분에 문제가 발생했을 때 근본 원인 분석과 해결 조치를 더 빠르게 수행할 수 있다.

구조적 동시성 패러다임은 더 선언적인 프로그래밍 스타일을 장려한다. 그 결과 개발자는 스레드 관리의 복잡한 세부 사항보다는 각 태스크의 비즈니스 로직에 집중할 수 있다. 이러한 변화는 이해와 수정이 쉬운 구조를 만들어 코드의 가독성과 유지보수성을 높이고, 결과적으로 개발 시간과 비용을 줄여준다.

마지막으로 구조적 동시성은 종종 가상 스레드 위에서 동작하기 때문에, 두 개념이 결합되면 최소한의 오버헤드로도 굉장히 많은 수의 동시 실행 태스크를 생성할 수 있다. 구조적 동시성은 이러한 가상 스레드들을 조율하는 핵심 프레임워크를 제공하며, 대규모 환경에서도 안전하고 효율적인 실행을 보장한다.

구조적 동시성은 자바 동시성 프로그래밍에 두루 사용되는 기본적인 구성요소가 될 수 있다. 비구조적 동시성의 근본적인 문제들을 해결함으로써, 더 신뢰할 수 있고 유지보수하기 쉬운 시스템으로 나아가는 길을 제시한다.

이제 구조적 동시성 API를 살펴보면서, 앞서 논의한 문제들을 어떻게 해결하는지 알아보자.

구조적 동시성 API 이해

구조적 동시성 API의 중심에는 `java.util.concurrent`(https://bit.ly/4pwAO2U) 패키지의 `StructuredTaskScope`(https://bit.ly/3N70t4T)가 있다. 이번 절에서는 `StructuredTaskScope`의 주요 기능과 작동 방식을 살펴보고, `StructuredTaskScope`가 자바 동시성 프로그래밍을 어떻게 단순화하고 개선하는지 알아본다.

StructuredTaskScope

StructuredTaskScope(https://bit.ly/3N70t4T) 인터페이스는 자바의 구조적 동시성 모델에서 핵심적인 역할을 한다. 같은 그룹에 속한 태스크들의 생애주기가 함께 묶여 동작하도록 보장할 수 있기 때문에, 개발자는 StructuredTaskScope 인터페이스를 사용해서 관련된 태스크들의 그룹을 관리할 수 있다. 이를 통해 훨씬 단순하고 믿을 만한 방식으로 오류 처리, 실행 취소, 결과 집계를 수행할 수 있다.

StructuredTaskScope는 제네릭 타입 T와 R을 파라미터로 갖는 봉인된sealed 인터페이스다. 여기서 T는 스코프 안에서 실행되는 서브태스크의 결과 타입을 나타내고, R은 이 스코프의 결과 타입을 나타낸다.

```
public sealed interface StructuredTaskScope<T,R> extends AutoCloseable
```

StructuredTaskScope의 주요 메서드를 살펴보자.

- `<U extends T> StructuredTaskScope.Subtask<U> fork(Callable<? extends U> task)`
  스코프 내에서 새로운 서브태스크를 생성하고 실행한다. 태스크는 별도의 스레드(일반적으로 가상 스레드)에서 동시에 실행된다. 이 메서드는 실행 중인 서브태스크를 나타내는 Subtask(https://bit.ly/4pJImQ8) 객체를 반환한다.

- `<U extends T> StructuredTaskScope.Subtask<U> fork(Runnable task)`
  스코프 내에서 새로운 서브태스크를 생성하고 실행한다. 이 작업은 별도의 스레드(일반적으로 가상 스레드)에서 동시에 수행된다. 반환값이 없는 Runnable 태스크이기 때문에 결과를 반환하지 않으며, 성공적으로 완료되면 Subtask.get()은 null을 반환한다.

- `join()`
  모든 서브태스크가 완료되거나 스코프가 취소될 때까지 기다린 후 결과를 반환한다. 이 메서드는 호출한 스레드(반드시 스코프의 소유자여야 한다)를 블로킹해서 모든 서브태스크가 끝날 때까지 기다린다. 만약 설정된 타임아웃 시간이 초과되면 스코프가 취소되고

TimeoutException이 발생한다. 대기 과정이 끝난 뒤에는 조이너joiner 객체[1]의 result() 메서드가 호출되어 결과를 획득하거나 예외를 던진다. 만약 result() 메서드가 예외를 던지면, 그 예외를 원인으로 하는 FailedException이 발생한다. 이 메서드는 스코프 소유자에 의해 오직 한 번만 호출될 수 있다.

- close()
  스코프를 닫으며, 모든 서브태스크가 완료되었거나 취소되었음을 보장한다. 일반적으로 try-with-resources(https://oreil.ly/RkRYx) 문을 사용할 때 암묵적으로 호출된다.

StructuredTaskScope는 인터페이스이므로 직접 인스턴스를 생성할 수 없다. 그러나 이 API의 핵심 기능 중 하나는 정적 팩토리 메서드 open()이며, 다음과 같은 시그니처signature를 갖는다.

```
static <T> StructuredTaskScope<T, Void> open()
```

open()은 원하는 타입을 반환하는 서브태스크를 포크하는 데 사용될 수 있는 StructuredTaskScope를 생성한다. 스코프의 join() 메서드는 모든 서브태스크가 성공적으로 완료되거나, 하나라도 실패할 때까지 기다린다. open()에는 오버로드된 버전들도 존재하지만, 이는 이후의 절에서 다룬다. StructuredTaskScope는 AutoCloseable을 상속받으므로, try-with-resources 블록 안에서 사용하면 블록을 빠져나올 때 자동으로 close() 메서드가 호출된다. 따라서 수동으로 직접 호출할 필요가 없으며, 직접 호출하면 안 된다는 점에 유의해야 한다.

StructuredTaskScope는 구조를 엄격하게 지켜서 사용되도록 설계됐다. 만약 중첩된 모든 태스크 스코프가 닫히기 전에 부적절하게 close()가 호출되면 스코프는 다음 순서로 동작한다.

1. 생성된 역순으로 각 중첩 스코프 내부 구조체 닫기를 시도한다.
2. 자기 자신을 닫는다.
3. 닫기 순서가 잘못됐다는 사실을 알리기 위해 StructureViolationException 예외를 던진다.

try-with-resources 구문을 사용하면 이런 복잡한 내용을 자동으로 처리해 준다.

1 StructuredTaskScope 인터페이스와 함께 사용되는 객체로서, 서브태스크의 완료 처리와 StructuredTaskScope의 join() 메서드 호출 후 서브태스크들의 완료를 기다리는 스코프 소유자에게 결과를 반환하는 역할을 담당한다. – 옮긴이

이제 구조적 동시성과 API를 어느 정도 이해했으니 StructuredTaskScope를 사용해서 fetchProductInfo 메서드를 구현해 보면서 더 익숙해져 보자. fetchProductInfo 메서드는 상품 상세 정보와 리뷰 정보를 동시에 조회해서 상품 정보를 수집한다.

깃허브 소스 c04/ProductService.java의 fetchProductInfo(Long productId)를 아래 내용으로 대체

```
public ProductInfo fetchProductInfo(Long productId) {
    log("Fetching product & reviews for id: " + productId);

    try (var scope = StructuredTaskScope.open()) { ❶
        StructuredTaskScope.Subtask<Product> productTask =
            scope.fork(() -> fetchProduct(productId)); ❷
        StructuredTaskScope.Subtask<List<Review>> reviewsTask =
            scope.fork(() -> fetchReviews(productId)); ❸
        scope.join(); ❹

        return new ProductInfo(productTask.get(), reviewsTask.get()); ❺
    } catch (InterruptedException | StructuredTaskScope.FailedException e) {
        Thread.currentThread().interrupt();
        throw new ProductServiceException(
            "Fetch failed for id: " + productId); ❻
    }
}
```

구조적 동시성을 적용하고 어떻게 동작하는지 자세히 살펴보자.

❶ fetchProductInfo() 메서드는 try-with-resources 블록 안에서 StructuredTaskScope를 생성한다.

❷ Product 정보를 조회하는 첫 번째 서브태스크를 생성하고 동시 실행되도록 시작한다.

❸ List<Review> 정보를 조회하는 두 번째 서브태스크를 생성하고 앞서 시작한 서브태스크와 동시 실행되도록 시작한다.

❹ scope.join()을 호출해서 2개의 서브태스크 모두 완료되거나, 둘 중 하나가 실패하거나, 스코프 자체가 취소될 때까지 블로킹하며 결과를 기다린다.

❺ 2개의 서브태스크가 모두 성공하면 join() 메서드는 정상적으로 반환한다. 결과를 담고 있는 productTask.get()과 reviewsTask.get()을 호출해서 ProductInfo 인스턴스를 생성하고 반환한다.

❻ 서브태스크가 실패하면 join() 메서드는 실행 중인 다른 서브태스크에 인터럽트 신호를 보낸 후 인터럽트 처리가 끝날 때까지 기다린 후에 ProductServiceException 예외를 던진다. ProductServiceException 예외는 이후 StructuredTaskScope.FailedException으로 감싸져서 다시 던져진다.

4장에서 알아보고 있는 구조적 동시성 기능은 현재 JDK 25의 프리뷰 기능으로 사용할 수 있다. 컴파일 및 실행 시 다음과 같이 `--enable-preview` 플래그를 지정해 줘야 한다.

- javac 명령으로 컴파일: **javac --release 25 --enable-preview Main.java**
- java 명령으로 실행: **java --enable-preview Main**
- 소스 코드 런처(launcher)로 실행: **java --enable-preview Main.java**
- JShell로 실행: **jshell --enable-preview**

코드 수정 없이 JDK 출시 버전의 정식 기능으로 빨리 만나볼 수 있기를 기대한다.[2]

구조적 동시성이 실패 처리를 어떻게 하는지 확인해 보기 위해 fetchProduct() 메서드를 수정해서 상품 정보가 존재하지 않는 상황을 만들어보자.

깃허브 소스 c04/ProductService.java의 fetchProduct(Long productId)를 아래 내용으로 대체

```
private Product fetchProduct(Long productId) {
    log("Fetching product id: " + productId);

    if (productId == 1L) {
        throw new ProductServiceException("Product not found");  ❶
    }

    sleepForAWhile(Duration.ofSeconds(1)); // 네트워크 호출 시뮬레이션

    return new Product(productId, "Sample Product",
        "A great product description.");
}
```

❶ 상품 ID 1에 대해 바로 'not found' 예외를 던진다.

2 하지만 JEP 525가 프리뷰로 반영된 자바 26에서도 경미하나마 일부 수정됐다. https://openjdk.org/jeps/525#History를 참고하자. – 옮긴이

프로그램을 실행하면 다음 결과가 출력된다. 구조적 동시성이 어떻게 동작하는지 살펴보자.

```
08:04:55.492 main          : Attempting to fetch product info for ID: 1
08:04:55.497 main          : Fetching product & reviews for id: 1
08:04:55.506 VThread[#28]  : Fetching product id: 1
08:04:55.506 VThread[#30]  : Fetching reviews for id: 1
Exception in thread "main" java.util.concurrent.StructuredTaskScope$FailedException:
ca.bazlur.modern.concurrency.c04.exception.ProductServiceException: Product not found
 at java.base/java.util.concurrent.StructuredTaskScopeImpl.
join(StructuredTaskScopeImpl.java:258)
 at ca.bazlur.modern.concurrency.c04.FailingProductServiceWithStructuredConcurrency.
fetchProductInfo(FailingProductServiceWithStructuredConcurrency.java:49)
 at ca.bazlur.modern.concurrency.c04.FailingProductServiceWithStructuredConcurrency.
main(FailingProductServiceWithStructuredConcurrency.java:32)
Caused by: ca.bazlur.modern.concurrency.c04.exception.ProductServiceException: Product
not found
 at ca.bazlur.modern.concurrency.c04.FailingProductServiceWithStructuredConcurrency.
fetchProduct(FailingProductServiceWithStructuredConcurrency.java:63)
 at ca.bazlur.modern.concurrency.c04.FailingProductServiceWithStructuredConcurrency.
lambda$fetchProductInfo$0(FailingProductServiceWithStructuredConcurrency.java:46)
 at java.base/java.util.concurrent.StructuredTaskScopeImpl$SubtaskImpl.
run(StructuredTaskScopeImpl.java:325)
 at java.base/java.lang.VirtualThread.run(VirtualThread.java:456)
```

우리가 예상했던 것과 딱 맞게 스택 트레이스가 출력된 것을 확인할 수 있다. fetchProduct() 서브태스크가 예외를 던졌기 때문에 StructuredTaskScope는 즉시 동시 실행 중인 fetchReviews() 서브태스크를 취소한다. scope.join() 메서드는 fetchProduct()에서 발생한 실질적인 오류 원인인 ProductServiceException을 StructuredTaskScope.FailedException으로 감싸서 던진다. 부모 스레드는 StructuredTaskScope.FailedException 예외를 전달받아서 우아하게 에러 처리를 마무리한다. 전체적인 과정은 그림 4-2와 같이 요약할 수 있다.

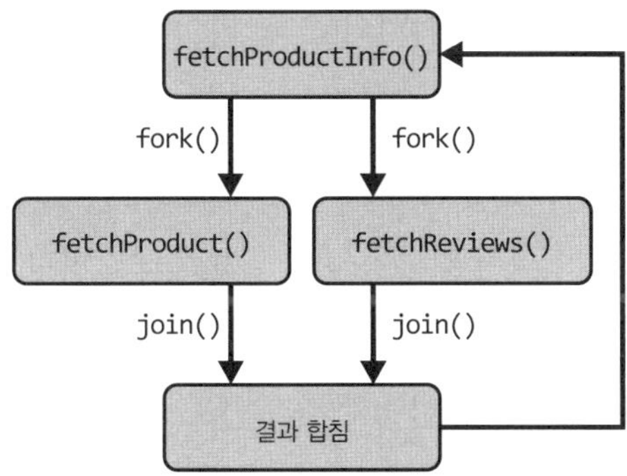

그림 4-2 fetchProductInfo()가 동시에 각각 실행되는 서브태스크인 fetchProduct()와 fetchReviews()로 포크한 후, 두 결과를 합치고, 실패 시 취소 처리가 보장되는 StructuredTaskScope 작업 흐름

구조적 동시성이 적용된 버전은 앞서 살펴봤던 비구조적 동시성 방식의 문제를 해결해 주는 것뿐만 아니라 몇 가지 중요한 장점이 더 있다. 두 서브태스크 중 어느 한쪽이 실패하면 나머지 서브태스크는 자동으로 취소되므로 불필요한 자원 낭비를 방지한다. 부모 태스크가 취소되면 스코프는 닫히고 2개의 서브태스크도 자동으로 종료된다. join()은 최종 결과를 반환하기 전에 2개의 서브태스크가 완료되는 것을 보장함으로써, 비구조적 동시성을 적용했던 원래 구현에서 발생했던 불완전한 데이터 문제 발생을 방지한다.

기술적인 개선 외에도 구조적 동시성을 적용하면 코드가 더 간결해지고 읽기 쉬워지며, 에러 발생 위험도 낮아진다. 상품과 리뷰 정보를 병렬로 조회하고, 두 조회 작업이 모두 성공했을 때만 이후의 작업을 진행한다는 의도가 분명하게 드러난다. 무언가 잘못됐을 때 어떤 일이 발생할지 모호한 점이 전혀 없다.

구조적 동시성을 잘 이해하고 사용하면 더 효율적이고 신뢰성 있고 유지보수성 좋은 동시성 처리 코드를 작성할 수 있다. 이런 든든한 신뢰성은 코드가 예상대로 동작할 것이라는 안도감을 심어준다.

스코프와 서브태스크: 관계와 생애주기

구조적 동시성과 그 API를 이해했으니, 이제 조금 내부로 들어가서 스코프와 서브태스크 간의 관계를 살펴보자.

구조적 동시성은 StructuredTaskScope를 부모 컨테이너로 사용해서 그 안의 자식 서브태스크들을 관리하며, 서브태스크들의 생애주기와 실행을 책임진다. 각 서브태스크는 스코프 안에서 가상 스레드로 실행되는 동시 작업 단위를 의미한다. 이러한 부모-자식 관계 덕분에 전체 실행 흐름의 조율과 예측을 보장할 수 있다.

StructuredTaskScope는 동시 작업 수행을 위해 명확히 경계 지어진 컨텍스트를 정의하고, 서브태스크 전체의 생애주기를 관리하여 서브태스크의 질서 있는 실행과 종료를 보장한다.

서브태스크 포크하기

스코프 소유자는 fork() 메서드를 사용해서 동시 작업을 시작한다. fork() 메서드는 파라미터에 따라 다음과 같이 두 가지가 있다.

- fork(Callable<? extends U> task)
  값을 반환하도록 설계된 서브태스크를 만들 때 사용한다. Callable을 전달받으면, 새로운 가상 스레드에서 실행될 때 Callable의 call() 메서드가 실행된다.

- fork(Runnable task)
  값을 반환하지 않는 서브태스크를 만들 때 사용한다. 동작 방식은 Callable 버전과 동일하지만, 작업이 성공적으로 끝나면 Subtask.get()은 null을 반환한다.

포크 과정

둘 중 어느 것을 호출하든 진행 과정은 동일하다.

- 비동기 태스크를 표현하는 Subtask 객체가 생성된다. 이 객체는 핸들 역할을 한다.
- 내부의 Joiner 정책 객체가 onFork() 메서드를 통해 호출된다. 만약 스코프가 이미 취소된 상태일 때, 정책에 따라 서브태스크가 실행되지 않아야 한다면 fork()는 스레드를 생성하지 않고 핸들만 반환한다.
- 정책에 위배되지 않는다면, 새로운 가상 스레드가 시작되어 태스크가 실행된다.

fork() 메서드는 즉시 Subtask 핸들을 반환한다. 스코프 소유자는 스코프가 join() 메서드를 통해 합쳐진 이후에 오직 이 핸들을 통해서만 Subtask.get()으로 결과를 얻거나 Subtask.exception()으로 예외를 얻을 수 있다.

서브태스크 완료

서브태스크가 작업을 끝내면, 그 태스크를 실행하던 스레드는 조이너의 onComplete() 메서드를 호출해서 작업 종료를 알리며, 이때 실행 결과의 최종 상태(SUCCESS, UNAVAILABLE, FAILED 등)를 담고 있는 Subtask 핸들을 함께 전달한다. Joiner에 대해서는 뒤에서 더 자세히 설명한다.

스코프 소유자는 join()을 사용해 서브태스크 정책이 만족될 때까지 기다린다. StructuredTaskScope.open()으로 생성되는 기본 스코프에서는 모든 서브태스크가 성공적으로 완료되거나 하나라도 실패하면 join()이 반환되는 정책이 적용된다. 하나의 서브태스크가 실패하면 스코프는 실행 중인 다른 서브태스크들을 모두 취소한다. 이후 join() 메서드는 실패한 서브태스크에서 발생한 예외를 FailedException으로 감싸서 던진다.

마지막으로, 스코프가 닫힐 때(명시적으로 close()를 호출하거나 try-with-resources 블록을 빠져나갈 때) 모든 서브태스크 스레드가 종료될 때까지 기다린 후 부모 스레드가 진행되도록 보장한다. 이는 자원 누수를 방지하고, 동시 작업의 구조 유지를 보장한다.

Joiner를 통한 조인 정책

StructuredTaskScope의 핵심 기능 중 하나는 Joiner 객체를 통해 유연한 조인 정책을 정의할 수 있다는 점이다. Joiner는 join() 메서드가 어떤 조건을 만족할 때 완료되는지, 어떤 결과를 반환할지를 정의함으로써 서브태스크의 생애주기를 관리할 수 있는 강력한 메커니즘이다.

자바는 고정된 정책 몇 개만 제공하는 대신에 Joiner 인터페이스를 제공한다. 이 인터페이스를 단순화해서 보면, 결과를 정의하는 메서드들과 생애주기 훅lifecycle hook들이 포함되어 있다는 사실을 알 수 있다.

```
public interface Joiner<T, R> {
    R result();  ❶
    Throwable exception();  ❷
    default boolean onFork(Subtask<? extends T> subtask) { ... }  ❸
    default boolean onComplete(Subtask<? extends T> subtask) { ... }  ❹
}
```

❶ scope.join()에서 반환할 성공 결과를 정의하는 결과 메서드
❷ scope.join()에서 던질 예외를 정의하는 결과 메서드
❸ fork()가 호출될 때마다 새로운 서브태스크를 추적하기 위해 호출되는 생애주기 훅
❹ 어떤 서브태스크가 완료될 때 호출되며, 정책의 핵심 로직이 담겨 있는 생애주기 훅

result() 메서드와 exception() 메서드는 scope.join()의 최종 결과를 정의하는 결과 메서드다. 따라서 성공 값을 반환하거나 던질 예외를 결정하는 로직을 두 메서드에 구현해야 한다.

onFork() 메서드는 Joiner가 새로 만들어지는 서브태스크를 인지하고 추적할 수 있게 해주는 생애주기 훅이다. onComplete() 메서드는 정책의 핵심 로직이 담기는 곳으로, 특정 서브태스크의 완료가 전체 조인 조건(예: '첫 번째 성공인가?', '모든 태스크가 실패했는가?')을 충족하는지를 검사한다.

공통적인 조인 정책들

Joiner는 일반적으로 사용되는 여러 정책이 적용돼 있는 정적 팩토리 메서드를 제공한다.

- Joiner.awaitAllSuccessfulOrThrow()
  기본 정책이며, StructuredTaskScope.open()을 호출할 때 사용된다. 내부 onComplete() 로직은 완료된 태스크 수를 추적한다. 서브태스크 하나라도 실패하면 스코프를 취소한다. 모든 서브태스크가 성공할 때만 join()이 성공적으로 완료된다.

- Joiner.anySuccessfulResultOrThrow()
  우승자를 선택하는 정책을 구현한다. onComplete() 로직은 완료된 서브태스크가 성공했는지 확인한다. 성공했다면 즉시 스코프를 취소하고, result() 메서드는 해당 성공 결과를 반환한다.

- Joiner.allSuccessfulOrThrow()
  이 정책의 onComplete() 훅은 성공적으로 완료된 모든 서브태스크의 결과를 수집한다. 모든 서브태스크가 끝날 때까지 기다린 다음, 수집된 결과를 Stream 형태로 제공한다.

- Joiner.awaitAll()

  이 정책은 모든 서브태스크가 성공하든 실패하든 완료될 때까지 기다린다. 모든 태스크의 결과를 알아야 하고 각각 개별적으로 처리해야 할 때 유용하다. scope.join()은 Stream<Subtask>를 반환하며, 각 서브태스크의 상태, 결과, 예외를 확인할 수 있다.

- Joiner.allUntil(Predicate<Subtask> isDone)

  가장 유연한 정책을 지원하는 팩토리 메서드로, 사용자 정의 취소 조건을 만들 수 있다. Predicate를 인자로 받아서 서브태스크가 완료될 때마다 검사한다. Predicate가 true를 반환하면 스코프가 취소된다. 이를 통해 '서브태스크 2개가 실패하면 취소' 같은 복잡한 정책을 원하는 대로 구성할 수 있다. Predicate가 끝까지 true를 반환하지 않으면 awaitAll()처럼 동작하며, 모든 서브태스크가 완료될 때까지 기다린다. 중간에 스코프가 취소되든 아니든 scope.join()은 포크된 모든 서브태스크가 담긴 Stream<Subtask>를 반환한다.

조이너를 사용하면 스코프의 완료 조건과 반환값을 세밀하게 제어할 수 있다. 모든 서브태스크가 성공할 때까지 기다리는 방식부터, 가장 먼저 결과를 반환하는 태스크가 나올 때까지만 기다리는 방식, 여러 결과를 스트림 형태로 수집하는 방식까지 모두 가능하다.

각 정책을 실용적인 예제와 함께 살펴보자.

awaitAllSuccessfulOrThrow

StructuredTaskScope.open() 메서드로 스코프를 생성하면, 모든 서브태스크가 성공해야 한다는 정책이 기본적으로 적용된다. 이 '전부 성공 아니면 무효all-or-nothing' 방식은 내부적으로 Joiner.awaitAllSuccessfulOrThrow()로 관리된다. 즉 서브태스크 중 하나라도 실패하면 전체 스코프가 즉시 종료되며, 진행 중이던 다른 서브태스크들은 즉시 취소되고, 실패한 서브태스크의 예외가 부모 태스크로 전달된다.

이 정책은 모든 작업이 성공했을 때만 이후 과정이 진행되도록 하여, 불완전하거나 일부만 처리된 상태로 잘못 진행되는 것을 방지한다.

이를 실제 예제로 살펴보자. 먼저 4장에서 앞서 만들었던 것과 유사한 데이터 레코드를 정의한다.

깃허브 소스 c04/DefaultPolicyDemo.java

```
record Product(long productId, String name) {}
record Review(String user, int rating) {}
record ProductInfo(Product product, List<Review> reviews) {}
```

다음으로, 동시 실행 서브태스크를 실행할 메서드들을 만든다. 동시성이 눈에 보이도록 `log()` 호출을 추가하고, `Thread.sleep()`을 사용해 네트워크 지연을 시뮬레이션한다. 또 오류 처리 경로를 보여주기 위해 실패하는 메서드 `fetchProductThatFails()`도 만든다.

깃허브 소스 c04/DefaultPolicyDemo.java

```
// 1초 지연 후에 성공하는 서브태스크
private Product fetchProduct(long productId)
        throws InterruptedException {
    log(" -> Fetching product details... (will take 1s)");
    Thread.sleep(Duration.ofSeconds(1)); ❶
    log(" <- Product details fetched.");
    return new Product(productId, "Sample Product");
}

// 항상 실패하는 서브태스크
private Product fetchProductThatFails(long productId) {
    log(" -> Fetching product details... (will fail)");
    throw new ProductServiceException("Product ID " + productId + " not found"); ❷
}

// 2초 지연 후에 성공하는 서브태스크
private List<Review> fetchReviews(long productId)
        throws InterruptedException {
    log(" -> Fetching product reviews... (will take 2s)");
    Thread.sleep(Duration.ofSeconds(2)); ❸
    log(" <- Product reviews fetched.");
    return List.of(new Review("Inaya", 5), new Review("Rushda", 4));
}
```

메서드는 저마다 특별한 목적을 갖고 있다.

❶ 1초 지연이 발생하는 상품 데이터 조회

❷ 상품이 존재하지 않아 조회에 실패하는 시나리오를 위해 즉시 예외 발생

❸ 2초 지연이 발생하는 리뷰 데이터 조회

이전 절에서 정의한 log() 메서드를 여러 예제에서 재활용할 수 있도록 유틸리티 메서드로 변경한다.

깃허브 소스 c04/Utils.java

```
import java.time.LocalTime;
import java.time.format.DateTimeFormatter;

public class Utils {

    public static void log(String message) {
        Thread currentThread = Thread.currentThread();
        String threadName = currentThread.isVirtual()
            ? "VThread[#" + currentThread.threadId() + "]"
            : currentThread.getName();
        String currentTime = LocalTime.now()
            .format(DateTimeFormatter.ofPattern("HH:mm:ss.SSS"));
        System.out.printf("%s %-12s: %s%n", currentTime, threadName, message);
    }
}
```

이제 기본 정책을 사용하는 메인 로직을 정의한다.

깃허브 소스 c04/DefaultPolicyDemo.java

```
public ProductInfo fetchProductInfo(long productId, boolean shouldFail)
        throws InterruptedException {
    Instant start = Instant.now();
    // open() 메서드를 사용하면 기본 정책인 '실패 즉시 중단'이 적용된다.
    try (var scope = StructuredTaskScope.open()) { ❶
        StructuredTaskScope.Subtask<Product> productTask = shouldFail
            ? scope.fork(() -> fetchProductThatFails(productId)) ❷
            : scope.fork(() -> fetchProduct(productId)); ❸
        StructuredTaskScope.Subtask<List<Review>> reviewsTask
            = scope.fork(() -> fetchReviews(productId)); ❹
```

```
        // 2개 모두 성공할 때까지 기다리거나 하나라도 실패하면 바로 FailedException을 던진다.
        log("... Scope joining. Waiting for subtasks...");
        scope.join();  ❺
        log("... Scope joined successfully.");

        // 2개 모두 성공했을 때만 ProductInfo를 반환한다.
        return new ProductInfo(productTask.get(), reviewsTask.get());  ❻
    } catch (StructuredTaskScope.FailedException ex) {
        // 하나라도 실패하면 로그를 출력하고 예외를 던진다.
        log("... Scope join failed. A subtask threw an exception.");
        throw new RuntimeException("Failed to fetch product info", ex.getCause());  ❼
    } finally {
        Instant end = Instant.now();
        log("Total time taken: " + Duration.between(start, end).toMillis() + "ms");
    }
}
```

실행 흐름을 추적해 보자.

❶ 기본 awaitAllSuccessfulOrThrow() 정책으로 스코프를 생성한다.
❷ 조건에 따라 실패할 태스크를 포크한다.
❸ 1초 후 성공하는 태스크를 포크한다.
❹ 2초 후 성공하는 태스크를 포크한다.
❺ 모든 서브태스크가 성공할 때까지 기다리거나, 첫 오류가 발생하면 즉시 실패한다.
❻ 모든 서브태스크가 성공한 경우에만 결과를 가져온다.
❼ 실패한 경우 원래 예외를 감싸서 처리한다.

예제의 핵심 부분인 fetchProductInfo() 메서드는 StructuredTaskScope를 사용해서 서브태스크를 조율한다. shouldFail 플래그를 사용해서 서브태스크 실패 시 어떻게 동작하는지도 확인해 볼 수 있다.

main 메서드를 포함한 실행 클래스는 다음과 같다.

깃허브 소스 c04/DefaultPolicyDemo.java

```
public class DefaultPolicyDemo {
    // ... (먼저 다룬 구현 메서드 생략)
    void main() {
        var demo = new DefaultPolicyDemo();
```

```
        log("--- Running Success Scenario ---");
        log("... Expecting to take ~2 seconds (the time of the slowest task)...\n");
        try {
            ProductInfo result = demo.fetchProductInfo(123L, false); ❶
            log("\nSuccess! Result: " + result);
        } catch (Exception e) {
            log("\nCaught unexpected exception in success scenario: " +
                "" + e.getMessage());
        }
    }
}
```

main 메서드는 모든 서브태스크가 성공하는 시나리오를 보여준다.

❶ shouldFail에 false를 전달해서 모든 서브태스크가 성공하는 시나리오를 선택한다.

다음 명령으로 예제를 실행한다.

```
java --enable-preview DefaultPolicyDemo.java
```

JDK 25를 사용하고 있으며, 구조적 동시성 기능은 아직 프리뷰 기능이라는 점을 기억하자.

출력 결과는 다음과 같다.

```
20:35:18.357 main           : --- Running Success Scenario ---
20:35:18.358 main           : ... Expecting to take ~2 seconds (the time of the
slowest task)...
20:35:18.362 main           : ... Scope joining. Waiting for subtasks...
20:35:18.363 VThread[#36]   :  -> Fetching product reviews... (will take 2s)
20:35:18.363 VThread[#34]   :  -> Fetching product details... (will take 1s)
20:35:19.367 VThread[#34]   :  <- Product details fetched.
20:35:20.369 VThread[#36]   :  <- Product reviews fetched.
20:35:20.370 main           : ... Scope joined successfully.
20:35:20.371 main           : Total time taken: 2012ms
20:35:20.378 main           :
Success! Result: ProductInfo[product=Product[productId=123, name=Sample Product],
reviews=[Review[user=Inaya, rating=5], Review[user=Rushda, rating=4]]]
```

메인 스레드는 스코프를 생성한 뒤 즉시 2개의 서브태스크인 fetchProduct()와 fetchReviews()를 포크한다. 이 태스크들은 각각 가상 스레드(VThread[#34], VThread[#36])에서 거의 동시에 실행되기 시작한다. 두 태스크가 병렬로 실행되는 동안, 메인 스레드는 scope.join()에서 블로킹되고 결과를 기다린다.

1초가 지나면 fetchProduct() 태스크가 먼저 완료되지만, 더 느린 fetchReviews() 태스크가 아직 실행 중이므로 메인 스레드는 계속 블로킹된 채로 기다린다. 그리고 2초 후 fetchReviews()가 완료되면, 모든 서브태스크가 성공했기 때문에 join() 메서드가 드디어 반환된다. 전체 소요 시간이 약 2,000밀리초로 측정된 것을 보면, 태스크들이 병렬로 실행되었고 전체 작업 시간은 가장 오래 걸린 서브태스크에 의해 결정됨을 알 수 있다.

이제 실패 시나리오를 살펴볼 수 있도록 main 메서드를 수정해 보자. fetchProductInfo()를 호출할 때 shouldFail 플래그를 true로 설정한다. 이렇게 하면 결과적으로 실패하는 fetchProductThatFails() 메서드를 사용하게 되며, 이 메서드는 즉시 예외를 던지도록 설계되어 있다.

깃허브 소스 c04/DefaultPolicyDemo.java

```
void main() {
    var demo = new DefaultPolicyDemo();
    log("--- Running Failure Scenario ---");
    log("... Expecting to fail almost instantly...\n");
    try {
        ProductInfo result = demo.fetchProductInfo(456L, true);  ❶
    } catch (Exception e) {
        // catch 블록에서 던져진 RuntimeException을 사용해서 로그 출력
        log("\nCaught expected exception in failure scenario: " + e.getMessage());
        log("Cause: " + e.getCause());  ❷
    }
}
```

실패 시나리오에서는 즉각적인 에러 처리를 확인할 수 있다.

❶ shouldFail 파라미터에 true를 지정해서 실패 시나리오를 실행한다.

❷ 예외 발생 원인을 RuntimeException으로 감싸서 던진다.

출력 결과는 다음과 같다.

```
22:20:11.405 main           : --- Running Failure Scenario ---
22:20:11.406 main           : ... Expecting to fail almost instantly...
22:20:11.411 main           : ... Scope joining. Waiting for subtasks...
22:20:11.412 VThread[#34]   :  -> Fetching product details... (will fail)
22:20:11.412 VThread[#36]   :  -> Fetching product reviews... (will take 2s)
22:20:11.413 main           : ... Scope join failed. A subtask threw an exception.
22:20:11.414 main           : Total time taken: 7ms
22:20:11.414 main           :
Caught expected exception in failure scenario: Failed to fetch product info
22:20:11.414 main           : Cause: ca.bazlur.modern.concurrency.c04.exception.
ProductServiceException:Product ID 456 not found
```

출력 결과를 보면 실패 즉시 중단fail-fast 정책의 강력함을 분명하게 느낄 수 있다. 실패하는 fetchProductThatFails() 태스크와 2초가 걸리는 fetchReviews() 태스크가 모두 가상 스레드로 포크됐음에도, 전체 작업은 단 7밀리초 만에 끝난다. 첫 번째 서브태스크가 실패하는 즉시, 조이너 정책에 의해 나머지 실행 중인 서브태스크를 취소하고 scope.join()이 즉시 FailedException을 던진다. 상품 조회가 이미 실패해서 fetchReviews()의 결과는 의미가 없으므로, 시스템은 리뷰 조회가 완료될 때까지 기다리지 않고 바로 끝내서 시간을 낭비하지 않는다. 이처럼 빠른 오류 전파와 불필요한 작업 방지 능력은 '전부 성공 아니면 무효'로 처리해야 하는 작업에서 구조적 동시성을 통해 얻을 수 있는 결정적인 장점이다.

동일한 작업을 전통적인 ExecutorService로 구현했을 때와 비교해 보면 구조적 동시성의 기본 '실패 즉시 중단' 정책의 장점을 확실히 느낄 수 있다.

깃허브 소스 c04/DefaultPolicyDemo.java

```
ProductInfo fetchProductInfoWithExecutor(Long productId)
        throws ExecutionException, InterruptedException {
    Instant start = Instant.now();
    try (ExecutorService service
            = Executors.newVirtualThreadPerTaskExecutor()) { ❶
        Future<Product> productFuture
            = service.submit(() -> fetchProductThatFails(productId)); ❷
        Future<List<Review>> reviewFuture
            = service.submit(() -> fetchReviews(productId)); ❸
        Product product = productFuture.get(); ❹
        List<Review> reviews = reviewFuture.get(); ❺
        return new ProductInfo(product, reviews);
    } finally {
```

```
        Instant end = Instant.now();
        System.out.printf("Time taken: %dms%n",
            end.toEpochMilli() - start.toEpochMilli());
    }
}
```

❶ 가상 스레드를 사용하는 ExecutorService를 생성한다.

❷ 실패하는 상품 조회 태스크를 제출하고 Future를 반환받는다.

❸ 리뷰 조회 태스크를 제출하고 Future를 반환받는다.

❹ 블로킹 메서드인 get()을 호출하고 실패하게 돼 있는 상품 조회 결과를 기다린다.

❺ 실행되면 리뷰 조회 결과를 기다리겠지만, 앞서 ❹에서 발생하는 예외 때문에 실행되지 못한다. reviewFuture.get()이 실행되지 못해서 리뷰 조회 결과를 얻을 수 없음에도 불구하고, 리뷰 조회 작업 자체는 가상 스레드에서 성공적으로 완료되며 자원을 소모한다.

실행 후 출력 결과는 다음과 같다.

```
22:46:10.211 main           : --- Fetch product with traditional executor ---
22:46:10.215 VThread[#36]   :  -> Fetching product reviews... (will take 2s)
22:46:10.215 VThread[#34]   :  -> Fetching product details... (will fail)
22:46:12.221 VThread[#36]   :  <- Product reviews fetched.
Time taken: 2010ms
22:46:12.227 main           :
Caught expected exception in executor demo: ca.bazlur.modern.concurrency.c04.
exception.ProductServiceException: Product ID 456 not found
22:46:12.227 main           : Cause: ca.bazlur.modern.concurrency.c04.exception.
ProductServiceException:
Product ID 456 not found
```

콘솔에 출력된 로그를 자세히 살펴보면 전통적인 비구조적 동시성 처리 방식의 한계가 명백히 드러난다. VThread[#34]에서 실행되는 fetchProductThatFails() 태스크가 거의 즉시 실패했기 때문에 리뷰 조회는 의미가 없어졌음에도 불구하고 VThread[#36]에서 실행되는 fetchReviews() 태스크는 이를 전혀 알지 못한 채로 계속 실행된다. 2초 후에 Product reviews fetched라는 메시지가 출력된 것을 보면 리뷰 조회 작업이 성공적으로 완료됐음을 확인할 수 있다.

이렇게 비효율적으로 진행되는 이유는 ExecutorService에는 공유 스코프라는 개념이 없기 때문이다. ExecutorService의 관점에서 2개의 Future는 서로 독립적이므로, 둘 중 한쪽의 결과가 다른 쪽에 전혀 영향을 주지 못한다. 그 결과 프로그램은 이제는 불필요해진 리뷰 조회 태스크가 완료될 때까지 기다리면서 시스템 자원을 낭비하게 된다.

anySuccessfulResultOrThrow

Joiner.anySuccessfulResultOrThrow() 정책을 사용하면 여러 동시 실행 서브태스크 사이에서 '경주race'를 벌일 수 있다. 즉 가장 먼저 성공적으로 완료된 태스크를 승자로 선택하므로, '선착순first-past-the-post'과 비슷한 방식이라고 볼 수 있다. 승자가 정해지는 순간, 조이너는 실행 중인 나머지 모든 서브태스크를 즉시 취소cancel한다.

이 정책을 확인해 보기 위해, 응답 시간이 각기 다른 3개의 소스에서 동시에 상품 정보를 가져오는 상황을 만들어보자. 여기서 목표는 가장 먼저 얻은 결과만 그대로 사용하고 나머지는 폐기하는 것이다.

먼저 서로 다른 3개의 fetch 메서드를 정의하는데, Thread.sleep()으로 시뮬레이션하는 응답 시간이 각각 다르다. 각 메서드는 log() 문을 포함하고 있어 실제 경주가 어떻게 진행되고, 승자가 나오면 다른 태스크가 어떻게 취소되는지 눈으로 확인할 수 있다.

깃허브 소스 c04/RacePolicyDemo.java

```
// 응답 시간이 500ms인 데이터 소스
private Product fetchProductFromCache(long productId)
        throws InterruptedException {
    log(" -> Checking cache... (will take 500ms)");
    Thread.sleep(Duration.ofMillis(500));  ❶
    log(" <- Cache has the result!");
    return new Product(productId, "Product from Cache");
}

// 응답 시간이 2000ms인 느린 데이터 소스
private Product fetchProductFromDatabase(long productId)
        throws InterruptedException {
    try {
        log(" -> Querying database... (will take 2s)");
        Thread.sleep(Duration.ofSeconds(2));  ❷
```

```
            log(" <- Database has the result!");
            return new Product(productId, "Product from DB");
        } catch (InterruptedException e) {
            // 스코프가 태스크를 취소하면 실행되는 로직
            log(" <- Database query was canceled."); ❸
            Thread.currentThread().interrupt();
            throw e;
        }
    }

    // 응답 시간이 3000ms인 가장 느린 데이터 소스
    private Product fetchProductFromAPI(long productId)
            throws InterruptedException {
        try {
            log(" -> Calling external API... (will take 3s)");
            Thread.sleep(Duration.ofSeconds(3)); ❹
            log(" <- API has the result!");
            return new Product(productId, "Product from API");
        } catch (InterruptedException e) {
            // 스코프가 태스크를 취소하면 실행되는 로직
            log(" <- API call was canceled."); ❺
            Thread.currentThread().interrupt();
            throw e;
        }
    }
```

각 메서드는 응답 시간이 다른 데이터 소스를 시뮬레이션한다.

❶ 캐시는 500밀리초 만에 응답하며 가장 빠르다. 실제로 우승자가 될 가능성이 가장 높다.
❷ 데이터베이스는 2초가 걸리며, 취소 시 동작하는 예외 처리 로직을 포함하고 있다.
❸ 스코프가 이 태스크를 취소할 때 데이터베이스 조회 작업이 인터럽트됐음을 출력한다.
❹ 외부 API는 가장 느리며 3초가 걸린다. 마찬가지로 취소 시 처리 로직을 포함한다.
❺ 스코프가 이 태스크를 취소할 때 API 호출이 인터럽트됐음을 출력하는 로그다.

이제 세 메서드를 모두 호출해서 경주를 구성하는 메서드를 작성할 차례다. 이번에는 `open()` 메서드를 호출할 때 `Joiner.anySuccessfulResultOrThrow()`를 전달해서 경주를 시작한다.

```
public Product fetchProduct(long productId) {
    Instant start = Instant.now();
    // 경주 우승자 선택 정책 지정
    try (var scope
            = StructuredTaskScope.open(
                StructuredTaskScope
                    .Joiner.<Product>anySuccessfulResultOrThrow())) { ❶
        scope.fork(() -> fetchProductFromDatabase(productId)); ❷
        scope.fork(() -> fetchProductFromCache(productId)); ❸
        scope.fork(() -> fetchProductFromAPI(productId)); ❹
        // join() 메서드는 첫 번째로 성공한 서브태스크 결과만 반환한다.
        return scope.join(); ❺
    } catch (InterruptedException | StructuredTaskScope.FailedException e) {
        // 모든 서브태스크가 실패하면 FailedException이 던져진 후 catch 되어
        // RuntimeException으로 감싸서 던진다.
        throw new RuntimeException(e); ❻
    } finally {
        Instant end = Instant.now();
        log("Total time taken: %dms%n"
            .formatted(Duration.between(start, end).toMillis()));
    }
}
```

fetchProduct() 메서드는 다음과 같이 경주를 구성한다.

❶ 첫 번째 성공 결과만 선택하는 정책이 적용된 스코프를 생성한다.

❷ 2초가 걸리는 DB 조회 태스크를 포크한다.

❸ 500밀리초가 걸리는 캐시 조회 태스크를 포크한다.

❹ 3초가 걸리는 API 호출 태스크를 포크한다.

❺ 첫 번째 성공 서브태스크가 나올 때까지만 기다리고 그 결과를 반환한다.

❻ 모든 서브태스크가 전부 실패했을 경우 RuntimeException을 던진다.

코드를 실행하면 우승자 서브태스크가 결정되고 나머지 서브태스크가 취소될 것이다. 예상한 결과가 나오는지 확인해 보자.

깃허브 소스 c04/RacePolicyDemo.java

```
public class RacePolicyDemo {
    // 앞서 다룬 메서드 생략

    void main() {
        var demo = new RacePolicyDemo();
        log("--- Running Race Scenario ---");
        log("... Three tasks will race. " +
            "Expecting to finish in ~500ms (the fastest task)...\n");

        try {
            Product winningProduct = demo.fetchProduct(123L); ❶
            log("Race finished! Winning result: " + winningProduct);
        } catch (Exception e) {
            log("Caught unexpected exception: " + e.getMessage());
            e.printStackTrace();
        }
    }
}
```

❶ 3개의 데이터 소스를 조회하는 경주를 시작하고 첫 번째로 성공한 서브태스크의 결과를 획득한다.

첫 번째 조회된 상품 정보를 담을 Product 레코드도 정의해야 한다.

깃허브 소스 c04/RacePolicyDemo.java

```
public record Product(long productId, String source) {
}
```

다음 명령으로 예제를 실행한다.

```
java --enable-preview RacePolicyDemo.java
```

결과는 다음과 같다.

```
23:03:23.917 main        : --- Running Race Scenario ---
23:03:23.917 main        : ... Three tasks will race. Expecting to finish in
~500ms (the fastest task)...
23:03:23.923 VThread[#36]:  -> Checking cache... (will take 500ms)
```

```
23:03:23.923 VThread[#38]:  -> Calling external API... (will take 3s)
23:03:23.923 VThread[#34]:  -> Querying database... (will take 2s)
23:03:24.429 VThread[#36]:  <- Cache has the result!
23:03:24.431 VThread[#34]:  <- Database query was canceled.
23:03:24.431 VThread[#38]:  <- API call was canceled.
23:03:24.439 main         : Total time taken: 513ms
23:03:24.442 main         : Race finished! Winning result: Product[productId=123,
source=Product from Cache]
```

콘솔 출력 결과는 경주 우승자 정책의 작동 방식을 완벽하게 보여주고 있다. 세 가지 fetch 메서드가 모두 포크되어 병렬로 동시에 시작한다. 하지만 응답 속도가 500밀리초로 가장 빠른 fetchProductFromCache() 서브태스크가 가장 먼저 성공한다. 우승자가 정해졌으므로 정책에 정해진 요건이 충족됐고, 나머지 2개의 태스크는 즉시 인터럽트되어 catch 블록에서 로그 출력 후 함께 취소되는 것을 확인할 수 있다.

join() 메서드는 캐시 조회를 통해 획득한 상품 정보를 반환하고, 나머지 2개의 느린 서브태스크의 완료를 불필요하게 기다리지 않으므로 전체 작업에는 500밀리초가 약간 넘는 시간만 소요된다.

allSuccessfulOrThrow

지금까지 기본 정책인 awaitAllSuccessfulOrThrow와 anySuccessfulOrThrow 정책을 살펴봤다. 이번에 살펴볼 정책은 Joiner.allSuccessfulOrThrow다. 실패에 대해서는 기본 정책과 동일하게 동작하지만, 성공 결과를 더 편리하게 받아서 사용할 수 있다.

allSuccessfulOrThrow는 기본 정책인 awaitSuccessfulOrThrow와 마찬가지로 엄격한 '전부 성공 아니면 무효' 전략을 따른다. 그래서 서브태스크 하나라도 실패하면 즉시 다른 서브태스크를 취소하고 scope.join() 메서드는 FailedException을 던진다.

하지만 핵심적인 차이점은 모든 서브태스크가 성공했을 때 드러난다. awaitSuccessfulOrThrow 정책에서는 join() 메서드가 void를 반환하지만, allSuccessfulOrThrow 정책에서는 join() 메서드가 java.util.Stream<Subtask<T>>를 반환한다. 이 스트림에는 모든 서브태스크에 대한 핸들이 포크된 순서대로 포함돼 있어서, 모든 성공 결과를 한 번에 쉽게 처리할 수 있다. 반환 타입에서도 알 수 있듯이, 모든 서브태스크가 동일한 타입의 결과를 반환할 때만 이 정책을 사용해야 한다.

서브태스크마다 서로 각기 타입의 결과를 반환하는 상황에서는 기본 정책인 awaitAllSuccessfulOrThrow를 사용하는 것이 좋다. awaitAllSuccessfulOrThrow는 개별 서브태스크의 핸들을 한 번에 처리하지 않고 하나씩 처리할 수 있기 때문이다.

이제 주어진 사용자 ID 목록의 적격성 여부를 외부 서비스를 통해 검증하는 시나리오를 상상해 보자. 여러 ID 검사를 동시에 처리하고 싶고, 목록에 포함된 모든 ID가 유효할 때만 전체 작업이 성공한다고 가정하자.

먼저 사용자 검증을 시뮬레이션하는 간단한 메서드를 정의하자. 이번에도 고의로 실패하는 메서드를 함께 정의한다.

깃허브 소스 c04/BatchValidationDemo.java

```
public record ValidatedUser(long userId, String status) {
}

private ValidatedUser validateUser(long userId)
        throws InterruptedException {
    log(" -> Validating user %d...".formatted(userId));
    Thread.sleep(Duration.ofMillis(100 + new Random().nextInt(500))); ❶
    log(" <- User %d is valid.".formatted(userId));
    return new ValidatedUser(userId, "VALID");
}

private ValidatedUser validateUserWithFailure(long userId)
        throws InterruptedException {
    if (userId == 3L) {
        log(" -> Validating user %d... (will fail)".formatted(userId));
        throw new IllegalArgumentException("Invalid user ID: " + userId); ❷
    }
    return validateUser(userId);
}
```

❶ 100~600밀리초의 지연 시간을 랜덤하게 적용해서 실제 네트워크 지연 시간을 시뮬레이션한다.

❷ 실패 처리 과정을 확인하기 위해 ID가 3일 때는 고의로 실패한다.

이제 사용자 ID 목록을 받아서 각 ID별 검증 작업을 포크하고 allSuccessfulOrThrow()를 사용해서 결과를 수집해 보자.

```
public List<ValidatedUser> validateAllUsers(List<Long> userIds)
        throws InterruptedException {
    log("Validating a batch of " + userIds.size() + " users...");
    try (var scope
            = open(Joiner.<ValidatedUser>allSuccessfulOrThrow())) { ❶
        var subtasks = userIds.stream()
            .map(id -> scope.fork(() -> validateUserWithFailure(id))) ❷
            .toList();
        // join() 메서드는 모든 서브태스크 성공 시 Stream<Subtask<ValidatedUser>>를 반환하고
        // 하나라도 실패 시 즉시 FailedException을 던진다.
        var resultStream = scope.join(); ❸
        log("...All users validated successfully. Processing stream...");
        return resultStream
            .map(Subtask::get) ❹
            .toList();
    } catch (FailedException ex) {
        log("...Validation failed for one of the users.");
        throw new RuntimeException("Batch validation failed",
            ex.getCause()); ❺
    }
}
```

사용자 ID 목록 일괄 검증 메서드는 다수의 서브태스크 결과를 모아서 반환하는 과정을 보여준다.

❶ 모든 서브태스크가 성공했을 때 전체 결과에 대한 Stream을 얻을 수 있는 allSuccessfulOrThrow 정책이 적용된 스코프를 생성한다.

❷ 사용자 ID별로 검증 작업을 포크하고 모든 서브태스크 결과를 리스트에 모은다.

❸ 모든 검증 작업이 성공적으로 완료되면 서브태스크의 스트림을 얻을 수 있다.

❹ 서브태스크의 결과인 ValidatedUser를 추출한다.

❺ 원래의 검증 예외를 RuntimeException으로 감싸서 던진다.

var와 타입 추론

코드를 간결하게 유지하기 위해 var 키워드를 사용한다. 타입 추론(type inference) 덕분에 불필요한 보일러플레이트 코드를 줄여서 가독성을 개선할 수 있다.

validatedAllUsers 메서드에서

- var scope는 StructuredTaskScope<ValidatedUser> 타입으로 유추된다.
- var subtasks는 List<StructuredTaskScope<ValidatedUser>> 타입으로 유추된다.
- var resultStream은 Stream<StructuredTaskScope<ValidatedUser>> 타입으로 유추된다.

이제 모든 것을 BatchValidationDemo 클래스에 담아보자. Joiner, Subtask 같은 StructuredTaskScope의 중첩 클래스와, open() 같은 정적 메서드를 간결하게 사용하기 위해 정적 임포트를 사용한다.

깃허브 소스 c04/BatchValidationDemo.java

```
import static java.util.concurrent.StructuredTaskScope.*;

public class BatchValidationDemo {
    // 앞서 다룬 메서드 생략

    void main() {
        var demo = new BatchValidationDemo();
        List<Long> successfulBatch = List.of(1L, 2L, 4L, 5L);
        // 실패하는 ID인 3 포함
        List<Long> failingBatch = List.of(1L, 2L, 3L, 4L, 5L);  ❶
        log("--- Running Success Scenario ---");

        try {
            List<ValidatedUser> results = demo.validateAllUsers(successfulBatch);  ❷
            log("\nBatch validation complete. Results:");
            results.forEach(validatedUser -> log(validatedUser.toString()));
        } catch (Exception e) {
            log("Caught unexpected exception: " + e.getMessage());
        }

        log("\n=============================================\n");
        log("--- Running Failure Scenario ---");
        try {
```

```
            demo.validateAllUsers(failingBatch); ❸
        } catch (Exception e) {
            log("Caught expected exception: " + e.getMessage());
        }
    }
}
```

main 메서드는 성공과 실패 두 가지 시나리오를 모두 실행한다.

❶ 검증에 실패할 ID인 3을 포함한다.

❷ 검증을 모두 통과하는 시나리오를 테스트한다.

❸ ID 3일 때 실패하면 다른 서브태스크가 취소되는지 확인하는 시나리오를 테스트한다.

다음 명령으로 실행한다.

```
java --enable-preview BatchValidationDemo.java
```

출력된 결과는 다음과 같다.

```
00:29:49.275 main        : --- Running Success Scenario ---
00:29:49.276 main        : Validating a batch of 4 users...
00:29:49.286 VThread[#39]:  -> Validating user 4...
00:29:49.286 VThread[#36]:  -> Validating user 2...
00:29:49.286 VThread[#34]:  -> Validating user 1...
00:29:49.286 VThread[#42]:  -> Validating user 5...
00:29:49.452 VThread[#39]:  <- User 4 is valid.
00:29:49.480 VThread[#42]:  <- User 5 is valid.
00:29:49.614 VThread[#34]:  <- User 1 is valid.
00:29:49.696 VThread[#36]:  <- User 2 is valid.
00:29:49.697 main        : All users validated successfully. Processing stream
00:29:49.698 main        :
Batch validation complete. Results:
00:29:49.701 main        : ValidatedUser[userId=1, status=VALID]
00:29:49.702 main        : ValidatedUser[userId=2, status=VALID]
00:29:49.702 main        : ValidatedUser[userId=4, status=VALID]
00:29:49.702 main        : ValidatedUser[userId=5, status=VALID]
00:29:49.702 main
==============================================
00:29:49.702 main        : --- Running Failure Scenario ---
00:29:49.702 main        : Validating a batch of 5 users...
```

```
00:29:49.703 VThread[#48]:  -> Validating user 4...
00:29:49.703 VThread[#47]:  -> Validating user 3... (will fail)
00:29:49.703 VThread[#45]:  -> Validating user 1...
00:29:49.703 VThread[#46]:  -> Validating user 2...
00:29:49.703 VThread[#49]:  -> Validating user 5...
00:29:49.704 main         : ...Validation failed for one of the users.
00:29:49.704 main         : Caught expected exception: Batch validation failed
```

출력된 결과를 살펴보면 '전부 성공 아니면 무효' 정책에서 성공 시나리오와 실패 시나리오가 극명하게 다르다는 점을 확인할 수 있다.

성공 시나리오에서는 4개의 검증 태스크가 가상 스레드로 포크되고 동시에 실행된다. 메인 스레드는 `join()` 메서드를 호출하고 마지막 태스크가 완료될 때까지 기다린 후 결과가 담긴 `Stream`을 반환받고 출력한다.

실패 시나리오에서는 4개의 검증 태스크가 가상 스레드로 포크되어 동시에 실행되는 것까지는 성공 시나리오와 같지만, ID 3을 검증하는 태스크는 `sleep` 없이 바로 실패한다. `join()` 메서드는 `Stream`을 반환하지 않고 즉시 `FailedException`을 던지고, `catch` 블록에서 예외를 잡아서 마지막 에러 메시지를 출력한다. 여기에서 눈여겨볼 점은 `<- User X is valid`라는 메시지가 하나도 출력되지 않는다는 사실이다. 정책에 따라 하나라도 실패하면 나머지도 모두 취소되기 때문이다. 하나라도 실패하는 순간 전체 흐름을 종료시키는 '실패 즉시 중단' 정책을 통해 ID 검증 배치 작업의 일관성을 보장할 수 있다는 사실을 확인할 수 있다.

awaitAll

지금까지 실패가 하나라도 있으면 즉시 전부에 대해 실패 처리하는 '실패 즉시 중단' 정책과 모든 태스크가 성공해야 성공으로 간주되는 정책을 살펴봤다. `Joiner.awaitAll()` 정책은 이들과는 다른 접근을 취하는데, 각 서브태스크가 성공하든 실패하든 모두 완료될 때까지 기다린다. 이 정책은 부수 효과side effect가 중요하거나, 일부 성공한 결과만이라도 처리해야 하는 상황에 적합하다.

`allSuccessfulOrThrow()`와 달리, `awaitAll()` 정책은 하나의 서브태스크가 실패하더라도 실행 중인 다른 태스크들을 취소하지 않으며, 포크된 모든 태스크가 끝까지 실행되도록 허용

한다. 이 정책에서 scope.join() 메서드는 항상 null을 반환하는데, awaitAll() 정책이 적용된 조이너는 결과 수집보다 태스크의 완료 여부에 더 초점을 두기 때문이다.

awaitAll() 정책의 핵심 장점은 회복성resilience이다. 일부 작업이 실패하더라도, 성공한 작업의 성과를 활용하고 싶을 때 awaitAll()은 성공한 실행이 낭비되지 않도록 보장한다. 서브태스크가 로그 기록, 지표 수집, 파일 처리 같은 부수 효과를 수행하거나, 일부 데이터 소스가 실패하더라도 가능한 한 많은 데이터를 모아야 할 때 유용하게 사용할 수 있다.

awaitAll() 정책은 특히 모니터링 시스템, 배치 처리 작업, 부분 성공도 가치가 있는 팬인fan-in 서버 아키텍처에서 유용하다.

예를 들어 중요한 시스템 이벤트에 대해 이메일, SMS, 푸시 알림 등 여러 채널로 동시에 알림을 보내야 한다고 상상해 보자. 가능한 한 많은 사용자에게 도달하는 것이 목표이므로, 어떤 채널이 실패하더라도 나머지 채널은 반드시 정상적으로 알림을 보내야 한다.

먼저 알림 결과를 추적하는 간단한 레코드와, 서로 다른 신뢰성을 가진 알림 발송 동작을 시뮬레이션하는 메서드들을 정의해 보자.

깃허브 소스 c04/AwaitAllDemo.java

```
public record NotificationResult(String channel, boolean success, String message) {
    public static NotificationResult success(String channel, String message) {
        return new NotificationResult(channel, true, message);
    }

    public static NotificationResult failure(String channel, String error) {
        return new NotificationResult(channel, false, error);
    }
}

// 결과를 수집하는 공유 상태(부수 효과)
private final List<NotificationResult> notificationResults =
    new CopyOnWriteArrayList<>(); ❶
private final AtomicInteger successCount = new AtomicInteger(0); ❷
private final AtomicInteger failureCount = new AtomicInteger(0); ❸
```

공유 상태는 알림 결과 정보를 수집한다.

❶ 여러 건의 동시 알림 시도 결과를 수집하는 스레드 안전한 리스트

❷ 모든 채널에 대해 성공한 알림의 총수를 집계하는 아토믹(atomic) 카운터

❸ 모든 채널에 대해 실패한 알림의 총수를 집계하는 아토믹 카운터

이제 각자 다른 신뢰성을 가진 채널에 알림을 전송하는 메서드를 구현해 보자.

깃허브 소스 c04/AwaitAllDemo.java

```
private void sendEmailNotification(String message)
        throws InterruptedException {
    log(" -> Sending email notification...");
    Thread.sleep(Duration.ofMillis(200 + new Random().nextInt(300)));

    // 이메일은 90% 성공한다고 가정
    if (new Random().nextDouble() < 0.9) {  ❶
        log(" <- Email sent successfully");
        notificationResults.add(
            NotificationResult.success("EMAIL", "Delivered to inbox"));
        successCount.incrementAndGet();
    } else {
        log(" <- Email failed: SMTP server unavailable");
        notificationResults.add(
            NotificationResult.failure("EMAIL", "SMTP server unavailable"));
        failureCount.incrementAndGet();
        throw new RuntimeException("Email delivery failed");  ❷
    }
}

private void sendSmsNotification(String message)
        throws InterruptedException {
    log(" -> Sending SMS notification...");
    Thread.sleep(Duration.ofMillis(150 + new Random().nextInt(400)));

    // SMS는 70% 성공한다고 가정
    if (new Random().nextDouble() < 0.7) {  ❸
        log(" <- SMS sent successfully");
        notificationResults.add(
            NotificationResult.success("SMS", "Delivered to mobile"));
        successCount.incrementAndGet();
```

```
        } else {
            log(" <- SMS failed: Carrier gateway timeout");
            notificationResults.add(
                NotificationResult.failure("SMS", "Carrier gateway timeout"));
            failureCount.incrementAndGet();
            throw new RuntimeException("SMS delivery failed");
        }
    }

    private void sendPushNotification(String message)
            throws InterruptedException {
        log(" -> Sending push notification...");
        Thread.sleep(Duration.ofMillis(100 + new Random().nextInt(200)));

        // 푸시 알림은 95% 성공한다고 가정
        if (new Random().nextDouble() < 0.95) { ❹
            log(" <- Push notification sent successfully");
            notificationResults.add(
                NotificationResult.success("PUSH", "Delivered to device"));
            successCount.incrementAndGet();
        } else {
            log(" <- Push notification failed: Device token expired");
            notificationResults.add(
                NotificationResult.failure("PUSH", "Device token expired"));
            failureCount.incrementAndGet();
            throw new RuntimeException("Push notification delivery failed");
        }
    }
```

각 알림 방식은 현실적인 신뢰도 패턴을 시뮬레이션한다.

❶ 이메일은 일반적인 SMTP 신뢰도를 감안하여 약 90%의 성공률을 적용한다.

❷ 실패하더라도 예외를 던지기 전에 결과를 기록한다.

❸ SMS는 통신사 게이트웨이에서 발생하는 문제를 감안하여 약 70%의 성공률을 적용한다.

❹ 푸시 알림은 가장 신뢰도가 높은 채널이며 95%의 성공률을 적용한다.

이제 `awaitAll()`을 사용해 모든 채널에 대해 개별 실패 여부와 관계없이 동시에 알림 전송을 시도하는 메서드를 작성해 보자.

깃허브 소스 c04/AwaitAllDemo.java

```
public void sendCriticalAlert(String alertMessage) throws InterruptedException {
    log("Sending critical alert: " + alertMessage);

    try (var scope = open(Joiner.<Void>awaitAll())) { ❶
        // 알림 태스크 fork - 각 태스크는 부수 효과를 유발한다.
        scope.fork(() -> {
            sendEmailNotification(alertMessage);
            return null; // awaitAll()은 반환값을 무시한다. ❷
        });
        scope.fork(() -> {
            sendSmsNotification(alertMessage);
            return null;
        });
        scope.fork(() -> {
            sendPushNotification(alertMessage);
            return null;
        });

        log("Waiting for all notification attempts to complete");
        // awaitAll()이 적용된 스코프의 join()은 항상 null을 반환한다.
        // 일부 태스크가 실패하더라도 모든 태스크가 실행된다.
        Void result = scope.join(); ❸

        log("...All notification attempts completed.");
        // 결과를 수집하는 부수 효과를 처리한다.
        logNotificationSummary(); ❹
    } catch (InterruptedException e) {
        log("...Notification sending was interrupted");
        Thread.currentThread().interrupt();
        throw e;
    }
}
```

var와 타입 추론 2탄

sendCriticalAlert 메서드에서

- var scope는 StructuredTaskScope<Void>로 추론된다.
- open() 메서드는 StructuredTaskScope의 정적 메서드이며, 정적 임포트 구문인 import static java.util.concurrent.StructuredTaskScope.open;을 사용해 간결하게 작성할 수 있다.

❶ 실패 여부와 관계없이 모든 서브태스크의 완료까지 기다리는 awaitAll() 정책이 적용된 스코프를 생성한다.

❷ awaitAll()은 결과 수집이 아니라 완료에 초점을 맞추므로 태스크 완료 후 null을 반환한다.

❸ join()은 언제나 null을 반환하지만 실패든 성공이든 모든 태스크가 실행 완료되는 것을 보장한다.

❹ 태스크 실행 과정 중 수집된 부수 효과를 처리한다.

수집된 부수 효과를 처리하는 메서드를 작성한다.

깃허브 소스 c04/AwaitAllDemo.java

```
private void logNotificationSummary() {
    log("\n--- Notification Summary ---");
    log("Total channels attempted: " + (successCount.get() + failureCount.get()));
    log("Successful deliveries: " + successCount.get());
    log("Failed deliveries: " + failureCount.get());
    log("\nDetailed results:");
    notificationResults.forEach(result -> {
        String status = result.success() ? "✅" : "❌";
        log(status + " " + result.channel() + ": " + result.message());
    });
    if (successCount.get() > 0) {
        log("\n🎯 Alert successfully delivered through " +
            successCount.get() + " channel(s)");
    } else {
        log("\n⚠️ Alert failed to deliver through any channel!");
    }
}
```

지금까지 준비한 것을 `AwaitedAllDemo` 클래스에 모아서 예제를 완성해 보자. 코드를 간결하게 유지하기 위해 `Joiner` 객체나 `open()` 메서드 같은 `StructuredTaskScope`의 정적 구성 요소에 대해 정적 임포트 구문을 사용한다.

깃허브 소스 c04/AwaitAllDemo.java

```
import module java.base;
import static ca.bazlur.modern.concurrency.c04.Utils.log;
import static java.util.concurrent.StructuredTaskScope.*;
import static java.util.concurrent.StructuredTaskScope.open;

public class AwaitAllDemo {

    public record NotificationResult(String channel,
                                     boolean success,
                                     String message) {
        // 앞서 나룬 팩토리 메서드와 구현 생략
    }

    private final List<NotificationResult> notificationResults =
        new CopyOnWriteArrayList<>();
    private final AtomicInteger successCount = new AtomicInteger(0);
    private final AtomicInteger failureCount = new AtomicInteger(0);

    // 앞서 준비한 메서드 구현 생략

    void main() {
        String criticalAlert =
            "URGENT: Database connection pool exhausted - " +
            "immediate attention required";
        log("Running Notification Scenario (awaitAll Policy)");
        log("This demonstrates how awaitAll() processes " +
            "ALL tasks regardless of failures\n");

        try {
            sendCriticalAlert(criticalAlert); ❶
        } catch (Exception e) {
            log("Caught exception: " + e.getMessage());
        }
```

```
        log("\n===============================\n");
        log("--- Running Second Notification Batch ---");

        try {
            sendCriticalAlert(
                "RESOLVED: Database issue fixed - " +
                "all systems operational");  ❷
        } catch (Exception e) {
            log("Caught exception: " + e.getMessage());
        }
    }
}
```


main 메서드는 awaitAll() 메서드의 회복력을 잘 보여준다.

❶ 각 채널이 어떻게 동작하는지 살펴볼 수 있도록 첫 경고문을 전송한다.

❷ 후속 경고를 전송해서 여러 배치(batch)에 걸쳐 일관성 있게 동작하는지 확인한다.

모듈 임포트 선언문(JDK 25 이상)

import module java.base; 문은 JDK 25에서 도입된 모듈 임포트 선언문이다. 이 선언문은 다음 위치에 있는 public 최상위 클래스와 인터페이스를 온디맨드(on-demand) 방식으로 임포트한다.

- 지정된 모듈이 현재 모듈에 대해 export한 패키지들
- 지정된 모듈을 읽음으로써 함께 읽히는 모듈들이 export한 패키지들

import module java.base의 경우, 이는 java.base가 export하는 패키지마다 한 번씩, 총 54개의 온디맨드 패키지 임포트 효과와 동일하다. 즉 import java.io.*, import java.util.*, import java.time.*, import java.util.concurrent.* 등을 직접 나열한 것과 같은 효과다.

이 기능 덕분에 핵심 자바 API를 사용할 때 여러 개의 패키지를 일일이 임포트할 필요가 없어져 코드가 훨씬 간결해진다.

예제 코드를 실행하면,

```
java --enable-preview AwaitedAllDemo.java
```

다음 결과가 출력된다.[3]

```
04:59:39.852 main         : Running Notification Scenario (awaitAll Policy)
04:59:39.852 main         : This demonstrates how awaitAll() processes ALL tasks
regardless of failures
04:59:39.852 main         : Sending critical alert to all notification channels...
04:59:39.853 main         : Alert message: URGENT: Database connection pool
exhausted - immediate attention required
04:59:39.857 main         : Waiting for all notification attempts to complete
04:59:39.857 VThread[#38]:  -> Sending push notification...
04:59:39.857 VThread[#36]:  -> Sending SMS notification...
04:59:39.857 VThread[#34]:  -> Sending email notification...
04:59:39.970 VThread[#38]:  <- Push notification sent successfully
04:59:40.088 VThread[#36]:  <- SMS failed: Carrier gateway timeout
04:59:40.234 VThread[#34]:  <- Email sent successfully
04:59:40.235 main         : ...All notification attempts completed.
04:59:40.236 main         :
--- Notification Summary ---
04:59:40.237 main         : Total channels attempted: 3
04:59:40.238 main         : Successful deliveries: 2
04:59:40.239 main         : Failed deliveries: 1
04:59:40.239 main         :
Detailed results:
04:59:40.243 main         : ✅ PUSH: Delivered to device
04:59:40.244 main         : ✖ SMS: Carrier gateway timeout
04:59:40.244 main         : ✅ EMAIL: Delivered to inbox
04:59:40.244 main         : 🎯 Alert successfully delivered through 2 channel(s)
```

출력 결과를 분석해 보면, `awaitAll()` 정책의 회복력 있는 동작이 명확하게 드러난다. 이 예제에서는 3개의 알림 작업이 모두 가상 스레드로 포크되어 동시에 실행된다. SMS 알림이 `Carrier gateway timeout` 오류로 실패하더라도, 이메일과 푸시 알림은 계속 정상적으로 실행되어 성공적으로 완료된다. 메인 스레드는 각 작업의 성공 여부와 상관없이 모든 작업이 끝날 때까지 `join()`에서 대기한다. 이렇게 해서 부수 효과(알림 결과)가 모두 수집되고 요약되어, 세 채널 중 두 채널이 경고를 정상적으로 전달했음을 알 수 있다.

3 확률적으로 동작하는 코드라서 실행할 때마다 결과가 다르게 나올 수 있다. – 옮긴이

핵심 포인트는 allSuccessfulOrThrow()와 달리 실패한 작업이 다른 작업을 취소하지 않는다는 점이다. 각 알림 채널은 메시지를 전달할 공정한 기회를 보장받아 최대한 넓은 범위로 메시지를 전파할 수 있다. 이는 일부라도 전달되는 것이 매우 중요한 경고 시스템에서 꼭 필요한 동작 방식이다. 이 정책 덕분에 어느 한 채널의 일시적인 문제가 다른 채널의 전달을 방해하지 않는다.

회복력 있는 동시 처리 서버

awaitAll() 정책의 주목하지 않을 수 없는 또 다른 활용 사례는 회복력 있는 동시 처리 서버를 구축하는 것이다. 회복력 있는 동시 처리 서버에서는 특정 클라이언트 요청 핸들러가 실패하더라도 모든 클라이언트 연결이 끝까지 처리되도록 보장해야 한다. awaitAll() 정책을 사용하면, 하나의 클라이언트 처리 핸들러가 오류를 일으키더라도 서버가 정상 동작하지 않거나 다른 활성 연결을 중단하지 않는다. 반면 allSuccessfulOrThrow()는 하나가 실패하면 모든 활성 작업을 취소하기 때문에 이런 상황에 적합하지 않다.

가장 큰 장점은 장애 격리fault isolation다. 개별 연결 처리 핸들러에서 오류(네트워크 타임아웃, 잘못된 요청, 클라이언트 비정상 종료 등)가 발생해도, 이 실패는 다른 연결로 전파되지 않는다. 이러한 특성 덕분에 awaitAll()은 가용성과 안정성이 최우선인 서버 애플리케이션에 적합하다.

이제 이 패턴을 보여주는 회복력 있는 에코 서버를 살펴보자. 먼저 메인 서버 구조와 연결 추적 방식을 확인한다.

깃허브 소스 c04/ResilientServer.java

```
import module java.base;
import static ca.bazlur.mcj.chap4.rewrite.Utils.log;
import static java.util.concurrent.StructuredTaskScope.open;

public class ResilientServer {

    private final AtomicInteger connectionCount = new AtomicInteger(0);
    private final AtomicInteger activeConnections = new AtomicInteger(0);
}
```

두 가지 아토믹 카운터를 사용해서 전체 커넥션 수와 현재 활성 연결 수 두 가지 모두를 안전하게 추적할 수 있다.

이제 awaitAll()이 여러 동시 연결을 어떻게 처리하는지 보여줄 핵심 서버 메서드를 작성하자.

깃허브 코드 c04/ResilientServer.java

```
public void serve(ServerSocket serverSocket)
        throws IOException, InterruptedException {
    log("Server starting on port: " +
        serverSocket.getLocalPort());

    try (var scope = open(StructuredTaskScope.Joiner.
            <Void>awaitAll())) {
        serverSocket.setSoTimeout(1000);

        while (!Thread.currentThread().isInterrupted()) {
            try {
                Socket socket = serverSocket.accept();
                int connId = connectionCount.incrementAndGet();
                activeConnections.incrementAndGet();

                log("Accepted connection #" + connId);
                // 연결을 처리할 태스크 포크
                scope.fork(() -> {
                    handleConnection(socket, connId);
                    return null;
                });
            } catch (SocketTimeoutException e) {
                continue; // 인터럽트 체크
            }
        }
        log("Server stopping, waiting for " +
            "connections to finish...");
        scope.join(); // 모든 연결 완료 대기

    } finally {
        if (!serverSocket.isClosed()) {
            serverSocket.close();
        }
```

```
        log("Server shutdown complete. Total connections: " +
            connectionCount.get());
    }
}
```

연결 핸들러는 에러 발생 시 적절히 격리한다.

깃허브 소스 c04/ResilientServer.java

```
private void handleConnection(Socket socket, int connectionId) {
    try (socket;
        var reader = new BufferedReader(
            new InputStreamReader(socket.getInputStream()));
        var writer = new PrintWriter(
            socket.getOutputStream(), true)) {

    log("  [Conn-" + connectionId + "] Started");
    writer.println("Welcome to Echo Server! " +
        "Type 'quit' to exit.");

    String line;
    while ((line = reader.readLine()) != null) {
        log("  [Conn-" + connectionId + "] Received: " + line);

        if ("quit".equalsIgnoreCase(line.trim())) {
            writer.println("Goodbye!");
            break;
        }

        // 메시지 출력
        writer.println("Echo: " + line);
    }
    log("  [Conn-" + connectionId + "] Completed successfully");
 } catch (IOException e) {
    log("  [Conn-" + connectionId + "] Error: " +
        e.getMessage());
 } finally {
    activeConnections.decrementAndGet();
    log("  [Conn-" + connectionId + "] Finished. Active: " +
```

```
            activeConnections.get());
    }
}
```

각 클라이언트 연결은 포크된 태스크에서 처리된다. 연결 후 처리 도중 에러가 발생하면 에러가 발생한 연결에만 영향을 미치고 다른 활성 연결은 아무런 영향을 받지 않고 정상적으로 수행된다. 하나의 연결 핸들러에서 발생한 IOException은 실행 중인 다른 연결을 취소시키지 않는다. 연결은 각자 자신의 페이스대로 실행되고 완료된다.

서버를 실행하고 회복력을 확인해 보자.

```
java --enable-preview ResilientServer.java
```

이제 서로 다른 2개의 터미널에서 서버에 연결해 보자.

[터미널 1]

```
telnet localhost 8080
Trying ::1...
Connected to localhost.
Escape character is '^]'.
Welcome to Echo Server! Type 'quit' to exit.
hello
Echo: hello
```

[터미널 2]

```
telnet localhost 8080
Trying ::1...
Connected to localhost.
Escape character is '^]'.
Welcome to Echo Server! Type 'quit' to exit.
hello
Echo: hello
```

서버 콘솔 로그에는 다음과 같이 출력된다.

```
06:16:05.611 main        : Server starting on port: 8080
06:16:10.631 main        : Accepted connection #1
06:16:10.641 VThread[#34]:   [Conn-1] Started
06:16:23.630 VThread[#34]:   [Conn-1] Received: hello
06:16:33.990 main        : Accepted connection #2
06:16:33.991 VThread[#40]:   [Conn-2] Started
06:16:35.973 VThread[#40]:   [Conn-2] Received: hello
06:16:37.549 VThread[#40]:   [Conn-2] Received: quit
06:16:37.553 VThread[#40]:   [Conn-2] Completed successfully
06:16:37.556 VThread[#40]:   [Conn-2] Finished. Active: 1
06:16:41.799 VThread[#34]:   [Conn-1] Received: quit
06:16:41.801 VThread[#34]:   [Conn-1] Completed successfully
06:16:41.802 VThread[#34]:   [Conn-1] Finished. Active: 0
```

출력 결과를 분석해 보면 모든 연결이 각자 자신만의 페이스대로 독립적으로 실행되고 완료되는 것을 확인할 수 있다. 바로 이 점이 서버 애플리케이션에서 `awaitAll()`의 가장 핵심적인 장점이다. 동시 연결이 서로 간섭하지 않고 독립적으로 실행되므로 서버는 회복력과 효율성이라는 두 마리 토끼를 잡을 수 있다.

allUntil

`Joiner.allUntil(Predicate<Subtask> isDone)` 메서드를 사용하면 사용자 지정 중단 조건을 정의할 수 있다. 이제 여러 백업 수단 중 가장 먼저 성공한 곳이 나타나는 즉시 작업을 멈추는 백업 서비스를 만들어보자.

먼저, 결과를 나타낼 레코드와 공유 상태를 정의한다.

깃허브 소스 c04/model/BackupResult.java

```
public record BackupResult(String location, boolean success) {}
```

깃허브 소스 c04/BackupDemo.java

```
private final AtomicBoolean hasSuccess = new AtomicBoolean(false);
```

이제 백업 메서드를 작성한다.

```
private BackupResult backupToCloud(String data) throws InterruptedException {
    log(" -> Backing up to cloud...");
    Thread.sleep(Duration.ofMillis(500));

    if (new Random().nextBoolean()) { ❶
        log(" <- Cloud backup successful");
        hasSuccess.set(true);
        return new BackupResult("Cloud", true);
    } else {
        log(" <- Cloud backup failed");
        return new BackupResult("Cloud", false);
    }
}

private BackupResult backupToUSB(String data) throws InterruptedException {
    log(" -> Backing up to USB...");
    Thread.sleep(Duration.ofMillis(300));

    if (new Random().nextBoolean()) { ❷
        log(" <- USB backup successful");
        hasSuccess.set(true);
        return new BackupResult("USB", true);
    } else {
        log(" <- USB backup failed");
        return new BackupResult("USB", false);
    }
}

private BackupResult backupToNetwork(String data) throws InterruptedException {
    log(" -> Backing up to network drive...");
    Thread.sleep(Duration.ofMillis(400));

    if (new Random().nextBoolean()) { ❸
        log(" <- Network backup successful");
        hasSuccess.set(true);
        return new BackupResult("Network", true);
    } else {
        log(" <- Network backup failed");
        return new BackupResult("Network", false);
```

```
    }
}
```

백업 수단별로 다음과 같은 시나리오를 가정하고 있다.

❶ 클라우드 백업 성공률은 50%

❷ USB 백업 성공률은 50%

❸ 네트워크 백업 성공률은 50%

이제 allUntil()과 위 백업 수단을 사용하는 백업 메서드를 구현해 보자.

깃허브 소스 c04/BackupDemo.java

```
public void performBackup(String data) throws InterruptedException {
    log("Starting backup to multiple locations...");

    try (var scope = open(Joiner.<BackupResult>allUntil(subtask -> {
        boolean shouldStop = hasSuccess.get(); ❶
        if (shouldStop) {
            log("✅ Backup successful! Canceling other attempts..."); }
        return shouldStop;
    }))) {
        scope.fork(() -> backupToCloud(data)); ❷
        scope.fork(() -> backupToUSB(data)); ❸
        scope.fork(() -> backupToNetwork(data)); ❹

        scope.join(); ❺

        if (hasSuccess.get()) {
            log("Backup completed successfully!");
        } else {
            log("All backup attempts failed!");
        }
    }
}
```

백업 메서드는 어느 수단이든 가장 먼저 백업에 성공하면 다른 수단에 대한 백업을 멈춘다.

❶ 가장 먼저 성공한 백업에 의해 스코프 실행이 중단된다.

❷ 클라우드 백업을 시도한다.

❸ USB 백업을 시도한다.

❹ 네트워크 백업을 시도한다.

❺ 첫 번째 백업 성공을 기다리고, 성공한 백업이 없으면 모든 백업이 실패할 때까지 기다린다.

예제 실행 클래스를 완성해 보자.

깃허브 소스 c04/BackupDemo.java

```
import static java.util.concurrent.StructuredTaskScope.*;

public class BackupDemo {
    // 앞서 다룬 메서드 생략

    void main() {
        try {
            performBackup("important-data.zip");
        } catch (Exception e) {
            log("Error: " + e.getMessage());
        }
    }
}
```

실행 결과는 다음과 같다.

```
00:34:05.871 main        : Starting backup to multiple locations...
00:34:05.881 VThread[#28]:  -> Backing up to cloud...
00:34:05.881 VThread[#32]:  -> Backing up to network drive...
00:34:05.881 VThread[#30]:  -> Backing up to USB...
00:34:06.184 VThread[#30]:  <- USB backup failed
00:34:06.284 VThread[#32]:  <- Network backup successful
00:34:06.286 VThread[#32]: ✔ Backup successful! Canceling other attempts...
00:34:06.288 main        : Backup completed successfully!
```

먼저 클라우드, 네트워크 드라이브, USB, 세 곳에 동시에 백업을 시작한다. 속도가 가장 빠른 USB가 가장 빨리 수행되지만 아쉽게도 실패였다. 그다음으로 빠른 네트워크 드라이브 백업이 수행되고 다행히 성공한다. 백업 하나가 성공했으므로 scope.join() 메서드는 아직 완료되지 않은 클라우드 백업이 완료될 때까지 기다리지 않고 바로 스코프를 종료하고, 메인 스레드는 최종 메시지를 출력하고 종료한다. 백업 수단이 모두 확률적으로 동작하므로 출력 결과는 실행할 때마다 달라질 수 있다.

StructuredTaskScope의 예외 처리

구조적 동시성에서 예외 처리는 사용 중인 `Joiner` 정책에 따라 명확한 패턴을 따른다. `StructuredTaskScope`는 서브태스크 완료를 관리하고 `StructuredTaskScope`의 `join()` 메서드가 반환할 결과를 결정하는 `Joiner` 객체와 함께 초기화된다. `Joiner` 객체의 `result()` 메서드는 `StructuredTaskScope`의 `join()` 메서드에 의해 호출되며 서브태스크 완료 결과를 반환하거나, 예외를 던진다.

예외가 던져지면, `join()` 메서드는 던져진 예외를 `cause` 값으로 갖는 `StructuredTaskScope.FailedException`으로 감싸서 던진다. 여러 조이너 구현체에서 이 예외는 실패한 서브태스크에서 발생한 예외를 나타낸다. 예를 들어, `allSuccessfulOrThrow()`나 `awaitAllSuccessfulOrThrow()`에서는 가장 먼저 실패한 서브태스크의 예외가 전달된다.

예외 처리 세부 내용은 예외를 어떻게 사용하느냐에 따라 달라질 수 있다. 어떤 경우에는 try-with-resources 문에 `FailedException`을 처리하는 `catch` 블록을 추가하는 것이 유리하다. 하지만 다른 상황에서는 `FailedException`을 상위 레벨로 전파해 중앙 집중식 오류 처리를 적용하는 것이 더 좋을 수 있다.

이제 가장 기초적인 방식부터 시작해서 점차 더 정교한 패턴까지 다양한 예외 처리 전략을 살펴보자.

기본적인 예외 처리

가장 흔한 패턴은 구조적 동시성 코드를 `try-catch`로 감싸서 `FailedException` 예외를 잡아서 처리하는 방식이다. 이를 통해 실제 원인cause을 확인하고, 어떻게 처리할지 결정할 수 있다.

사용자 데이터를 여러 데이터 소스에서 조회하는 서비스를 예로 들어보자. 어떤 데이터 소스에서 오류가 나더라도 내부 시스템 정보를 노출하지 않아야 하고 의미 있는 오류 메시지를 제공해야 한다.

깃허브 소스 c04/BasicExceptionHandling.java

```
import module java.base;
import static ca.bazlur.mcj.Utils.log;
import static java.util.concurrent.StructuredTaskScope.*;

public class BasicExceptionHandling {

    public String fetchUserData(String userId) {
        try (var scope = open(Joiner.<String>allSuccessfulOrThrow())) { ❶
            var profileTask = scope.fork(() -> fetchUserProfile(userId));
            var preferencesTask = scope.fork(() ->
                fetchUserPreferences(userId));

            var results = scope.join();
            // 성공 결과 처리
            return results.map(Subtask::get)
                .collect(Collectors.joining(", "));
        } catch (FailedException e) { ❷
            log("Task failed: " + e.getCause().getMessage());
            return "Error: Unable to fetch user data";
        } catch (InterruptedException e) { ❸
            Thread.currentThread().interrupt();
            throw new RuntimeException("Operation interrupted", e);
        }
    }

    private String fetchUserProfile(String userId)
            throws InterruptedException {
        Thread.sleep(Duration.ofMillis(200));
        if ("invalid".equals(userId)) {
            throw new IllegalArgumentException("Invalid user ID");
        }
        return "Profile for " + userId;
    }

    private String fetchUserPreferences(String userId)
            throws InterruptedException {
        Thread.sleep(Duration.ofMillis(150));
        if (userId.startsWith("blocked")) {
            throw new SecurityException("User access blocked");
        }
```

```
            return "Preferences for " + userId;
        }

        void main() {
            var demo = new BasicExceptionHandling();
            demo.fetchUserData("invalid");
        }
    }
```

❶ allSuccessfulOrThrow()를 적용한 조이너는 서브태스크가 실패하면 전체 작업 전체가 FailedException과 함께 종료되는 것을 보장한다.

❷ getCause()를 사용해서 FailedException에 감싸져 있는 원래 예외를 획득하고 로그 메시지에 사용한다.

❸ InterruptedException 예외를 잡아서 처리할 때는 항상 interrupt()를 호출해서 인터럽트된 상태로 되돌려놓는다.

예제에서는 의미 있는 데이터를 제공하려면 사용자 프로파일과 설정 정보 모두가 필요하므로 allSuccessfulOrThrow()를 사용한다. 둘 중 하나라도 실패하면 전체 작업이 실패해야 하고, 실패 관련 기술적인 세부 내용을 노출하지 말고 사용자 친화적인 에러 메시지를 표시해야 한다.

패턴 매칭을 활용한 정교한 에러 처리

여러 종류의 예외에 대해 각각 다른 복구 전략을 적용해야 할 때, 패턴 매칭을 사용하면 실패 유형에 따라 맞춤형으로 우아하게 해결할 수 있다.

개발자라면 모두 경험해 봤을 법한 전자상거래 주문 처리 시스템을 예로 들어보자. 고객이 주문을 완료하려면 결제 처리, 재고 확인, 배송비 계산 같은 여러 작업이 성공해야 한다. 이 과정에서 각 작업은 서로 다른 방식으로 실패할 수 있으며, 고객에게 정확하고 실질적인 안내를 제공하여 문제를 이해하도록 돕고 싶다.

전통적인 예외 처리 방식이라면 포괄적인 예외 하나를 잡아서 '문제가 발생했습니다' 같은 애매한 메시지를 반환할 수밖에 없다. 그러나 구조적 동시성과 패턴 매칭을 활용하면 사용자가 해결 방향을 찾을 수 있도록 구체적이고 의미 있는 응답을 제공할 수 있다.

다음 코드를 살펴보자.

깃허브 소스 c04/OrderProcessingService.java

```
import module java.base;
import static java.util.concurrent.StructuredTaskScope.*;
import static java.util.concurrent.StructuredTaskScope.open;

public class OrderProcessingService {

    public record OrderResult(String orderId,
                              String status,
                              String message,
                              boolean successful) {
    }

    public OrderResult processOrder(String customerId,
                                    String productId, double amount) {
        try (var scope = open(Joiner.<String>allSuccessfulOrThrow())) {  ❶
            var paymentTask = scope.fork(() ->
                processPayment(customerId, amount));
            var inventoryTask = scope.fork(() ->
                checkAndReserveInventory(productId));
            var shippingTask = scope.fork(() ->
                calculateShipping(customerId, productId));
            var results = scope.join()
                .map(Subtask::get)
                .toList();
            String orderId = generateOrderId();
            return new OrderResult(orderId, "CONFIRMED",
                "Order confirmed successfully", true);
        } catch (FailedException e) {
            Throwable cause = e.getCause();  ❷
            return handleOrderProcessingError(cause);
        } catch (InterruptedException e) {
            Thread.currentThread().interrupt();
            throw new RuntimeException("Operation interrupted", e);
        }
    }

    private static OrderResult handleOrderProcessingError(Throwable cause) {
        return switch (cause) {  ❸
```

```
case PaymentDeclinedException pde ->
    new OrderResult(null,
        "PAYMENT_FAILED",
        """
        Your payment was declined. Please check your
        card details or try a different payment method.
        """, false);
case InsufficientInventoryException iie ->
    new OrderResult(null,
         "OUT_OF_STOCK",
        """
        Sorry, this item is currently out of stock.
        We'll notify you when it becomes available.
        """, false);
case ShippingNotAvailableException snae ->
    new OrderResult(null,
        "SHIPPING_UNAVAILABLE",
        """
        We can't ship to your address right now.
        Please contact customer service for
        alternatives.
        """, false);
case NetworkException ne ->
    new OrderResult(null,
        "TEMPORARY_ERROR",
        """
        We're experiencing technical difficulties.
        Please try again in a few minutes.
        """, false);
case SecurityException se ->
    new OrderResult(null,
        "SECURITY_CHECK_FAILED",
        """
        Additional verification required.
        Please contact customer service.
        """, false);
default -> ❹
    new OrderResult(null,
        "SYSTEM_ERROR",
        """
        Something went wrong on our end.
        Please try again or contact support.
```

```
                """, false);
        };
    }
}
```

어떤 점이 패턴 매칭을 활용한 에러 처리 방식을 효과적으로 만드는지 알아보자.

❶ 주문 처리를 완료하려면 세 가지 작업 모두 성공해야 한다. 하나라도 실패하면 전체 작업이 FailedException과 함께 실패한다.

❷ FailedException에 감싸져 있는 원래 예외를 추출해서 실패 유형을 결정할 수 있다.

❸ 패턴 매칭을 통해 각 비즈니스 예외 타입을 사용자 친화적인 특정 에러 응답과 연결한다.

❹ 아무 예외도 매칭되지 않으면 기본값으로 일반적인 시스템 에러 메시지를 반환한다.

이 방식의 장점은 실패 원인을 평가하는 switch 표현식에 있다. 각 case는 특정 비즈니스 시나리오에 대해 적절한 고객 안내를 제공한다. 주문 처리는 '전부 성공 아니면 무효' 방식의 작업이므로, allSuccessfulOrThrow()를 사용한 것에 주목하자. 어떤 단계라도 실패하면 주문 처리 작업 전체가 실패해야 하지만, 무엇이 잘못되었는지에 대한 구체적인 안내도 제공해야 한다.

이제 주문 처리 시스템을 구성하는 개별 작업들을 통합하여 실행할 수 있도록 해보자. 아래 메서드들은 단순한 예제이지만, 실제 애플리케이션에서 사용하는 것과 비슷하다.

깃허브 소스 c04/OrderProcessingService.java

```
private String processPayment(String customerId, double amount)
        throws PaymentDeclinedException, NetworkException,
            SecurityException, InterruptedException {
    Thread.sleep(Duration.ofMillis(200));
    // 서로 다른 지불 방식 시뮬레이션
    if (amount > 5000.0) {
        throw new SecurityException("High-value transaction requires" +
            "additional verification");
    }
    if (customerId.contains("declined")) {
        throw new PaymentDeclinedException("Insufficient funds");
    }
    if (customerId.contains("network")) {
        throw new NetworkException("Payment gateway timeout");
```

```
        }
        return "Payment processed: $" + amount;
    }

    private String checkAndReserveInventory(String productId)
            throws InsufficientInventoryException, NetworkException,
                InterruptedException {
        Thread.sleep(Duration.ofMillis(150));
        if (productId.contains("outofstock")) {
            throw new InsufficientInventoryException(
                "Only 0 items available, requested 1");
        }
        if (productId.contains("network")) {
            throw new NetworkException("Inventory service unavailable");
        }
        return "Reserved inventory for " + productId;
    }

    private String calculateShipping(String customerId, String productId)
            throws ShippingNotAvailableException, NetworkException,
                InterruptedException {
        Thread.sleep(Duration.ofMillis(100));
        if (customerId.contains("remote")) {
            throw new ShippingNotAvailableException(
                "No shipping available to remote location");
        }
        if (productId.contains("hazardous")) {
            throw new ShippingNotAvailableException(
                "Cannot ship hazardous materials to this address");
        }
        if (customerId.contains("network")) {
            throw new NetworkException("Shipping service unavailable");
        }
        return "Shipping calculated: $12.99";
    }

    private String generateOrderId() {
        return "ORD-" + System.currentTimeMillis();
    }
```

각 메서드는 전자상거래 분야에서 일하는 개발자가 일상적으로 다루는 실제 시나리오를 시뮬레이션하고 있다. 결제 처리는 잔고 부족이나 보안 문제로 실패할 수 있다. 잔고 확인은 재고 부족으로 실패할 수 있고, 배송비 계산은 지리적 제약 또는 법규 관련 제약으로 인해 아예 배송 자체가 불가능하여 실패할 수 있다.

각 비즈니스 시나리오를 나타내는 예외 타입을 정의한다.

깃허브 소스 c04/OrderProcessingService.java

```
public static class PaymentDeclinedException extends Exception {
    public PaymentDeclinedException(String message) {
        super(message);
    }
}

public static class InsufficientInventoryException extends Exception {
    public InsufficientInventoryException(String message) {
        super(message);
    }
}

public static class ShippingNotAvailableException extends Exception {
    public ShippingNotAvailableException(String message) {
        super(message);
    }
}

public static class NetworkException extends Exception {
    public NetworkException(String message) {
        super(message);
    }
}
```

기술적인 원인보다는 도메인에 특화된 비즈니스 시나리오를 표현하는 예외 타입을 생성하는 것이 가장 좋다. 이를 통해 예외 처리에 비즈니스와 관련된 의미를 포함할 수 있고 코드의 유지보수성도 더 좋아진다.

실행할 main 메서드는 다음과 같다.

```
void main() {
    var demo = new OrderProcessingService();

    var result1 = demo.processOrder("user123", "outofstock", 3500);
    System.out.println("Out of stock scenario: " + result1);

    var result2 = demo.processOrder("declined_user", "laptop", 1200);
    System.out.println("Payment declined scenario: " + result2);

    var result3 = demo.processOrder("remote_customer", "book", 25);
    System.out.println("Shipping unavailable scenario: " + result3);

    var result4 = demo.processOrder("user456", "laptop", 1200);
    System.out.println("Successful order: " + result4);
}
```

예제를 실행하면 각기 다른 실패 시나리오에 맞는 사용자 친화적인 에러 메시지가 표현되는 것을 확인할 수 있다. FailedException을 통해 원래 실패 원인을 추출할 수 있고, 패턴 매칭을 통해 비즈니스 예외 상황에 맞게 사용자와 적절히 소통할 수 있다.

전략적 예외 전파

때로는 예외를 상위 수준으로 전파하고, 더 넓은 컨텍스트에서 에러를 처리하는 것이 가장 좋은 전략일 때도 있다. 이 방식은 다양한 수준에서 서로 다른 책임이 연관되는 계층형 애플리케이션을 만들 때 특히 적합하다.

어떤 실패에도 시스템 수준의 긴급 경고를 발동해야 하고 대체 절차로 진행해야 하는 민감하고 중요한 데이터 처리 서비스를 만든다고 가정해 보자.

깃허브 소스 c04/ExceptionPropagationExample.java

```
import module java.base;
import static java.util.concurrent.StructuredTaskScope.open;

public class ExceptionPropagationExample {

    // 상위 수준에서 중앙 집중적으로 처리할 수 있도록 예외를 전파한다.
```

```
public List<String> fetchCriticalData(List<String> sources)
        throws StructuredTaskScope.FailedException,
            InterruptedException {  ❶
    try (var scope = open(StructuredTaskScope.Joiner.
            <String>allSuccessfulOrThrow())) {
        var tasks = sources.stream()
            .map(source -> scope.fork(()
                    -> fetchFromSource(source)))
            .toList();

        // 실패해도 FailedException을 잡아서 처리하지 않고 상위로 전파한다.
        var results = scope.join();

        return results.map(StructuredTaskScope.Subtask::get)
            .toList();
    }
    // catch 블록 없이 FailedException을 전파한다.  ❷
}

// 중앙 집중적으로 예외를 처리하는 상위 수준 메서드
public void processDataWithCentralizedHandling() {
    try {
        var sources = List.of("source1", "source2");
        var data = fetchCriticalData(sources);
        log("Successfully fetched data: " + data);
    } catch (StructuredTaskScope.FailedException e) {  ❸
        // 중앙 집중적인 로깅 및 에러 처리
        log("Critical data fetch failed: " +
            e.getCause().getMessage());

        // 긴급 경고를 발동하거나 대체 로직 수행 등 적절한 예외 처리
        handleCriticalSystemFailure(e);
    } catch (InterruptedException e) {
        Thread.currentThread().interrupt();
        log("Operation was interrupted");
    }
}

// 스텁(stub) 메서드
private String fetchFromSource(String source)
        throws InterruptedException {
    return "Data from " + source;
```

```java
    }

    // 스텁 메서드이며, 원하는 로직 자유롭게 추가 가능
    private void handleCriticalSystemFailure(FailedException e) {
        Throwable cause = e.getCause();
    }
}
```


예제에서 사용된 예외 전파 전략은 다음과 같다.

❶ 메서드 시그니처에 FailedException과 InterruptedException을 던진다고 선언해서, 이 메서드를 호출하는 곳에서 두 예외를 처리해야 함을 분명히 드러낸다.

❷ 일부러 catch 블록을 생략해서 예외가 호출 스택을 따라 상위로 전파되게 한다. 상위에서는 더 풍부한 컨텍스트를 동원해서 예외를 적절히 처리한다.

❸ 상위 수준 메서드는 중앙 집중적으로 예외를 처리할 수 있어서, 로깅, 긴급 경고, 대체 절차와 같은 포괄적인 오류 대응을 구현할 수 있다.

fetchCriticalData()에서 발생한 FailedException을 상위로 전달하면, fetchCriticalData()를 호출하는 메서드에서 로깅, 긴급 경고, 대체 시스템 작동 등 포괄적으로 에러를 처리할 수 있다.

모범 사례: 하위 레벨 메서드가 실패를 적절히 처리할 충분한 컨텍스트를 갖고 있지 않을 경우, 예외를 상위로 전파하라. 예외를 올려보내서 회복 전략을 판단할 수 있는 컴포넌트가 예외를 처리하도록 한다.

일반 예외를 전파할 때는 중간 계층의 메서드 시그니처에 예외를 선언하여 컴파일 타임에 예외 처리를 강제하여 안전성을 유지해야 한다.

서브태스크 안에서 예외 처리

특정 예외가 전체 작업 실패 대신 기본 결과를 반환해야 하는 경우, 서브태스크 자체에서 예외를 처리하는 편이 더 낫다. 이 패턴은 일부 데이터 소스가 없어도 될 때 적합하며, 일부 실패가 하더라도 작업 전체 수준에서는 성공 처리될 수 있다.

예를 들어, 여러 선택적 서비스에서 데이터를 수집하는 대시보드 서비스를 생각해 보자. 일부 서비스가 이용 불가 상태라면, 보여줄 수 있는 데이터만이라도 모아서 대시보드를 표시하는 것이 좋다.

깃허브 소스 c04/SubtaskExceptionHandling.java

```
import module java.base;
import static ca.bazlur.modern.concurrency.c04.Utils.log;
import static java.util.concurrent.StructuredTaskScope.*;

public class SubtaskExceptionHandling {

    public record ServiceResponse(String service, String data,
                                  boolean successful) {
    }

    public List<ServiceResponse> gatherOptionalData(List<String> services)
            throws InterruptedException {
        try (var scope
                = open(Joiner.<ServiceResponse>allSuccessfulOrThrow())) { ❶
            var tasks = services.stream()
                .map(service -> scope.fork(() ->
                    fetchWithDefaults(service))) ❷
                .toList();

            var results = scope.join();
            return results.map(Subtask::get)
                .toList();
        } catch (FailedException e) { ❸
            // 서브태스크에서 처리하고 있으므로 너무 자주 발생하면 안 되는 예외
            log("Unexpected failure: " + e.getCause().getMessage());
            throw new RuntimeException("System error", e);
        }
    }

    // 서브태스크 안에서 예외 처리하고 기본값을 반환한다.
    private ServiceResponse fetchWithDefaults(String service) { ❹
        try {
            String data = fetchServiceData(service);
            return new ServiceResponse(service, data, true);
        } catch (IOException e) {
```

```
            log("Network error for " + service + ": " + e.getMessage());
            return new ServiceResponse(service, "Default data", false);
        } catch (TimeoutException e) {
            log("Timeout for " + service + ": " + e.getMessage());
            return new ServiceResponse(service, "Cached data", false);
        } catch (Exception e) {
            log("Unexpected error for " + service + ": " + e.getMessage());
            return new ServiceResponse(service, "Error", false);
        }
    }

    private String fetchServiceData(String service)
            throws IOException, TimeoutException, InterruptedException {
        Thread.sleep(Duration.ofMillis(100));
        return "Data from " + service;
    }
}
```

예외 처리를 서브태스크 안에서 수행하는 전략을 사용해서 부드럽게 예외 처리하는 과정을 살펴보자.

❶ 서브태스크에서 발생한 예외를 서브태스크 안에서 스스로 처리하는 상황에서 allSuccessfulOrThrow()를 사용한다는 것은 FailedException이 자주 발생하지 않는다는 것을 의미한다.

❷ 각 서비스는 별도의 서브태스크에서 실행되고, 내부적으로 예외를 처리하여 대체 응답을 제공한다.

❸ 각 서비스 실패는 서브태스크 내부에서 처리되므로, catch 블록은 예상치 못한 오류만을 다루게 된다.

❹ 서브태스크 내부 예외 처리는 실패를 기본 데이터가 포함된 정상 응답으로 변환하여, 개별 서비스의 실패가 다른 작업에 연쇄적으로 확산되지 않도록 막는다.

fetchWithDefaults() 안에서 예외를 처리하면, 개별 서비스의 네트워크 오류나 타임아웃 때문에 전체 대시보드 로딩이 실패하는 일을 방지할 수 있다. 각 서비스 호출은 실제 데이터에 성공하거나, 실패하더라도 기본/캐시 데이터를 반환하여 우아하게 실패한다.

모범 사례: 부분적인 성공이 허용되는 선택적 작업에서는 우아한 실패 처리를 위해 서브태스크 예외를 서브태스크 내부에서 처리하라.

서브태스크가 각자의 예외를 처리하면, 외부의 FailedException 처리 블록은 거의 실행되지 않는다. 만약 그 블록이 실행된다면 예상치 못한 시스템 문제일 가능성이 있으므로 로깅을 고려하라.

조이너별 예외 처리 차이

조이너의 선택은 예외 처리 방식에 중요한 영향을 미친다. allSuccessfulOrThrow()와 awaitAll()의 예외 처리 방식 차이를 비교해 보자.

allSuccessfulOrThrow() 조이너는 '실패 즉시 중단' 전략을 구현하고 있어서 하나의 서브태스크에서 실패가 발생해도 전체 작업이 즉시 실패로 끝난다.

깃허브 소스 c04/JoinerExceptionHandlerDemo.java

```
private void demonstrateAllSuccessfulOrThrow() {
    try (var scope = open(StructuredTaskScope.Joiner.
            <String>allSuccessfulOrThrow())) {  ❶
        scope.fork(() -> successfulTask("Task1"));
        scope.fork(() -> failingTask("Task2"));  ❷
        scope.fork(() -> successfulTask("Task3"));

        var results = scope.join();  ❸
        log("All tasks completed successfully");
    } catch (StructuredTaskScope.FailedException e) {  ❹
        log("Failed due to: " + e.getCause().getMessage());
        log("Remaining tasks were canceled");
    } catch (InterruptedException e) {
        Thread.currentThread().interrupt();
    }
}
```

allSuccessfulOrThrow() 방식의 핵심 특징은 다음과 같다.

❶ 모든 서브태스크가 전부 성공 아니면 전부 실패하는 스코프를 생성한다.
❷ 서브태스크에서 예외를 던지면 '실패 즉시 중단' 동작이 시작된다.
❸ Task2가 실패하면 Task3도 실패하면서 join() 호출은 예외를 던진다.
❹ 예외 처리 로직에서 예외를 잡아서 나머지 서브태스크도 취소 처리됐음을 로그로 출력한다.

awaitAll() 조이너는 다른 방식으로 작동한다. 개별 실패와 무관하게 모든 태스크가 완료될 때까지 실행한다.

깃허브 소스 c04/JoinerExceptionHandlerDemo.java

```
private void demonstrateAwaitAll() {
    try (var scope = open(StructuredTaskScope.Joiner.
            <Void>awaitAll())) { ❶
        scope.fork(() -> successfulTask("Task1"));
        scope.fork(() -> failingTask("Task2")); ❷
        scope.fork(() -> successfulTask("Task3"));

        scope.join(); ❸
        log("All tasks were allowed to complete");
    } catch (InterruptedException e) {
        Thread.currentThread().interrupt();
    }
}
```

awaitAll() 방식의 핵심 특징은 다음과 같다.

❶ awaitAll() 조이너는 개별 태스크가 실패하더라도 모든 태스크가 완료될 때까지 기다린다.

❷ Task2는 예외를 던지지만 다른 태스크가 완료될 때까지 실행되는 것을 막지 않는다.

❸ awaitAll()이 적용된 스코프의 join() 메서드는 FailedException을 던지지 않는다. 일부에서 실패하더라도 모든 태스크가 완료될 때까지 기다린다.

allSuccessfulOrThrow() 조이너는 '실패 즉시 중단' 전략을 구현한다. Task2가 실패하면 다른 모든 태스크의 실행이 취소되고 FailedException을 던진다. 반대로 awaitAll()은 개별 태스크의 실패에도 불구하고 모든 태스크가 완료될 때까지 기다리며, 성공 결과와 실패 모두를 수집하려면 개별 서브태스크 안에서 예외 처리를 해야 한다.

일반적인 예외

특별히 따로 언급하지 않는 한, StructuredTaskScope.open() 메서드에 null을 인자로 전달하면 NullPointerException이 발생한다. 이런 일관된 동작은 프로그래밍 오류를 초기에 발견하도록 돕고, API의 예측 가능성을 높여준다.

null 검사 외에도, API는 상황에 따라 다른 예외를 던져서 더 쉽게 문제에 대응할 수 있도록 도와준다.

예를 들어 다음 코드를 보자.

깃허브 소스 c04/ExceptionBehaviorDemo.java

```
import java.util.concurrent.Callable;
import java.util.concurrent.StructuredTaskScope;
import static ca.bazlur.modern.concurrency.c04.Utils.log;
import static java.util.concurrent.StructuredTaskScope.open;

public class ExceptionBehaviorDemo {

    public void demonstrateCommonExceptions() {
        try {
            log("Testing null joiner...");
            try (var scope = open(null)) {  ❶
                log("This should not be reached");
            }
        } catch (NullPointerException e) {
            log("NullPointerException caught for null joiner");
        }

        try {
            Callable<? extends String> nullCallable = null;  ❷
            try (var scope = open(StructuredTaskScope.Joiner.
                    <String>allSuccessfulOrThrow())) {
                scope.fork(nullCallable);  ❸
            }
        } catch (NullPointerException e) {
            log("NullPointerException caught for null callable");
        }

        try {
            var scope = open(StructuredTaskScope.Joiner.
                <String>allSuccessfulOrThrow());
            scope.close();  ❹
            scope.fork(() -> "This should fail");  ❺
        } catch (IllegalStateException e) {
            log("IllegalStateException caught for closed scope operation");
```

```
            }
        }

        void main() {
            var demo = new ExceptionBehaviorDemo();
            demo.demonstrateCommonExceptions();
        }
    }
```

각 예외 시나리오를 살펴보자.

❶ 조이너 대신에 `null`을 인자로 넘겨서 스코프 생성을 시도하면 즉시 `NullPointerException`이 던져진다. 이를 통해 유효하지 않은 잘못된 설정 정보로 스코프가 생성되는 것을 예방할 수 있다.

❷ `null` 태스크가 스코프에 제출되면 어떤 일이 발생하는지 보여주기 위해 실젯값이 `null`인 `Callable` 변수를 정의한다.

❸ `null Callable`을 수행하도록 포크하면 `NullPointerException`이 던져진다. 이를 통해 유효한 태스크만 제출되어 실행되는 것을 보장한다.

❹ try-with-resources 블록이 완료되기 전에 수동으로 스코프의 `close()`를 호출해서 스코프의 상태를 폐쇄(ST_CLOSED)로 변경한다.

❺ `close()`가 호출되어 이미 폐쇄된 스코프에서 태스크 포크를 시도하면 `IllegalStateException`이 던져진다. 이를 통해 유효하지 않은 스코프 인스턴스에서 작업이 실행되는 것을 예방할 수 있다.

다음 명령으로 프로그램을 실행하면,

```
java --enable-preview ExceptionBehaviorDemo.java
```

다음과 같은 결과가 출력된다.

```
23:14:21.312 main    : Testing null joiner...
23:14:21.314 main    : NullPointerException caught for null joiner
23:14:21.317 main    : NullPointerException caught for null callable
23:14:21.317 main    : IllegalStateException caught for closed scope operation
```

스코프 구성

StructuredTaskScope의 기본 구성configuration은 많은 상황에서 충분히 잘 동작하지만, 실제 애플리케이션에서는 동시 실행되는 태스크에 대해 더 세밀한 제어가 필요할 때가 있다. 구성을 사용하면 스레드 생성 방식, 모니터링 설정, 타임아웃 정책 등을 애플리케이션 요구사항에 맞게 커스터마이징할 수 있다.

구성 이해하기

기본적인 open() 또는 open(Joiner) 메서드로 StructuredTaskScope를 생성하면 다음과 같이 적절하게 기본 구성이 적용된다.

- ThreadFactory: 이름 없는 가상 스레드 생성
- 모니터링용 이름: 없음(익명 스코프)
- 타임아웃: 없음(작업 완료 또는 취소될 때까지 무기한 동작)

```
// 기본 구성 사용
try (var scope = open(Joiner.allSuccessfulOrThrow())) { ❶
    // 기본 구성으로 생성된 가상 스레드
    scope.fork(() -> doWork());
    scope.join();
}
```

❶ 기본 구성은 타임아웃 없는 익명 가상 스레드를 생성한다.

그러나 운영 환경에서는 더 정교한 제어가 필요할 때가 많다. 이를 위해 Configuration API는 구성 함수를 인자로 받는 오버로딩된 open() 메서드를 제공한다.

```
static <T, R> StructuredTaskScope<T, R>
        open(Joiner<? super T, ? extends R> joiner,
             Function<Configuration, Configuration> configFunction) {
    return StructuredTaskScopeImpl.open(joiner, configFunction);
}
```

Configuration은 다음과 같이 봉인된 인터페이스이며 세 가지 설정 메서드를 갖고 있다. 각 메서드는 기존 객체를 수정하지 않고, 지정된 변경사항을 반영한 새 Configuration 객체를 반환한다.

```
sealed interface Configuration {
    Configuration withThreadFactory(ThreadFactory threadFactory);
    Configuration withName(String name);
    Configuration withTimeout(Duration timeout);
}
```

Configuration 객체는 불변 빌더 패턴을 따르며, 평문형fluent 스타일로 체이닝chaining하여 조합할 수 있다.

핵심은 구성 함수가 기본 설정을 기반으로 하나 이상의 변경된 설정 적용하여 새로운 구성으로 변환한다는 점이다.

Configuration을 사용하는 기본 패턴은 다음과 같다.

```
try (var scope = open(Joiner.allSuccessfulOrThrow(),
    cf -> cf.withTimeout(Duration.ofSeconds(10)))) {
}
ThreadFactory factory = Thread.ofVirtual()
    .name("user-processor-", 0)
    .factory();
try (var scope = open(Joiner.allSuccessfulOrThrow(), cf -> cf
    .withThreadFactory(factory)
    .withTimeout(Duration.ofSeconds(30))
    .withName("my-scope"))) {
    // 이하 생략
}
```

이름 있는 스레드

가장 보편적인 커스터마이징 방법은 디버깅이나 모니터링을 더 쉽게 할 수 있도록 이름 있는 스레드를 생성하는 것이다. 이름 있는 스레드를 사용하면 스레드 덤프나 프로파일링 도구에서 어떤 스레드가 어떤 작업을 하는지 쉽게 식별할 수 있다.

다음 코드를 살펴보자.

깃허브 소스 c04/NamedThreadExample.java

```
import module java.base;
import static java.util.concurrent.StructuredTaskScope.*;

public class NamedThreadExample {

    public void processUserRequests(List<String> userIds) {
        ThreadFactory factory = Thread.ofVirtual()
            .name("user-processor-", 0)
            .factory();
        try (var scope = open(Joiner.<String>allSuccessfulOrThrow(),
                cf -> cf.withThreadFactory(factory))) {
            var tasks = userIds.stream()
                .map(userId -> scope.fork(() -> processUser(userId)))
                .toList();
            var results = scope.join()
                .map(Subtask::get)
                .toList();
            System.out.println("Processed users: " + results);
        } catch (FailedException | InterruptedException e) {
            System.out.println("Processing failed: " + e.getMessage());
        }
    }

    private String processUser(String userId)
            throws InterruptedException {
        System.out.println("Processing user " + userId +
            " on thread: " + Thread.currentThread().getName());
        Thread.sleep(Duration.ofMillis(100));
        return "User " + userId + " processed";
    }

    void main() {
        processUserRequests(List.of("user1", "user2", "user3"));
    }
}
```

코드 실행 후 출력 결과는 다음과 같다.

```
Processing user user2 on thread: user-processor-1
Processing user user3 on thread: user-processor-2
Processing user user1 on thread: user-processor-0
```


타임아웃 설정

타임아웃은 회복력 있는 애플리케이션을 만드는 데 필수적이다. 타임아웃을 설정하면 애플리케이션이 무기한으로 멈춰 있는 상황을 방지할 수 있고, 외부 서비스가 응답하지 않을 때 빠르게 실패 처리를 할 수 있다.

다음 코드를 살펴보자.

깃허브 소스 c04/TimeoutExample.java

```
import module java.base;
import static java.util.concurrent.StructuredTaskScope.*;

public class TimeoutExample {

    public List<String> fetchDataWithTimeout(List<String> sources)
            throws TimeoutException,
            FailedException,
            InterruptedException {
        Duration timeout = Duration.ofSeconds(5); ❶
        try (var scope = open(Joiner.<String>allSuccessfulOrThrow(),
                cf -> cf.withTimeout(timeout))) { ❷
            var tasks = sources.stream()
                .map(source -> scope.fork(() -> fetchFromSource(source)))
                .toList();
            // join()이 완료되기 전에 타임아웃이 발생하면
            // TimeoutException이 던져진다.
            return scope.join() ❸
                .map(Subtask::get)
                .toList();
        }
    }

    private String fetchFromSource(String source) throws InterruptedException {
        int delay = switch (source) {
            case "fast_source" -> 1000;
            case "slow_source" -> 3000;
```

```
            case "very_slow_source" -> 8000;  ❹
            default -> 2000;
        };
        Thread.sleep(Duration.ofMillis(delay));
        return "Data from " + source;
    }

    void main() {
        var sources = List.of("fast_source", "slow_source", "very_slow_source");
        try {
            var results = fetchDataWithTimeout(sources);
            System.out.println("Success: " + results);
        } catch (TimeoutException e) {  ❺
            System.out.println("Operation timed out after 5 seconds");
            System.out.println("Some sources were too slow to respond");
        } catch (FailedException e) {
            System.out.println("Task failed: " + e.getCause().getMessage());
        } catch (InterruptedException e) {
            Thread.currentThread().interrupt();
            System.out.println("Operation interrupted");
        }
    }
}
```

타임아웃이 어떻게 동작하는지 살펴보자.

❶ 전체 작업에 대해 5초 타임아웃을 설정한다.

❷ 타임아웃이 설정된 `Configuration`을 사용해서 스코프를 생성한다. 타임아웃은 스코프가 시작되는 시점부터 측정된다.

❸ 5초 안에 완료되지 못하는 서브태스크가 하나라도 있으면 `join()` 메서드는 `TimeoutException`을 던진다.

❹ 8초가 걸리는 작업에 의해 전체 작업에 설정돼 있던 5초 타임아웃도 발생한다.

❺ 타임아웃 관련 예외를 잡아서 사용자 친화적인 로그를 출력한다.

예제를 실행하면 다음과 같은 결과가 출력된다.

```
Operation timed out after 5 seconds
Some sources were too slow to respond
```

타임아웃은 스코프의 join() 메서드가 실행될 때부터가 아니라 open() 메서드가 실행될 때부터 카운트된다. 타임아웃은 스코프의 전체 생애주기에 걸쳐 측정된다.

예상보다 오래 걸리는 작업이 있을 때 '실패 즉시 중단'을 통해 애플리케이션이 무한히 멈추는 현상을 방지할 수 있다.

구성 옵션 조합

구성의 가장 강력한 장점은 여러 가지 옵션을 조합할 수 있다는 점이다. 덕분에 애플리케이션의 필요에 맞는 실행 환경을 정확히 구성할 수 있다.

다음 코드를 살펴보자.

깃허브 소스 c04/ComprehensiveConfigurationExample.java

```
import module java.base;
import static java.util.concurrent.StructuredTaskScope.*;

public class ComprehensiveConfigurationExample {

    public void main() {
        ThreadFactory factory = Thread.ofVirtual()  ❶
            .name("api-client-", 0)  ❷
            .factory();  ❸

        Duration timeout = Duration.ofSeconds(15);  ❹

        try (var scope = open(Joiner.<String>allSuccessfulOrThrow(),
            cf -> cf.withThreadFactory(factory)  ❺
                .withTimeout(timeout)  ❻
                .withName("api-integration-scope"))) {  ❼

            System.out.println("Starting comprehensive API integration");
            System.out.println("Timeout: " + timeout.getSeconds() + " seconds");

            // 여러 API 호출을 위한 포크
            var userTask = scope.fork(this::callUserAPI);
            var profileTask = scope.fork(this::callProfileAPI);
```

```
            var preferencesTask = scope.fork(this::callPreferencesAPI);

            var results = scope.join()
                .map(Subtask::get)
                .toList();

            System.out.println("All API calls completed: " + results);

        } catch (StructuredTaskScope.TimeoutException e) {
            System.out.println("API integration timed out - some services too slow");
        } catch (StructuredTaskScope.FailedException e) {
            System.out.println("API integration failed: " +
                e.getCause().getMessage());
        } catch (InterruptedException e) {
            Thread.currentThread().interrupt();
            System.out.println("API integration interrupted");
        }
    }

    private String callUserAPI() throws InterruptedException {
        Thread.sleep(Duration.ofSeconds(3));
        IO.println(Thread.currentThread().getName()
            + " : " + "User data retrieved");
        return "User data";
    }

    private String callProfileAPI() throws InterruptedException {
        Thread.sleep(Duration.ofSeconds(2));
        IO.println(Thread.currentThread().getName()
            + " : " + "Profile data retrieved");
        return "Profile data";
    }

    private String callPreferencesAPI() throws InterruptedException {
        Thread.sleep(Duration.ofSeconds(4));
        IO.println(Thread.currentThread().getName()
            + " : " + "Preferences data retrieved");
        return "Preferences data";
    }
}
```

구성 과정을 차례로 살펴보자.

❶ 가상 스레드를 생성하는 빌더를 생성한다. 가상 스레드는 가벼우며 API 호출 같은 I/O 집중적인 연산에 가장 적합하다.

❷ 디버깅 도구에서 스레드를 쉽게 식별할 수 있도록 `api-client-0`, `api-client-1`, `api-client-2` 같은 이름을 지정한다.

❸ 설정된 스레드 빌더를 스코프가 사용할 수 있는 `ThreadFactory`로 변환한다.

❹ 전체 작업에 대해 15초의 타임아웃을 설정해서 API 호출 응답이 없더라도 애플리케이션이 무한히 멈추지 않도록 '실패 즉시 중단'을 적용한다.

❺ 워커 스레드를 생성할 때 ❸에서 생성한 `ThreadFactory`를 사용한다.

❻ 스코프의 `open()`이 호출될 때부터 카운트되는 스코프의 타임아웃을 설정한다.

❼ 모니터링이나 관리 편의를 위해 스코프의 이름을 쉽게 이해할 수 있도록 지정한다.

커스텀 조이너

JDK가 제공하는 `allSuccessfulOrThrow()`나 `awaitAll()` 같은 조이너는 태스크 조율과 결과 관리에 탄탄한 기반을 제공한다. 하지만 구조적 동시성은 JDK가 제공하는 조이너에서 멈추지 않는다. 필요하다면 애플리케이션의 요구에 맞는 커스텀 조이너를 직접 만들 수 있다. 이러한 유연성 덕분에 서브태스크 관리 방식과 결과 수집 방식을 매우 정교하게 제어하면서 동시성 작업 흐름을 조율할 수 있는 새로운 장을 열 수 있게 됐다.

커스텀 조이너는 `StructuredTaskScope.Joiner<T, R>` 인터페이스를 구현하여 만들 수 있다. 이 인터페이스는 서브태스크 완료 이벤트를 처리하고 스코프를 언제 종료할지, 어떤 결과를 반환할지를 결정하는 메서드를 제공한다.

모든 조이너는 `StructuredTaskScope.Joiner<T, R>` 인터페이스를 구현한다. 여기서 `T`는 서브태스크가 생성하는 결과 타입이고, `R`은 최종 결과 타입이다. 이 인터페이스는 다음과 같은 세 가지 핵심 메서드를 정의한다.

- `onFork(Subtask<? extends T> subtask)`
  서브태스크가 포크될 때, 스레드가 생성되어 실행되기 전에 호출된다.

- `onComplete(Subtask<? extends T> subtask)`
  서브태스크가 종료될 때 호출되며, 서브태스크가 완료될 때 호출된다. 결과를 처리하고, 계속할지 조기 종료할지 결정할 수 있다.

■ result()
  스코프가 최종 결과를 생성할 준비가 됐을 때 호출된다.

이제 몇 가지 실용적인 예제를 통해 커스텀 조이너의 강력함과 유연성을 살펴보자.

성공과 예외 모두 수집

성공하든 실패하든 모든 서브태스크의 결과와 예외를 수집하는 시나리오를 생각해 보자. 이 패턴은 성공이나 실패에 대한 최대한의 정보를 필요로 하는 일괄 처리batch processing에 적합하다.

깃허브 소스 c04/CollectingJoiner.java

```
import module java.base;

public class CollectingJoiner<T>
        implements StructuredTaskScope.Joiner<T, CollectingJoiner.Result<T>> {

    private final Queue<T> results = new ConcurrentLinkedQueue<>();
    private final Queue<Throwable> exceptions = new ConcurrentLinkedQueue<>();

    @Override
    public Result<T> result() {
        return new Result<>(
            results.stream().toList(),
            exceptions.stream().toList()
        );
    }

    @Override
    public boolean onComplete(StructuredTaskScope.Subtask<? extends T> subtask) {
        switch (subtask.state()) {
            case SUCCESS -> results.add(subtask.get()); ❶
            case FAILED -> exceptions.add(subtask.exception()); ❷
            case UNAVAILABLE -> { ❸
                // 태스크가 취소되고 실패로 간주
                exceptions.add(new RuntimeException("Task was canceled"));
            }
        }
        return false; ❹
```

```
    }

    public record Result<T>(List<T> successes, List<Throwable> failures) {

        public boolean hasFailures() {
            return !failures.isEmpty();
        }
        public int totalTasks() {
            return successes.size() + failures.size();
        }
    }
}
```

성공과 실패를 모두 수집하는 커스텀 조이너가 각기 다른 서브태스크 결과를 어떻게 처리하는지 살펴보자.

❶ 서브태스크가 성공으로 종료되면 나중에 조회할 수 있도록 큐에 결과를 저장한다.

❷ 서브태스크가 실패하면 전체 작업을 즉시 실패로 처리하는 대신에 나중에 분석할 수 있도록 예외 정보를 수집한다.

❸ UNAVAILABLE 상태의 서브태스크는 종료되기 전에 취소된 것이다. 취소도 실패로 간주하고 적절한 예외를 생성한다.

❹ false를 반환하여 모든 서브태스크가 종료될 때까지 계속 실행되게 한다.

이제 이 조이너를 사용해서 여러 온라인 소스에서 일부가 실패하더라도 가능한 한 많은 헤드라인 기사를 조회하는 서비스를 만들어보자.

깃허브 소스 c04/NewsAggregator.java

```
import module java.base;
import static ca.bazlur.modern.concurrency.c04.Utils.log;
import static java.util.concurrent.StructuredTaskScope.open;

public class NewsAggregator {

    public CollectingJoiner.Result<String> fetchAllHeadlines()
            throws InterruptedException {
        var newsSources = List.of(
            "TechCrunch",
            "InfoWorld",
            "InfoQ",
```

```
        ,

        "FailingSource"
    );

    try (var scope = open(new CollectingJoiner<String>())) {
        for (String source : newsSources) {
            scope.fork(() -> fetchHeadlines(source)); ❶
        }
        var result = scope.join(); ❷
        log("Successfully fetched from " + result.successes().size() +
            " sources");
        log("Failed to fetch from " + result.failures().size() +
            " sources");
        return result; ❸
    }
}

private String fetchHeadlines(String source) throws InterruptedException {
    log("Fetching headlines from " + source);
    Thread.sleep(Duration.ofMillis(200 + new Random().nextInt(300)));
    if (source.equals("FailingSource")) { ❹
        throw new RuntimeException("Network timeout for " + source);
    }
    return "Headlines from " + source + ": Breaking news, Tech updates";
}

void main() {
    var aggregator = new NewsAggregator();
    try {
        var result = aggregator.fetchAllHeadlines();
        log("\n=== Results ===");
        result.successes() ❺
            .forEach(headline -> log(headline));
        if (result.hasFailures()) { ❻
            log("\n=== Failures ===");
            result.failures()
                .forEach(error ->
                    log(error.getMessage()));
        }
    } catch (InterruptedException e) {
        Thread.currentThread().interrupt();
        log("Operation interrupted");
    }
```

```
    }
}
```

이 예제는 성공한 결과와 실패한 결과를 모두 수집할 수 있는 방식의 장점을 잘 보여준다.

❶ 각 뉴스 소스마다 서브태스크를 동시에 실행하여 병렬로 헤드라인을 가져온다.

❷ CollectingJoiner는 모든 서브태스크가 완료될 때까지 기다린 뒤, 성공한 결과와 실패한 결과를 모두 수집한다.

❸ 성공 데이터와 실패에 대한 정보를 모두 포함한 결과 객체를 반환한다.

❹ 의도적으로 실패하도록 만든 소스가 포함되어 있으며, 이를 통해 조이너가 성공 · 실패가 섞인 상황을 어떻게 처리하는지 확인할 수 있다.

❺ 성공적으로 가져온 모든 헤드라인을 출력하여, 가능한 최대한의 정보를 사용자에게 제공한다.

❻ 실패가 있어도 전체 작업에 영향을 미치지 않고, 어떤 소스에서 문제가 발생했는지 보고한다.

실행 후 출력 결과는 다음과 같다.

```
00:53:44.291 VThread[#34]: Fetching headlines from TechCrunch
00:53:44.291 VThread[#42]: Fetching headlines from FailingSource
00:53:44.291 VThread[#39]: Fetching headlines from InfoQ
00:53:44.291 VThread[#36]: Fetching headlines from InfoWorld
00:53:44.773 main        : Successfully fetched from 3 sources
00:53:44.773 main        : Failed to fetch from 1 sources
00:53:44.773 main        :
=== Results ===
01:43:17.431 main        : Headlines from InfoWorld: Breaking news, Tech updates
01:43:17.431 main        : Headlines from TechCrunch: Breaking news, Tech updates
01:43:17.431 main        : Headlines from InfoQ: Breaking news, Tech updates
01:43:17.431 main        :
=== Failures ===
01:43:17.431 main        : Network timeout for FailingSource
```

정족수 기반 완료

분산 시스템에서 사용하는 방식에서 영감을 받아, 일정 수의 서브태스크가 성공하면 완료되는 정족수quorum 기반 조이너를 구현해 보자. 이는 어떤 작업을 진행하기 전에 정해진 수의 승인이 필요할 때 유용하다.

깃허브 소스 c04/QuorumJoiner.java

```
import java.util.concurrent.StructuredTaskScope;
import java.util.concurrent.atomic.AtomicInteger;

public class QuorumJoiner<T> implements StructuredTaskScope.Joiner<T, Boolean> {

    private final int requiredSuccesses;
    private final AtomicInteger successCount = new AtomicInteger(0);  ❶
    private final AtomicInteger totalCount = new AtomicInteger(0);  ❷
    private volatile boolean quorumReached = false;  ❸

    public QuorumJoiner(int requiredSuccesses) {
        this.requiredSuccesses = requiredSuccesses;
    }

    @Override
    public Boolean result() {
        return quorumReached;  ❹
    }

    @Override
    public boolean onFork(StructuredTaskScope.Subtask<? extends T> subtask) {
        totalCount.incrementAndGet();  ❺
        return false;  // 모든 태스크가 진행되도록 false 반환  ❻
    }

    @Override
    public boolean onComplete(StructuredTaskScope.Subtask<? extends T> subtask) {
        if (subtask.state() == StructuredTaskScope.Subtask.State.SUCCESS) {
            int currentSuccess = successCount.incrementAndGet();  ❼
            if (currentSuccess >= requiredSuccesses) {  ❽
                quorumReached = true;
                return true;  ❾
            }
        }
        return false;  ❿
    }

    public int getSuccessCount() {
        return successCount.get();
    }
```

```
    public int getTotalCount() {
        return totalCount.get();
    }
}
```


이 정족수 기반 조이너가 합의 과정을 어떻게 관리하는지 살펴보자.

❶ 스레드 안전성이 있는 AtomicInteger를 사용해서 성공한 서브태스크 수를 추적한다.

❷ 몇 개의 서브태스크가 포크됐는지 추적하여 전체 진행률 파악에 활용할 수 있다.

❸ 정족수가 충족되었는지 여부를 나타내는 volatile 플래그를 사용하여, 스레드 사이에 즉시 상태가 공유되도록 한다.

❹ 스코프 종료 시점에 정족수 달성 여부를 반환한다.

❺ 서브태스크가 포크될 때마다 총 개수를 증가시켜 전체 작업 규모를 파악한다.

❻ 포크할 때는 항상 false를 반환하여 모든 서브태스크가 실행될 수 있도록 한다.

❼ 서브태스크가 성공하면 성공 카운터를 증가시키고 현재 성공 수를 계산한다.

❽ 성공한 태스크의 수가 정족수에 도달했는지 검사한다.

❾ 정족수에 도달하면 플래그를 true로 설정하고, 남은 태스크를 취소하여 스코프를 조기에 종료한다.

❿ 아직 조건을 만족시키지 못했다면 false를 반환하여 다른 태스크가 계속 실행되도록 한다.

분산 데이터베이스 쓰기 연산에 정족수 조이너를 사용해 보자.

깃허브 소스 c04/DistributedDatabase.java

```
import java.time.Duration;
import java.util.List;
import java.util.Random;
import static ca.bazlur.modern.concurrency.c04.Utils.log;
import static java.util.concurrent.StructuredTaskScope.open;

public class DistributedDatabase {

    private final List<String> nodes = List.of(
        "node-1", "node-2", "node-3", "node-4", "node-5"  ❶
    );

    private final int quorumSize = 3; // 5개 노드 중 3개 노드 승인 필요  ❷
```

```
    public boolean writeData(String key, String value)
            throws InterruptedException {
        log("Writing data to distributed database:\n " + key + "=" + value);
        try (var scope = open(new QuorumJoiner<Boolean>(quorumSize))) { ❸
            for (String node : nodes) {
                scope.fork(() -> writeToNode(node, key, value)); ❹
            }
            boolean success = scope.join(); ❺
            log("Write operation " + (success ? "succeeded" : "failed"));
            log("Required quorum: " + quorumSize + " nodes");
            return success;
        }
    }

    private Boolean writeToNode(String node, String key, String value)
            throws InterruptedException {
        log("Writing to " + node);
        Thread.sleep(Duration.ofMillis(100 + new Random().nextInt(200))); ❻
        // 간헐적 노드 실패 시뮬레이션
        if (new Random().nextDouble() < 0.2) { ❼
            log(node + " write failed");
            throw new RuntimeException("Write failed on " + node);
        }
        log(node + " write succeeded");
        return true;
    }

    void main() {
        var database = new DistributedDatabase();
        try {
            boolean result = database.writeData("user:123", "John Doe"); ❽
            log("\nFinal result: " + (result ? "SUCCESS" : "FAILURE"));
        } catch (InterruptedException e) {
            Thread.currentThread().interrupt();
            log("Database operation interrupted");
        }
    }
}
```

동작 방식을 살펴보자.

❶ 5개의 데이터베이스 노드로 구성된 클러스터를 정의한다. 실제 시스템에서는 서로 다른 물리 서버나 컨테이너일 것이다.

❷ 5개 노드 중 3개 노드의 승인이 필요하도록 정족수를 설정한다. 이는 가용성을 유지하면서도 최대 2개 노드의 장애를 견딜 수 있는 장애 내성(fault tolerance)을 확보할 수 있다.

❸ 모든 태스크를 기다리는 대신, 필요한 성공 횟수에 도달하면 완료되는 커스텀 `QuorumJoiner`와 함께 `StructuredTaskScope`를 생성한다.

❹ 각 노드 쓰기 작업을 별도의 가상 스레드로 포크한다. 모든 쓰기 작업이 동시에 수행되므로 병렬성이 극대화되고 총 지연 시간이 줄어든다.

❺ 정족수 달성 여부가 결정될 때까지 블로킹한다. `QuorumJoiner`는 정족수를 달성하면 `true`를, 실패가 너무 많아 정족수 달성이 불가능하면 `false`를 반환한다.

❻ 100~300밀리초의 임의 지연을 추가하여 네트워크 지연과 같은 현실적인 분산 데이터베이스 쓰기 상황을 시뮬레이션한다.

❼ 약 20% 확률로 실패를 발생시켜 네트워크 분리, 디스크 오류, 노드 크래시 같은 실제 분산 시스템에 발생할 수 있는 문제를 시뮬레이션한다.

❽ 상위 API는 분산 시스템 조율의 모든 복잡성을 감춘다. 호출자에게는 단순한 동기식 인터페이스로 제공되어 사용하기 쉽다.

실행하면 다음과 같은 결과가 출력된다.

```
21:11:24.267 main        : Writing data to distributed database:
  user:123=John Doe
01:18:38.141 VThread[#34]: Writing to node-1
01:18:38.142 VThread[#36]: Writing to node-2
01:18:38.141 VThread[#44]: Writing to node-5
01:18:38.142 VThread[#42]: Writing to node-4
01:18:38.142 VThread[#39]: Writing to node-3
01:18:38.252 VThread[#42]: node-4 write succeeded
01:18:38.285 VThread[#34]: node-1 write succeeded
01:18:38.364 VThread[#39]: node-3 write failed
01:18:38.376 VThread[#36]: node-2 write succeeded
01:18:38.378 main        : Write operation succeeded
01:18:38.378 main        : Required quorum: 3 nodes
01:18:38.379 main        :
Final result: SUCCESS
```

적응형 완료

실행 중에 관찰한 결과에 따라 동적으로 완료 여부를 결정하고 싶을 때가 있다. 이번에는 실패가 너무 많아지는 경우 조기에 완료되는 적응형 완료adaptive completion 방식의 조이너를 만들어보자.

깃허브 소스 c04/AdaptiveJoiner.java

```
import module java.base;

public class AdaptiveJoiner<T>
        implements StructuredTaskScope.Joiner<T, CollectingJoiner.Result<T>> {

    private final int minSampleSize;
    private final double maxFailureRate;
    private final Queue<T> successes = new ConcurrentLinkedQueue<>();
    private final Queue<Throwable> failures = new ConcurrentLinkedQueue<>();

    public AdaptiveJoiner(double maxFailureRate, int minSampleSize) {
        this.maxFailureRate = maxFailureRate;
        this.minSampleSize = minSampleSize;
    }

    @Override
    public CollectingJoiner.Result<T> result() {
        return new CollectingJoiner.Result<>(
            successes.stream().toList(),
            failures.stream().toList()
        );
    }

    @Override
    public boolean onComplete(StructuredTaskScope.Subtask<? extends T> subtask) {
        switch (subtask.state()) {
            case SUCCESS -> successes.add(subtask.get());           ❶
            case FAILED -> failures.add(subtask.exception());
            case UNAVAILABLE -> failures.add(
                new RuntimeException("Task canceled"));
        }

        int total = successes.size() + failures.size();
```

```
            // 최소한의 샘플 크기 이상일 때만 실패율 체크
            if (total >= minSampleSize) {  ❷
                double failureRate = (double) failures.size() / total;
                return failureRate > maxFailureRate;  ❸
            }
            return false;  // 중단하지 않고 계속 처리  ❹
        }
    }
```

❶ 성공과 실패 모두 수집한다.

❷ 의미 있는 결정을 내리는 데 필요한 최소한의 데이터를 수집한 후에만 실패율을 평가한다.

❸ 실패율이 한계치를 넘어가면 실패할 가능성이 매우 높으므로 작업을 중단해서 자원 낭비를 방지한다.

❹ 실패율이 수용할 만한 수준이면 아직 데이터가 충분하지 않으므로 중단하지 않고 계속 데이터를 처리한다.

AdaptiveJoiner를 사용하는 예제는 다음과 같다.

깃허브 소스 c04/WebCrawlerWithCircuitBreaker.java

```
import module java.base;
import static ca.bazlur.modern.concurrency.c04.Utils.log;
import static java.util.concurrent.StructuredTaskScope.open;

public class WebCrawlerWithCircuitBreaker {

    private final List<String> urls = List.of(
        "https://api.service1.com/data",  ❶
        "https://api.service2.com/data",
        "https://api.service3.com/data",
        "https://api.service4.com/data",
        "https://api.service5.com/data"
    );
    private final Random random = new Random();
    private double systemFailureRate = 0.1; // 10%의 실패율로 시작

    public CollectingJoiner.Result<String> crawlWithCircuitBreaker()
            throws InterruptedException {
        log("Starting web crawl with circuit breaker protection");
        log("Max failure rate: 30%, Min sample size: 5");
```

```
        // 5개 이상의 샘플에서 실패율이 30%를 초과하면 작업을 중단하는 AdaptiveJoiner 생성
        try (var scope = open(new AdaptiveJoiner<String>(0.30, 5))) { ❷
            for (String url : urls) {
                scope.fork(() -> fetchUrl(url)); ❸
            }
            var result = scope.join(); ❹
            log("\n=== FINAL RESULTS ===");
            log("Successful fetches: " + result.successes().size());
            log("Failed fetches: " + result.failures().size());
            log("Total processed: " + (result.successes().size()
                + result.failures().size()));
            log("Remaining URLs (not processed): " +
                (urls.size() - result.successes().size() - result.failures().size()));
            return result;
        }
    }

    private String fetchUrl(String url) throws InterruptedException {
        log("Fetching: " + url);
        // 네트워크 지연 시뮬레이션
        Thread.sleep(Duration.ofMillis(200 + random.nextInt(300))); ❺
        // 시간이 지남에 따라 실패율이 올라가는 시스템 시뮬레이션
        if (random.nextDouble() < systemFailureRate) { ❻
            systemFailureRate += 0.05; // 시간이 지남에 따라 실패 증가
            throw new RuntimeException("Network timeout for " + url);
        }
        log("✓ Successfully fetched: " + url);
        return "Data from " + url;
    }

    public void demonstrateScenarios() throws InterruptedException {
        log("=== SCENARIO 1: Normal Operation ===");
        systemFailureRate = 0.1; // 낮은 실패율
        crawlWithCircuitBreaker();
        Thread.sleep(1000);
        log("\n=== SCENARIO 2: System Under Stress ===");
        systemFailureRate = 0.4; // 높은 실패율
        crawlWithCircuitBreaker();
        Thread.sleep(1000);
        log("\n=== SCENARIO 3: Cascading Failures ===");
        systemFailureRate = 0.6; // 아주 높은 실패율
        crawlWithCircuitBreaker();
```

```
    }

    void main() {
        var crawler = new WebCrawlerWithCircuitBreaker();
        try {
            crawler.demonstrateScenarios();
        } catch (InterruptedException e) {
            Thread.currentThread().interrupt();
            log("Crawling interrupted");
        }
    }
}
```


이제 이 코드에서 무슨 일이 일어나고 있는지 살펴보자.

❶ 크롤링할 API 엔드포인트 목록을 정의한다. 실제 시스템에서는 웹 크롤러 큐나 API 탐색(discovery) 서비스에서 가져온 수천 개의 URL일 수 있다.

❷ 실패 허용 기준이 있는 적응형 조이너를 설정한다. 최소 5개 샘플에서 최대 30% 실패율이라는 조건은 응답성(responsiveness)과 안정성(stability) 사이에서 적절한 균형점이 되어준다.

❸ 각 URL에 대해 동시에 HTTP 요청을 포크한다. 모든 요청은 가상 스레드를 사용해 병렬로 실행되며, 시스템 상태가 양호할 때 최대 처리량을 확보한다.

❹ 완료되거나 서킷 브레이커(circuit breaker)가 작동할 때까지 대기한다. 적응형 조이너는 실패가 너무 많아지면 조기에 반환되어 시간과 자원을 절약한다.

❺ 가변적인 지연 시간을 통해 현실적인 네트워크 환경을 시뮬레이션한다. 실제 HTTP 요청의 응답 시간은 네트워크 상황과 서버 부하에 따라 달라질 수 있으므로 예측 불가능하다.

❻ 시간이 지날수록 실패가 누적되는 방식으로 시스템 성능 저하를 모델링한다. 이렇게 하면 실제 환경에서 발생하는 연쇄적 실패, 메모리 누수, 부하 증가로 인한 인프라 장애 등 악화되는 문제 상황과 비슷한 상황을 연출할 수 있다.

예제를 실행하면 출력은 다음과 같다.

```
01:55:50.225 main        : === SCENARIO 1: Normal Operation ===
01:55:50.226 main        : Starting web crawl with circuit breaker protection
01:55:50.226 main        : Max failure rate: 30%, Min sample size: 5
01:55:50.269 VThread[#42]: Fetching: https://api.service4.com/data
01:55:50.270 VThread[#45]: Fetching: https://api.service5.com/data
... [3 more fetch operations] ...
```

```
01:55:50.473 VThread[#39]: ✓ Successfully fetched: https://api.service3.com/data ... [3
more successful fetches] ...
01:55:50.753 main         : === FINAL RESULTS ===
01:55:50.753 main         : Successful fetches: 4, Failed fetches: 1
01:55:51.759 main         : === SCENARIO 2: System Under Stress ===
... [initialization and fetch operations] ...
01:55:52.182 main         : Successful fetches: 3, Failed fetches: 2
01:55:53.188 main         : === SCENARIO 3: Cascading Failures ===
... [initialization and fetch operations] ...
01:55:53.653 main         : Successful fetches: 0, Failed fetches: 5
=== FINAL RESULTS ===
01:55:53.653 main         : Successful fetches: 0
01:55:53.653 main         : Failed fetches: 5
01:55:53.653 main         : Total processed: 5
01:55:53.653 main         : Remaining URLs (not processed): 0
```

요청 제한 조이너

서브태스크의 실행 속도를 조절해서 외부 서비스에 과도한 요청을 보내는 것을 막아야 할 때도 있다. Semaphore를 사용해서 요청을 제한하는 조이너를 만들어보자.

깃허브 소스 c04/RateLimitedJoiner.java

```
import module java.base;

public class RateLimitedJoiner<T>
        implements StructuredTaskScope.Joiner<T, List<T>> {

    private final Semaphore semaphore; ❶
    private final Queue<T> results = new ConcurrentLinkedQueue<>();
    private final Queue<Throwable> failures = new ConcurrentLinkedQueue<>();

    public RateLimitedJoiner(int maxConcurrentTasks) {
        this.semaphore = new Semaphore(maxConcurrentTasks); ❷
    }

    @Override
    public boolean onFork(StructuredTaskScope.Subtask<? extends T> subtask) {
        try {
            semaphore.acquire(); ❸
        } catch (InterruptedException e) {
```

```java
                Thread.currentThread().interrupt();
            }
            return false;  ❹
        }

        @Override
        public boolean onComplete(StructuredTaskScope.Subtask<? extends T> subtask) {
            switch (subtask.state()) {
                case SUCCESS -> results.add(subtask.get());  ❺
                case FAILED -> failures.add(subtask.exception());  ❻
                case UNAVAILABLE -> failures.add(new RuntimeException("Task canceled"));
            }
            semaphore.release();  ❼
            return false;  ❽
        }

        @Override
        public List<T> result() {
            return results.stream().toList();
        }
    }
```

세마포어 기반 요청 제한이 어떻게 동작하는지 살펴보자.

❶ Semaphore를 사용하여 동시에 실행될 수 있는 태스크의 개수를 제어한다.

❷ 동시 실행 허용 최대 태스크 수로 Semaphore를 생성한다.

❸ 태스크 실행을 시작하기 전에 세마포어로부터 출입증(permit)을 획득한다. 출입증이 없다면 다른 태스크가 출입증을 반환하여 하나가 생길 때까지 블로킹되며, 이를 통해 태스크 실행 속도를 효과적으로 제어한다.

❹ 서브태스크가 생성되어 실행될 수 있도록 false를 반환한다(출입증을 확보했으므로 실행 가능함).

❺ 태스크가 성공적으로 끝났을 때 성공 결과를 수집한다.

❻ 실패한 경우에도 실패 정보를 수집하여 무엇이 잘못되었는지 추적할 수 있게 한다.

❼ 태스크 완료 여부와 관계없이 항상 출입증을 반환하여 다른 대기 중인 태스크가 사용할 수 있게 한다.

❽ 조기 종료하지 않고 모든 태스크가 완전히 실행되도록 한다.

이제 이 요청 제한 조이너를 사용하는 배치 API 호출 예제를 만들어보자.

깃허브 소스 c04/RateLimitedAPIService.java

```
import module java.base;
import static ca.bazlur.modern.concurrency.c04.Utils.log;
import static java.util.concurrent.StructuredTaskScope.open;

public class RateLimitedAPIService {

    public List<String> fetchDataWithRateLimit() throws InterruptedException {
        var endpoints = List.of(
            "api/users", "api/orders", "api/products",
            "api/analytics", "api/reports", "api/logs"
        );
        // 최대 3번의 동시 호출 허용
        var rateLimitedJoiner = new RateLimitedJoiner<String>(3);
        try (var scope = open(rateLimitedJoiner)) {
            for (String endpoint : endpoints) {
                scope.fork(() -> callAPI(endpoint)); ❶
            }
            var results = scope.join(); ❷
            log("Completed " + results.size() +
                " API calls with rate limiting");
            return results;
        }
    }

    private String callAPI(String endpoint) throws InterruptedException {
        log("Starting API call: " + endpoint );
        Thread.sleep(Duration.ofMillis(500 + new Random().nextInt(1000)));
        log("Completed API call: " + endpoint);
        return "Response from " + endpoint;
    }

    void main() {
        var service = new RateLimitedAPIService();
        try {
            var results = service.fetchDataWithRateLimit();
            log("All results: " + results);
        } catch (InterruptedException e) {
            Thread.currentThread().interrupt();
            log("Service interrupted");
        }
```

```
    }
}
```

❶ fork()를 호출할 때마다 태스크를 실행하기에 앞서 세마포어에 출입증을 요청한다. 이를 통해 동시에 최대 3개의 태스크만 실행하는 것을 보장한다.

❷ 모든 API 호출이 완료되기를 기다린다. 동시성은 세마포어가 자동으로 관리해 준다.

예제를 실행하면 호출 대상 API는 6개이지만 동시에 3개씩만 호출하고 있음을 확인할 수 있다.

```
02:28:43.648 VThread[#38]: Starting API call: api/products
02:28:43.648 VThread[#36]: Starting API call: api/orders
02:28:43.648 VThread[#34]: Starting API call: api/users
02:28:44.266 VThread[#34]: Completed API call: api/users
02:28:44.268 VThread[#44]: Starting API call: api/analytics
02:28:44.499 VThread[#38]: Completed API call: api/products
02:28:44.501 VThread[#46]: Starting API call: api/reports
02:28:45.021 VThread[#36]: Completed API call: api/orders
02:28:45.022 VThread[#47]: Starting API call: api/logs
02:28:45.381 VThread[#44]: Completed API call: api/analytics
02:28:45.849 VThread[#47]: Completed API call: api/logs
02:28:45.974 VThread[#46]: Completed API call: api/reports
02:28:45.975 main        : Completed 6 API calls with rate limiting
02:28:45.975 main        : All results: [Response from api/users, Response from
api/products, Response from api/orders, Response from api/analytics, Response
from api/logs, Response from api/reports]
```

조건부 조이너

onFork 메서드는 런타임 상태에 따라 조건부 실행을 구현할 때도 사용할 수 있다. 예를 들어, 새 태스크를 언제 중단할지 결정하는 임의의 조건을 받아들이는 범용 조건부 조이너conditional joiner를 만들 수 있다.

이 아이디어를 구현해 보자.

```
import module java.base;

public class ConditionalJoiner<T>
        implements StructuredTaskScope.Joiner<T, List<T>> {

    private final Supplier<Boolean> shouldContinue; ❶
    private final Queue<T> results = new ConcurrentLinkedQueue<>();
    private final Queue<Throwable> failures = new ConcurrentLinkedQueue<>();

    public ConditionalJoiner(Supplier<Boolean> shouldContinue) {
        this.shouldContinue = shouldContinue; ❷
    }

    @Override
    public boolean onFork(StructuredTaskScope.Subtask<? extends T> subtask) {
        if (!shouldContinue.get()) { ❸
            System.out.println("Condition failed, stopping new tasks");
            return true; // 새로운 태스크가 실행되지 않도록 스코프를 취소한다. ❹
        }
        return false;      // 조건이 만족되면 태스크 실행을 허용한다. ❺
    }

    @Override
    public boolean onComplete(StructuredTaskScope.Subtask<? extends T> subtask) {
        switch (subtask.state()) {
            case SUCCESS -> results.add(subtask.get()); ❻
            case FAILED -> failures.add(subtask.exception()); ❼
            case UNAVAILABLE -> failures.add(new RuntimeException("Task canceled"));
        }
        return false; // 실행 중인 태스크를 계속 처리하게 한다. ❽
    }

    @Override
    public List<T> result() {
        return results.stream().toList();
    }

    public List<Throwable> getFailures() {
        return failures.stream().toList();
```

```
    }
}
```

조건부 조이너가 각기 다른 서브태스크 결과를 어떻게 처리하는지 살펴보자.

❶ 계속 실행할지 여부를 결정하는 Supplier<Boolean> 형태의 조건을 받아들인다.
❷ 태스크 포크 시 평가할 수 있도록 조건을 저장한다.
❸ 새로운 태스크가 시작될 때마다 조건을 검사한다.
❹ 조건이 만족되지 않으면 새로운 태스크가 시작되지 않도록 스코프를 중단한다.
❺ 조건이 만족되면 태스크가 정상적으로 진행되도록 허용한다.
❻ 성공한 결과는 수집한다.
❼ 분석을 위해 실패한 결과도 기록한다.
❽ 이미 실행 중인 태스크는 완료까지 진행되도록 둔다.

조건부 조이너를 간단한 예시에 적용해 보자.

깃허브 소스 c04/SystemHealthCheckDemo.java

```
import java.time.Duration;
import java.util.List;
import java.util.Random;
import java.util.concurrent.StructuredTaskScope;
import java.util.concurrent.atomic.AtomicInteger;
import static java.util.concurrent.StructuredTaskScope.open;

public class SystemHealthCheckDemo {

    void main() throws InterruptedException {
        var results = new SystemHealthCheckDemo()
            .processWithSystemHealthCheck();
        results.forEach(System.out::println);
    }

    public List<String> processWithSystemHealthCheck()
            throws InterruptedException {
        var healthChecker = new SystemHealthChecker();
        var joiner = new ConditionalJoiner<String>(healthChecker::isSystemHealthy);

        try (var scope = open(joiner)) {
            for (int i = 0; i < 10; i++) {
```

```
                int id = i;
                scope.fork(() -> processTask("health-task-" + id));
            }
            return scope.join();
        }
    }

    private String processTask(String taskName)
            throws InterruptedException {
        Thread.sleep(Duration.ofMillis(200
            + new Random().nextInt(300)));

        if (taskName.contains("error-task")
                && new Random().nextDouble() < 0.4)
            throw new RuntimeException("Task failed: " + taskName);

        return "Completed: " + taskName;
    }
}
```

외부 시스템의 상태를 체크해서 정상이 아니면 더 이상 외부 시스템을 호출하지 않는다.

외부 시스템 상태 확인을 담당하는 SystemHealthChecker 클래스는 다음과 같다.

깃허브 소스 c04/SystemHealthCheckDemo.java

```
private static class SystemHealthChecker {

    private final AtomicInteger checkCount
        = new AtomicInteger(0);

    public boolean isSystemHealthy() {
        checkCount.incrementAndGet();
        try {
            Thread.sleep(100);
        } catch (InterruptedException e) {
            throw new RuntimeException(e);
        }
        return checkCount.get() < 7;
    }
}
```

커스텀 조이너는 자바의 구조적 동시성에서 가장 강력한 기능 중 하나다. 커스텀 조이너 덕분에 StructuredTaskScope는 단순한 병렬 실행 도구를 넘어서, 사실상 어떤 동시성 문제에도 대응할 수 있는 정교한 조율 플랫폼으로 다시 태어나게 됐다.

조이너 패턴의 아름다움은 단순함과 유연함에 있다. onFork, onComplete, result라는 단 3개의 메서드만으로도 매우 복잡한 조율 로직을 구현할 수 있으며, 동시에 구조적 동시성이 제공하는 안전성과 깔끔한 구조를 그대로 유지할 수 있다.

지금까지 살펴본 예제들은 그 시작에 불과하다. 진정한 힘은 각자의 도메인에 맞는 고유한 조절 패턴을 담은 커스텀 조이너를 직접 설계할 때 드러난다. 그렇게 만들어진 조이너는 재사용 가능한 컴포넌트가 되어 동시성 프로그래밍을 더 안전하게 만들 뿐만 아니라, 우아하게 만든다.

메모리 일관성 효과

StructuredTaskScope는 스레드 간 공유 데이터의 가시성을 쉽게 파악할 수 있도록 명확하게 정의된 메모리 일관성 보장 수단을 갖고 있다.

StructuredTaskScope를 소유한 스레드에서 서브태스크를 포크하기 전에 실행된 동작action은 포크된 서브태스크가 수행하는 모든 작업보다 항상 먼저 실행된다. 그리고 서브태스크가 수행하는 동작은 그 서브태스크의 결과를 가져오는 동작보다 먼저 실행된다. 이런 명확한 **선후 관계**happens-before를 통해 스코프를 소유한 스레드가 fork() 호출 전에 수행한 데이터 변경을 포크된 서브태스크에서 볼 수 있도록 보장하며, 서브태스크에서 수행한 데이터 변경을 서브태스크 결과를 조회할 때 볼 수 있도록 보장한다.

메모리 일관성 프로퍼티

StructuredTaskScope의 메모리 일관성 보장은 자바 언어 명세서 17장(https://oreil.ly/TUOvw)에서 정의된, 자바의 기본적인 선후 관계 위에 구축되어 있다. 이 규칙들은 스레드 간 메모리 연산이 예측 가능하고 안전한 방식으로 이루어지도록 보장한다.

자바는 안전한 동시성 보장을 위해 여러 내장 선후 관계를 제공한다.

- 동일한 스레드 내의 동작들은 프로그램 순서대로 실행된다.
- synchronized 블록은 모니터 연산을 통해 스레드 간 순서를 보장한다.

- volatile 변수는 락을 사용하지 않고도 가시성을 보장한다.
- 스레드 생성과 조인은 명확한 메모리 경계를 형성한다.

java.util.concurrent 패키지는 이러한 기반 규칙들을 바탕으로 더 고수준의 일관성을 보장한다. 예를 들어, 태스크를 이그제큐터(executor)에 제출(submit)하는 것, 동시성 컬렉션(concurrent collection)에 항목을 넣는 것, Future 결과를 조회하는 것 등은 모두 선후 관계를 형성하여 스레드 안전성을 확보한다.

실제 예제를 통해 메모리 일관성이 보장되는 모습을 확인해 보자. 여러 시스템에 걸친 설정 내용의 유효성을 동시에 검사하는 구성 서비스를 만든다고 상상해 보자.

깃허브 소스 c04/MemoryConsistencyDemo.java

```
import module java.base;
import java.util.concurrent.ConcurrentHashMap;
import java.util.concurrent.atomic.AtomicInteger;
import static ca.bazlur.modern.concurrency.c04.Utils.log;
import static java.util.concurrent.StructuredTaskScope.open;

public class MemoryConsistencyDemo {

    private String configuration = "default";
    private final Map<String, String> cache = new ConcurrentHashMap<>();

    public void demonstrateMemoryConsistency() throws InterruptedException {
        // 스코프를 소유한 스레드가 포크 전에 공유 상태를 설정한다.
        configuration = "production-config";
        cache.put("database-url", "prod.example.com");    ❶
        cache.put("api-key", "secret-key-123");
        log("Owner thread prepared: " + configuration);

        try (var scope = open(StructuredTaskScope.Joiner.
                <String>allSuccessfulOrThrow())) {
            // 스코프를 소유한 스레드의 데이터를 읽는 서브태스크 포크
            var configTask = scope.fork(() -> {  ❷
                log("Subtask sees: " + configuration);  ❸
                return "Config: " + configuration;
            });
```

```java
            var cacheTask = scope.fork(() -> {  ❷
                String url = cache.get("database-url");  ❸
                log("Subtask found URL: " + url);
                return "Connected to: " + url;
            });
            var results = scope.join()  ❹
                .map(StructuredTaskScope.Subtask::get)
                .toList();
            log("Owner received: " + results);  ❺
        }
    }
}
```

❶ 스코프를 소유한 소유자 스레드는 서브태스크를 생성하기에 앞서 공유 상태를 먼저 준비한다. configuration 문자열을 변경하고 데이터베이스 연결 정보를 캐시에 저장한다.

❷ fork()를 호출하면 내부적으로 중요한 일이 일어난다. 구조적 동시성 프레임워크가 선후 관계를 구축하고 ❶, ❷, ❸에서 수행한 준비 결과를 서브태스크에서 볼 수 있도록 보장한다.

❸ 마법이 펼쳐지는 지점이다. 동기화 작업을 따로 하지 않더라도 두 서브태스크는 변경된 구성값과 캐시 내용을 안정적으로 볼 수 있다. 구성값은 최초 초기화 시 지정된 default가 아니라 production-config로 변경돼 있고, 캐시 내용도 앞서 준비한 내용대로 조회된다.

❹ join() 호출은 서브태스크에서 소유자 스레드 방향으로 되돌아가는 흐름에 또 하나의 선후 관계 경계를 형성한다.

❺ 이제 소유자 스레드는 구조적 동시성의 일관성 보장 덕분에 서브태스크에서 계산한 최신 결과들을 일관성 있게 볼 수 있다.

앞서 살펴본 것처럼 선후 관계 보장은 소유자 스레드에서 서브태스크로, 또 서브태스크에서 소유자 스레드로, 이렇게 양방향으로 동작한다. 서브태스크가 공유 상태를 수정하면, join()이 완료된 이후 그 변경사항은 소유자 스레드에서 확실하게 볼 수 있다.

다른 예제를 하나 더 살펴보자.

```java
public void demonstrateSubtaskUpdates() throws InterruptedException {

    var results = new ConcurrentHashMap<String, String>();  ┐
    var counter = new AtomicInteger(0);                      ┘❶
    log("Initial count: " + counter.get());
```

```
    try (var scope = open(StructuredTaskScope.Joiner.
            <String>allSuccessfulOrThrow())) {
        var worker1 = scope.fork(() -> {  ❷
            results.put("task1", "completed");  ❸
            int count = counter.incrementAndGet();  ❹
            log("Worker1 incremented to: " + count);
            return "Worker1 done";
        });
        var worker2 = scope.fork(() -> {  ❷
            results.put("task2", "completed");  ❸
            int count = counter.incrementAndGet();  ❹
            log("Worker2 incremented to: " + count);
            return "Worker2 done";
        });
        scope.join();  ❺

        // 소유자 스레드는 서브태스크의 모든 변경사항을 볼 수 있다.
        log("Final count: " + counter.get());    ┐
        log("Final results: " + results);        ┘❻
    }
}
```

이 예제에서는 다수의 서브태스크가 공유 상태를 안전하게 변경하는 과정을 확인할 수 있다.

❶ 먼저 스레드 안전성이 보장되는 컨테이너를 만든다. 결과를 모을 때는 ConcurrentHashMap을, 연산 횟수를 셀 때는 AtomicInteger를 사용한다.

❷ 2개의 워커를 동시에 실행한다. 둘 중 어느 쪽이 먼저 실행될지는 모르지만, 둘 다 공유 컨테이너를 안전하게 업데이트할 수 있다.

❸ 각 워커는 결과 맵에 항목을 하나씩 추가한다. ConcurrentHashMap을 사용하고 있으므로, 이러한 put 연산은 동시에 일어나도 스레드 안전성이 보장된다.

❹ AtomicInteger는 서로 다른 스레드의 증가 연산이 서로 간섭하지 않도록 보장하므로 전형적인 업데이트 누락(lost update) 문제를 방지한다.

❺ join() 연산은 모든 워커의 변경사항이 소유자 스레드에 보여지도록 보장한다.

❻ 조인이 완료되면, 소유자 스레드는 두 워커가 수행한 변경이 반영된 최종 상태를 counter와 results 맵에서 보게 된다.

StructuredTaskScope는 이러한 검증된 메커니즘을 활용해 일관성을 보장한다. StructuredTaskScope의 fork()를 호출해서 서브태스크를 포크하면, Thread.start()를 호출하는 것과 유사하게 소유자 스레드의 이전 작업들이 서브태스크에 보이도록 하는 선후 관계가 만들어진다. StructuredTaskScope의 join()을 호출하면 Thread.join()을 호출하는 것과 유사하게, 서브태스크의 작업이 소유자 스레드에 보이도록 하는 선후 관계가 만들어진다.

java.util.concurrent의 동시성 컬렉션은 이러한 보장을 한 단계 더 확장한다. ConcurrentHashMap에 항목을 넣거나 AtomicInteger를 증가시키는 연산 같은 것들이 스레드 사이에서 일관성 있게 보이도록 보장한다.

이런 자동 메모리 일관성은 구조적 동시성의 주요 장점 중 하나다. 덕분에 우리는 메모리 일관성 세부 사항은 올바르게 처리된다고 확신하고 비즈니스 로직에 집중할 수 있다. 포크와 조인은 필요한 메모리 배리어barrier가 모두 갖춰지는 명확한 동기화 지점이 되어준다. 그렇다고 스레드 안전성을 완전히 무시해도 된다는 뜻은 아니다. 여러 서브태스크가 공유 상태를 수정하는 경우, 적절한 동시성 컬렉션과 아토믹 연산을 사용해야 한다.

중첩 스코프

단일 스코프 안에서 커스텀 조이너를 만들고 동시 실행 태스크를 관리하는 방법을 살펴봤지만, 구조적 동시성의 진짜 힘은 여기서 끝이 아니다. 우리가 메서드 안에서 코드 블록을 중첩하듯, StructuredTaskScope 역시 중첩해 사용함으로써 더 복잡하고 다층적인 서브태스크 위계 구조를 만들 수 있다.

중첩 스코프nested scope는 태스크가 자연스럽게 여러 단계의 서브태스크로 나뉘는 복잡한 작업 흐름을 관리할 때 매우 유용하다. 각 중첩 스코프는 자체적인 태스크 생애주기와 에러 처리를 캡슐화해 독립적으로 관리된다.

서브태스크가 자체적인 StructuredTaskScope를 생성하면 부모-자식 관계가 형성되어 트리 구조가 만들어진다. 부모 스코프는 자식 스코프의 생애주기를 책임지며, 자식 스코프의 종료와 서브태스크 완료까지 관리한다.

에러와 취소는 이러한 위계 구조(그림 4-3)에서 상위로 전파된다. 중첩 스코프 안의 서브태스크가 실패하면, 에러는 먼저 해당 스코프에서 처리된 후에 상위 스코프로 전달되며, 적절히 처리될 때까지 계속 올라가 최상위 스코프에 도달할 수도 있다.

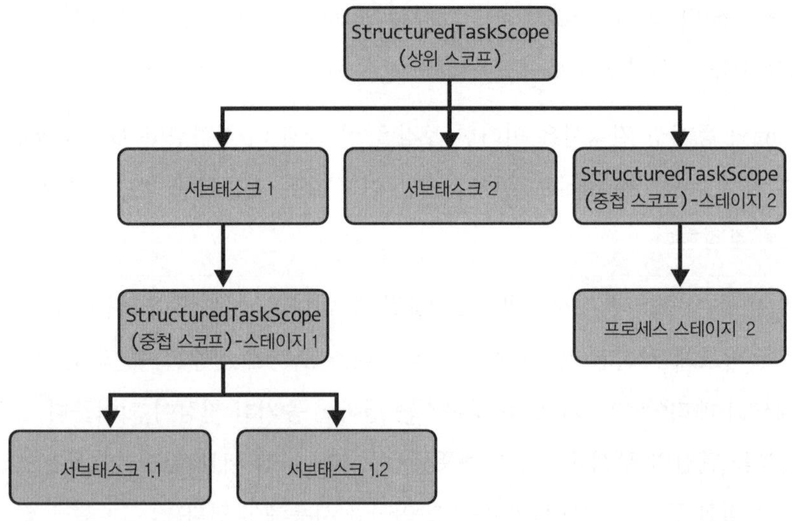

그림 4-3 구조적 동시성에서 태스크의 위계 구조

다수의 출처에서 내용을 모아서 분석하는 문서 처리기 사례를 통해 스코프 위계 구조를 알아보자.

깃허브 소스 c04/DocumentProcessor.java

```
public class DocumentProcessor {

    public DocumentReport processDocument(String documentId)
            throws InterruptedException {
        try (var gatheringScope = open(StructuredTaskScope.Joiner.
                <String>allSuccessfulOrThrow())) { ❶
            var headerTask = gatheringScope.fork(() ->
                fetchHeader(documentId));
            var bodyTask = gatheringScope.fork(() ->
                fetchBody(documentId));                          ❷
            var metadataTask = gatheringScope.fork(() ->
                fetchMetadata(documentId));

            gatheringScope.join(); ❸

            return analyzeContent(
                headerTask.get(), bodyTask.get(), metadataTask.get()); ❹
        } catch (StructuredTaskScope.FailedException e) {
            throw new RuntimeException("Failed to gather document content", e);
```

```
        }
    }
}
```

문서 처리기가 수행하는 일은 다음과 같다.

❶ 모든 문서 구성요소를 모으는 최상위 스코프를 생성한다.

❷ 각기 다른 출처로부터 헤더, 본문, 메타데이터를 각각 조회하는 동시 실행 태스크를 포크한다.

❸ 분석하기 전에 모든 구성요소 수집이 완료될 때까지 기다린다.

❹ 필요한 모든 내용이 준비되면 분석을 수행한다.

중첩된 스코프를 사용해 내용 분석을 수행하는 코드는 다음과 같다.

깃허브 소스 c04/DocumentProcessor.java

```
private DocumentReport analyzeContent(String header,
                                      String body,
                                      String metadata)
        throws InterruptedException {

    try (var analysisScope = open(StructuredTaskScope.Joiner.
            allSuccessfulOrThrow())) {  ❶
        var wordCountTask = analysisScope.fork(() ->        ┐
            countWords(body));                              │
        var sentimentTask = analysisScope.fork(() ->        │ ❷
            analyzeSentiment(body));                        │
        var summaryTask = analysisScope.fork(() ->          │
            generateSummary(header, body, metadata));       ┘
        analysisScope.join();  ❸

        return new DocumentReport(
            wordCountTask.get(),
            sentimentTask.get(),
            summaryTask.get()
        );
    } catch (StructuredTaskScope.FailedException e) {
        throw new RuntimeException("Failed to analyze document content", e);
    }
}
```

❶ 수집된 내용을 분석을 담당하는 중첩된 2단계 스코프를 생성한다.

❷ 단어 카운트, 감정 분석, 요약을 동시에 수행하는 태스크를 포크한다.

❸ 모든 분석이 완료될 때까지 기다린 후 최종 보고서를 생성한다.

예제에 사용된 스코프는 다음과 같이 명확하게 2단계로 구성된다.

```
문서 처리(최상위)
├── 헤더 조회(1단계 스코프)
├── 본문 조회(1단계 스코프)
├── 메타데이터 조회(1단계 스코프)
└── 내용 분석(1단계 스코프)
    ├── 단어 카운트(2단계 스코프)
    ├── 감정 분석(2단계 스코프)
    └── 요약 생성(2단계 스코프)
```

헤더 조회, 본문 조회 등 실질적인 처리를 담당하는 메서드는 다음과 같다.

깃허브 소스 c04/DocumentProcessor.java

```
private String fetchHeader(String documentId)
        throws InterruptedException {
    Thread.sleep(Duration.ofMillis(100));
    return "Header for document " + documentId;
}

private String fetchBody(String documentId)
        throws InterruptedException {
    Thread.sleep(Duration.ofMillis(200));
    return "This is the main content of document " + documentId +
        " with multiple sentences and important information.";
}

private String fetchMetadata(String documentId)
        throws InterruptedException {
    Thread.sleep(Duration.ofMillis(150));
    return "Created: 2024-01-01, Author: John Doe";
}

private Integer countWords(String content)
        throws InterruptedException {
    Thread.sleep(Duration.ofMillis(100));
```

```
        return content.split("\\s+").length;
    }

    private String analyzeSentiment(String content)
            throws InterruptedException {
        Thread.sleep(Duration.ofMillis(200));
        return content.toLowerCase().contains("important") ? "Positive" : "Neutral";
    }

    private String generateSummary(String header, String body, String metadata)
            throws InterruptedException {
        Thread.sleep(Duration.ofMillis(150));
        return header + ": " + body.substring(0, Math.min(50, body.length())) + "...";
    }

    public record DocumentReport(int wordCount,
                                 String sentiment, String summary) {
        @Override
        public String toString() {
            return String.format("Document Report:\n  Words: %d\n  " +
                "Sentiment: %s\n  Summary: %s",
                wordCount, sentiment, summary);
        }
    }
```

문서 처리기 예제를 실행하는 main 메서드는 다음과 같다.

깃허브 소스 c04/DocumentProcessor.java

```
void main() {
    var processor = new DocumentProcessor();
    try {
        var report = processor.processDocument("DOC-123");
        System.out.println(report);
    } catch (InterruptedException e) {
        Thread.currentThread().interrupt();
        System.out.println("Processing interrupted");
    }
}
```

예제를 실행하면 다음과 같이 결과가 출력된다.

```
Document Report:
    Words: 14
    Sentiment: Positive
    Summary: Header for document DOC-123: This is the main content of document DOC-123
with ...
```

스코프를 중첩해서 사용해 보면 구조적 동시성이 가진 우아함을 느낄 수 있다. 각 스코프는 각자의 생애주기와 자원을 관리하고, 실패를 자연스럽게 상위로 전파하고, 사용한 자원을 자동으로 마무리하고, 취소 발생 시 하위 스코프도 함께 취소시키는 명확한 위계 구조를 형성한다.

관측성

앞서 살펴본 것처럼 구조적 동시성을 사용하면 태스크와 서브태스크 사이에 명확한 위계 구조를 강제하는 고유한 체계를 활용할 수 있다. 이런 위계 구조는 일반적인 코드에 존재하는 자연스러운 중첩 구조를 그대로 반영하므로, 동시 실행 흐름을 쉽게 파악할 수 있는 관측성observability을 확보하는 데 큰 도움을 준다.

이런 트리 형태 구조는 디버깅에서도 강력한 힘을 발휘한다. 전통적인 스레드 덤프는 스레드 사이의 관계를 보여주지 않고 뒤섞인 채 출력되어 파악하기 어려울 때가 있다. 반면에 구조화된 스레드 덤프는 위계 구조를 적용해서 동시성 시스템의 처리 흐름을 보여주기 때문에 문제를 훨씬 쉽게 식별할 수 있다.

jcmd 명령을 사용하면 JSON 형식의 구조화된 스레드 덤프를 생성할 수 있다.

```
jcmd <pid> Thread.dump_to_file -format=json <output_file>
```

구조화된 스레드 덤프에는 태스크 위계 구조와 서브태스크 상태 등 중요한 정보가 담겨 있다.

앞서 만들어본 문서 처리기 예제를 살짝 수정해서 구조화된 스레드 덤프를 확인해 보자.

깃허브 소스 c04/DocumentProcessor.java

```
import module java.base;
import static java.util.concurrent.StructuredTaskScope.open;

public class DocumentProcessor {

    private final ThreadFactory threadFactory = Thread.ofVirtual()
        .name("doc-proc", 1)
        .factory();

    public DocumentReport processDocument(String documentId)
            throws InterruptedException {
        try (var gatheringScope = open(
                StructuredTaskScope.Joiner.<String>allSuccessfulOrThrow(),
                conf -> conf.withThreadFactory(threadFactory)
                    .withName("doc-gathering-scope"))) { ❶
            var headerTask = gatheringScope.fork(() ->
                fetchHeader(documentId));
            var bodyTask = gatheringScope.fork(() ->
                fetchBody(documentId));                        ❷
            var metadataTask = gatheringScope.fork(() ->
                fetchMetadata(documentId));

            gatheringScope.join(); ❸

            return analyzeContent(
                headerTask.get(), bodyTask.get(), metadataTask.get());
        } catch (StructuredTaskScope.FailedException e) {
            throw new RuntimeException("Failed to gather document content", e);
        }
    }

    private String fetchHeader(String documentId) throws InterruptedException {
        Thread.sleep(Duration.ofSeconds(10)); ❹
        return "Header for document " + documentId;
    }

    private String fetchBody(String documentId) throws InterruptedException {
        Thread.sleep(Duration.ofSeconds(10));
        return "This is the main content of document " + documentId;
    }
```

```
    private String fetchMetadata(String documentId) throws InterruptedException {
        Thread.sleep(Duration.ofSeconds(10));
        return "Created: 2024-01-01, Author: John Doe";
    }
}
```

❶ 스코프를 더 쉽게 식별할 수 있도록 사용자 정의 ThreadFactory를 사용해서 스코프에 이름을 붙인다.

❷ 문서 구성요소를 조회하는 태스크를 병렬로 실행한다.

❸ 조회 작업이 완료될 때까지 기다린다.

❹ 긴 시간 동안 수행되게 해서 스레드 덤프를 생성할 수 있는 시간을 확보한다.

에제를 실행하고 작업이 진행 중일 때 jcmd 명령으로 스레드 덤프를 생성하면 다음과 같이 아름다운 구조를 가진 스레드 덤프를 확인할 수 있다.

```
{
  "threadDump": {
    "processId": "10259",
    "time": "2025-06-10T00:49:22.146091Z",
    "runtimeVersion": "25-ea+25-3096",
    "threadContainers": [
      {
        "container": "<root>",
        "parent": null,
        "owner": null,
        "threads": [
          {
            "tid": "3",
            "name": "main",
            "stack": [
              "java.base/jdk.internal.misc.Unsafe.park(Native Method)",
              "java.base/java.util.concurrent.locks.LockSupport.park(LockSupport.
java:369)",
              "java.base/jdk.internal.misc.ThreadFlock.awaitAll(ThreadFlock.
java:305)",
              "java.base/java.util.concurrent.StructuredTaskScopeImpl.
join(StructuredTaskScopeImpl.java:243)",
              "ca.bazlur.modern.concurrency.c04.DocumentProcessor.processDocument(
DocumentProcessor.java:23)"
```

```
          ]
        }
      ],
      "threadCount": "8"
    },
    {
      "container": "doc-gathering-scope/jdk.internal.misc.ThreadFlock$ThreadContainer
Impl@78fd3572",
      "parent": "<root>",
      "owner": "3",
      "threads": [
        {
          "tid": "36",
          "name": "doc-proc2",
          "stack": [
            "java.base/java.lang.Thread.sleep(Thread.java:574)",
            "ca.bazlur.modern.concurrency.c04.DocumentProcessor.
fetchBody(DocumentProcessor.java:69)",
            "ca.bazlur.modern.concurrency.c04.DocumentProcessor.
lambda$processDocument$2(DocumentProcessor.java:20)"
          ]
        },
        {
          "tid": "38",
          "name": "doc-proc3",
          "stack": [
            "java.base/java.lang.Thread.sleep(Thread.java:574)",
            "ca.bazlur.modern.concurrency.c04.DocumentProcessor.
fetchMetadata(DocumentProcessor.java:76)",
            "ca.bazlur.modern.concurrency.c04.DocumentProcessor.
lambda$processDocument$3(DocumentProcessor.java:21)"
          ]
        },
        {
          "tid": "26",
          "name": "doc-proc1",
          "stack": [
            "java.base/java.lang.Thread.sleep(Thread.java:574)",
            "ca.bazlur.modern.concurrency.c04.DocumentProcessor.
fetchHeader(DocumentProcessor.java:63)",
            "ca.bazlur.modern.concurrency.c04.DocumentProcessor.
lambda$processDocument$1(DocumentProcessor.java:19)"
```

```
            ]
          }
        ],
        "threadCount": "3"
      }
    ]
  }
}
```

스레드 덤프는 여러 가지 중요한 정보를 보여준다.

- doc-gathering-scope 스코프가 독립적인 컨테이너로 나타나며, 그 부모는 <root>, 소유자는 스레드 3(메인 스레드)임을 명확히 확인할 수 있다.
- 3개의 서브태스크(doc-proc1, doc-proc2, doc-proc3)가 모두 doc-gathering-scope 스코프 아래에 묶여 있어, 어떤 스레드가 어떤 논리적 연산에 속하는지 한눈에 알 수 있다.
- 각 스레드의 스택 트레이스를 보면 fetchHeader, fetchBody, fetchMetadata 같은 작업을 각각 수행 중임을 알 수 있으므로 디버깅이 매우 수월해진다.
- doc-gathering-scope 컨테이너에 있는 owner: 3 필드는 tid 3인 메인 스레드가 이 스코프의 소유자임을 나타내며, 명확한 부모-자식 관계를 보여준다.

적절한 도구를 사용하면 구조화된 스레드 덤프에서 더 많은 정보를 분석할 수 있다. 예를 들어, 간단한 도구인 Threadly(https://oreil.ly/oTZEH)는 JSON 스레드 덤프를 파싱해 구조적 동시성의 트리 구조를 시각화해 주므로, 위계 구조를 이해하거나 복잡한 동시성 애플리케이션을 더욱 쉽게 디버깅할 수 있다.

jcmd를 사용하면 간편하게 구조화된 스레드 덤프를 생성할 수 있지만, 더 세밀한 제어나 자동화가 필요할 때는 HotSpotDiagnosticMXBean을 사용하는 것이 좋다. 예를 들어 'StructuredTaskScope 내부에서 예외가 발생했을 때'와 같이 프로그램 안에서 특정 조건이 만족될 때 직접 스레드 덤프를 생성할 수 있다.

HotSpotDiagnosticMXBean은 다음과 같이 사용할 수 있다.

깃허브 소스 c04/DocumentProcessor.java

```
public void processWithErrorHandling(String documentId) {
    try (var scope = open(StructuredTaskScope.Joiner.
            <String>allSuccessfulOrThrow(),
            cf -> cf.withName("error-prone-scope"))) {
        scope.fork(() -> {
            if (new Random().nextBoolean()) { ❶
                throw new RuntimeException("Simulated failure");
            }
            return fetchHeader(documentId);
        });
        scope.join();
    } catch (StructuredTaskScope.FailedException e) {
        HotSpotDiagnosticMXBean bean = ManagementFactory
            .getPlatformMXBean(HotSpotDiagnosticMXBean.class); ❷
        try {
            Path path = Path.of("./structured-concurrency-error.json");
            bean.dumpThreads(path.toAbsolutePath().toString(),
                HotSpotDiagnosticMXBean.ThreadDumpFormat.JSON); ❸
            System.out.println("Thread dump captured: " + path);
        } catch (IOException ex) {
            throw new RuntimeException("Failed to generate thread dump", ex);
        }
        throw new RuntimeException("Processing failed", e);
    } catch (InterruptedException e) {
        Thread.currentThread().interrupt();
        throw new RuntimeException("Processing interrupted", e);
    }
}
```

❶ 스레드 덤프 생성을 유발하기 위해 임의로 실패하는 로직을 사용한다.

❷ 프로그래밍 방식으로 스레드 덤프를 생성하기 위해 HotSpotDiagnosticMXBean에 대한 참조를 획득한다.

❸ 에러가 발생하면 자동으로 JSON 스레드 덤프를 생성한다.

결론적으로 구조적 동시성은 작업의 실행 흐름과 그 관계를 훨씬 더 명확하게 파악할 수 있게 해주기 때문에, 단순히 동시성 프로그래밍을 쉽게 만들어주는 것을 넘어서 디버깅과 코드의 유지보수성까지 개선해 준다.

정리

구조적 동시성은 자바의 동시성 프로그래밍을 획기적으로 발전시키는 데 핵심 역할을 한다. 서브태스크의 생애주기를 부모 태스크에 종속시키는 원칙을 적용함으로써, 동시성 애플리케이션에서 신뢰성, 유지보수성, 관측성을 새로운 수준으로 끌어올릴 수 있었다.

4장 전체에서 살펴봤듯이, 구조적 동시성은 동시성 프로그래밍의 근본적인 문제들을 해결해 준다.

명확한 자원 관리는 서브태스크를 자동으로 정리해 주기 때문에, 기존 방식에서 흔히 겪었던 자원 누수나 '좀비 스레드' 문제를 방지한다.

위계 구조 기반의 에러 처리는 에러가 태스크 트리 전체에 자연스럽게 전파되도록 해주며, 예측 가능하고 완전한 오류 처리를 가능하게 한다.

구조화된 스레드 덤프를 통해 태스크 사이의 관계를 명확하게 파악할 수 있으므로, 추측에 의존할 수밖에 없어서 비효율적이던 디버깅도 체계적이고 효율적으로 수행할 수 있게 된다.

커스텀 조이너는 구조적 동시성이 제공하는 안전성 보장을 유지하면서도 세밀한 조절 전략을 구현할 수 있게 해준다.

구조적 동시성을 구성하는 여러 요소 중 아마도 가장 중요하다고 해도 과언이 아닐 중첩 구조는 비즈니스 로직을 그대로 반영하므로, 동시 실행 코드를 순차 실행 코드만큼이나 쉽게 읽고 유지보수할 수 있게 해준다.

자주 나오는 질문 중 하나는 "구조적 동시성을 가상 스레드와 플랫폼 스레드 모두에서 사용할 수 있는가?"인데, 답은 "그렇다"이다. 구조적 동시성은 두 방식 모두와 호환되므로 개발자는 원하는 대로 선택할 수 있다. 사용자 정의 `ThreadFactory`를 지정하면 플랫폼 스레드 기반의 `StructuredTaskScope`도 쉽게 구성할 수 있다.

```
public void demonstratePlatformThreads() throws InterruptedException {
    ThreadFactory platformFactory = Thread.ofPlatform()
        .name("platform-worker-", 0)
        .factory();
```

```
        try (var scope = open(Joiner.allSuccessfulOrThrow(),
                cf -> cf.withThreadFactory(platformFactory))) {
            scope.fork(() -> performTask("Task 1"));
            scope.fork(() -> performTask("Task 2"));

            scope.join();
        }
    }
```

하지만 플랫폼 스레드에 구조적 동시성을 적용하더라도, 플랫폼 스레드가 자원을 많이 사용한다는 원래의 문제에 다시 직면하게 된다. 높은 동시성을 요구하는 시나리오에서는 플랫폼 스레드의 확장성과 자원 제약에 더 주의해야 한다. 따라서 구조적 동시성은 확장성이 좋은 가상 스레드에 사용할 때 진정한 힘을 발휘할 수 있다.

서버 요청 처리, 마이크로서비스 호출 조율, 복잡한 다단계 작업 흐름 관리 등 어떤 작업이든, 구조적 동시성은 동시성 프로그래밍의 복잡함을 다루기 위한 강력하고 직관적인 틀을 제공한다. 구조적 동시성 패러다임을 채택하면 더 효율적이고 견고한 코드를 작성할 수 있을 뿐만 아니라, 코드를 이해하는 것도 더 쉬워지며, 무엇보다 개발 자체가 더 즐거워진다.

5장

동시성 모델의 화룡점정, 스코프드 밸류

물건을 제자리에 두지 않는 사람은 불의를 저지른 것이다.

– 알리 이븐 아비 탈리브Ali ibn Abi Talib

5장에서는 JDK 25에서 확정되어 도입된 강력한 기능인 ScopedValue를 살펴본다. ScopedValue를 사용하면 값을 특정 스코프에 구조적 방식으로 바인딩하면서도 컨텍스트와 일관성을 유지할 수 있다. 기존의 ThreadLocal 변수는 다루기 번거롭고 메모리 누수가 발생할 위험이 높지만, ScopedValue는 멀티스레드 애플리케이션을 다룰 때 더 간결하고 효율적으로 사용할 수 있다. 5장에서는 왜 ScopedValue가 ThreadLocal보다 나은 대체재라고 할 수 있는지 그 이유를 알아보고, ScopedValue API와 실제 사용 사례들을 살펴본다.

이제 시작해 보자.

컨텍스트 전달에 따르는 부담

코드의 여러 부분에서 데이터를 공유해야 하는데, 단순히 메서드 인자로 데이터를 전달하기는 어려운 상황이 종종 발생한다. 애플리케이션이 프레임워크에 의존하는 경우 특히 더 그럴 때가 많은데, 이를 설명하기 위한 예를 하나 살펴보자.

사용자 코드가 프레임워크에 태스크를 등록하고, 프레임워크는 해당 태스크를 실행하는 작업 스케줄링 프레임워크를 가정해 보자. 프레임워크가 작업을 실행할 때마다, 작업 이름, 우선순위, 스케줄링 제약 같은 메타데이터를 담은 `JobContext` 객체를 생성한다. 이 컨텍스트는 프레임워크 운영에 필수적이지만 사용자 코드에서는 대부분 큰 의미가 없다.

다음 예시는 우리가 파라미터 전달 문제parameter passing problem라고 부르는 문제를 겪고 있는 일반적인 작업 스케줄링 프레임워크를 보여준다.

깃허브 소스 c05/Job.java

```
interface Job {
    void execute(JobContext context);
}
```

깃허브 소스 c05/enumeration/Priority.java

```
enum Priority { LOW, MEDIUM, HIGH }
```

깃허브 소스 c05/model/JobContext.java

```
public record JobContext(String jobName, Priority priority,
                         Map<String, Object> metadata) {

    public JobContext(String jobName, Priority priority) {
        this(jobName, priority, new HashMap<>());
        metadata.put("jobName", jobName);
        metadata.put("priority", priority);
        metadata.put("creationTime", Instant.now());
    }

    public Object getMetadataValue(String key) {
        return metadata.get(key);
    }
}
```

이 프레임워크의 핵심 스케줄링 로직에서 `JobContext`를 생성하고 관리한다.

깃허브 소스 c05/JobScheduler.java

```
// 프레임워크 코드
public class JobScheduler {

    public void schedule(Job job, String jobName, Priority priority) { ❶
        JobContext context = new JobContext(jobName, priority);
        runJob(job, context);
    }

    private void runJob(Job job, JobContext context) { ❷
        // 프레임워크가 사용자 코드를 호출하면서 context를 전달한다.
        job.execute(context);
    }

    public Object getJobMetadata(String key, JobContext context) { ❸
        if (context == null) {
            return null;
        }
        return context.getMetadataValue(key);
    }
}
```

이 프레임워크를 사용하려면 Job 인터페이스를 구현해야 하고 프레임워크가 전달해 준 context 객체를 사용해야 한다.

깃허브 소스 c05/UserJob.java

```
public class UserJob implements Job {

    private final JobScheduler jobScheduler;

    public UserJob(JobScheduler jobScheduler) {
        this.jobScheduler = jobScheduler;
    }

    @Override
    public void execute(JobContext context) { ❹
        System.out.println("User job is running!");
```

```java
        // 메타데이터를 조회하기 위해 사용자 코드가 프레임워크 코드를 호출한다.
        Object creationTime
            = jobScheduler.getJobMetadata("creationTime", context);  ❺
        System.out.println("Job creation time: " + creationTime);

        // 다른 보조 메서드도 context 파라미터를 필요로 한다.
        processJobData(context);  ❻
    }

    private void processJobData(JobContext context) {  ❼
        // 이 메서드에서 context를 직접 사용하지 않더라도
        // 프레임워크 메서드에 전달하기 위해서는 context를 받아야만 한다.
        Object priority = jobScheduler.getJobMetadata("priority", context);
        System.out.println("Processing job with priority: " + priority);
    }
}
```

❶ 프레임워크는 작업 처리 전체 과정에 걸쳐 필요한 메타데이터를 담고 있는 JobContext를 생성한다.

❷ 사용자 코드에서 프레임워크의 내부 사정에 대해서는 알 필요 없음에도 불구하고 내부 사정에 해당하는 context를 전달받아야 한다.

❸ 프레임워크 메서드는 메타데이터를 조회하기 위해 context 파라미터가 필요하므로, 호출 체인 전체에 걸쳐 context 파라미터를 계속 받아야 한다.

❹ execute() 메서드를 사용자 코드에서 구현할 때 JobContext 파라미터를 받아야 한다.

❺ 사용자 코드에서 프레임워크 서비스를 사용할 때, 파라미터로 전달받은 context 객체를 프레임워크에 다시 전달해 줘야 한다.

❻ 사용자 코드에 있는 보조 메서드도 context 객체를 주고받아야 하므로 프레임워크 파라미터에 전염된다.

❼ 사용자의 호출 체인에 있는 모든 메서드는 직접적으로 context를 사용하지 않는 경우에도 반드시 context를 파라미터로 받아야만 한다.

이렇게 JobContext 파라미터를 계속 달고 다니는 방식은 올바르게 동작은 하지만, 애플리케이션을 확장하다 보면 몇 가지 아키텍처 수준의 문제가 드러난다.

파라미터 오염

JobContext는 기본적으로 프레임워크에서 사용하는 구조체이며, 프레임워크를 사용하는 개발자가 이해할 필요는 없다. 그러나 프레임워크는 schedule()에서 시작해 사용자 코드의

execute()로 내려갔다가 다시 프레임워크 내부의 getJobMetadata()로 올라오는 호출 체인 전체에서 내부 컨텍스트를 관리해야 한다. 그 결과 사용자 코드는 JobContext 파라미터를 계속 전달하도록 강요받는다.

작업 실행 흐름에 참여하는 모든 메서드는 그 메서드가 컨텍스트 정보를 전혀 사용하지 않더라도 이 파라미터를 선언해야 한다. 이는 메서드 시그니처가 애플리케이션 로직과는 무관한 프레임워크 세부 사항으로 오염되는 파라미터 오염 현상을 만든다.

인터페이스 취약성

프레임워크가 진화하면 어떤 일이 벌어질지 생각해 보자. 나중에 JobContext에 새로운 데이터, 예를 들어 새로운 작업 카테고리 필드, 분산 트레이싱 컨텍스트, 로깅 참조 같은 것을 추가하게 되면, 컨텍스트를 전달하는 사용자 코드의 모든 메서드 시그니처를 수정해야 할 수도 있다. JobContext 클래스 자체는 하위 호환성을 유지하더라도, 사용자 코드 전반에 걸쳐 이 객체를 전달해야 한다는 요구 조건 때문에 프레임워크가 필요로 하는 정보가 확장될 때 그 영향이 전체 코드베이스로 퍼져나가게 된다.

결합도와 테스트 용이성

사용자 코드는 프레임워크 구현 세부 사항에 강하게 결합된다. 특정 메서드만 테스트하고 싶어도 항상 유효한 JobContext를 제공해야 하므로 테스트가 복잡해진다. 이는 프레임워크와 무관한 비즈니스 로직에 대한 테스트에도 영향을 준다.

이러한 결합은 다른 프레임워크로 마이그레이션하거나 비즈니스 로직을 다양한 컨텍스트에서 재사용하기 어렵게 만든다.

ThreadLocal 소개

이 문제를 해결하기 위해 프레임워크 코드를 ThreadLocal을 사용해 더 영리하게 설계할 수 있다. ThreadLocal은 이런 상황에서 흔히 사용하는 도구다.

앞서 살펴본 코드를 ThreadLocal을 사용해 다시 구현해 보자.

깃허브 소스 c05/JobScheduler.java

```
public class JobScheduler {

    private static final ThreadLocal<JobContext> jobContextHolder =
        new ThreadLocal<>();  ❶

    public void schedule(Job job, String jobName, Priority priority) {
        JobContext context = new JobContext(jobName, priority);
        try {
            jobContextHolder.set(context);  ❷
            runJob(job);
        } finally {
            jobContextHolder.remove();  ❸
        }
    }

    private void runJob(Job job) {  ❹
        job.execute();
    }

    public Object getJobMetadata(String key) {
        JobContext context = jobContextHolder.get();  ❺
        return (context != null) ? context.getMetadataValue(key) : null;
    }
}
```

❶ ThreadLocal 변수를 만들어 각 스레드마다 JobContext를 보관한다.

❷ 작업을 실행하기 전에 현재 스레드에 컨텍스트를 설정한다.

❸ 메모리 누수를 막기 위해 finally 블록에서 항상 컨텍스트를 제거한다.

❹ runJob 메서드는 더 이상 컨텍스트 파라미터가 필요하지 않다.

❺ 프레임워크 메서드는 필요할 때 언제든 ThreadLocal에서 컨텍스트를 가져올 수 있다.

이제 사용자 코드는 프레임워크 컨텍스트를 다룰 필요가 없으므로 다음과 같이 훨씬 깔끔해진다.

깃허브 소스 c05/UserJob.java

```
public class UserJob implements Job {

    private final JobScheduler jobScheduler;

    public UserJob(JobScheduler jobScheduler) {
        this.jobScheduler = jobScheduler;
    }

    @Override
    public void execute() { ❶
        System.out.println("User job is running!");
        // getJobMetadata 호출 시 context 파라미터를 전달할 필요 없다. 프레임워크가 내부적으로 알아서 한다.
        Object creationTime = jobScheduler.getJobMetadata("creationTime"); ❷
        System.out.println("Job creation time: " + creationTime);
        // 보조 메서드도 깔끔해진다.
        processJobData();
    }

    private void processJobData() { ❸
        // 프레임워크 파라미터를 사용하지 않으므로 메서드 시그니처도 깔끔하다.
        Object priority = jobScheduler.getJobMetadata("priority");
        System.out.println("Processing job with priority: " + priority);
    }
}
```

❶ 사용자 코드는 프레임워크 컨텍스트를 주고받는 불편함에서 완전히 해방된다.

❷ 프레임워크 서비스는 context 파라미터가 없어도 메타데이터를 조회할 수 있다.

❸ 보조 메서드의 시그니처도 비즈니스 로직에 꼭 필요한 요소들만 포함하도록 깔끔해진다.

이 방식을 통해 파라미터 전달 문제를 효과적으로 해결할 수 있었다. 사용자 코드는 더 이상 특정 프레임워크에서만 사용하는 파라미터에 신경 쓸 필요 없이 비즈니스 로직에만 집중하면 된다. 프레임워크의 내부 컨텍스트 관리는 사용자 코드로부터 완전히 분리되어 보이지 않게 된다.

이 패턴은 아주 효과가 좋아서 사실상 거의 모든 프레임워크에서 컨텍스트를 관리할 때 어떤 형태로든 ThreadLocal을 사용한다. 예를 들어 스프링 프레임워크는 보안 컨텍스트, 트랜잭션 컨텍스트, 요청 컨텍스트 같은 다양한 컨텍스트 관리에 광범위하게 ThreadLocal을 사용한다.

ThreadLocal 변수의 한계

ThreadLocal을 사용하는 방식은 굉장히 지능적이고 유용해 보이지만, ThreadLocal 변수에는 태생적인 설계상의 결함이 많다. 이제 그 문제들을 알아보자.

첫째, ThreadLocal은 변경에 제약이 없다. ThreadLocal 변수의 get() 메서드를 호출할 수 있는 코드라면 언제든지 아무 제약 없이 set()을 호출해서 데이터를 변경할 수 있다. 그래서 데이터가 언제 어디에서 수정되는지 추적하기 어렵게 만든다.

다음 코드를 보자.

깃허브 소스 c05/MutableLoggingContext.java

```
public class MutableLoggingContext {

    // 현재 로그 수준을 담고 있는 ThreadLocal 변수
    private static final ThreadLocal<String> LOG_LEVEL = new ThreadLocal<>(); ❶

    public static void setLogLevel(String level) {
        LOG_LEVEL.set(level); ❷
    }

    public static String getLogLevel() {
        return LOG_LEVEL.get();
    }

    public static void log(String message) {
        System.out.println("[" + getLogLevel() + "] " + message);
    }

    public static void main(String[] args) throws InterruptedException {
        setLogLevel("INFO");
        log("Starting process..."); ❸
        Thread thread = new Thread(() -> {
            setLogLevel("DEBUG"); ❹
            log("Thread-specific debug mode enabled");
        });
```

```
            thread.start();
            Thread.sleep(100); // 다른 스레드에게 실행할 시간을 준다.
            log("Main thread still at INFO level");  ❺
        }
    }
```

❶ 어떤 코드라도 정적 변수인 ThreadLocal에 접근할 수 있다.

❷ 로그 레벨은 아무데서나 수정할 수 있다.

❸ 메인 스레드에서 로그 레벨을 INFO로 지정한다.

❹ 자식 스레드에서 독립적으로 로그 레벨을 DEBUG로 지정한다.

❺ 메인 스레드의 로그 레벨은 INFO로 유지된다(스레드 로컬 격리).

코드에서 확인할 수 있는 것처럼 로그 레벨은 아무데서나 수정할 수 있으므로 어디에서 수정했는지 파악하기 어렵다.

둘째, ThreadLocal의 생애주기는 제한이 없다. 스레드 로컬 변숫값이 지정되면 명시적으로 제거되지 않는 한 해당 스레드가 살아있는 동안 계속 유지된다. 일반적인 스레드에서는 별로 문제가 될 것 같지 않지만, 스레드가 반복적으로 재사용되는 스레드 풀을 사용할 때는 문제가 될 수 있다. remove()를 호출해서 스레드 로컬 변수를 적절하게 제거해 주지 않으면, 스레드 로컬 변수의 값이 스레드에 계속 남아서 스레드가 실행하는 서로 다른 태스크에 영향을 미치는 데이터 누수가 발생할 수 있다. 메모리 누수를 유발할 수도 있으며 의도하지 않게 스레드 로컬 변수에 남은 민감한 데이터는 보안 취약점이 될 수도 있다.

다음 예제를 살펴보자.

깃허브 소스 c05/ThreadLocalLeakExample.java

```
import java.util.concurrent.ExecutorService;
import java.util.concurrent.Executors;

public class ThreadLocalLeakExample {

    private static final ThreadLocal<String> currentUser = new ThreadLocal<>();

    public static void main(String[] args) throws InterruptedException {
        try (ExecutorService executor = Executors.newFixedThreadPool(1)) {  ❶
            // 첫 번째 태스크가 현재 사용자를 설정한다.
```

```java
            executor.submit(() -> {
                currentUser.set("Alice");  ❷
                System.out.println("Task 1: currentUser = " + currentUser.get());
                // currentUser.remove() 호출을 까먹었다!  ❸
            });
            Thread.sleep(100); // 태스크 1 완료 보장

            // 두 번째 태스크가 동일한 스레드를 재사용한다.
            executor.submit(() -> {
                System.out.println("Task 2: Leaked value = " + currentUser.get());  ❹
                currentUser.set("Bob");
                System.out.println("Task 2: currentUser = " + currentUser.get());
                currentUser.remove();
            });
        }
    }
}
```

❶ 단일 스레드 풀을 사용해서 동일한 스레드가 2개의 태스크에 사용되게 한다.

❷ 첫 번째 태스크가 스레드 로컬 변숫값을 설정한다.

❸ 스레드 로컬 변숫값을 지우는 것을 잊어서 그대로 유지된다.

❹ 데이터 누수가 발생해서 첫 번째 태스크에서 설정한 값이 두 번째 태스크에 그대로 노출된다.

객체가 의도한 시간보다 더 오랫동안 참조로 남아 있을 때 메모리 누수가 발생할 수 있고, 인증 토큰이나 사용자 컨텍스트 같은 민감한 데이터가 서로 관련 없는 요청 사이에서 새어 나갈 때 보안 취약점이 생길 수 있으며, 오래되었거나 잘못된 컨텍스트가 태스크에 사용될 때 잘못된 동작을 일으킬 수 있다.

`InheritableThreadLocal`을 사용할 경우, 자식 스레드는 부모 스레드의 값을 자동으로 상속받는다. 이는 편리해 보이지만, 많은 자식 스레드를 생성하면 숨은 비용도 커지게 된다.

이제 다음 예제를 살펴보자.

깃허브 소스 c05/InheritanceOverheadExample.java

```java
public class InheritanceOverheadExample {

    private static final InheritableThreadLocal<byte[]> LARGE_DATA =
```

```
            new InheritableThreadLocal<>(); ❶

    public static void main(String[] args) {
        // 부모 스레드에서 크기가 큰 객체 생성
        LARGE_DATA.set(new byte[10_000_000]); // 10MB ❷
        // 다수의 자식 스레드 생성
        for (int i = 0; i < 100; i++) {
            new Thread(() -> {
                // 자식 스레드마다 부모 스레드의 데이터에 대한 참조를 갖게 된다. ❸
                byte[] inherited = LARGE_DATA.get();
                System.out.println("Child has access to " +
                    inherited.length + " bytes");
            }).start();
        }
    }
}
```

상속에 따른 문제는 다음과 같다.

❶ InheritableThreadLocal은 객체 자체가 아닌 참조를 자동으로 자식 스레드에 복사한다.

❷ 커다란 객체를 모든 자식 스레드가 참조하므로, 커다란 객체가 더 오래 살아남아서 가비지 컬렉션되는 시점을 늦춘다.

❸ 자식 스레드가 데이터를 전혀 수정하지 않더라도, 모든 자식 스레드는 각자의 ThreadLocalMap을 통해 커다란 객체에 대한 참조를 유지한다.

이 예제는 커다란 객체를 InheritableThreadLocal에 담아 사용할 때 미묘하게 발생하는 문제점을 잘 드러낸다. 바이트 배열 자체는 복사되지 않고, 모든 자식 스레드가 바이트 배열에 대한 동일한 참조를 공유한다. 하지만 각 스레드는 자신만의 ThreadLocalMap을 관리하며 자식 스레드가 생성될 때 부모 스레드의 상속 가능한 ThreadLocalMap이 자식에게 전달되어 복사된다. 적은 수의 플랫폼 스레드를 사용할 때는 이로 인한 영향이 무시해도 될 만큼 작지만, 가상 스레드를 사용할 때처럼 굉장히 많은 수의 스레드를 만들어 사용할 때는 이런 오버헤드도 문제가 될 수 있다.

이제 ThreadLocal 변수의 문제점을 이해했으니 해결책을 알아보자.

가벼운 공유를 향하여

ThreadLocal의 한계는 가상 스레드(JEP 444(https://oreil.ly/nXHrR))가 도입되면서 더욱 분명해진다. 기존 플랫폼 스레드는 각각 독립적인 OS 자원을 갖지만, 가상 스레드는 하나의 운영체제 스레드 위에서 수천 개, 심지어 수백만 개의 경량 스레드를 호스팅할 수 있다. 각 가상 스레드가 자기만의 ThreadLocal 데이터를 유지하는 것이 기술적으로 가능은 하지만, 메모리 오버헤드는 금방 감당할 수 없는 수준이 된다. 백만 개의 가상 스레드가 각각 고유한 상태를 갖는다고 상상해 보자. 그에 따른 비용은 믿기 어려울 정도로 커질 것이다. 더 나은 접근 방식이 필요함은 명확하다.

가상 스레드는 수명이 짧기 때문에 ThreadLocal이 오랫동안 살아남아 발생하는 문제는 덜 심각하다. 가비지 컬렉션으로 자연스럽게 제거되기 때문이다. 그러나 이렇게 많은 수의 중복된 데이터가 만들어지는 메모리 오버헤드는 여전히 문제다. 이상적으로는 수많은 복제를 발생시키지 않고도 스레드별로 상속 가능한 데이터를 저장할 수 있는 새로운 메커니즘이 필요하다. 저장되는 데이터가 불변이라면 훨씬 더 좋다. 불변 객체 하나를 복제하지 않고도 여러 자식 스레드가 참조할 수 있기 때문이다. 또한 이 데이터에는 유한한 수명이 있어야 한다. 데이터를 공유하는 메서드가 끝나면, 그에 연결된 스레드 로컬 정보는 더 이상 의미가 없어야 한다. 결국 데이터가 저장되는 곳은 태스크가 진행되는 동안 상태를 편리하게 보관하기 위한 임시 저장소이지, 영구히 유지되는 저장소가 아니다.

바로 이 지점에서 새로운 API인 ScopedValue(https://bit.ly/49sbDIH)가 등장한다. 이제부터 ScopedValue를 자세히 알아보자.

ScopedValue의 핵심 구성요소

ScopedValue는 암시적 메서드 파라미터처럼 동작하므로 각 메서드 시그니처에 명시적으로 파라미터를 넣지 않고도 일련의 메서드 호출에 걸쳐 데이터를 전달할 수 있게 한다. 특히 깊이 중첩된 메서드 호출이나 콜백 구조를 다룰 때 코드가 훨씬 깔끔하고 유지보수하기 쉬워진다.

ScopedValue에는 세 가지 주요 특징이 있다.

- 불변성
  특정 스코프 내에서 ScopedValue가 어떤 값에 바인딩되면, 그 값은 ScopedValue가 살아 있는 동안 변경할 수 없다. 이는 일관성 있고 예측 가능한 동작을 보장한다.

- 스레드 제한적 바인딩
  바인딩은 현재 스레드에 한정thread-scoped되므로, 스레드 사이에 의도치 않은 데이터 공유를 방지하고 스레드 안전성을 높인다.

- 유한한 수명
  ScopedValue의 바인딩은 특정 코드 블록의 실행 기간 동안만 유지되며, 해당 블록이 끝나면 바인딩이 해제되므로, 자원 관리에 도움이 되고 메모리 누수 위험을 줄여준다.

5장에서 살펴보고 있는 ScopedValue는 JDK 25부터 사용 가능하다. JDK 25 이전 버전의 JDK를 사용 중이라면 컴파일 및 실행 시 --enable-preview 옵션을 지정해 줘야 한다. 예를 들어, JDK 24를 사용하는 환경에서 컴파일 및 실행하려면 다음 명령을 사용해야 한다.

- javac 명령으로 컴파일: **javac --release 24 --enable-preview Main.java**
- java 명령으로 실행: **java --enable-preview Main**
- 소스 코드 런처로 실행: **java --enable-preview Main.java**
- JShell로 실행: **jshell --enable-preview**

후속 JDK 버전에서도 ScopedValue를 코드 수정 없이 자연스럽게 사용할 수 있게 되기를 간절히 바란다.

ScopedValue를 사용하려면 먼저 정적 final 필드로 선언한다. ThreadLocal을 선언하는 방식과 동일하다.

```
private static final ScopedValue<String> NAME = ScopedValue.newInstance();
```

ScopedValue의 생성자는 의도적으로 private으로 지정돼 있어서 외부에서 호출할 수 없으므로 반드시 팩토리 메서드를 사용해 생성해야 하며, new 연산자를 사용해서 생성할 수 없다.

생성한 후에는 where()(https://bit.ly/3Z6zRn3) 메서드를 사용해 ScopedValue에 값을 바인딩하고, run()(https://bit.ly/49xPY23) 메서드를 사용해 해당 스코프 안에서 코드를 실행한다.

```
ScopedValue.where(NAME, "duke").run(() -> doSomething());
```

위의 짧은 코드에서 where() 메서드는 NAME 스코프드 밸류와 현재 사용자를 바인딩한다. run() 메서드는 바인딩된 값을 사용할 수 있는 스코프 안에서 코드 블록(여기서는 람다 표현식)을 실행한다. run() 메서드 안의 코드는 get() 메서드를 사용해 스코프드 밸류를 조회할 수 있다. doSomething() 메서드는 내부적으로 NAME.get()을 호출해 NAME에 바인딩된 값을 조회한다.

앞서 ThreadLocal을 사용해서 만들었던 JobScheduler 클래스를 ScopedValue를 사용하도록 다음과 같이 변경할 수 있다.

깃허브 소스 c05/JobScheduler.java

```
public class JobScheduler {

    private static final ScopedValue<JobContext> CONTEXT
        = ScopedValue.newInstance(); ❶

    public void schedule(Job job, String jobName, Priority priority) {
        JobContext context = new JobContext(jobName, priority); ❷
        ScopedValue.where(CONTEXT, context)
            .run(() -> runJob(job)); ❸
    }

    private void runJob(Job job) {
        job.execute(); ❹
    }

    public static JobContext getContext() { ❺
        return CONTEXT.get();
    }

    public static Object getJobMetadata(String key) {
        JobContext context = CONTEXT.get(); ❻
        if (context != null) {
            return context.getMetadataValue(key);
```

```
        }
        return null;
    }
}
```

ScopedValue를 사용하도록 변경한 부분의 핵심은 다음과 같다.

❶ 팩토리 메서드를 사용해 ScopedValue 인스턴스를 생성한다.

❷ 바인딩할 컨텍스트 객체를 생성한다.

❸ 컨텍스트를 ScopedValue 안에서 바인딩하고, ScopedValue에 접근할 수 있는 스코프 안에서 작업을 실행한다.

❹ 작업은 ScopedValue에 바인딩된 컨텍스트에 접근할 수 있는 상태로 실행된다.

❺ 현재 컨텍스트에 대한 정적 접근을 제공한다(원래 방식보다 더 깔끔하다).

❻ null 체크를 포함하여 메타데이터를 안전하게 조회한다.

이제 구조를 이해했으니 좀 더 깊게 들어가 보자. 앞선 예제에서는 run()을 사용해 스코프 안에서 코드를 실행하는 방법을 보여줬지만, ScopedValue는 스코프 안에서 실행한 결과를 반환해야 하는 경우를 위해 call() 메서드도 제공한다. 차이는 단순하다. run()은 Runnable을 실행해 void를 반환하고, call()은 Callable을 실행해 값을 반환한다.

깃허브 소스 c05/PricingService.java

```
private static final ScopedValue<Double> DISCOUNT_RATE
    = ScopedValue.newInstance();

public double calculatePrice(double basePrice) {
    // run() 대신에 call()을 사용하면 스코프 안에서 계산된 가격을 반환할 수 있다.
    return ScopedValue.where(DISCOUNT_RATE, 0.20)  // 20% 할인
        .call(() -> basePrice * (1 - DISCOUNT_RATE.get()));
}

void main() {
    PricingService service = new PricingService();
    double finalPrice = service.calculatePrice(100.0);
    System.out.println("Final price: $" + finalPrice);
    // 출력: Final price: $80.00
}
```

이 예제에서는 계산된 가격을 반환해야 하므로 call()을 사용한다. 이 패턴은 계산, 변환, 혹은 스코프 컨텍스트에 접근하면서 결과를 조회해야 하는 모든 연산에서 특히 유용하다.

ScopedValue 실행

ScopedValue의 수명은 유한하다. 먼저 값을 설정하고 난 후에 사용할 수 있다.

다음 예제를 살펴보자.

깃허브 소스 c05/ScopedValueExamples.java

```
public static void main(String[] args) {

    ScopedValue<String> NAME = ScopedValue.newInstance();

    Runnable task = () -> {
        if (NAME.isBound()) {
            System.out.println("Name is bound: " + NAME.get());
        } else {
            System.out.println("Name is not bound");
        }
    };

    task.run();
}
```

코드를 실행하면 NAME에 값을 바인딩하지 않았기 때문에 Name is not bound가 출력된다. 값을 바인딩하고 바인딩한 스코프 안에서 코드를 실행하려면, where()와 run()을 사용해야 한다.

깃허브 소스 c05/ScopedValueExamples.java

```
public static void main(String[] args) {

    ScopedValue<String> NAME = ScopedValue.newInstance();

    Runnable task = () -> {
        if (NAME.isBound()) {
            System.out.println("Name is bound: " + NAME.get());
```

```
        } else {
            System.out.println("Name is not bound");
        }
    };

    ScopedValue.where(NAME, "Bazlur") ❶
        .run(task); ❷
}
```

❶ Bazlur를 ScopedValue인 NAME에 바인딩한다.

❷ 바인딩된 스코프 안에서 태스크를 실행한다.

코드는 main 메서드를 시작하는 메인 스레드 컨텍스트 안에서 실행될 것이다. 코드를 실행하면 이번에는 다음과 같이 출력된다.

```
Name is bound: Bazlur
```

이제 이런 의문이 떠오른다. where()와 run()을 사용해서 ScopedValue 값을 바인딩하고 태스크를 실행한 후에, 해당 태스크를 독립적으로 실행해도 같은 값을 얻을 수 있을까?

직접 확인해 보자.

깃허브 소스 c05/ScopedValueExamples.java

```
public static void main(String[] args) {

    ScopedValue<String> NAME = ScopedValue.newInstance();

    Runnable task = () -> {
        if (NAME.isBound()) {
            System.out.println("Name is bound: " + NAME.get());
        } else {
            System.out.println("Name is not bound");
        }
    };

    // 스코프 안에서 실행
    ScopedValue.where(NAME, "Bazlur").run(task); ❶
```

```
    // 스코프 밖에서 실행
    task.run(); ❷
}
```

❶ 첫 번째는 ScopedValue에 값이 바인딩된 스코프에서 실행한다.

❷ 두 번째는 스코프 외부에서 실행한다.

실행 후 출력 결과는 다음과 같다.

```
Name is bound: Bazlur
Name is not bound
```

ScopedValue는 run() 메서드 호출 내부의 동적 스코프 안에서만 바인딩된 상태가 유지된다. run() 메서드 실행이 완료되면 바인딩은 자동으로 해제되어 스코프의 경계가 분명하게 분리되는 것을 보장하고 관련 없는 코드 영역으로 값이 새어나가는 누수를 방지한다.

값의 '스코프'는 그 값이 존재하고 접근될 수 있는 범위를 의미한다. 자바에서는 일반적으로 {} 블록으로 정의되는 **렉시컬 스코프**(lexical scope)를 말하며, 변수는 선언된 블록 내부에서만 접근할 수 있다. 하지만 ScopedValue는 프로그램의 **실행 흐름**에 의해 결정되는 **동적 스코프**(dynamic scope)에서 작동한다.

동적 스코프란 특정 메서드가 실행되는 동안, 그리고 그 메서드가 직접 또는 간접적으로 호출하는 메서드들에서 값에 접근할 수 있음을 의미한다. 예를 들어 a가 b를 호출하고, b가 c를 호출하면, 스코프는 c까지 이어지지만 c가 끝나면 종료된다. ScopedValue는 값을 해당 실행 흐름에 바인딩하고, run 메서드의 스코프 안에서만 사용할 수 있게 한다.

이런 일시적이고 정밀한 스코프 관리 덕분에 ScopedValue는 컨텍스트 데이터를 전달할 때 ThreadLocal보다 더 깔끔하고 안전한 대안이 된다.

다른 질문이 하나 더 떠오른다. 메인 스레드 말고 다른 스레드에서 태스크를 실행하면 어떻게 될까?

다음 코드를 살펴보자.

깃허브 소스 c05/ScopedValueExamples.java

```
public static void main(String[] args) throws InterruptedException {

    ScopedValue<String> NAME = ScopedValue.newInstance();

    Runnable task = () -> {
        if (NAME.isBound()) {
            System.out.println("Name is bound: " + NAME.get());
        } else {
            System.out.println("Name is not bound");
        }
    };

    Thread thread = Thread.ofPlatform().unstarted(task); ❶
    ScopedValue.where(NAME, "Bazlur")
        .run(thread::start); ❷
    thread.join();
}
```

❶ 동일한 태스크를 실행하는 플랫폼 스레드를 생성한다.

❷ ScopedValue에 값을 바인딩하고, 스코프 안에서 플랫폼 스레드를 시작한다.

실행하면 출력 결과는 다음과 같다.

```
Name is not bound
```

이렇게 출력되는 이유는 ScopedValue는 새로 생성되는 스레드에 자동으로 상속되지 않기 때문이다. thread::start가 NAME이 바인딩된 스코프 안에서 실행된다고 하더라도, 별개의 스레드에서 실행되는 실제 태스크는 바인딩된 ScopedValue를 상속받지 못한다. 별개의 스레드가 플랫폼 스레드이든 가상 스레드이든 상관없이 모두 동일하게 동작한다.

이번에는 메인 스레드에서 ScopedValue를 생성하지 말고 새로 생성되는 스레드 안에서 생성하면 어떻게 되는지 알아보자.

깃허브 소스 c05/ScopedValueExamples.java

```
public static void main(String[] args) throws InterruptedException {

    ScopedValue<String> NAME = ScopedValue.newInstance();

    Runnable task = () -> {
        if (NAME.isBound()) {
            System.out.println("Name is bound: " + NAME.get());
        } else {
            System.out.println("Name is not bound");
        }
    };

    Thread thread = Thread.ofVirtual().start(() -> {  ❶
        ScopedValue.where(NAME, "Bazlur")
            .run(task)  ❷
    });
    thread.join();
}
```

❶ 가상 스레드를 생성하고 시작한다.

❷ 새로 생성된 스레드의 컨텍스트 안에서 ScopedValue에 값을 바인딩하고 실행한다.

실행하면 출력 결과는 다음과 같다.

```
Name is bound: Bazlur
```

ScopedValue는 평문형 API를 제공하기 때문에 여러 개의 ScopedValue를 하나의 체인에서 함께 바인딩할 수도 있다.

다음 예제를 보자.

깃허브 소스 c05/MultiScopedExample.java

```
public class MultiScopedExample {

    private static final ScopedValue<String> USER_ID
        = ScopedValue.newInstance();
    private static final ScopedValue<String> SESSION_ID
```

```
        = ScopedValue.newInstance();

    public static void main(String[] args) {
        ScopedValue.where(USER_ID, "user123")  ❶
            .where(SESSION_ID, "session456")  ❷
            .run(() -> performTask());  ❸
    }

    public static void performTask() {
        String userId = USER_ID.get();
        String sessionId = SESSION_ID.get();
        System.out.println("Performing task for user: " + userId +
            " in session: " + sessionId);
        logAction();
    }

    public static void logAction() {
        String userId = USER_ID.get();  ❹
        String sessionId = SESSION_ID.get();
        System.out.println("Logging action for user: " + userId +
            " in session: " + sessionId);
    }
}
```

❶ 첫 번째 ScopedValue를 바인딩한다.

❷ 두 번째 ScopedValue를 이어서 바인딩한다.

❸ 바인딩된 값을 갖는 2개의 ScopedValue를 사용할 수 있는 스코프에서 코드를 실행한다.

❹ 호출 스택 전체에 걸쳐 2개의 ScopedValue를 모두 사용할 수 있다.

ScopedValue에는 orElse(https://bit.ly/3ZbEigk)와 orElseThrow(https://bit.ly/4jvI9yc) 메서드도 있다. ScopedValue에 바인딩된 값이 없을 때 orElse 메서드는 기본값을 사용할 수 있게 해주고, orElseThrow 메서드는 예외를 던진다.

예제 코드를 보자.

깃허브 소스 c05/ScopedValueDefaultsExample.java

```
public class ScopedValueDefaultsExample {

    private static final ScopedValue<String> USER_NAME
        = ScopedValue.newInstance();

    public static void main(String[] args) {
        // USER_NAME에 값이 없으면 기본값을 사용한다.
        String userNameUnbound = USER_NAME.orElse("Guest"); ❶
        System.out.println("No binding -> user name defaults to: "
            + userNameUnbound);

        // USER_NAME에 값이 있는지 검증하고 없으면 예외를 던진다.
        try {
            USER_NAME.orElseThrow(() ->
                new IllegalStateException("No user name bound yet!")); ❷
        } catch (IllegalStateException e) {
            System.out.println("Caught exception: " + e.getMessage());
        }

        // USER_NAME에 값이 바인딩된 스코프 안에서 USER_NAME 접근한다.
        ScopedValue.where(USER_NAME, "Bazlur").run(() -> {
            String boundUserName = USER_NAME.orElse("Guest"); ❸
            System.out.println("Within binding -> user name is: " + boundUserName);
            // 값이 바인딩돼 있으므로 예외를 던지지 않는다.
            String validatedName = USER_NAME.orElseThrow(()
                -> new IllegalStateException("No user name bound yet!")); ❹
            System.out.println("Validated name: " + validatedName);
        });
    }
}
```

❶ 값이 바인딩돼 있지 않을 때에도 기본값이 사용되게 하여 안전하게 ScopedValue를 사용할 수 있다.

❷ 바인딩되지 않았을 때 사용자 정의 예외를 던지게 할 수도 있다.

❸ 바인딩된 값이 있으면 기본값을 무시하고 바인딩된 값을 반환한다.

❹ 바인딩된 값이 있으면 예외를 던지지 않는다.

중첩 스코프에서 ScopedValue 리바인딩

ScopedValue의 강력한 기능 중 하나는 중첩된 스코프 안에서 다시 바인딩할 수 있다는 점이다. 다시 바인딩한다는 것은 중첩된 스코프 안에서 동일한 이름의 ScopedValue에 새로운 값을 지정하되, 중첩된 스코프 안에서만 유효하도록 제한하는 것을 의미한다. 중첩된 스코프가 끝나면 원래 값이 자동으로 복원되므로, 컨텍스트를 깔끔하고 예측 가능하게 관리할 수 있다.

이 기능은 특정 작업 동안만 사용자의 역할을 임시로 바꾸는 역할 기반 접근 제어가 필요한 상황에서 특히 유용하다. 또한 더 넓은 컨텍스트에 영향을 미치지 않고 특정 실행 흐름에 한해서만 설정을 조정하는 등 컨텍스트에 민감하게 반응하며 동작이 달라져야 하는 상황에서도 사용할 수 있다. 또한 특정 태스크나 특정 액션을 위해 임시 데이터를 제공하여 태스크 단위의 덮어쓰기override를 지원할 수도 있다.

다음 예제를 보자.

깃허브 소스 c05/ScopedValueRebindingExample.java

```
public class ScopedValueRebindingExample {

    private static final ScopedValue<String> USER_ROLE = ScopedValue.newInstance();

    public static void main(String[] args) {
        // 바깥 스코프에서 초깃값 바인딩
        ScopedValue.where(USER_ROLE, "Admin").run(() -> {  ❶
            System.out.println("Outer scope: User role is " + USER_ROLE.get());
            performTask();
            // 중첩 스코프 안에서 리바인딩
            ScopedValue.where(USER_ROLE, "Guest").run(() -> {  ❷
                System.out.println("Inner scope: User role is " + USER_ROLE.get());
                performTask();
            });  ❸
            // 바깥 스코프에서 바인딩된 값으로 자동 복원
            System.out.println("Back to outer scope: User role is " +
                USER_ROLE.get());
            performTask();
        });
    }
```

```
    public static void performTask() {
        System.out.println("  Performing task as: " + USER_ROLE.get()); ❹
    }
}
```

이 예제의 핵심 포인트는 다음과 같다.

❶ 바깥 스코프에서 최초로 Admin을 바인딩한다.

❷ Guest로 리바인딩하는 중첩 스코프를 만든다.

❸ 중첩 스코프가 종료되면 원래의 Admin으로 자동으로 복원된다.

❹ 같은 메서드라도 호출 당시 어떤 스코프에서 실행되는지에 따라 서로 다른 값을 읽어온다.

이 코드를 실행하면 다음과 같은 출력이 나온다.

```
Outer scope: User role is Admin
  Performing task as: Admin
Inner scope: User role is Guest
  Performing task as: Guest
Back to outer scope: User role is Admin
  Performing task as: Admin
```

ScopedValue와 구조적 동시성

ScopedValue는 구조적 동시성과 자연스럽게 통합되어 동작하도록 설계되었다. 앞선 예제에서 본 것처럼, ScopedValue는 일반적으로 자식 스레드에 자동으로 상속되지 않는다. 그러나 StructuredTaskScope 안에서 사용될 때는 해당 스코프 안에서 생성된 모든 자식 스레드가 ScopedValue 바인딩을 자동으로 상속받는다. 이러한 상속 메커니즘 덕분에 부모 스레드와 자식 스레드 사이에서 데이터를 명시적으로 인자로 넘기지 않아도 효율적으로 데이터를 공유할 수 있다. 이는 구조적 동시성이 명확하게 정의된 경계를 갖기 때문이다. StructuredTaskScope를 빠져나오면, 그 스코프 안에서 생성된 모든 스레드는 인터럽트되고 이후 가비지 컬렉션 대상이 되기 때문에 메모리 누수 문제가 생기지 않는다.

예제를 보자.

```
import java.util.concurrent.StructuredTaskScope;

public class ScopedValueStructuredConcurrencyExample {

    private static final ScopedValue<String>
        USERNAME = ScopedValue.newInstance();

    public static void main(String[] args) {
        ScopedValue.where(USERNAME, "Bazlur").run(() -> {
            doSomething();
        });
    }

    public static void doSomething() {
        try (var scope = StructuredTaskScope.open()) {
            StructuredTaskScope.Subtask<String> task1 = scope.fork(()
                -> USERNAME.get() + " from task 1");
            StructuredTaskScope.Subtask<String> task2 = scope.fork(()
                -> USERNAME.get() + " from task 2");
            scope.join();
            String result1 = task1.get();
            String result2 = task2.get();
            System.out.println(result1);
            System.out.println(result2);
        } catch (InterruptedException e) {
            throw new RuntimeException(e);
        }
    }
}
```

예제에서 ScopedValue인 USERNAME은 메인 스레드에서 "Bazlur" 값으로 바인딩된다. doSomething()이 호출되면 StructuredTaskScope가 생성되고 2개의 자식 스레드가 포크된다. 이 자식 스레드들은 부모 스레드로부터 USERNAME 바인딩을 상속받으며, USERNAME.get()을 사용해서 바인딩된 값에 접근할 수 있다.

✣ 성능 고려사항

ScopedValue는 특히 가상 스레드를 사용할 때 ThreadLocal보다 전반적으로 더 나은 성능을 보인다. 이러한 성능상의 이점은 여러 요인에서 비롯된다.

첫째, 오버헤드 감소다. ThreadLocal은 각 가상 스레드가 자신만의 복사본을 가져야 하므로 메모리 사용량이 급증하고 큰 오버헤드를 유발할 수 있다. 반면 ScopedValue는 특정 스코프 안에서 스레드 사이에 데이터를 공유할 수 있으므로 메모리 사용을 최소화하고 성능을 향상한다.

둘째, ScopedValue는 가상 스레드와 구조적 동시성에 맞게 최적화되어 있다. 가상 스레드가 가볍다는 특성을 활용해서, 기존 ThreadLocal에서 흔히 발생하는 병목 문제 없이 효율적으로 데이터를 공유할 수 있다.

예를 들어, 동시에 들어오는 요청을 처리하기 위해 수천 개의 가상 스레드를 생성하는 웹 서버를 생각해 보자. 각 요청은 사용자 인증 정보와 같은 컨텍스트 데이터가 필요할 수 있다. 이러한 데이터를 각 요청의 스코프 내에서 ScopedValue로 공유하면 ThreadLocal을 사용할 때보다 메모리 사용량이 크게 줄고 전체 처리량도 향상된다.

✣ 사용성 및 API 설계

성능 외에도 ScopedValue는 ThreadLocal보다 사용성이 더 좋다.

첫째, ScopedValue는 불변성을 강제한다. 즉 한 스코프 안에서 ScopedValue에 값이 바인딩되면 그 값은 수정할 수 없다. 이 불변성은 코드의 동작을 이해하기 쉽게 만들고, 의도치 않은 수정으로 인해 발생하는 오류를 줄여준다. 특히 여러 스레드가 동시에 같은 값을 수정하려 할 때 흔히 발생하는 경쟁 상태나 데이터 불일치 문제를 예방할 수 있어 동시성 환경에서 매우 유용하다.

둘째, ScopedValue는 API 설계 자체로 공유 데이터의 생애주기를 명확히 정의한다. run() 메서드는 ScopedValue에 접근할 수 있는 스코프가 어디인지 분명하게 보여준다. 이렇게 생애주기가 명확히 정의되면, 코드 가독성이 좋아지고 프로그램 내에서 데이터가 어떻게 흐르는지 더 쉽게 이해할 수 있다. 이러한 설계 덕분에 ScopedValue는 ThreadLocal의 암묵적 동작과는 다르게, ScopedValue 값이 유효한 범위를 명확하게 보여준다.

셋째, ScopedValue의 API는 더 간결하고 직관적이다. where()와 run() 메서드를 사용하면 특정 스코프 내의 공유 데이터 읽기/쓰기를 더 구조적인 방식으로 수행할 수 있다. 장황하고 직관적이지 않은 ThreadLocal API에 비해 ScopedValue의 API는 훨씬 자연스럽고 사용하기 쉽다.

또한 ScopedValue는 권한 객체capability object처럼 동작하므로, 누가 공유 데이터에 접근할 수 있는지 정밀하게 제어할 수 있다. ScopedValue 객체를 private과 같은 적절한 접근 지정자를 지정해서 선언하면, 권한이 있는 컴포넌트만 ScopedValue에 접근하도록 제한할 수 있으므로 설계의 보안성과 캡슐화를 한층 더 강화할 수 있다.

마지막으로 ScopedValue는 null 값을 ThreadLocal보다 훨씬 명확하게 다룬다. ThreadLocal에서는 get()을 호출했을 때, 값이 명시적으로 null로 설정된 경우와 아예 설정되지 않은 경우가 모두 null을 반환하기 때문에 미묘한 버그가 발생할 수 있다. 반면 ScopedValue는 이 둘을 분명하게 구분한다. 값이 바인딩되지 않은 상태에서 get()을 호출하면 NoSuchElementException을 던지므로, 값을 설정하지 않은 실수를 초기에 잡아낼 수 있어 코드가 더 견고하고 예측 가능해진다.

ScopedValue로의 마이그레이션

ScopedValue는 ThreadLocal이 쓰이는 많은 상황에서 사용할 수 있으며, 더 나은 선택일 가능성이 높다. 숨겨진 메서드 파라미터 역할을 넘어서, ScopedValue가 특히 더 유용하게 사용될 수 있는 상황도 많이 있다.

우선, 재귀 호출을 감지해야 하는 상황이 있다. 예를 들어 어떤 프레임워크가 재진입을 허용하지 않거나non-reentrant, 재귀의 깊이를 어떤 방식으로든 제한해야 할 때가 있다. ScopedValue가 재귀를 감지하고 처리할 수 있다.

ScopedValue.where()로 값을 바인딩해 두고, 호출 스택 깊은 곳에서 ScopedValue.isBound()를 호출해 현재 스레드에 바인딩된 값이 있는지 검사할 수 있다. 또는 스코프드 밸류를 반복적으로 리바인딩해서 더 정교하게 재귀 카운터처럼 사용할 수도 있다.

예를 들어, 문서를 처리하는 시스템에서 중첩 템플릿을 다루는 경우가 있다. 재귀 제한이 없으면 순환 참조를 가진 악의적인 템플릿이 애플리케이션을 망가뜨릴 수도 있다. 다음 코드를 보자.

깃허브 소스 c05/TemplateProcessor.java

```
public class TemplateProcessor {

    private static final ScopedValue<Integer> RECURSION_DEPTH
        = ScopedValue.newInstance();  ❶

    private static final int MAX_NESTING_LEVEL = 50;

    public String processTemplate(String template) {
        if (!RECURSION_DEPTH.isBound()) {  ❷
            return ScopedValue.where(RECURSION_DEPTH, 0)  ❸
                .call(() -> processTemplateInternal(template));
        } else {
            return processTemplateInternal(template);
        }
    }
}
```

❶ 메서드 호출 과정에서 재귀 깊이를 추적할 수 있는 ScopedValue를 생성한다.

❷ 호출 스택 깊은 곳에서 isBound()를 사용해 현재 스레드에 바인딩된 값이 있는지 검사한다.

❸ ScopedValue의 where()를 사용해 값을 바인딩하고 call()을 이용해 결괏값을 반환한다.

템플릿을 파싱하고 재귀를 관리하는 주요 로직은 processTemplateInternal 메서드에서 담당한다. 이 메서드는 ScopedValue가 바인딩된 스코프 내에서 호출되므로 현재 재귀 깊이를 담고 있는 RECURSION_DEPTH에 접근할 수 있다.

깃허브 소스 c05/TemplateProcessor.java

```
private String processTemplateInternal(String template) {
    int currentDepth = RECURSION_DEPTH.get();  ❹

    if (currentDepth >= MAX_NESTING_LEVEL) {  ❺
        throw new TemplateProcessingException(
            "Template nesting too deep: " + currentDepth + " levels");
    }

    StringBuilder result = new StringBuilder();
```

```java
    // 단순화한 템플릿 처리 로직
    int includeStart = template.indexOf("{{include:");
    if (includeStart >= 0) {
        int includeEnd = template.indexOf("}}", includeStart);
        String includePath = template.substring(includeStart + 10, includeEnd);

        String nestedContent = ScopedValue
            .where(RECURSION_DEPTH, currentDepth + 1)  ❻
            .call(() -> processTemplateInternal(loadTemplate(includePath)));

        result.append(template, 0, includeStart);
        result.append(nestedContent);
        result.append(processTemplateInternal(template.substring(includeEnd + 2)));
    } else {
        result.append(template);
    }

    return result.toString();  ❼
}
```

❹ ScopedValue에 저장된 현재 재귀 깊이를 조회한다.

❺ 재진입 불가 프레임워크에서 과도한 중첩을 막는 안전 장치를 구현한다.

❻ 중첩이 발생할 때마다 RECURSION_DEPTH 값을 1 더해서 리바인딩한다.

❼ 메서드가 반환하면 리바인딩된 값이 자동으로 해제되고 이전 과정에 바인딩된 값이 복원된다.

예제 구현을 완성하려면 템플릿을 읽어 들이고 에러를 처리하는 지원 메서드가 필요하다. loadTeamplte() 메서드는 깊게 중첩돼 있는 템플릿을 파일 시스템으로부터 읽어 들이는 과정을 시뮬레이션한다.

깃허브 소스 c05/TemplateProcessor.java

```java
private String loadTemplate(String path) {
    return switch (path) {
        case "header.tpl" -> "<!-- HEADER START -->";
        case "footer.tpl" -> "<!-- FOOTER END -->";
        default -> {
            if (path.startsWith("level")) {
                int level = Integer.parseInt(path.replaceAll("[^0-9]", ""));
                if (level < 10) {
                    yield "Level " + level
```

```java
                        + " {{include:level" + (level + 1) + ".tpl}}";
                }
            }
            yield "<!-- Template content from " + path + " -->";
        }
    };
}
```

이제 모두를 조합하는 main 메서드를 구현할 차례다. main 메서드에는 아주 간단한 템플릿을 처리하는 과정부터, 깊게 중첩돼 있어 재귀 깊이 제한을 유발하는 복잡한 템플릿을 처리하는 과정까지 여러 시나리오가 포함돼 있다.

깃허브 소스 c05/TemplateProcessor.java

```java
void main() {
    TemplateProcessor processor = new TemplateProcessor();

    // 사례 1: 중첩 없는 단순한 템플릿
    String simpleTemplate = "Hello, this is a simple template!";
    System.out.println("Simple template result:");
    System.out.println(processor.processTemplate(simpleTemplate));
    System.out.println();

    // 사례 2: 중첩된 include 문을 포함하는 템플릿
    String nestedTemplate = "Header: {{include:header.tpl}} " +
                            "Content goes here {{include:footer.tpl}}";
    System.out.println("Nested template result:");
    System.out.println(processor.processTemplate(nestedTemplate));
    System.out.println();

    // 사례 3: 중첩 깊이를 추적하는 과정 출력
    String deeplyNested = "Level 0 {{include:level1.tpl}}";
    System.out.println("Processing deeply nested template...");
    try {
        String result = processor.processTemplate(deeplyNested);
        System.out.println("Result: " + result);
    } catch (TemplateProcessingException e) {
        System.err.println("Error: " + e.getMessage());
    }
}
```

실행하면 다음과 같은 결과가 출력된다.

```
Simple template result:
Hello, this is a simple template!

Nested template result:
Header: <!-- HEADER START --> Content goes here <!-- FOOTER END -->

Processing deeply nested template...
Result: Level 0 Level 1 Level 2 Level 3 Level 4 Level 5 Level 6 Level 7 Level 8
Level 9 <!-- Template content from level10.tpl -->
```

둘째, 재귀 감지는 중첩돼 있던 트랜잭션을 평탄화flatten한 트랜잭션에서도 유용하다. 어떤 트랜잭션이 이미 진행 중일 때 새로 시작된 트랜잭션은 가장 바깥 트랜잭션의 일부로 포함된다.

다음 코드는 이를 단순화한 예제다.

깃허브 소스 c05/FlattenedTransactionExample.java

```
public class FlattenedTransactionExample {

    private static final ScopedValue<Transaction> CURRENT_TRANSACTION =
        ScopedValue.newInstance();

    public static void main(String[] args) {
        performBusinessOperation();
    }

    private static void performBusinessOperation() {
        // 바깥 트랜잭션 시작
        Transaction outerTx = new Transaction("OUTER_TX");
        ScopedValue.where(CURRENT_TRANSACTION, outerTx).run(() -> {  ❶
            System.out.println("Starting: " + outerTx.name());
            // 자신의 트랜잭션을 시작할 수도 있는 중첩 연산
            performNestedOperation();
            System.out.println("Committing: " + outerTx.name());
        });
    }
```

```
    private static void performNestedOperation() {
        if (CURRENT_TRANSACTION.isBound()) { ❷
            // 기존 트랜잭션 조인
            Transaction currentTx = CURRENT_TRANSACTION.get();
            System.out.println("  Joining existing transaction: " + currentTx.name());
            performDatabaseOperation();
        } else {
            // 아무 트랜잭션도 없으면 새 트랜잭션 시작
            Transaction newTx = new Transaction("NESTED_TX");
            ScopedValue.where(CURRENT_TRANSACTION, newTx).run(() -> { ❸
                System.out.println("  Starting new transaction: " + newTx.name());
                performDatabaseOperation();
            });
        }
    }

    private static void performDatabaseOperation() {
        Transaction tx = CURRENT_TRANSACTION.get();
        System.out.println("    Executing in transaction: " + tx.name()); ❹
    }

    record Transaction(String name) {
    }
}
```

❶ 가장 바깥 트랜잭션을 설정한다.

❷ 이미 활성화된 트랜잭션이 있는지 감지한다.

❸ 트랜잭션이 없을 때만 새 트랜잭션을 생성한다.

❹ 모든 연산이 동일한 트랜잭션 컨텍스트에 참여하게 된다.

예제에서는 ScopedValue를 사용해 중첩 트랜잭션을 관리한다. 바깥쪽 트랜잭션을 시작하고, 이를 ScopedValue에 바인딩한다. 중첩 트랜잭션을 시도하면 ScopedValue에 트랜잭션이 바인딩되어 있는지 확인하고, 이미 바인딩되어 있다면 바인딩된 바깥 트랜잭션에 참여한다. 이렇게 하면 중첩을 포함한 모든 연산이 모두 동일한 바깥쪽 트랜잭션의 일부가 되어 관리가 단순해지고 데이터 일관성이 유지된다.

이 코드를 실행하면 다음 결과가 출력된다.

```
Starting: OUTER_TX
  JOINING EXISTING TRANSACTION: OUTER_TX
    EXECUTING IN TRANSACTION: OUTER_TX
COMMITTING: OUTER_TX
```

ScopedValue는 프로그램의 일부분 사이에서 그리기 컨텍스트를 공유해야 하는 그래픽스 분야에서도 유용하다. ScopedValue의 자원 자동 정리와 재진입성reentrancy 덕분에 그리기 컨텍스트 공유에서 ThreadLocal보다 더 적합하다.

일반적인 그래픽스 애플리케이션에서는 색상, 선 굵기, 이동/확대축소/회전 변환 같은 그리기 연산 사이에 상태 공유가 필요하다. ThreadLocal을 사용하면 빠짐없이 수동으로 정리를 해야 하고 컨텍스트가 누수가 발생하기 쉽다. ScopedValue를 사용하면 더 안전하고 깔끔하게 처리할 수 있다.

그리기 컴포넌트 사이에 위계 구조가 있는 상황에서 ScopedValue를 사용해 그리기 컨텍스트를 관리하는 방법을 알아보자.

깃허브 소스 c05/SimpleGraphicsExample.java

```
import java.awt.Color;

public class SimpleGraphicsExample {

    // 그리기 컨텍스트를 담을 ScopedValue
    private static final ScopedValue<Color> DRAW_COLOR
        = ScopedValue.newInstance(); ❶
    private static final ScopedValue<Integer> LINE_WIDTH
        = ScopedValue.newInstance();

    // 그리는 방법 시뮬레이션
    static void drawLine(String from, String to) {
        Color color = DRAW_COLOR.isBound() ? DRAW_COLOR.get() : Color.BLACK; ❷
        int width = LINE_WIDTH.isBound() ? LINE_WIDTH.get() : 1;

        System.out.printf("Drawing line from %s to %s [Color: %s, Width: %d]\n",
            from, to, color.toString(), width);
    }

    static void drawRectangle(String name) {
        Color color = DRAW_COLOR.isBound() ? DRAW_COLOR.get() : Color.BLACK;
```

```
        int width = LINE_WIDTH.isBound() ? LINE_WIDTH.get() : 1;

        System.out.printf("Drawing rectangle '%s' [Color: %s, Width: %d]\n",
            name, color.toString(), width);
    }
```

❶ 그리기 속성들을 ScopedValue로 선언해서 스레드 안전한 컨텍스트 관리가 가능하다.

❷ isBound() 검사를 통해 컨텍스트가 없을 때 사용할 기본값을 보장한다.[1]

UI 컴포넌트는 부모 컴포넌트의 그리기 스타일을 상속하면서도 자신만의 스타일을 적용해야 하는 경우가 많다.

깃허브 소스 c05/SimpleGraphicsExample.java

```
    // 자기 자신과 자식을 그리는 컴포넌트
    static void drawButton(String label) {
        System.out.println("\n--- Drawing Button: " + label + " ---");

        // 파란색 바탕에 두꺼운 경계선을 가진 버튼
        ScopedValue.where(DRAW_COLOR, Color.BLUE)  ❸
            .where(LINE_WIDTH, 3)
            .run(() -> {
                drawRectangle("button-background");

                // 버튼 안에 있는 텍스트는 다른 색 사용
                ScopedValue.where(DRAW_COLOR, Color.WHITE)  ❹
                    .where(LINE_WIDTH, 1)
                    .run(() -> {
                        System.out.println("Drawing text: " + label);
                    });

                // 경계선은 자동으로 다시 파란색을 사용
                drawRectangle("button-border");  ❺
        });
    }
```

1 앞에서 다뤘던 orElse()를 사용하면, Color color = DRAW_COLOR.orElse(Color.BLACK);과 같이 더 간단히 작성할 수 있다. – 옮긴이

❸ 버튼은 파란색 배경과 3픽셀의 굵은 선 테두리를 갖는 자체 그리기 컨텍스트를 생성한다.

❹ 버튼 내부 텍스트는 중첩된 ScopedValue를 사용해서 그리기 색상을 안전하게 흰색으로 덮어쓰기 한다.

❺ 텍스트 렌더링이 끝나면 버튼의 컨텍스트에 저장된 그리기 색상인 파란색으로 자동 복원된다.

컨테이너 컴포넌트는 자신이 설정한 그리기 컨텍스트를 모든 자식에게 적용할 수 있다.

깃허브 소스 c05/SimpleGraphicsExample.java

```
// 여러 컴포넌트를 포함하는 그리기 패널
static void drawPanel() {
    System.out.println("\n--- Drawing Panel ---");

    // 그리기 패널에는 회색 사용
    ScopedValue.where(DRAW_COLOR, Color.GRAY)
        .where(LINE_WIDTH, 2)
        .run(() -> {
            drawRectangle("panel-background");

            // 자식 컴포넌트를 각자의 고유한 스타일대로 그리기
            drawButton("OK");  ❻
            drawButton("Cancel");

            // 그리기 패널의 바탕색인 회색으로 자동으로 복원
            drawLine("divider-start", "divider-end");  ❼
        });
}
```

❻ 각 버튼은 부모 컴포넌트인 그리기 패널의 회색 스타일에 영향을 받지 않고 자신만의 스타일을 유지한다.

❼ 자식 컴포넌트들을 그린 뒤에는 그리기 패널의 컨텍스트가 자동으로 원래대로 복원된다.

예제를 완성하는 main 메서드를 살펴보자.

깃허브 소스 c05/SimpleGraphicsExample.java

```
void main() {
    System.out.println("=== Graphics Context Example ===\n");
```

```
        // 기본 그리기 컨텍스트 설정
        ScopedValue.where(DRAW_COLOR, Color.BLACK)  ❽
            .where(LINE_WIDTH, 1)
            .run(() -> {
                // 기본 검정색으로 그리기
                drawLine("A", "B");

                // 자체 색상을 사용하는 패널 그리기
                drawPanel();

                // 패널 그리기 완료 후 자동으로 검정색으로 복원
                System.out.println("\n--- Back to main context ---");
                drawLine("C", "D");  ❾
            });

        // 아무런 컨텍스트가 없는 스코프 외부
        System.out.println("\n--- Outside any context ---");
        drawLine("E", "F");  // 기본 색 사용  ❿
    }
}
```

❽ 애플리케이션 전체에 적용되는 기본 그리기 컨텍스트를 설정한다.

❾ 그리기 패널을 완성한 후에는 메인 컨텍스트가 자동으로 복원된다.

❿ 어떤 컨텍스트에도 속하지 않는 영역에서는 기본값이 사용된다.

이 예제를 실행한 후 출력 결과를 살펴보면 컨텍스트가 어떻게 바뀌고 다시 원래대로 복원되는지 명확하게 알 수 있다.

```
=== Graphics Context Example ===
Drawing line from A to B [Color: java.awt.Color[r=0,g=0,b=0], Width: 1]
--- Drawing Panel ---
Drawing rectangle 'panel-background' [Color: java.awt.Color[r=128,g=128,b=128],
Width: 2]
--- Drawing Button: OK ---
Drawing rectangle 'button-background' [Color: java.awt.Color[r=0,g=0,b=255],
Width: 3]
Drawing text: OK
Drawing rectangle 'button-border' [Color: java.awt.Color[r=0,g=0,b=255],
Width: 3]
```

```
--- Drawing Button: Cancel ---
Drawing rectangle 'button-background' [Color: java.awt.Color[r=0,g=0,b=255],
Width: 3]
Drawing text: Cancel
Drawing rectangle 'button-border' [Color: java.awt.Color[r=0,g=0,b=255],
Width: 3]
Drawing line from divider-start to divider-end [Color: java.awt.Color
[r=128,g=128,b=128], Width: 2]
--- Back to main context ---
Drawing line from C to D [Color: java.awt.Color[r=0,g=0,b=0], Width: 1]
--- Outside any context ---
Drawing line from E to F [Color: java.awt.Color[r=0,g=0,b=0], Width: 1]
```

이제 ScopedValue의 장점을 이해했으니, ScopedValue로 전환하기 전에 고려해야 할 몇 가지 중요한 요소를 살펴보자.

ScopedValue는 JDK 25부터 제공되므로, 새 버전 JDK로의 업그레이드를 고려해야 한다. 업그레이드 과정에서 제약이 있는지 미리 점검해야 매끄럽게 전환할 수 있다.

ScopedValue는 불변성을 강제하므로, ScopedValue를 사용해서 공유하려는 데이터가 반드시 불변이어야 한다는 점을 잊지 말아야 한다. 만약 사용하려는 데이터가 변경 가능해야 한다면 ScopedValue는 적합하지 않을 수 있다.

또한 where()와 run() 메서드로 공유 데이터의 스코프를 명확하게 정의하는 것도 중요하다. 이를 통해 데이터가 의도한 컨텍스트 안에서만 접근되도록 보장하고 예기치 않은 부작용을 방지할 수 있다.

ScopedValue와 ThreadLocal의 null 처리 방식 차이도 주의해야 한다. ScopedValue는 바인딩되지 않은 값을 읽으려고 하면 NoSuchElementException을 던지지만, ThreadLocal은 null을 반환한다. 예외를 던지는 명확한 오류 처리 방식은 문제를 조기에 발견하는 데 도움이 되지만, 전환 과정에서 좀 더 세심한 주의를 요구한다.

마지막으로, ScopedValue를 도입한 후에는 동시성이나 데이터 일관성이 잘 유지되는지 확인하고 예상치 못한 문제를 발견하고 해결할 수 있도록 애플리케이션을 충분히 테스트해야 한다.

정리

ScopedValue는 호출 체인 전반에 걸쳐 컨텍스트를 공유할 때 ThreadLocal보다 더 간결하고 안전하며 효율적인 대안을 제공한다. ScopedValue는 불변이며 명확하게 정의된 동적 스코프에 바인딩되므로, ThreadLocal이 가진 제한 없는 변경 가능성, 제한 없는 생존 기간, 메모리 오버헤드 같은 단점을 해결한다.

ScopedValue는 태생적으로 가벼워서 대량의 태스크를 실행할 때 자원 사용량을 절감해 주므로 가상 스레드 및 구조적 동시성과 특히 잘 맞는다. where()와 run()을 사용한 명시적 구문은 특정 값이 언제, 어디서 효력을 갖는지 명확히 보여주어 코드의 가독성과 유지보수성을 높여준다.

JDK 25부터 ScopedValue는 프리뷰 단계를 벗어나 안정된 API가 되었으며, 운영 환경에서 사용할 수 있다. 이 안정화 결정은 현대 자바 애플리케이션에서 컨텍스트 전파를 위한 권장 방식이 ScopedValue라는 뜻이기도 하다. 그래서 ScopedValue의 API 변경 걱정 없이 기존 ThreadLocal 기반 코드를 ScopedValue로 전환할 수 있다.

6장

가상 스레드 시대에서 리액티브 자바의 의미

> 가상 스레드가 리액티브 프로그래밍을 사라지게 할 거라고 생각한다. ... 리액티브 프로그래밍은 과도기적 기술이었다.
>
> – 브라이언 괴츠Brian Goetz

위 인용문에 대해 지금은 논평하지 않겠지만, 6장에서는 많은 개발자 사이에서 오랫동안 널리 사용되어 온 대안 기술인 리액티브 자바Reactive Java를 살펴보려 한다.

앞에서 가상 스레드를 깊이 있게 살펴보며 가상 스레드가 자바의 동시성을 더 쉽게 처리할 수 있게 해주는 동작 원리, 장점, 역할을 이해할 수 있었다. 가상 스레드는 동시성 처리 분야에서 획기적인 혁신이라고 할 수 있다. 가상 스레드를 사용하면 친숙한 명령형 프로그래밍 모델을 유지하면서도 블로킹 연산을 효율적으로 처리하여 높은 동시성 처리 능력을 보유한 애플리케이션을 만들 수 있다.

하지만 효율적인 동시성과 블로킹 I/O 처리에 있어 가상 스레드가 유일한 해법은 아니다. 가상 스레드가 주목받기 전부터 많은 개발자는 리액티브 프로그래밍을 활용해 논블로킹 기반의 확장성 있는 애플리케이션을 만들어왔다. 이 방식은 프로젝트 리액터Project Reactor, 알엑스자바RxJava, 이클립스 버트엑스Eclipse Vert.x 등과 함께 사용되며, 이벤트 기반, 함수형, 태생적 비동기성과 같이 완전히 다른 패러다임을 따른다.

6장에서는 리액티브 자바의 실행 모델, 프로그래밍 스타일, 사용성 및 학습 곡선, 어려움, 장점 등을 살펴본다.

이제 시작해 보자.

리액티브 프로그래밍 이해

리액티브 프로그래밍reactive programming은 비동기 데이터 스트림과 변경의 자동 전파에 중심을 둔 선언적 프로그래밍 패러다임이다.

명령을 순차적으로 수행하는 데 집중하는 대신, 스트림 간의 관계와 데이터가 어떻게 변환되는지 정의한다. 사용자 입력, 센서 값, 외부 시스템 데이터 등 시간에 따라 변하는 것이라면 무엇이든 스트림으로 표현할 수 있다. 스트림의 값이 바뀌면 리액티브 프레임워크가 그 변화를 자동으로 다운스트림에 전파해 관련된 컴포넌트들을 업데이트한다. 이렇게 하면 비동기 이벤트를 효율적으로 처리할 수 있고 복잡한 이벤트 기반 애플리케이션을 더 단순하게 구현할 수 있다.

개발자는 '어떻게 실행할지'보다 '어떤 데이터 변환과 반응이 일어나야 하는지'를 표현함으로써 더 유지보수하기 쉽고 확장성 있는 시스템을 만들 수 있다. 알엑스자바RxJava, 리액터Reactor, 아카 스트림즈Akka Streams 같은 리액티브 라이브러리와 프레임워크에는 데이터 스트림을 만들고 조작할 수 있는 도구가 포함돼 있다.

자바 생태계에서 리액티브 프로그래밍은 주로 **논블로킹**, **비동기 연산**, **이벤트 기반 아키텍처**와 연관된다.

리액티브 시스템 한눈에 살펴보기

2013년, 리액티브 선언문(Reactive Manifesto, https://oreil.ly/Cb14t)이 공표되면서 '리액티브하다'라는 것이 무엇을 의미하는지 정의됐다. 리액티브 선언문은 리액티브 시스템의 정의를 제시하고 용어의 의미를 표준화하려는 목적을 갖는다.

리액티브 선언문에는 네 가지 핵심 원칙이 나온다.

- **응답성**(responsive): 리액티브 시스템은 일관되게 빠른 응답을 제공하여 사용자 신뢰를 높이고 오류 처리를 단순화한다.

- **회복성**(resilient)[1]: 리액티브 시스템은 장애가 발생해도 문제를 격리하고 복구를 위임하며, 복제를 통해 고가용성을 확보하여 응답성을 유지한다.
- **신축성**(elastic)[2]: 부하에 따라 동적으로 적응하며, 성능 유지를 위해 자원을 효과적으로 늘리거나 줄인다.
- **메시지 기반**(message-driven)[3]: 비동기 메시징을 활용해 느슨한 결합, 격리, 효율적인 자원 사용을 실현하며, 이를 통해 회복성과 신축성을 확보한다.

정리하면, 기술적 구현에서 논블로킹, 이벤트 기반, 비동기라는 세 가지 측면으로 귀결된다.

이제 이 개념들을 하나씩 풀어보자.

블로킹 대 논블로킹

지금까지 블로킹 연산에 대해 많은 내용을 다뤘다. 간단히 말해 I/O가 발생하면 호출한 스레드는 해당 작업이 완료될 때까지 기다린다. 이 시간 동안 스레드는 필요한 데이터를 받을 때까지 아무 일도 하지 못한 채 '막혀' 있게 된다. 이처럼 막힘을 유발하는 것이 블로킹 연산이다.

대안은 논블로킹 I/O다. 이 모델에서는 I/O 연산을 수행할 때도 스레드가 멈추지 않는다. 스레드는 I/O가 진행되는 동안 다른 태스크를 계속 수행할 수 있다.

그렇다면 실제로 어떻게 작동할까? 논블로킹 시스템에서는 운영체제가 I/O 처리 책임을 맡는다. I/O 연산이 완료되면 OS가 콜백 함수를 호출하는 방식으로 애플리케이션에 알린다. 따라서 I/O 연산 요청을 보낸 스레드는 막혀서 아무것도 하지 못하는 상태로 대기할 필요가 없으며, 데이터가 준비되었을 때 알림을 받아서 후속 처리를 계속할 수 있다.

1 한글판 리액티브 선언문(https://www.reactivemanifesto.org/ko)에서는 resilient를 '탄력성'이라고 번역하고 있는데, 탄력성은 resilient보다는 elastic에 더 가까우며, resilient는 장애에도 원래 상태로 회복하는 특성을 나타내므로 회복성이 더 적절하다. – 옮긴이

2 한글판 리액티브 선언문에서는 elastic을 '유연성'이라고 번역하고 있는데, 유연성은 elastic보다는 flexible에 더 가까우며, elastic은 부하에 따라 자원을 자동으로 늘리거나 줄일 수 있는 특성을 나타내므로 신축성이 더 적절하다. – 옮긴이

3 한글판 리액티브 선언문에서는 '메시지 구동'이라고 번역하고 있는데, event-driven은 이벤트 기반, domain-driven은 도메인 주도라는 번역이 널리 사용되므로, message-driven도 메시지 기반이 더 적절하다. – 옮긴이

이 개념을 예제를 통해 더 구체적으로 이해해 보자. HTTP/1.1의 핵심 기능인 요청 파이프라이닝request pipelining을 처리해야 하는 HTTP 서버를 만든다고 상상해 보자. 요청 파이프라이닝이 적용되면 클라이언트가 응답을 기다리지 않고 여러 요청을 연속으로 서버에 보낼 수 있게 해준다. 이를 위해 서버는 다음을 수행해야 한다.

- 여러 클라이언트의 연결을 수락
- 복잡도가 각각 다른 HTTP 요청 처리(빠른 연산, 느린 연산)
- keep-alive 세션을 위한 연결 상태 유지
- 요청 파이프라이닝을 정확히 처리
- 수백 또는 수천 개의 동시 연결을 처리할 수 있는 확장성 확보

서버가 해야 할 일은 이게 전부다. 이제 블로킹 방식과 논블로킹 방식으로 각각 서버를 구현하면서 어떤 차이가 있는지 살펴보자.

먼저 단일 스레드 블로킹 서버부터 시작한다.

깃허브 소스 c06/BlockingHttpServer.java

```
public class BlockingHttpServer {

    private static final int PORT = 8080;
    private static final AtomicInteger requestCounter = new AtomicInteger(0);

    public static void main(String[] args) throws IOException {
        System.out.println("Blocking HTTP Server starting on port " + PORT);
        System.out.println("Features: Single-threaded, Request pipelining");

        try (ServerSocket serverSocket = new ServerSocket(PORT)) {
            serverSocket.setReuseAddress(true);  ❶
            while (true) {
                Socket clientSocket = serverSocket.accept();  ❷
                handleConnection(clientSocket);
            }
        }
    }

    private static void handleConnection(Socket socket) {
        System.out.println("New connection from: " +
```

```
                socket.getRemoteSocketAddress());
        try (socket;
                BufferedReader in = new BufferedReader(
                    new InputStreamReader(socket.getInputStream()));
                PrintWriter out = new PrintWriter(
                    socket.getOutputStream(), true)) {
            socket.setSoTimeout(5000); ❸
            boolean keepAlive = true;
            while (keepAlive) {
                HttpRequest request = parseRequest(in); ❹
                if (request == null) {
                    break; // 연결 종료
                }
                int requestId = requestCounter.incrementAndGet();
                System.out.println("Request #" + requestId + ": " +
                    request.method + " " + request.path);
                // keep-alive 확인
                keepAlive = "keep-alive".equalsIgnoreCase(
                    request.getHeader("Connection"));
                // 요청 처리 - 시간 소요 ❺
                processRequest(request);
                // 응답 전송
                sendResponse(out, request, requestId, keepAlive);
            }
        } catch (SocketTimeoutException e) {
            System.out.println("Connection timeout");
        } catch (IOException e) {
            System.err.println("Connection error: " + e.getMessage());
        }
    }
}
```


코드의 주요 포인트를 살펴보자.

❶ 개발 중에 Address already in use 오류를 피하기 위해 주소 재사용을 활성화한다.

❷ accept() 메서드는 클라이언트가 연결할 때까지 블로킹된다. 이 지점에서 단일 스레드는 새 연결을 기다리며 멈춰 있게 된다.

❸ 소켓 타임아웃을 5초로 설정해 죽은 연결을 감지하고 서버가 무한히 대기하지 않도록 한다.

❹ parseRequest() 메서드는 완전한 HTTP 요청이 도착할 때까지 블로킹된다. 클라이언트로부터의 요청을 기다리는 동안 서버는 새로운 연결을 받을 수 없다.

❺ 이 부분이 핵심 제약이다. processRequest()가 오래 걸리는 작업(예: 느린 DB 조회)을 수행하면 서버 전체가 블로킹된다. 다른 클라이언트는 서버에 연결할 수도 없고, 요청 처리 결과를 받을 수도 없다.

다음은 HTTP 통신을 처리하기 위한 여러 보조 메서드들이다.

깃허브 소스 c06/BlockingHttpServer.java

```
private static void sendResponse(PrintWriter out,
                                 HttpRequest request,
                                 int requestId,
                                 boolean keepAlive) {
    // HTTP 응답 전송
    out.println("HTTP/1.1 200 OK");
    out.println("Content-Type: text/plain");
    out.println("Connection: " + (keepAlive ? "keep-alive" : "close"));
    String body = String.format(
        "Request #%d processed\nPath: %s\nTime: %s\n",
        requestId, request.path, Instant.now());
    out.println("Content-Length: " + body.length());
    out.println(); // 헤더와 본문을 구분하기 위해 비어 있는 행 추가
    out.print(body);
    out.flush();  ❻
}
```

❻ flush()는 버퍼링된 데이터를 강제로 클라이언트에 즉시 전송하도록 하여 응답 지연을 방지한다.

블로킹 동작을 명확히 보여주기 위해 다양한 처리 시간을 적용한다.

깃허브 소스 c06/BlockingHttpServer.java

```
static void processRequest(HttpRequest request)
        throws IOException {
    try {
        if (request.path.startsWith("/slow")) {
            Thread.sleep(Duration.of(30, ChronoUnit.SECONDS));  ❼
            System.out.println("  Slow request processed");
        } else if (request.path.startsWith("/medium")) {
            Thread.sleep(Duration.of(500, ChronoUnit.MILLIS));
            System.out.println("  Medium request processed");
        } else {
```

```
            Thread.sleep(Duration.of(100, ChronoUnit.MILLIS));
            System.out.println("  Fast request processed");
        }
    } catch (InterruptedException e) {
        Thread.currentThread().interrupt();
    }
}
```


❼ slow로 들어오는 느린 요청은 서버 전체를 30초 동안 블로킹한다. 이 시간 동안 새로운 연결은 받아들여지지 않고, 다른 요청도 처리되지 않는다. 이는 API 호출 후 발생하는 응답 지연을 시뮬레이션하기 위해 넣은 코드다.

단순한 HttpRequest 클래스는 요청 처리에 필요한 기본 요소들을 담고 있다.

깃허브 소스 c06/BlockingHttpServer.java

```
static class HttpRequest {
    String method;
    String path;
    String version;
    Map<String, String> headers = new HashMap<>();
    String remainingBuffer; // 논블로킹 서버용

    String getHeader(String name) {
        return headers.get(name.toLowerCase());
    }
}
```

그리고 다음 코드는 요청을 파싱하는 보조 메서드다.

깃허브 소스 c06/BlockingHttpServer.java

```
static HttpRequest parseRequest(BufferedReader in)
        throws IOException {
    // 요청을 행 단위로 읽는다.
    String requestLine = in.readLine();
    if (requestLine == null || requestLine.isEmpty()) {
        return null;
    }
    String[] parts = requestLine.split(" ");
```

```
        if (parts.length != 3) {
            throw new IOException("Invalid request line");
        }
        HttpRequest request = new HttpRequest();
        request.method = parts[0];
        request.path = parts[1];
        request.version = parts[2];

        // 헤더를 읽는다.
        String headerLine;
        while ((headerLine = in.readLine()) != null) {
            if (headerLine.isEmpty()) {
                break; // 헤더 끝
            }
            int colonPos = headerLine.indexOf(':');
            if (colonPos > 0) {
                String name = headerLine.substring(0, colonPos).trim();
                String value = headerLine.substring(colonPos + 1).trim();
                request.headers.put(name.toLowerCase(), value);
            }
        }
        return request;
    }
```

이번 구현에서는 포트 8080에서 대기하는 ServerSocket(https://oreil.ly/pqjiz)을 만들었다. Socket(https://oreil.ly/uEj8h)은 네트워크에서 실행 중인 프로그램 간의 양방향 통신 링크에서 하나의 엔드포인트를 의미한다. 반면 ServerSocket은 계속해서 들어오는 연결 요청을 받을 수 있도록 대기하며, 받은 요청을 처리한다.

이 경우 동작 방식은 다음과 같다.

- 서버는 클라이언트의 연결을 기다린다.
- 연결이 이루어지면, 서버는 연결된 소켓을 handleConnection() 메서드로 넘기고 해당 메서드가 실제 상호작용을 처리한다.
- handleConnection() 메서드는 HTTP 요청을 처리하며, keep-alive 연결과 요청 파이프라이닝도 처리한다. 이러한 HTTP 처리 과정은 블로킹 I/O가 서버 성능에 어떤 영향을 미치는지 보여준다.

하지만 문제가 하나 있다. 서버가 클라이언트 요청을 처리하는 동안 호출한 스레드는 클라이언트가 연결을 끊을 때까지 블로킹된다. 클라이언트가 데이터를 더 이상 보내지 않으면서도 연결을 유지하고 있다면, 서버는 입력을 기다리며 계속 멈춰 있게 된다. 단일 스레드 서버이므로, 현재 세션이 끝나기 전까지 다른 클라이언트는 연결할 수 없다.

이 서버의 블로킹 동작을 시험해 보기 위해 curl을 사용할 수 있다. 이제 몇 가지 실험을 해보자.

[터미널 1: 서버 시작]

```
$ java BlockingHttpServer.java

Blocking HTTP Server starting on port 8080
Features: Single-threaded, Request pipelining
```

서버가 실행되고 연결을 기다린다. 이제 간단한 요청을 보내보자.

[터미널 2: 빠른 요청 전송]

```
$ curl -v http://localhost:8080/fast

* Host localhost:8080 was resolved.
* IPv6: ::1
* IPv4: 127.0.0.1
*   Trying [::1]:8080...
* Connected to localhost (::1) port 8080
> GET /fast HTTP/1.1
> Host: localhost:8080
> User-Agent: curl/8.7.1
> Accept: */*
>
* Request completely sent off
< HTTP/1.1 200 OK
< Content-Type: text/plain
< Connection: close
< Content-Length: 67
<
Request #1 processed
Path: /fast
Time: 2025-06-14T09:27:02.235713Z
* Closing connection
```

요청 처리가 금방 완료된다. 서버가 처리 완료 후 연결을 끊는다. 이제 블로킹 문제를 확인해 보자.

[터미널 3: 느린 요청을 전송해서 블로킹 동작 테스트]

```
$ curl -v http://localhost:8080/slow

* Host localhost:8080 was resolved.
* IPv6: ::1
* IPv4: 127.0.0.1
*   Trying [::1]:8080...
* Connected to localhost (::1) port 8080
> GET /slow HTTP/1.1
> Host: localhost:8080
> User-Agent: curl/8.7.1
> Accept: */*
>
* Request completely sent off
< HTTP/1.1 200 OK
< Content-Type: text/plain
< Connection: close
< Content-Length: 67
<
Request #2 processed
Path: /slow
Time: 2025-06-14T09:28:16.218432Z
* Closing connection
```

이번 요청은 처리에 시간이 걸린다. 이제 다른 클라이언트 연결을 시도해 보자.

[터미널 4: 터미널 3에서 다시 느린 요청 전송 직후, 터미널 4에서 5초 타임아웃을 지정하고 빠른 요청을 전송]

```
$ curl -v --max-time 5 http://localhost:8080/fast

* Host localhost:8080 was resolved.
* IPv6: ::1
* IPv4: 127.0.0.1
*   Trying [::1]:8080...
* Connected to localhost (::1) port 8080
> GET /fast HTTP/1.1
> Host: localhost:8080
```

```
> User-Agent: curl/8.7.1
> Accept: */*
>
* Request completely sent off
* Operation timed out after 5006 milliseconds with 0 bytes received
* Closing connection
curl: (28) Operation timed out after 5006 milliseconds with 0 bytes received
```

두 번째 클라이언트의 TCP 연결은 성공하지만 서버는 앞서 들어온 요청을 처리하고 있어서 두 번째 클라이언트의 연결을 수락하지 않는다. 바로 이런 상황이 단일 스레드로 설계한 시스템의 근본적인 한계다.

다음과 같이 time 명령과 curl 명령을 함께 사용하면 블로킹 방식의 요청 처리에 얼마만큼의 시간이 필요한지 정확하게 보여준다.

[fast, slow, fast로 구성된 3개의 요청 파이프라인 전송]

```
$ time curl -s -Z http://localhost:8080/fast \
                  http://localhost:8080/slow \
                  http://localhost:8080/fast

Request #11 processed
Path: /fast
Time: 2025-06-14T09:34:49.986347Z
Request #12 processed
Path: /slow
Time: 2025-06-14T09:35:19.989656Z
Request #13 processed
Path: /fast
Time: 2025-06-14T09:35:20.094539Z
curl -s -Z http://localhost:8080/fast http://localhost:8080/slow  0.01s user
0.01s system 0% cpu 47.811 total
```

세 요청 중 2개의 요청은 빨리 처리될 수 있지만 모든 요청이 순차적으로 처리돼야 하기 때문에 전체 실행 시간은 30초 이상이 소요된다. 중간에 있는 느린 요청이 모든 것을 블로킹한다.

기존 클라이언트의 세션이 살아 있는 상태에서 다른 클라이언트에서 서버에 연결을 시도하면, 연결 시도가 블로킹되는 것을 확인할 수 있다. 싱글 스레드로 설계했기 때문에 서버는 한 번에 1개의 클라이언트만 처리할 수 있기 때문이다. 싱글 스레드 서버는 현재 처리 중인 클라이언트와의 연결이 끊어진 후에만 새로운 클라이언트와 연결할 수 있다.

이런 문제에 대한 손쉬운 해결 방법은 멀티스레딩이다. 각 클라이언트 요청마다 새로운 스레드를 만들어 연결에 대응하면 동시에 다수의 클라이언트와 연결할 수 있다. 이제 멀티스레드를 지원하도록 서버 코드를 수정해 보자.

깃허브 소스 c06/MultithreadedHttpServer.java

```
public class MultithreadedHttpServer {

    private static final int PORT = 8080;
    private static final AtomicInteger requestCounter = new AtomicInteger(0);
    private static final int CONNECTION_THREADS = 10;

    public static void main(String[] args) throws IOException {
        System.out.println("Multi-threaded HTTP Server starting on port " + PORT);
        System.out.println("Features: Concurrent connections, Request pipelining");
        System.out.println("Connection pool size: " + CONNECTION_THREADS);

        try (ServerSocket serverSocket = new ServerSocket(PORT);
                ExecutorService connectionExecutor =
                    Executors.newFixedThreadPool(CONNECTION_THREADS)) {  ❶
            serverSocket.setReuseAddress(true);
            while (true) {
                Socket clientSocket = serverSocket.accept();  ❷
                System.out.println("New connection from: " +
                    clientSocket.getRemoteSocketAddress());
                // 별개의 스레드에서 각 요청 처리
                connectionExecutor.submit(() -> handleConnection(clientSocket));  ❸
            }
        }
    }

    private static void handleConnection(Socket socket) {
        String clientAddr = socket.getRemoteSocketAddress().toString();
        System.out.println("Thread " + Thread.currentThread().getName() +
            " handling connection from: " + clientAddr);
```

```
            // 요청 처리 로직은 BlockingHttpServer와 동일하다.
            // 하지만 별개의 스레드에서 실행된다. ❹
            try (socket;
                    BufferedReader in = new BufferedReader(
                        new InputStreamReader(socket.getInputStream()));
                    PrintWriter out = new PrintWriter(
                        socket.getOutputStream(), true)) {
                socket.setSoTimeout(5000);
                boolean keepAlive = true;
                while (keepAlive) {
                    HttpRequest request = parseRequest(in);
                    if (request == null) break;
                    int requestId = requestCounter.incrementAndGet();
                    System.out.println("Thread " + Thread.currentThread().getName() +
                        " - Request #" + requestId + ": " +
                        request.method + " " + request.path);
                    keepAlive = "keep-alive".equalsIgnoreCase(
                        request.getHeader("Connection"));
                    processRequest(request);
                    sendResponse(out, request, requestId, keepAlive);
                }
            } catch (Exception e) {
                System.err.println("Connection error from " + clientAddr +
                    ": " + e.getMessage());
            }
        }
    }
```

멀티스레드 서버의 핵심 개선사항은 다음과 같다.

❶ 요청을 처리할 수 있도록 10개로 고정된 수의 스레드 풀을 생성한다.

❷ 메인 스레드는 새로운 연결 요청을 받아 accept() 메서드 호출 후 즉시 반환받을 수 있다.

❸ 각 연결은 개별 스레드에서 실행되므로 동시에 다수의 요청을 처리할 수 있다.

❹ 개별 연결을 통해 들어오는 요청 한 건의 처리는 여전히 순차적으로 진행되므로 적절한 파이프라인 구조를 유지하지만, 여러 개의 연결은 동시에 처리된다.

멀티스레드 서버에서는 10개의 고정 크기를 가진 스레드 풀을 생성해 동시에 최대 10명의 클라이언트가 연결될 수 있도록 했다. 더 많은 클라이언트를 처리하기 위해 스레드 수를 늘릴 수도 있지만, 가상 스레드가 등장하기 전에는 이 방식에 본질적인 한계가 있었다. 플랫폼 스레드는 비용이 크며, 2장에서 살펴본 것처럼 일정 수준을 넘어서면 스레드 수를 늘려도 성능이 더 좋아지지 않는다.

하지만 가상 스레드를 사용하면 단지 한 줄의 코드만 수정해서 확장성을 높일 수 있다.

```
try (ServerSocket serverSocket = new ServerSocket(PORT);
    ExecutorService executor = Executors.newVirtualThreadPerTaskExecutor();
) {}
```

이렇게 하면 서버는 최소한의 오버헤드로 매우 많은 동시 연결을 처리할 수 있다. 다만 지금 논의 주제는 가상 스레드의 확장성이 아니므로, 가상 스레드 이전에는 어떤 대안들이 존재했는지를 살펴보자.

강력한 대안 중 하나는 NIO[new input/output]다. NIO를 사용하면 적은 수의 스레드만으로도 높은 처리량을 달성할 수 있다.

자바 NIO는 JDK 1.4에서 도입된 준비 상태[readiness] 기반의 논블로킹 API로, 스트림 중심의 `java.io`를 `SocketChannel`, `FileChannel` 등과 같은 버퍼 중심의 채널과 `Selector` 이벤트 루프로 대체한다. 블로킹 I/O 연산 대신에 사용하는 논블로킹 `read()`나 `write()` 메서드는 호출 즉시 반환되며, 전송된 바이트 수는 0일 수도 있다. 동시에 해당 채널은 셀렉터에 등록된다. 셀렉터는 운영체제로부터 하나 이상의 채널이 I/O 준비 상태가 되었다는 알림을 받을 때까지 `select()` 안에서 대기한다. 알림을 받으면 스레드는 준비된 채널만 처리하게 되며, 이 방식으로 적은 수의 스레드만으로도 수천 개의 동시 연결을 처리할 수 있다. 여기에 사용자 공간과 커널 공간 사이에서 제로 카피[zero-copy] 데이터 전송을 가능하게 하는 다이렉트 버퍼나 메모리 매핑 버퍼를 함께 사용하면, NIO는 전통적인 소켓당 스레드 모델의 한계인 연결 단위의 스레드 및 스택 오버헤드 없이도 높은 처리량과 확장성을 획득할 수 있다.

자바 I/O와 NIO 간단 비교

자바는 두 가지 방식으로 I/O를 처리할 수 있다. 전통적인 `java.io` 패키지와 현대적인 `java.nio` (new input/output)다. 두 방식의 핵심 차이는 접근 방식에 있다. 자바 I/O는 스트림 기반이며 일반적으로 블로킹 방식이다. 즉 스레드는 작업이 완료될 때까지 기다려야 한다. 반면 자바 NIO는 버퍼 기반이며 논블로킹을 지원해 대용량 데이터 전송과 고성능 애플리케이션에서 더 높은 확장성을 제공한다.

예를 들어, 자바 I/O를 사용해 파일을 읽는 경우를 보자.

```java
try (BufferedReader reader
        = new BufferedReader(
            new FileReader("input.txt"))) {
    String line;

    while ((line = reader.readLine()) != null) {
        System.out.println(line);
    }
} catch (IOException e) {
    e.printStackTrace();
}
```

BufferedReader(https://oreil.ly/kMKI7)는 입력 스트림으로부터 텍스트를 한 줄씩 읽어 들이며, 순차적인 파일 읽기에 효율적이고 사용하기 쉽다.

이와 대비되는 방식이 자바 NIO의 FileChannel이다.

```java
try (FileChannel channel = FileChannel.open(
          Path.of("input.txt"),
          StandardOpenOption.READ)) {
    ByteBuffer buffer = ByteBuffer.allocate(1024);
    while (channel.read(buffer) > 0) {
        buffer.flip();
        while (buffer.hasRemaining()) {
            System.out.print((char) buffer.get());
        }
        buffer.clear();
    }
} catch (IOException e) {
    e.printStackTrace();
}
```

이 버전은 버퍼 중심 방식으로 동작한다. 데이터는 먼저 ByteBuffer에 로드되고, 메모리에서 조작되는 절차를 순서대로 거친 후에만 처리될 수 있다.

NIO에서는 ServerSocket 대신 ServerSocketChannel(https://oreil.ly/-nprM)을 도입한다. 마찬가지로 Socket은 SocketChannel(https://oreil.ly/OsyaE)로 대체된다. InputStream(https://oreil.ly/VG-g_)과 OutputStream(https://oreil.ly/YfUM5)에 의존하는 대신에, NIO는 Buffer(https://oreil.ly/WdXHC)를 사용한다. Buffer는 목적지로 전송되기 전에 일정량의 데이터를

담아두는 임시 저장 공간 역할을 한다. 이러한 설계 전환을 통해 I/O 연산을 처리할 때 더 높은 유연성과 효율성을 얻을 수 있다.

자바 NIO의 버퍼는 운영체제와의 직접적인 상호작용을 최소화하고 효율적인 데이터 전송을 가능하게 하여 성능을 향상한다. 전통적인 I/O가 데이터를 바이트 단위로 읽고 쓰는 것과 달리, 버퍼는 배치 처리를 허용해 시스템 호출(system call) 횟수를 줄인다. 버퍼는 네트워크 서버나 파일 처리 같은 고성능 애플리케이션에서 특히 유용하다.

효율성을 크게 높이는 핵심 요소 중 하나는 제로 카피 메커니즘(zero-copy mechanism)이다. `ByteBuffer`(https://oreil.ly/zr3wz)는 메모리 매핑 파일이나 다이렉트 버퍼(힙 외 메모리)와 함께 동작할 수 있다. 이를 통해 사용자 공간과 커널 공간 사이에서 발생하는 불필요한 데이터 복사를 제거해 대용량 파일 전송 속도를 크게 높인다. 또한 버퍼를 사용하는 논블로킹 I/O를 사용하면 단일 스레드로도 여러 연결을 효율적으로 관리할 수 있게 되므로, 확장성 있는 이벤트 기반 애플리케이션을 만들 수 있다.

NIO에서 또 하나의 핵심 구성요소는 `Selector`(https://oreil.ly/QjWUJ)다. 셀렉터는 단일 스레드로 `ServerSocketChannel`과 `SocketChannel` 같은 여러 채널을 관리하는 데 중요한 역할을 한다. 셀렉터를 다양한 I/O 이벤트를 감지하고 그에 맞게 작업을 분배하는 지능적인 교통 관제사로 생각할 수 있다. 예를 들어, 새로운 클라이언트 연결을 수락할 준비가 되면 셀렉터는 `OP_ACCEPT` 이벤트(https://oreil.ly/zDSSz)를 신호로 보낸다. 읽을 데이터가 `SocketChannel`에 준비되면 `OP_READ` 이벤트(https://oreil.ly/pyHhL)가 발생한다. 마찬가지로 채널이 외부로 내보낼 송신 데이터를 받아들일 준비가 되면 `OP_WRITE` 이벤트(https://oreil.ly/L1SPh)가 발생하며, 클라이언트 모드에서는 연결 시도가 성공하면 `OP_CONNECT` 이벤트(https://oreil.ly/1NnVA)가 발생한다.

셀렉터의 내부 구현은 운영체제에 따라 달라진다. 예를 들어 맥OS에서는 `KQueueSelectorImpl`(https://oreil.ly/XmP4Y)이 `kqueue`(https://oreil.ly/xI-UN) 시스템 호출을 활용한다. 좀 더 범용적인 구현인 `PollSelectorImpl`(https://oreil.ly/N72Qw)은 `poll` 시스템 호출을 기반으로 한다. 구체적인 메커니즘은 운영체제마다 다르지만, 개념은 동일하다. 즉 최소한의 스레드 오버헤드로 여러 채널을 효율적으로 관리하는 것이다.

이제 이러한 구성요소들이 실제로 어떻게 함께 동작하는지 코드를 통해 살펴보자.

```
public class NonBlockingHttpServer {

    private static final int PORT = 8080;
    private static final AtomicInteger requestCounter = new AtomicInteger(0);
    private final ConcurrentLinkedQueue<PendingUpdate> pendingUpdates
        = new ConcurrentLinkedQueue<>();

    public static void main(String[] args) {
        System.out.println("Starting non-blocking NIO server...");
        System.out.println("Features: Single-threaded event loop, " +
            "Non-blocking I/O, High concurrency");
        try {
            new NonBlockingHttpServer().start();
        } catch (IOException e) {
            System.err.println("Server failed to start: " + e.getMessage());
        }
    }

    private void start() throws IOException {
        try (Selector selector = Selector.open();
                ServerSocketChannel serverChannel = ServerSocketChannel.open()) {
            serverChannel.bind(new InetSocketAddress(PORT));
            serverChannel.configureBlocking(false); ❶
            serverChannel.register(selector, SelectionKey.OP_ACCEPT);
            System.out.println("Non-blocking HTTP server on port " + PORT);

            // 단일 스레드 이벤트 루프 ❷
            while (true) {
                // 비동기 스레드로부터 전달된 대기 중인 업데이트 처리
                processPendingUpdates(); ❸

                selector.select(100); ❹
                Set<SelectionKey> selectedKeys = selector.selectedKeys();
                Iterator<SelectionKey> iterator = selectedKeys.iterator();
                while (iterator.hasNext()) {
                    SelectionKey key = iterator.next();
                    iterator.remove();
                    try {
                        if (key.isAcceptable()) {
                            handleAccept(key, selector); ❺
                        } else if (key.isReadable()) {
```

```
                        handleRead(key); ❻
                    } else if (key.isWritable()) {
                        handleWrite(key); ❼
                    }
                } catch (IOException e) {
                    System.err.println("Error handling key: "
                        + e.getMessage());
                    key.cancel();
                    if (key.channel() != null) {
                        key.channel().close();
                    }
                }
            }
            // 대기 중인 모든 요청 처리
            processAllPendingRequests(selector);
        }
    }
}
}
```

논블로킹 버전의 핵심 개선사항은 다음과 같다.

❶ 서버 채널을 논블로킹 모드로 설정한다. 이는 NIO 동작에 필수적이다.

❷ 단일 스레드가 이벤트 루프를 통해 모든 I/O 이벤트를 처리한다.

❸ 이벤트를 처리하기 전에 비동기 스레드에서 큐에 쌓아둔 셀렉터 업데이트를 먼저 처리한다. 이 단계는 서버 동작을 멈출 수도 있는 경쟁 상태(race condition)를 방지하는 데 매우 중요하다.

❹ 셀렉터는 무한히 블로킹되는 대신 100밀리초의 타임아웃을 사용한다. 이를 통해 I/O 이벤트가 없더라도 비동기 스레드에서 전달된 대기 중인 업데이트가 즉시 처리된다.

❺ 새로운 연결은 스레드를 블로킹하지 않고 수락된다.

❻ 데이터 읽기는 논블로킹으로 수행되며, 부분 읽기 상황도 자연스럽게 처리된다.

❼ 데이터 쓰기 역시 논블로킹으로 수행되며, 한 번에 모두 쓰지 못한 데이터는 이후 처리를 위해 큐에 저장된다.

앞선 코드에서는 `Selector.open()`을 사용해 `Selector`를 생성하는 것부터 시작한다. 전통적인 생성자를 사용하는 대신에 API에서 제공하는 정적 팩토리 메서드를 사용하는 것이 좋다. `Selector`는 서버의 핵심으로, 단 하나의 스레드만으로도 여러 클라이언트 연결을 효율적으로 관리할 수 있게 해준다.

다음으로 ServerSocketChannel을 생성하고 특정 주소에 바인딩한다. 이후 serverSocketChannel.configureBlocking(false)를 호출해 채널을 논블로킹으로 설정하는 것이 매우 중요하다. 논블로킹으로 설정하지 않으면 서버는 모든 연산에서 블로킹되며, NIO를 사용하는 목적 자체가 사라진다.

ServerSocketChannel 설정이 끝나면, Selector에 등록하고 accept 이벤트에 관심이 있음을 지정한다. 이는 새로운 클라이언트가 연결을 시도할 때 서버가 알림을 받도록 한다는 의미다.

또한 이 지점에서 모든 핸들러를 생성했다. 각 클래스는 특정 이벤트에 대한 책임을 가지며, 단지 역할을 분리해 두었을 뿐이다.

메인 루프 내부에서는 먼저 processPendingUpdates()를 호출하는데, 이는 중요한 동기화 문제를 처리하기 위함이다. SelectionKey 객체는 스레드 안전하지 않기 때문에 비동기 처리 스레드에서 직접 수정할 수 없다. 대신 스레드 안전한 큐를 사용해 스레드 간 통신을 수행한다.

깃허브 소스 c06/NonBlockingHttpServer.java

```
private void processPendingUpdates() {
    PendingUpdate update;
    while ((update = pendingUpdates.poll()) != null) {
        try {
            if (update.key.isValid()) {
                update.key.interestOps(update.key.interestOps()
                    | SelectionKey.OP_WRITE);
            }
        } catch (Exception e) {
            System.err.println("Error updating key: " + e.getMessage());
        }
    }
}

static class PendingUpdate {

    final SelectionKey key;

    PendingUpdate(SelectionKey key) {
        this.key = key;
```

```
    }
}
```

대기 중인 업데이트를 처리한 후 최대 100밀리초 동안 블로킹하는 selector.select(100)을 호출한다. 이런 타임아웃 처리가 없으면 셀렉터는 무한히 블로킹되어 비동기 스레드로부터 전달된 업데이트를 제때 처리하지 못할 수 있다. 이벤트가 감지되거나 타임아웃이 만료되면 select()는 반환되어 서버가 이벤트나 대기 중인 업데이트를 처리할 수 있게 된다.

이벤트가 감지되면 셀렉터로부터 SelectionKey들을 가져온다. 각 키는 등록된 채널에 대해 발생한 특정 이벤트를 나타낸다. 여러 이벤트가 동시에 발생할 수 있으므로 서버는 루프 안에서 이를 순차적으로 처리한다. 키 처리가 끝나면 중복 처리되는 것을 방지하기 위해 해당 키를 집합set에서 제거한다.

key.isAcceptable()이 true를 반환하면 새로운 클라이언트가 연결을 시도하고 있음을 의미한다. 이 시점에서 accept 이벤트를 처리하기 위해 handleAccept(key, selector) 메서드를 호출한다.

이제 accept 핸들러의 코드를 살펴보자.

깃허브 소스 c06/NonBlockingHttpServer.java

```
private void handleAccept(SelectionKey key, Selector selector)
        throws IOException {
    ServerSocketChannel serverChannel = (ServerSocketChannel) key.channel();
    SocketChannel clientChannel = serverChannel.accept(); ❶

    if (clientChannel != null) {
        clientChannel.configureBlocking(false);
        clientChannel.register(selector, SelectionKey.OP_READ,
            new ClientState()); ❷

        System.out.println("Accepted connection from: " +
            clientChannel.getRemoteAddress());
    }
}

static class ClientState {
    ByteBuffer readBuffer = ByteBuffer.allocate(8192);
```

```
        StringBuilder requestBuilder = new StringBuilder();
        ConcurrentLinkedQueue<String> responseQueue =
            new ConcurrentLinkedQueue<>();  ❸
        Queue<HttpRequest> pendingRequests = new LinkedList<>();
        boolean keepAlive = true;
        boolean isProcessing = false;  ❹
    }
```


accept 핸들러는 새로운 클라이언트 연결을 관리한다.

❶ accept() 호출은 논블로킹으로 동작하며, 아직 연결이 준비되지 않은 경우 null을 반환할 수 있다.

❷ 각 클라이언트에는 연결 상태와 부분적으로 수신된 데이터를 추적하기 위한 ClientState 객체가 할당된다.

❸ 응답 큐는 일반적인 LinkedList 대신 ConcurrentLinkedQueue를 사용한다. 이는 응답이 비동기 처리 스레드에서 추가되기 때문에, 명시적인 동기화 없이도 스레드 안전한 연산이 필요하기 때문이다.

❹ isProcessing 플래그는 동일한 클라이언트의 요청이 중복 처리되는 것을 방지한다. 짧은 시간 안에 여러 이벤트가 연속으로 발생할 때 생길 수 있는 경쟁 상태를 피하기 위한 장치다.

handleAccept 메서드에서는 먼저 ServerSocketChannel을 가져온다. 예제에서는 key.channel()이 ServerSocketChannel을 반환하는 것이 확실하므로, ClassCastException을 걱정하지 않고 안전하게 캐스팅할 수 있다. 이후 serverChannel.accept()를 호출해 연결을 수락하고, 다른 모든 경우와 마찬가지로 해당 연결을 논블로킹으로 설정한다.

연결이 성립되면 클라이언트를 위한 ClientState 객체를 생성하고, SelectionKey.OP_READ를 사용해 읽기 연산에 관심이 있음을 표시하며 클라이언트 채널을 Selector에 등록한다. 관리 편의를 위해 ClientState는 SelectionKey의 attachment로 저장되며, 이를 통해 이후 필요할 때 해당 상태를 쉽게 조회할 수 있다.

ClientState 클래스는 연결된 각 클라이언트의 상태를 관리하는 데 핵심적인 역할을 한다. 이 클래스는 클라이언트의 SocketChannel, 데이터 읽기와 쓰기를 위한 버퍼(readBuffer와 responseQueue), 그리고 수신되는 HTTP 요청 데이터를 누적하기 위한 StringBuilder(requestBuilder)를 갖고 있다. 이러한 클라이언트별 상태 관리 구조는 여러 클라이언트를 효율적으로 처리하는 데 필수적이며, 각 연결이 서로 간섭하지 않고 독립적인 컨텍스트를 유지하도록 보장한다.

key.isReadable()이 true라면 클라이언트가 데이터를 전송했음을 의미한다. 이 경우 handleRead(key) 메서드를 호출한다.

이제 read 핸들러에서 어떤 처리가 이루어지는지 살펴보자.

깃허브 소스 c06/NonBlockingHttpServer.java

```
private void handleRead(SelectionKey key) throws IOException {
    SocketChannel channel = (SocketChannel) key.channel();
    ClientState state = (ClientState) key.attachment();

    int bytesRead = channel.read(state.readBuffer); ❶
    if (bytesRead == -1) {
        // 클라이언트 연결 종료
        channel.close();
        return;
    }
    if (bytesRead > 0) {
        state.readBuffer.flip();
        byte[] data = new byte[state.readBuffer.remaining()];
        state.readBuffer.get(data);
        state.requestBuilder.append(new String(data, StandardCharsets.UTF_8));
        state.readBuffer.clear();

        // 완전하게 구성된 요청 데이터 처리
        processCompleteRequests(state, key); ❷
    }
}

private void processCompleteRequests(ClientState state, SelectionKey key) {
    String buffer = state.requestBuilder.toString();
    while (true) {
        HttpRequest request = parseHttpRequest(buffer); ❸
        if (request == null) {
            break; // 요청 데이터가 없음
        }
        state.pendingRequests.offer(request);
        buffer = request.remainingBuffer;
        // HTTP 버전과 헤더로 keep-alive 검사
        String connection = request.getHeader("Connection");
        if (request.version.equals("HTTP/1.0")) {
            // HTTP/1.0에서는 keep-alive가 명시되지 않으면 응답 후 연결을 닫는다.
```

```java
                state.keepAlive = "keep-alive".equalsIgnoreCase(connection);
            } else {
                // HTTP/1.1에서는 close가 명시되지 않으면 기본값인 keep-alive 적용
                state.keepAlive = !"close".equalsIgnoreCase(connection);
            }
        }
        state.requestBuilder = new StringBuilder(buffer);
        if (!state.responseQueue.isEmpty()) {
            key.interestOps(key.interestOps() | SelectionKey.OP_WRITE); ❹
        }
    }
```

read 핸들러는 들어오는 데이터를 처리하며 몇 가지 중요한 특징이 있다.

❶ 논블로킹 방식으로 채널로부터 데이터를 읽어서 버퍼에 저장한다. 요청 데이터의 일부분만 반환할 수도 있다.

❷ 완전한 HTTP 요청이 도착하는 즉시 처리하며, 부분적으로 도착한 요청도 자연스럽게 처리한다.

❸ keep-alive 로직은 이제 HTTP/1.0과 HTTP/1.1 프로토콜을 모두 올바르게 처리한다. HTTP/1.0은 클라이언트가 명시적으로 keep-alive를 요청하지 않는 한 기본적으로 연결을 닫는다. 반면 HTTP/1.1은 클라이언트가 `close`를 명시하지 않는 한 기본적으로 연결을 유지한다. 이 구분은 아파치 벤치(Apache Bench) 같은 도구와의 호환성을 위해 매우 중요하다.

❹ 전송할 데이터가 있을 때만 쓰기 이벤트에 대한 관심을 등록한다.

이 핸들러는 클라이언트 채널로부터 데이터를 읽어 `readBuffer`에 저장한다. 바이트를 수신한 뒤에는 UTF-8을 사용해 문자로 디코딩하고, 이를 `requestBuilder`에 이어 붙인다. 시스템은 표준 HTTP 요청 종료 구분자(`"\r\n\r\n"`)를 기준으로 요청 데이터가 모두 도착했는지를 판단한다. 요청 데이터가 모두 도착하여 완전한 요청 정보가 구성되면 서버는 이를 파싱하고 비동기적으로 처리하며, 이 과정에서도 이벤트 루프가 블로킹되지 않도록 보장한다.

`key.isWritable()`이 `true`가 되면 클라이언트 채널이 데이터를 수신할 준비가 되었음을 의미한다. 이 시점에서 `handleWrite(key)` 메서드가 호출되며, 큐에 대기 중인 응답들을 효율적으로 클라이언트에게 전송한다.

이제 `write` 핸들러 코드를 살펴보자.

깃허브 소스 c06/NonBlockingHttpServer.java

```
private void handleWrite(SelectionKey key) throws IOException {
    SocketChannel channel = (SocketChannel) key.channel();
    ClientState state = (ClientState) key.attachment();

    while (!state.responseQueue.isEmpty()) {
        String response = state.responseQueue.peek();
        ByteBuffer buffer
            = ByteBuffer.wrap(response.getBytes(StandardCharsets.UTF_8));

        int written = channel.write(buffer);
        if (buffer.hasRemaining()) {
            // 채널로 전송하지 못한 데이터가 ByteBuffer에 남아 있어 나중에 다시 시도
            break;
        }

        // 응답이 모두 전송됐으므로 큐에서 제거
        state.responseQueue.poll();
    }

    if (state.responseQueue.isEmpty()) {
        // 더 이상 쓸 데이터가 없으므로 write 이벤트 감시 중단
        key.interestOps(key.interestOps() & ~SelectionKey.OP_WRITE);

        if (!state.keepAlive && state.pendingRequests.isEmpty()) {
            // keep-alive 연결이 아니고 대기 중인 요청이 없으면 연결 종료
            System.out.println("Closing connection: "
                + channel.getRemoteAddress());
            channel.close();
            key.cancel();
        }
    }
}
```

write 핸들러는 클라이언트의 responseQueue에 들어 있는 응답들을 순회하면서, 논블로킹 방식으로 각 HTTP 응답을 클라이언트 채널에 기록한다. 소켓의 송신 버퍼가 가득 차면 쓰기 작업은 중단되며, 다음 OP_WRITE 이벤트가 발생할 때까지 대기한 뒤 다시 이어서 수행한다. 모든 응답이 성공적으로 전송되고 responseQueue가 비워지면, 서버는 해당 클라이언트

의 Selector에서 OP_WRITE 관심사를 제거하여 더 이상 보낼 데이터가 없을 때 불필요한 쓰기 이벤트가 발생하지 않도록 한다.

이 과정에서 스레드 안전한 ConcurrentLinkedQueue를 사용하므로, 비동기 스레드에서 추가된 응답들이 경쟁 상태를 일으키지 않는다.

선택된 모든 키를 처리한 뒤에는, 파싱되어 대기 중인 요청들을 추가로 처리한다.

깃허브 소스 c06/NonBlockingHttpServer.java

```
private void processAllPendingRequests(Selector selector) {
    for (SelectionKey key : selector.keys()) {
        if (!key.isValid() || key.attachment() == null)
            continue;
        ClientState state = (ClientState) key.attachment();

        if (state.isProcessing || state.pendingRequests.isEmpty())
            continue;

        state.isProcessing = true;  ❶
        while (!state.pendingRequests.isEmpty()) {
            HttpRequest request = state.pendingRequests.poll();
            int requestId = requestCounter.incrementAndGet();
            System.out.println("Request #" + requestId + ": "
                + request.method + " " + request.path);
            // 비동기 처리 시뮬레이션
            CompletableFuture.runAsync(() -> {  ❷
                String response;
                try {
                    // 요청 처리
                    if (request.path.equals("/slow")) {
                        Thread.sleep(2000); // 느린 응답 시뮬레이션
                        System.out.println("  Slow request processed");
                    } else {
                        System.out.println("  Fast request processed");
                    }
                    response = buildHttpResponse(request, requestId,
                        state.keepAlive);
                } catch (Exception e) {
                    System.err.println("Error processing request #" + requestId
                        + ": " + e.getMessage());
                    response = buildErrorResponse(request, requestId, e);
```

```
                }
                state.responseQueue.offer(response); ❸

                // 셀렉터 스레드를 위해 큐에 업데이트 저장
                pendingUpdates.offer(new PendingUpdate(key)); ❹
                selector.wakeup();
            });
        }
        state.isProcessing = false;
    }
}
```

비동기 처리의 장점이 확연히 드러난다.

❶ isProcessing 플래그는 짧은 시간 안에 이벤트가 연달아 발생하더라도 동일한 클라이언트의 요청은 중복 처리하지 않도록 보장한다.

❷ 오래 걸리는 연산은 비동기로 처리해서 이벤트 루프를 블로킹하지 않는다.

❸ 응답은 비동기 스레드에서 동시성 큐에 안전하게 추가한다.

❹ 비동기 스레드에서 SelectionKey를 직접 수정하면 경쟁 상태가 발생할 수 있으므로, 직접 수정하는 대신에 메인 셀렉터 스레드가 처리할 업데이트를 큐에 넣는다. 이는 NIO 애플리케이션에서 스레드 안전성을 확보하기 위해 사용하는 매우 중요한 패턴이다.

자바 문서에서 "셀렉션 키는 여러 동시 스레드에서 안전하게 사용할 수 있다."라고 설명하고 있어서 이로 인해 흔한 오해가 발생한다. 많은 개발자가 이를 근거로 어떤 스레드에서든 interestOps를 수정해도 된다고 생각한다. 하지만 이 문장은 키의 속성을 읽는 행위가 메모리 손상을 일으키지 않는다는 의미일 뿐, interestOps()와 같은 연산이 원자적이거나 동시 수정에 안전하다는 뜻은 아니다.

셀렉터의 select()가 실행 중인 상태에서 SelectionKey의 interestOps를 수정하면 다음과 같은 문제가 발생할 수 있다.

- interestOps 변경이 유실되는 경쟁 상태
- I/O 이벤트를 놓치는 현상
- CancelledKeyException 오류
- 고부하 상황에서만 간헐적으로 나타나는 일관성 없는 동작

따라서 SelectionKey의 interestOps는 반드시 셀렉터 루프를 실행하는 동일한 스레드에서만 수정해야 한다. 이 때문에 pendingUpdates 큐 패턴을 사용하는 것이다. 이 패턴은 모든 수정이 셀렉터 스레드 안에서 안전하게 이루어지도록 보장한다.

다음으로 논블로킹 HTTP 서버 구현을 완성해 주는 보조 메서드를 살펴보자.

buildHttpResponse 메서드는 헤더와 본문을 포함하는 올바른 형식의 HTTP 응답을 생성한다.

깃허브 소스 c06/NonBlockingHttpServer.java

```
private String buildHttpResponse(HttpRequest request,
        int requestId, boolean keepAlive) {
    StringBuilder response = new StringBuilder();

    // 응답의 HTTP 버전을 요청의 HTTP 버전과 맞춘다.
    response.append(request.version).append(" 200 OK\r\n");

    // 헤더
    response.append("Content-Type: text/plain\r\n");
    response.append("Server: NonBlockingHttpServer/1.0\r\n");
    response.append("Date: ").append(Instant.now()).append("\r\n");

    // 연결 헤더 처리
    if (request.version.equals("HTTP/1.0") && keepAlive) {
        response.append("Connection: keep-alive\r\n");
        return null;
    } else if (request.version.equals("HTTP/1.1") && !keepAlive) {
        response.append("Connection: close\r\n");
    }

    // HTTP/1.1 keep-alive 연결에는 명시적으로 Connection 헤더를 지정해 줄 필요 없다.
    String body = String.format(
        "Request #%d processed\nPath: %s\nMethod: %s\nTime: %s\nThread: %s\n",
        requestId,
        request.path,
        request.method,
        Instant.now(),
        Thread.currentThread().getName());
    response.append("Content-Length: ").append(body.length()).append("\r\n");
    response.append("\r\n"); // 비어 있는 줄로 헤더와 본문 구분
    response.append(body);
    return response.toString();
}
```

여기서 반드시 짚고 넘어가야 할 중요한 점은 항상 HTTP/1.1을 반환하는 대신에 클라이언트의 요청에 사용된 HTTP 버전으로 맞춰서 응답한다는 것이다. 이렇게 하면 아파치 벤치와 같은 HTTP/1.0을 사용하는 클라이언트와의 호환성을 보장할 수 있다. Connection 헤더도 프로토콜 버전과 keep-alive 여부에 따라 올바르게 처리된다.

요청 처리의 핵심은 HTTP 데이터를 파싱하는 것이다. parseHttpRequest 메서드는 바이트 스트림에서 HTTP 요청을 추출하며, 부분적으로 도착한 데이터도 깔끔하게 처리한다.

깃허브 소스 c06/NonBlockingHttpServer.java

```
private HttpRequest parseHttpRequest(String buffer) {
    int requestEndIndex = buffer.indexOf("\r\n\r\n");
    if (requestEndIndex == -1) {
        requestEndIndex = buffer.indexOf("\n\n");
        if (requestEndIndex == -1) {
            return null; // 아직 완전한 요청이 아님
        }
    }

    String requestText = buffer.substring(0, requestEndIndex);
    String[] lines = requestText.split("\r\n|\n");
    if (lines.length == 0) return null;

    // 요청 파싱
    String[] requestLineParts = lines[0].split(" ");
    if (requestLineParts.length != 3) return null;
    HttpRequest request = new HttpRequest();
    request.method = requestLineParts[0];
    request.path = requestLineParts[1];
    request.version = requestLineParts[2];

    for (int i = 1; i < lines.length; i++) {
        String line = lines[i];
        int colonPos = line.indexOf(':');
        if (colonPos > 0) {
            String name = line.substring(0, colonPos).trim();
            String value = line.substring(colonPos + 1).trim();
            request.headers.put(name.toLowerCase(), value);
        }
    }
```

```
        // 다음 요청을 위해 남아 있는 버퍼 저장
        request.remainingBuffer = buffer.substring(
            requestEndIndex
                + (buffer.substring(requestEndIndex)
                        .startsWith("\r\n\r\n") ? 4 : 2));
        return request;
    }
```

요청 처리에 실패했을 때 사용할 전용 에러 응답이 필요하다. buildErrorResponse 메서드는 적절한 HTTP 500 에러 응답을 생성한다.

깃허브 소스 c06/NonBlockingHttpServer.java

```
    private String buildErrorResponse(HttpRequest request,
            int requestId, Exception error) {
        StringBuilder response = new StringBuilder();

        // 응답의 HTTP 버전을 요청의 HTTP 버전에 맞춘다.
        response.append(request.version).append(" 500 Internal Server Error\r\n");

        // 헤더
        response.append("Content-Type: text/plain\r\n");
        response.append("Server: NonBlockingHttpServer/1.0\r\n");
        response.append("Date: ").append(Instant.now()).append("\r\n");

        // 에러 발생 시 연결을 항상 종료한다.
        response.append("Connection: close\r\n");

        // 본문
        String body = String.format(
            "Request #%d failed\nPath: %s\nError: %s\nTime: %s",
            requestId,
            request.path,
            error.getMessage() != null
                ? error.getMessage()
                : error.getClass().getSimpleName(),
            Instant.now());

        response.append("Content-Length: ")
            .append(body.length()).append("\r\n")
            .append("\r\n") // 비어 있는 줄로 헤더와 본문 구분
```

```
            .append(body);

        return response.toString();
    }
```

HttpRequest 클래스는 이전 예제와 정확히 동일하므로 다시 설명하지 않는다. 이 클래스에는 HTTP 메서드, 경로, 버전, 헤더 맵, 그리고 논블로킹 서버에서 부분 요청을 처리하기 위해 남은 버퍼가 포함된다.

이제 이 자바 프로그램을 실행해 보면, 단일 스레드로 동작함에도 불구하고 여러 연결을 동시에 처리할 수 있음을 확인할 수 있다. 이것이 바로 NIO의 힘이다. 각 연결마다 별도의 스레드를 생성하지 않고도 다수의 클라이언트를 효율적으로 관리할 수 있다.

확장성을 검증하기 위해 이 서버에 수천 개의 연결 요청을 전송할 수 있는 간단한 멀티클라이언트 애플리케이션을 만들고 대량의 동시 연결을 처리하도록 서버에 부하를 가하면 서버의 성능을 관찰해 볼 수 있다.

깃허브 소스 c06/PipeliningLoadTest.java

```
import java.io.BufferedReader;
import java.io.IOException;
import java.io.InputStreamReader;
import java.io.PrintWriter;
import java.net.Socket;
import java.util.ArrayList;
import java.util.List;

public class PipeliningLoadTest {
    public static void main(String[] args) throws Exception {
        int numConnections = 10;
        int requestsPerConnection = 100;
        long startTime = System.currentTimeMillis();
        List<Thread> threads = new ArrayList<>();
        for (int i = 0; i < numConnections; i++) {
            Thread t = Thread.ofVirtual().start(() -> {  ❶
                try {
                    testPipelining(requestsPerConnection);
                } catch (Exception e) {
                    e.printStackTrace();
```

```
            }
        });
        threads.add(t);
    }
    for (Thread t : threads) {
        t.join();
    }
    long elapsed = System.currentTimeMillis() - startTime;
    System.out.println("Total time: " + elapsed + "ms");
    System.out.println("Requests per second: " +
        (numConnections * requestsPerConnection * 1000.0 / elapsed));
}

private static void testPipelining(int numRequests)
        throws Exception {
    Socket socket = new Socket("localhost", 8080);
    PrintWriter out = new PrintWriter(
        socket.getOutputStream(), true);
    BufferedReader in = new BufferedReader(
        new InputStreamReader(socket.getInputStream()));
    for (int i = 0; i < numRequests; i++) {
        String path = (i % 10 == 0) ? "/slow" : "/fast";  ❷
        out.println("GET " + path + " HTTP/1.1");
        out.println("Host: localhost");
        out.println("Connection: " +
            (i == numRequests - 1 ? "close" : "keep-alive"));  ❸
        out.println();
    }
    for (int i = 0; i < numRequests; i++) {
        readResponse(in);  ❹
    }
    socket.close();
}

static void readResponse(BufferedReader in)
        throws IOException {
    // 상태 행과 헤더를 읽는다.
    String line;
    int contentLength = 0;
    while ((line = in.readLine()) != null) {
        System.out.println(line);
        if (line.startsWith("Content-Length: ")) {
```

```
                contentLength = Integer.parseInt(
                    line.substring("Content-Length: ".length()));
            }
            if (line.isEmpty()) {
                break; // 헤더 종료
            }
        }
        // 본문을 읽는다.
        char[] body = new char[contentLength];
        in.read(body);
        System.out.println(new String(body));
    }
}
```

이 부하 테스트는 HTTP 파이프라이닝과 동시 연결 처리에서 몇 가지 중요한 측면을 보여준다.

❶ 가상 스레드를 사용해 10개의 동시 연결을 효율적으로 생성한다. 각 가상 스레드는 하나의 연결에서 파이프라이닝된 100개의 요청을 처리한다.

❷ 열 번째 요청마다 2초 지연을 발생시키는 느린 요청으로 설정해서, 현실적인 작업 부하 혼합을 시뮬레이션한다.

❸ 각 연결의 마지막 요청에는 `"Connection: close"`를 사용해 keep-alive 세션을 정상적으로 종료한다.

❹ 모든 요청을 전송한 뒤, 응답을 순서대로 모두 읽는다. 이것이 진정한 HTTP/1.1 파이프라이닝의 핵심이다.

이 부하 테스트는 가상 스레드를 사용하는 클라이언트 10개를 생성하며, 각 클라이언트는 서버에 하나의 영속 연결을 열고 해당 소켓을 통해 HTTP/1.1 요청 100개를 파이프라이닝 방식으로 전송한다(전체 요청 수는 총 1,000개).

열 번째 요청마다 /slow 경로를 대상으로 하여 2초 동안 대기하며 무거운 작업을 시뮬레이션하고, 나머지 9개의 요청은 /fast 경로로 즉시 응답을 반환한다. 모든 요청을 전송한 뒤, 각 클라이언트는 파이프라인 의미를 유지한 채 응답을 순서대로 읽는다.

먼저 터미널 1에서 다음 명령으로 `NonBlockingHttpServer`를 시작하고,

```
java NonBlockingHttpServer.java
```

터미널 2에서 다음 명령으로 PipeliningLoadTest를 실행할 수 있다.

```
java PipeliningLoadTest.java
```

모든 스레드가 종료되면 다음과 같이 전체 경과 시간을 출력하고 초당 처리 요청 수를 계산한다.

```
Total time: 2086ms
Requests per second: 479.3863854266539
```


운영체제 수준의 소켓은 10개만 활성화되어 있고, 서버의 셀렉터는 단일 스레드에서 준비 이벤트를 처리하기 때문에, 이 테스트는 순수한 소켓 개수보다는 연결 동시성과 파이프라이닝 효율에 초점을 맞춘다. 그 결과, 개별 요청의 지연 시간이 크게 달라지는 상황에서도 높은 처리량을 유지할 수 있는 NIO의 능력을 충분히 확인할 수 있다.

이벤트 기반 아키텍처

앞서 사용한 추측 게임은 확장성도 괜찮고 목적에도 부합하지만, 실제 환경의 애플리케이션은 훨씬 더 복잡하다. 단순히 클라이언트로부터 몇 번의 추측을 처리하는 수준을 훨씬 넘어선다. 더 크고 동적인 시스템을 지원하려면 코드를 어떻게 구조화해야 할까?

다행히도 이벤트 기반event-driven 패러다임 위에 구축된 많은 프레임워크가 존재하며, 이를 통해 동시성과 확장성을 효율적으로 처리하는 일이 훨씬 쉬워졌다. 네티Netty(https://netty.io)와 버트엑스Vert.x(https://vertx.io)는 이러한 접근 방식을 잘 보여주는 대표적인 예다.

만약 이 추측 게임을 버트엑스를 사용해 다시 작성한다면, 대략 다음과 같이 구현할 수 있다.

깃허브 소스 c06/VertxHttpServer.java

```
import io.vertx.core.AbstractVerticle;
import io.vertx.core.Promise;
import io.vertx.core.Vertx;
import io.vertx.core.json.JsonObject;
import io.vertx.ext.web.Router;
import io.vertx.ext.web.RoutingContext;
import java.util.concurrent.atomic.AtomicLong;
```

```
public class VertxHttpServer extends AbstractVerticle {

    private static final int PORT = 8080;
    private final AtomicLong requestCounter = new AtomicLong(0);  ❶
    private long startTime;

    @Override
    public void start(Promise<Void> startPromise) {
        startTime = System.currentTimeMillis();
        Router router = Router.router(vertx);  ❷
        router.get("/fast").handler(this::handleFastRequest);
        router.get("/slow").handler(this::handleSlowRequest);
        router.get("/stats").handler(this::handleStats);
        vertx.createHttpServer()
            .requestHandler(router)
            .listen(PORT, "localhost");  ❸
    }

    private void handleFastRequest(RoutingContext ctx) {
        long requestId = requestCounter.incrementAndGet();
        ctx.response()
            .putHeader("content-type", "text/plain")
            .end("Request #" + requestId + ": Fast request processed");  ❹
    }

    private void handleSlowRequest(RoutingContext ctx) {
        long requestId = requestCounter.incrementAndGet();
        vertx.setTimer(2000, id -> {  ❺
            ctx.response()
                .putHeader("content-type", "text/plain")
                .end("Request #" + requestId + ": Slow request processed");
        });
    }

    private void handleStats(RoutingContext ctx) {
        long uptimeMillis = System.currentTimeMillis() - startTime;
        JsonObject stats = new JsonObject()
            .put("totalRequests", requestCounter.get())
            .put("uptimeMillis", uptimeMillis)
            .put("currentThread", Thread.currentThread().getName())
            .put("isEventLoopThread", Vertx.currentContext()
```

```java
                .isEventLoopContext()); ❻
        ctx.response()
            .putHeader("content-type", "application/json")
            .end(stats.encodePrettily());
    }

    public static void main(String[] args) {
        Vertx vertx = Vertx.vertx();
        vertx.deployVerticle(new VertxHttpServer()); ❼
    }
}
```


버트엑스로 구현한 내용을 살펴보면 이벤트 기반 아키텍처의 몇 가지 핵심 원칙을 알 수 있다.

❶ 다수의 이벤트 루프 스레드에 의해 요청 카운트가 중복 증가할 수 있으므로, 스레드 안전한 요청 카운팅을 위해 AtomicLong을 사용한다.

❷ Router는 HTTP 라우팅을 선언적으로 처리한다. 각 경로는 특정 핸들러 메서드에 매핑된다.

❸ 서버는 메인 스레드를 블로킹하지 않고 이벤트 루프 위에서 비동기적으로 시작된다.

❹ 빠른 요청은 이벤트 루프 스레드에서 즉시 완료된다. 이는 논블로킹 I/O의 특성을 잘 보여준다.

❺ 가장 중요한 차이점은 vertx.setTimer()다. 이 메서드는 이벤트 루프 스레드를 블로킹하지 않고 2초 뒤에 응답을 스케줄링한다. 높은 동시성 처리 능력을 유지하는 핵심 메커니즘이다.

❻ stats 엔드포인트는 어떤 스레드가 요청을 처리하고 있는지를 보여준다. 이를 통해 모든 요청이 이벤트 루프 스레드에서 실행되고 있음을 확인할 수 있다.

❼ verticle을 배포하면 버트엑스가 이벤트 루프를 자동으로 관리하면서 이벤트 기반 서버가 시작된다.

이 버트엑스 서버를 실행하려면 메이븐 프로젝트에 다음 의존관계를 추가해야 한다.

```xml
<dependency>
    <groupId>io.vertx</groupId>
    <artifactId>vertx-core</artifactId>
    <version>5.0.0</version>
</dependency>
<dependency>
    <groupId>io.vertx</groupId>
    <artifactId>vertx-web</artifactId>
    <version>5.0.0</version>
</dependency>
```

의존 관계를 추가하면 다음과 같이 curl로 HTTP 엔드포인트를 테스트할 수 있다.

```
curl -X GET http://localhost:8080/fast
curl -X GET http://localhost:8080/slow
curl -X GET http://localhost:8080/stats
```

이제 버트엑스 내부 세부 사항보다는 상위 수준의 개념에 집중해 보자. 버트엑스는 본질적으로 이벤트 루프 기반 동시성 모델을 사용하는 멀티코어 리액터 패턴 위에 구축된다. 소수의 가벼운 이벤트 루프 스레드가 NIO와 같은 논블로킹 연산을 통해 지속적으로 I/O 이벤트를 대기하고 처리한다. 요청 인입 같은 이벤트가 발생하면, 짧고 논블로킹인 콜백이 이벤트 루프 안에서 실행되어 높은 응답성을 보장한다.

하지만 모든 작업을 이벤트 루프에서 처리할 수 있는 것은 아니다. 현실에는 데이터베이스 쿼리나 파일 시스템 접근처럼 본질적으로 블로킹되거나 오래 걸리는 작업도 존재한다. 버트엑스는 이러한 작업을 별도의 워커 스레드 풀로 지능적으로 위임하여 이벤트 루프가 느려지는 것을 방지한다. 이러한 설계 덕분에 이벤트 루프는 불필요한 지연 없이 새로운 요청을 계속 처리할 수 있게 된다.

버트엑스의 핵심 강점 중 하나는, 애플리케이션의 각기 다른 컴포넌트들이 비동기적으로 통신할 수 있도록 해주는 이벤트 버스(https://oreil.ly/9Fs7I)다. 이벤트 버스를 사용하면 시스템을 느슨하게 결합된 상태로 유지하면서도 애플리케이션의 각기 다른 부분을 자연스럽게 조율할 수 있다(그림 6-1).

그림 6-1을 보면 버트엑스 같은 프레임워크가 이벤트 루프를 중심으로 어떻게 동작하는지를 한눈에 알 수 있다. 이 프레임워크는 클라이언트 연결을 관리하고, 외부 요청을 처리하며, 응답을 기록하는 모든 과정을 논블로킹 방식으로 수행한다. 일반적으로 이 위에 리액티브 프레임워크가 올라가며, 네트워크 연산을 단순화하는 고수준 API를 제공한다. 이런 API는 곧 더 자세히 살펴볼 것이다. 개발자는 저수준의 논블로킹 I/O를 직접 다루는 대신에, HTTP 요청과 응답, 카프카Kafka 메시지와 같이 추상화된 타입을 사용해서 직관적으로 작업할 수 있으므로 개발 과정이 훨씬 단순해진다.

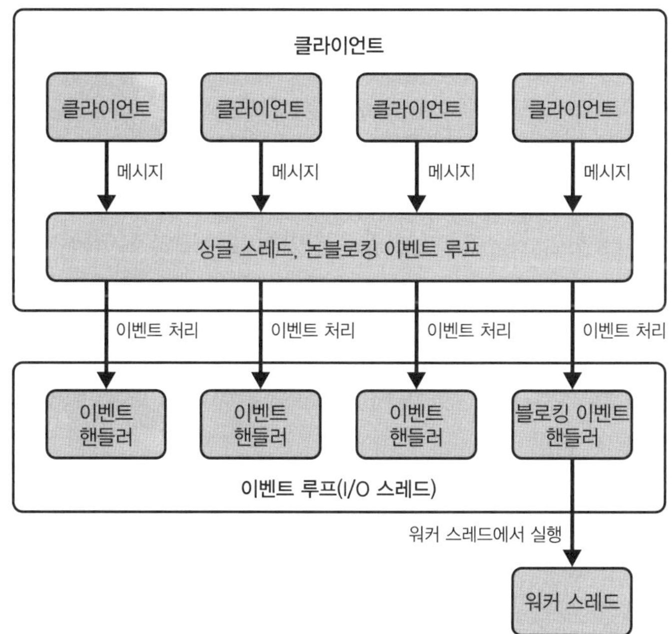

그림 6-1 버트엑스에 사용된 이벤트 기반 아키텍처의 이벤트 루프

애플리케이션 코드는 가장 상위 계층에 위치한다. 이 코드는 이벤트 루프와 직접 상호작용하지 않고, 이벤트 핸들러를 통해 동작한다. 예를 들어, 앞선 코드 예제에서는 특정 HTTP 경로를 처리하기 위해 `handleFastRequest`와 `handleSlowRequest` 같은 핸들러를 정의했다.

지금까지는 모든 것이 잘 작동하는 것처럼 보인다. 하지만 이 지점에서 짚고 넘어가야 할 매우 중요한 핵심사항이 있다. 애플리케이션의 이벤트 핸들러는 이벤트 루프 스레드, 즉 I/O 스레드에서 실행된다는 점이다. 만약 이 스레드를 블로킹하는 코드가 있다면 다른 동시 이벤트는 전혀 처리될 수 없다. 그 결과, 반응성과 동시성 처리 능력이 완전히 무너지며, 고도로 리액티브하게 설계된 시스템에 치명적인 결과를 초래한다.

버트엑스 예제에서 느린 요청 핸들러가 `Thread.sleep()` 대신 `vertx.setTimer()`를 사용하는 장면이 아주 중요하다. 버트엑스의 타이머는 이벤트 루프 스레드를 블로킹하지 않고 2초 후에 실행될 콜백을 예약한다. 그동안 스레드는 즉시 다른 요청을 처리할 수 있는 상태로 유지된다.

해결책은 단순하다. 애플리케이션 코드는 반드시 논블로킹이어야 한다. 어떤 상황에서도 I/O 스레드를 블로킹해서는 안 된다. 만약 그렇게 된다면, 이벤트 루프 전체가 멈추게 되고 애플리케이션의 반응성 역시 함께 무너진다.

물론 우회 방법은 존재한다. 블로킹 작업을 별도의 워커 스레드 풀로 넘길 수 있으며, 버트 엑스도 어느 정도는 이런 방식을 사용한다. 하지만 이는 결코 일반적인 해법이 되어서는 안 된다. 실제로 워커 스레드에 과도하게 의존하는 것은 리액티브 시스템의 본래 목적을 훼손한다. 그 이유는 I/O 스레드에서 워커 스레드로, 다시 I/O 스레드로 실행 흐름을 전환할 때마다 컨텍스트 스위치가 발생하기 때문이다. 이러한 오버헤드는 응답 시간을 느리게 만들고, 처음에 기대했던 효율성 향상을 조금씩 잠식한다.

그렇다면 애플리케이션 코드가 논블로킹 상태를 유지하도록 하려면 어떻게 해야 할까? '논블로킹 코드를 작성하라'고 말하기는 쉽지만, 실제 작성하기는 쉽지 않다는 점을 이미 살펴봤다. 논블로킹 코드를 작성하는 일은 정말로 생각만큼 단순하지 않으며, 사고방식의 전환이 필요하다.

바로 이 지점에서 리액티브 프레임워크가 중요한 역할을 한다. 이들은 블로킹 연산을 피하면서도 복잡한 흐름을 효율적으로 처리할 수 있도록 비동기 API를 제공한다. 태스크가 끝나기를 기다리는 대신, 콜백을 등록하고, 프로미스promise를 사용하거나, 리액티브 스트림을 활용해서 이벤트 루프가 멈추지 않게 하고 실행 과정을 조율해야 한다.

그렇다면 이러한 비동기 API는 정확히 무엇이며, 어떻게 동작하는 것일까. 이제 이를 살펴보자.

비동기 API

대부분의 개발자는 동기synchronous API에 익숙하다. 하지만 잠시 개념을 다시 한번 되짚어보자. 다음과 같은 단순한 자바 메서드를 보자.

깃허브 소스 c06/AiService.java

```
public class AiService {
    public String chat(String message) {
        return "Echo: " + message.toUpperCase();
    }
}
```

이 메서드는 문자열을 인자로 받아서 처리한 후 응답을 반환하며, 다음과 같이 호출할 수 있다.

```
String result = aiService.chat("What is the meaning of life?");
```

chat 메서드를 호출하는 스레드는 응답을 받을 때까지 블로킹된다. 바로 이 점이 **동기 API**의 전형적인 특징이다. 호출하는 스레드는 블로킹된 채 기다려야 한다.

이제 이 동기 API를 비동기 API로 만들려면 어떻게 해야 할까? 결과를 기다리는 대신에 메서드가 즉시 반환되도록 하고, 결과가 준비되면 콜백 함수가 결과를 처리하게 만들면 된다.

깃허브 소스 c06/AiService.java

```
public void chat(String message, Consumer<String> consumer) {
    Thread.startVirtualThread(() -> {
        try {
            String response = "Echo: " + message.toUpperCase();
            consumer.accept(response);
        } catch (Exception e) {
            consumer.accept("Error during chat: " + e.getMessage());
        }
    });
}
```

이 비동기 버전은 이제 2개의 파라미터를 받는다.

1. message 문자열
2. 응답이 준비되면 호출되는 Consumer<String> 타입의 콜백 함수

비동기 버전의 chat 메서드는 다음과 같이 호출할 수 있다.

```
aiService.chat("Hello, how are you?", response -> {
    System.out.println("Response 1: " + response);
});
aiService.chat("What is your name?", response -> {
    System.out.println("Response 2: " + response);
});
```

메인 스레드는 첫 번째 chat 메서드를 호출한 후에 결과를 기다리지 않는다. 대신에 즉시 두 번째 chat 메서드를 호출한다. 첫 번째 호출에 대한 응답이 준비되면 비동기적으로 처리된다. 바로 이 부분이 비동기 프로그래밍의 본질이다. 비동기 프로그래밍은 불필요하게 메인 스레드를 붙잡아두지 않고 놓아줘서 다른 태스크를 수행할 수 있게 한다.

하지만 콜백은 쉽게 통합하기 어렵다는 내재적인 문제가 있다. 첫 번째 콜백의 응답을 다른 chat 메서드의 인자로 넘기려면 어떻게 해야 할까? 한번 시도해 보자.

```
aiService.chat("What is the meaning of life?", response -> {
    aiService.chat(response, response2 -> {
        aiService.chat(response2, response3 -> {
            aiService.chat(response3, response4 -> {
                System.out.println(response4);
            });
        });
    });
});
```

코드 모양을 살펴보면 금방 알 수 있듯이, 비동기 실행에서 콜백을 사용하면 코드의 유지관리성이 급격히 떨어진다. 그래서 콜백을 사용하면 할수록 코드를 읽고 관리하기가 어려워지는 콜백 지옥callback hell에 빠지게 된다.

다른 대안은 없을까?

자바는 CompletableFuture라는 훨씬 깔끔한 대안을 내놓았다. CompletableFuture를 사용하면 비동기 코드를 구조화되고 조합할 수 있는 방식으로 작성할 수 있어서 결과적으로 코드 가독성도 유지할 수 있다. 이제 CompletableFuture<String>을 사용해 chat 메서드를 개선해 보자.

```
public CompletableFuture<String> chat(String message) {
    return CompletableFuture.supplyAsync(() -> {
        try {
            return "Echo: " + message.toUpperCase();
        } catch (Exception e) {
            return "Error during chat: " + e.getMessage();
        }
    });
}
```

이제 콜백에 의존하는 대신 다수의 비동기 호출을 더 구조화된 방식으로 연쇄적으로 호출할 수 있다.

```
aiService.chat("What is the meaning of life?")
    .thenCompose(aiService::chat)
    .thenCompose(aiService::chat)
    .thenCompose(aiService::chat)
    .thenAccept(System.out::println);
```

똑같이 비동기 방식을 사용하면서도 중첩된 콜백 대신 메서드의 조합을 사용해서 훨씬 읽기 쉬운 코드를 만들 수 있다. 예외 처리는 아직 다루지 않았지만 CompletableFuture는 실패를 우아하게 처리할 수 있는 풍부한 API를 제공한다.

이 정도면 I/O 스레드를 블로킹하는 문제를 완전히 해결했다고 볼 수 있을까? CompletableFuture가 비동기 결과를 처리하는 데 있어 굉장히 큰 도움이 된 것은 사실이지만, 아직 고려하지 않은 사항이 남아 있다. 바로 데이터 스트림이다. CompletableFuture는 하나의 결과를 반환하는 메서드에는 강력한 힘을 발휘하지만, 한 번의 응답으로 끝나는 것이 아니라 지속적인 데이터의 흐름이라는 연속적인 결과를 처리해야 할 때는 어떨까?

데이터 스트림을 비동기적으로 처리하는 이 부분이 흥미로운데, 리액티브 프레임워크가 빛을 발하는 분야도 바로 여기다.

자바 리액티브 프로그래밍

자바 리액티브 프로그래밍은 비동기, 논블로킹, 이벤트 기반 애플리케이션을 중심으로 한 패러다임이다. 이 패러다임의 핵심 개념은 **리액티브 스트림**reactive stream이다. 리액티브 스트림은 **배압**backpressure을 사용해 비동기 데이터 흐름을 관리하기 위한 표준이며 리액티브 스트림 명세Reactive Streams Specification(https://oreil.ly/HhQ9M)에 정의되어 있다.

먼저 리액티브 스트림이 무엇인지 살펴보고, 이어서 배압이 무엇인지 알아본다.

리액티브 스트림 이해

리액티브 프로그래밍에서는 코드를 스트림을 중심으로 구성하며, 변환들의 연결을 파이프라인이라고 부른다. 이 패러다임에서는 모든 것을 이벤트의 스트림으로 바라볼 수 있으며, 이벤트는 생산자에서 소비자로 흘러가면서 여러 변환 단계를 거친다.

무엇이든 이벤트가 될 수 있으며 사용자 클릭, 센서 측정값, 수신된 메시지 등이 이벤트에 해당한다. 이러한 이벤트는 그림 6-2와 같이 업스트림 소스에서 다운스트림 구독자로 전달되며, 그 과정에서 데이터를 변환하거나 필터링하는 연산자들을 통과한다.

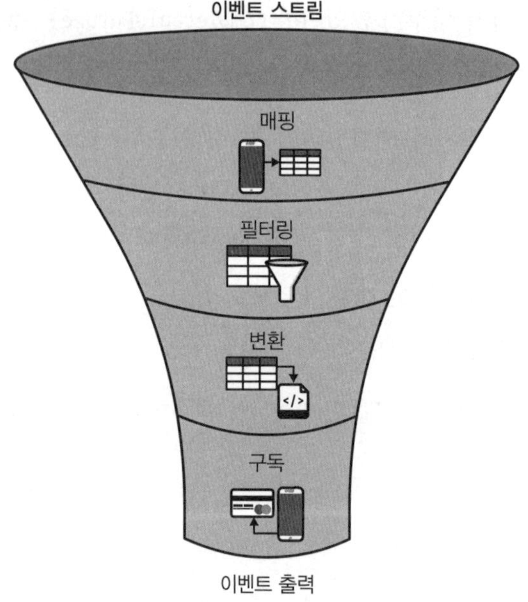

그림 6-2 리액티브 프로그래밍 데이터 흐름

각 연산자는 자신의 업스트림을 관찰하고 새로운 스트림을 생성한다. 그러나 스트림은 기본적으로 지연 실행된다. 즉 구독자가 존재하기 전까지는 아무런 처리도 시작되지 않는다. 비동기이기 때문에 이벤트가 '언제' 도착할지는 알 수 없으므로, 이벤트가 도착했을 때 반응하도록 관찰자observer를 미리 설정해 둔다.

리액티브 프로그래밍에서는 네 가지 기본 구성요소를 다룬다.

- **발행사**publisher
  데이터 항목을 비동기적으로 발행하는 소스다. 시간의 흐름에 따라 0개 이상의 항목을 발행할 수 있는 데이터 생산자producer다.
- **구독자**subscriber
  발행된 항목을 수신하고 처리하는 소비자consumer다. 구독자는 데이터를 수신하겠다는 의사를 표현하고, 이를 어떻게 처리할지를 정의한다.
- **구독**subscription
  발행자와 구독자를 연결하는 매개체로, 데이터 흐름을 관리하고 배압 제어를 가능하게 한다.
- **프로세서**processor
  구독자이면서 동시에 발행자 역할을 하는 구성요소로, 스트림을 따라 흐르는 데이터를 변환한다.

리액티브 스트림은 세 가지 타입의 시그널을 발행할 수 있다.

- **데이터 항목**data item
  스트림을 통해 흐르는 실젯값이다.
- **에러 신호**error signal
  복구할 수 없는 오류가 발생했음을 나타내며, 스트림을 종료시킨다.
- **완료 신호**completion signal
  더 이상 발행할 항목이 없으며 스트림이 정상적으로 완료되었음을 나타낸다.

자바에는 여러 리액티브 프로그래밍 라이브러리가 존재한다. 그중 대표적인 것은 다음과 같다.

- **프로젝트 리액터**Project Reactor(https://oreil.ly/rKyko)
  프로젝트 리액터는 다음과 같은 핵심 타입을 제공한다.
  - `Flux<T>`(https://oreil.ly/5Xb9z)는 0~*N*개의 항목을 발행한다.
  - `Mono<T>`(https://oreil.ly/2fKjm)는 0개 또는 1개의 항목을 발행한다.
- **알엑스자바**RxJava(https://oreil.ly/hrj2a)
  자바를 위한 리액티브 확장 라이브러리다. 다음과 같은 타입을 제공한다.
  - `Observable<T>`(https://oreil.ly/HY8sm)는 0~*N*개의 항목을 발행한다.
  - `Single<T>`(https://oreil.ly/UlIwi)는 정확히 1개의 항목을 발행한다.
  - `Maybe<T>`(https://oreil.ly/Or-Vx)는 0개 또는 1개의 항목을 발행한다.

이제 프로젝트 리액터를 사용하는 몇 가지 예제를 통해 리액티브 프로그래밍 탐험을 떠나보자.

깃허브 소스 c06/ReactiveExample.java

```
public class ReactiveExample {

    publid static void main(String[] args) {
        // 1에서 5까지의 정수를 방출하는 Flux 생성
        Flux<Integer> numbers = Flux.just(1, 2, 3, 4, 5);  ❶
        // 스트림 처리: 짝수만 필터링해서 선택하고 문자열로 변환
        numbers
            .filter(n -> n % 2 == 0)  ❷ // 짝수만 선택
            .map(n -> "Value: " + n)  ❸ // 문자열로 변환
            .subscribe(
                    System.out::println,  ❹ // onNext: 각 값을 출력
                    error -> System.err.println("Error: " + error),  ❺ // onError
                    () -> System.out.println("Done!")  ❻ // onComplete
            );
    }
}
```

예제 코드는 기본적인 리액티브 스트림 파이프라인을 잘 보여준다.

❶ 1부터 5까지의 정숫값으로 구성된 콜드 스트림을 생성한다. 이 스트림은 구독자가 구독하기 전까지는 아무런 값도 출력하지 않는다.

❷ filter 연산자는 짝수라는 조건식을 만족시키는 원소만 포함하는 새로운 스트림을 생성한다.

❸ map 연산자는 각 원소를 정형화된 문자열로 변환한다.

❹ subscribe 메서드는 파이프라인 실행을 유발하고 출력된 값을 어떻게 처리할지 정의한다.

❺ 파이프라인에 있는 연산 처리 중 예외를 던지면 에러 처리 콜백을 실행한다.

❻ 스트림이 모든 원소를 출력하면 완료 콜백을 실행한다.

예제 출력은 다음과 같다.

```
Value: 2
Value: 4
Done!
```

가장 단순한 예제를 통해 리액티브 프로그래밍이 어떤 건지 기본적인 감을 잡았으니, 이제 더 현실적인 예제라고 할 수 있는 암호화폐 가격 모니터링 시스템을 만들어보자.

여러 거래소에서 계속해서 변화하는 암호화폐 가격을 실시간으로 모니터링하는 시스템 구축 과정을 상상해 보자. 이 시나리오에는 다수의 비동기 데이터 소스, 데이트 스트림 변환, 특정 조건에 대한 반응 등 리액티브 프로그래밍의 특장점을 확실하게 보여줄 수 있는 여러 요소들이 포함돼 있다.

먼저 데이터 모델 만들기로 시작해 보자.

깃허브 소스 c06/model/PriceData.java

```
public record PriceData(String exchange, String symbol, double price,
                        Instant timestamp) {}
```

깃허브 소스 c06/model/PriceAlert.java

```
public record PriceAlert(String symbol, String message, AlertType type) {}
```

깃허브 소스 c06/enum/AlertType.java

```
enum AlertType {THRESHOLD_CROSSED, RAPID_CHANGE, ANOMALY}
```

이제 단순한 리액티브 가격 모니터링 시스템을 만들어보자.

깃허브 소스 c06/SimplePriceMonitor.java

```
import reactor.core.publisher.Flux;
import java.time.Duration;
import java.time.Instant;

public class SimplePriceMonitor {

    public static void main(String[] args) throws InterruptedException {
        // 현재가 업데이트 스트림 생성 ❶
        Flux<PriceData> priceStream = Flux.interval(Duration.ofSeconds(1))
            .map(i -> new PriceData(
                "Binance",
                "BTC/USD",
                50000 + (Math.random() - 0.5) * 1000, ❷
                Instant.now()
            ));

        // 스트림 처리 ❸
        priceStream
            .filter(price -> price.price() > 50200) ❹
            .map(price -> String.format("BTC price $%.2f exceeds threshold!",
                price.price())) ❺
            .subscribe(
                alert -> System.out.println(alert), ❻
                error -> System.err.println("Error: " + error),
                () -> System.out.println("Monitoring complete")
            );

        // 메인 스레드가 종료되지 않도록 유지
        Thread.sleep(10000);
    }
}
```

❶ 매초 값을 출력하는 콜드 스트림을 생성한다. interval 연산자는 데몬 스레드를 사용하므로 메인 스레드가 종료되지 않도록 살려둬야 한다. 스트림은 구독자가 구독하기 전까지는 아무것도 출력하지 않는다.

❷ 50,000달러 기준으로 랜덤하게 변동하는 가격 데이터를 생성한다.

❸ 스트림 파이프라인을 시작한다. 각 연산자는 앞선 스트림을 관찰하는 새 스트림을 생성한다.

❹ 50,200달러 초과인 가격만 선택하도록 필터링한다. 선택 처리가 어떻게 진행되는지 보여준다.

❺ 가격 데이터를 경고 메시지로 변환한다. 데이터가 흘러가면서 어떻게 모습을 바꾸는지 보여준다.

❻ 스트림을 구독하면 전체 파이프라인이 동작하기 시작한다.

실제 현실에서 운영되는 애플리케이션은 더 복잡한 스트림 처리를 필요로 한다. 이제 다수의 거래소와 종목 코드를 처리하는 완전한 가격 모니터링 시스템을 만들어보자.

깃허브 소스 c06/CryptoPriceMonitor.java

```
public class CryptoPriceMonitor {

    private static final List<String> EXCHANGES =
        List.of("Binance", "Coinbase", "Kraken");
    private static final List<String> SYMBOLS =
        List.of("BTC/USD", "ETH/USD", "SOL/USD");

    // 다수의 구독자에게 경고를 브로드캐스팅하는 싱크(sink)  ❶
    private static final Sinks.Many<PriceAlert> alertSink =
        Sinks.many().multicast().onBackpressureBuffer();

    public static void main(String[] args) throws InterruptedException {
        // 다수의 거래소로부터 들어오는 스트림을 병합한 스트림을 생성한다.  ❷
        Flux<PriceData> priceStream = Flux.merge(
            EXCHANGES.stream()
                .map(CryptoPriceMonitor::createExchangeFeed)
                .toList()
        );

        // 병렬 처리를 위해 가격을 종목 코드 기준으로 그룹핑한다. ❸
        priceStream
            .groupBy(PriceData::symbol)
            .subscribe(symbolFlux -> {
                String symbol = symbolFlux.key();

                // 5초 이동 평균값을 계산한다.  ❹
                symbolFlux
                    .window(Duration.ofSeconds(5))
                    .flatMap(window -> calculateMovingAverage(window, symbol))
                    .subscribe(avg -> System.out.printf(
                        " %s Moving Avg: $%.2f%n", symbol, avg));
```

6 가상 스레드 시대에서 리액티브 자바의 의미

```
            // 가격 급등락을 감지한다. ❺
            symbolFlux
                .buffer(2, 1)
                .filter(buffer -> buffer.size() == 2)
                .map(buffer -> detectRapidChange(buffer.get(0), buffer.get(1)))
                .filter(Optional::isPresent)
                .map(Optional::get)
                .subscribe(alertSink::tryEmitNext);
        });

    // 경고 스트림을 구독한다. ❻
    alertSink.asFlux()
        .subscribe(alert -> System.out.printf(" [%s] %s: %s%n",
            alert.type(), alert.symbol(), alert.message()));

    Thread.sleep(30000);
}

private static Flux<PriceData> createExchangeFeed(String exchange) {
    return Flux.interval(Duration.ofMillis(
        100 + (int) (Math.random() * 400))) ❼
        .map(i -> {
            String symbol = SYMBOLS.get(
                (int) (Math.random() * SYMBOLS.size()));
            double basePrice = getBasePrice(symbol);
            double variation = (Math.random() - 0.5) * 0.01;
            double price = basePrice * (1 + variation);

            return new PriceData(exchange, symbol, price, Instant.now());
        })
        .doOnNext(price -> System.out.printf(
            "%s [%s]: $%.2f%n", ❽
            price.exchange(), price.symbol(), price.price()));
}
```

이 고급 예제는 여러 가지 핵심적인 리액티브 패턴을 보여준다.

❶ 싱크(sink)는 명령형 코드와 리액티브 코드 사이를 연결하는 다리 역할을 하며, 스트림에 항목을 수동으로 내보낼 수 있게 해준다.

❷ merge는 여러 스트림을 하나의 스트림으로 결합하며, 각 스트림에서 항목이 도착하는 순서대로 섞어서 전달한다.

❸ groupBy는 keyMapper 함수에 따라 하나의 스트림을 여러 개의 서브 스트림으로 분할하여, 서로 다른 심볼을 병렬로 처리할 수 있게 한다.

❹ window는 시간 기반으로 데이터를 묶어주며, 슬라이딩 시간 구간에 대한 지표를 계산하는 데 적합하다.

❺ buffer는 항목을 리스트로 모으며, stride 파라미터를 통해 슬라이딩 윈도(sliding window)를 생성한다.

❻ 싱크로 생성된 핫 스트림은 여러 구독자가 동일한 이벤트를 수신할 수 있게 한다.

❼ 불규칙한 간격은 서로 다른 거래소에서 데이터가 균일하게 도착하지 않는 현실적인 상황을 시뮬레이션한다.

❽ doOnNext를 사용한 부수 효과는 스트림의 데이터 흐름에 영향을 주지 않으면서 로그를 남길 수 있게 해준다.

이제 몇 가지 보조 메서드를 구현하면 예제를 완성할 수 있다.

calculateMovingAverage 메서드는 슬라이딩 윈도에 대한 평균 가격을 계산한다. 이동 평균값은 가격의 단기 변동을 부드럽게 완화하고 가격 추세를 식별하는 데 필수적이다.

깃허브 소스 c06/CryptoPriceMonitor.java

```
private static Mono<Double> calculateMovingAverage(Flux<PriceData> window,
        String symbol) {
    return window
        .map(PriceData::price)
        .reduce(new double[]{0, 0}, (acc, price) -> {
            acc[0] += price;  // 합계
            acc[1] += 1;      // 카운트 증가
            return acc;
        })
        .map(acc -> acc[1] > 0 ? acc[0] / acc[1] : 0.0)
        .filter(avg -> avg > 0);
}
```

이동 평균값이 추세를 식별하는 데 도움이 되지만, 가격의 급격한 움직임도 감지할 필요가 있다. detectRapidChange 메서드는 연속된 두 가격 데이터를 비교하여, 유의미한 변화가 발생했을 때 알림을 생성한다.

깃허브 소스 c06/CryptoPriceMonitor.java

```java
private static Optional<PriceAlert> detectRapidChange(PriceData prev,
        PriceData current) {
    if (!prev.symbol().equals(current.symbol())) {
        return Optional.empty();
    }

    double changePercent = Math.abs((current.price() - prev.price())
        / prev.price()) * 100;
    if (changePercent > 0.5) { // 0.5% 초과 변경 시 급격한 변경으로 간주
        return Optional.of(new PriceAlert(
            current.symbol(),
            String.format("Rapid %.2f%% change: $%.2f → $%.2f",
                changePercent, prev.price(), current.price()),
            AlertType.RAPID_CHANGE
        ));
    }
    return Optional.empty();
}
```

getBasePrice 메서드는 지원되는 거래 쌍에 대해 기준 가격을 제공한다.

깃허브 소스 c06/CryptoPriceMonitor.java

```java
private static double getBasePrice(String symbol) {
    return switch (symbol) {
        case "BTC/USD" -> 50000;
        case "ETH/USD" -> 3000;
        case "SOL/USD" -> 100;
        default -> 1000;
    };
}
```

지금까지 리액티브 스트림에 대해 개괄적으로 살펴봤다. 리액티브 프로그래밍의 모든 세부 사항을 다루는 것은 이 책의 목적이 아니며, 리액티브 스트림에 대해서는 어느 정도 감을 잡을 수 있도록 이 정도만 다루기로 한다. 더 깊이 있는 학습을 원한다면, 해당 주제를 전문적으로 다룬 서적을 참고하는 것이 좋다.

리액티브 스트림은 자바 스트림과 다르다.

- `java.util.stream.Stream`(https://oreil.ly/7tgYY)은 컬렉션을 메모리 내에서 동기적으로 처리하는 데 사용하는 자바 Streams API다.
- 반면 리액티브 스트림은 비동기, 이벤트 기반, 논블로킹 데이터 처리를 다루며, 배압을 지원한다.

배압

리액티브 프로그래밍에서 배압이란 다운스트림 구독자가 데이터를 더 이상 처리할 수 없을 때 업스트림 발행자에게 '너무 빨라, 천천히!'라고 신호를 보낼 수 있게 해주는 핵심 메커니즘이다.

높은 빈도로 트레이딩하는 시나리오를 사용할 때 적용할 수 있는 여러 배압 전략을 알아보자.

깃허브 소스 c06/BackpressureDemo.java

```
public class BackpressureDemo {

    public static void main(String[] args) throws InterruptedException {
        // 초고빈도 가격 피드 시뮬레이션 ❶
        Flux<PriceData> extremeFeed = Flux.interval(Duration.ofNanos(100_000))
            .map(i -> new PriceData(
                "HFT-Exchange",
                "BTC/USD",
                50000 + ThreadLocalRandom.current().nextDouble(-100, 100),
                Instant.now()
            ))
            .share(); // 구독자 사이에 공유되는 핫 스트림

        // 전략 1: 샘플링 - 주기적인 스냅샷 ❷
        System.out.println("SAMPLING Strategy:");
        extremeFeed
            .sample(Duration.ofMillis(100))
            .take(10)
            .subscribe(price -> System.out.printf(
                "[SAMPLED] Price: $%.2f at %s%n",
                price.price(), price.timestamp()));
```

```
        Thread.sleep(1500);

        // 전략 2: 폐기 - 넘치면 폐기 ❸
        System.out.println("\nDROP Strategy:");
        AtomicInteger dropped = new AtomicInteger(0);
        extremeFeed
            .onBackpressureDrop(price -> {
                if (dropped.incrementAndGet() % 1000 == 0) {
                    System.out.printf("[DROPPED] %d updates dropped%n",
                        dropped.get());
                }
            })
            .publishOn(Schedulers.boundedElastic()) ❹
            .take(Duration.ofSeconds(1))
            .subscribe(price -> {
                simulateWork(10); // 느린 처리 시뮬레이션
                System.out.printf("[PROCESSED] Price: $%.2f%n", price.price());
            });
        Thread.sleep(1500);

        // 전략 3: 최신 값 - 최신 값만 유지 ❺
        System.out.println("\nLATEST Strategy:");
        extremeFeed
            .onBackpressureLatest()
            .publishOn(Schedulers.boundedElastic())
            .subscribe(price -> {
                simulateWork(100);  // 아주 느린 처리
                System.out.printf("[LATEST] Price: $%.2f%n", price.price());
            });
        Thread.sleep(2000);
    }

    private static void simulateWork(int millis) {
        try {
            Thread.sleep(millis);
        } catch (InterruptedException e) {
            Thread.currentThread().interrupt();
            throw new RuntimeException(e);
        }
    }
}
```

각 전략을 살펴보자.

❶ 초당 10,000개의 항목을 출력하는 스트림을 생성하며, 초고빈도 거래 데이터를 시뮬레이션한다.

❷ 샘플링 전략은 주기적으로 스냅샷을 취하는 방식으로, 모든 항목을 처리할 수는 없지만 정기적인 업데이트가 필요한 경우에 적합하다.

❸ 폐기 전략은 소비자가 따라가지 못할 경우 폐기한다. 일부 데이터 손실이 허용되는 상황에 적합하다.

❹ publishOn은 처리를 다른 스레드 풀로 이동시켜, 데이터 생성과 소비를 분리한다.

❺ 최신 값 전략은 아직 처리되지 않은 항목 중 가장 최신 값만 유지한다. 현재 상태만이 중요한 경우에 이상적이다.

리액터는 다양한 배압 처리 전략을 제공한다.

- `onBackpressureBuffer()`
  소비자가 따라올 때까지 모든 항목을 버퍼에 저장한다. 데이터 손실이 허용되지 않고 메모리가 충분한 경우에 사용한다.

- `onBackpressureBuffer(maxSize)`
  제한된 크기의 버퍼를 사용하며, 한도를 초과하면 실패한다. 메모리 고갈을 방지하기 위한 안전장치다.

- `onBackpressureDrop()`
  초과된 항목을 조용히 폐기한다. 완전성보다 최신성이 중요한 실시간 데이터에 적합하다.

- `onBackpressureLatest()`
  가장 최신 항목 하나만 유지한다. 중간 값에 의미를 둘 필요 없는 상태 업데이트 시나리오에 적합하다.

- `onBackpressureError()`
  배압이 발생하면 즉시 실패한다. 배압 자체가 시스템 설계상의 문제를 의미하는 경우에 사용한다.

이 예제는 발행자, 연산자, 구독자, 배압이라는 개념이 실제 환경에서 어떻게 함께 동작하는지를 보여준다.

이제 이 가격 모니터링 시스템을 가상 스레드를 사용해 구현해 보고, 리액터를 사용하는 방식과 가상 스레드를 사용하는 방식을 비교해 보자.

깃허브 소스 c06/PriceMonitorWithVirtualThreads.java

```
import ca.bazlur.mcj.chap6.reactive.AlertType;
import ca.bazlur.mcj.chap6.reactive.PriceAlert;
import ca.bazlur.mcj.chap6.reactive.PriceData;
import java.time.Instant;
import java.util.*;
import java.util.concurrent.*;
import java.util.concurrent.atomic.AtomicReference;

public class PriceMonitorWithVirtualThreads {

    private static final List<String> SYMBOLS =
        List.of("BTC/USD", "ETH/USD", "SOL/USD");
    private static final List<String> EXCHANGES =
        List.of("Binance", "Coinbase", "Kraken");
    private static final Map<String, AtomicReference<PriceData>> latestPrices =
        new ConcurrentHashMap<>();
    private static final BlockingQueue<PriceAlert> alertQueue =
        new LinkedBlockingQueue<>();

    public static void main(String[] args) throws InterruptedException {
        try (var executor = Executors.newVirtualThreadPerTaskExecutor()) {  ❶
            // 각 거래소의 가격 피드 시작
            for (String exchange : EXCHANGES) {
                executor.submit(() -> generatePriceFeed(exchange));
            }
            // 프로세서 시작
            executor.submit(PriceMonitorWithVirtualThreads::processAlerts);
            executor.submit(PriceMonitorWithVirtualThreads::monitorThresholds);
            Thread.sleep(30000);
        }
    }

    private static void generatePriceFeed(String exchange) {
        var random = ThreadLocalRandom.current();
        while (!Thread.currentThread().isInterrupted()) {
            try {
                Thread.sleep(100 + random.nextInt(400));  ❷
```

```java
                String symbol = SYMBOLS.get(random.nextInt(SYMBOLS.size()));
                double basePrice = getBasePrice(symbol);
                double variation = (random.nextDouble() - 0.5) * 0.01;
                double price = basePrice * (1 + variation);
                PriceData priceData = new PriceData(
                    exchange,
                    symbol,
                    price,
                    Instant.now()
                );
                System.out.printf(" %s [%s]: $%.2f%n", exchange, symbol, price);
                // 새 가상 스레드에서 가격 처리
                Thread.startVirtualThread(() -> processPrice(priceData)); ❸
            } catch (InterruptedException e) {
                Thread.currentThread().interrupt();
                break;
            }
        }
    }

    private static void processPrice(PriceData currentPrice) {
        PriceData previousPrice = latestPrices
            .computeIfAbsent(currentPrice.symbol(), k -> new AtomicReference<>())
            .getAndSet(currentPrice); ❹
        if (previousPrice != null) {
            detectRapidChange(previousPrice, currentPrice);
        }
        calculateSimpleMovingAverage(currentPrice.symbol(), currentPrice);
    }

    private static void detectRapidChange(PriceData prev, PriceData current) {
        if (!prev.symbol().equals(current.symbol())) return;
        double changePercent = Math.abs((current.price() - prev.price())
            / prev.price()) * 100;
        if (changePercent > 0.5) { // 0.5% 초과 변경 시 급격한 변경으로 간주
            PriceAlert alert = new PriceAlert(
                current.symbol(),
                String.format("Rapid %.2f%% change: $%.2f → $%.2f",
                    changePercent, prev.price(), current.price()),
                AlertType.RAPID_CHANGE
            );
            alertQueue.offer(alert); ❺
```

```
        }
    }

    private static void monitorThresholds() {
        Map<String, Double> thresholds = Map.of(
            "BTC/USD", 51000.0,
            "ETH/USD", 3100.0,
            "SOL/USD", 105.0
        );
        while (!Thread.currentThread().isInterrupted()) {
            try {
                Thread.sleep(2000);
                thresholds.forEach((symbol, threshold) -> {
                    AtomicReference<PriceData> ref = latestPrices.get(symbol);
                    if (ref != null) {
                        PriceData latest = ref.get();
                        if (latest != null && latest.price() > threshold) {
                            alertQueue.offer(new PriceAlert(
                                symbol,
                                String.format(
                                    "Price $%.2f exceeded threshold $%.2f",
                                    latest.price(), threshold),
                                AlertType.THRESHOLD_CROSSED
                            ));
                        }
                    }
                });
            } catch (InterruptedException e) {
                Thread.currentThread().interrupt();
                break;
            }
        }
    }

    private static final Map<String, LinkedList<Double>> priceWindows =
        new ConcurrentHashMap<>();

    private static void calculateSimpleMovingAverage(String symbol, PriceData price) {
        var window = priceWindows.computeIfAbsent(symbol, k -> new LinkedList<>());
        synchronized (window) {
            window.add(price.price());
            if (window.size() > 10) {
```

```
                window.removeFirst();
            }
            if (window.size() >= 5) {
                double avg = window.stream()
                    .mapToDouble(Double::doubleValue)
                    .average()
                    .orElse(0.0);
                System.out.printf("□□s Moving Avg: $%.2f%n", symbol, avg);
            }
        }
    }

    private static void processAlerts() {
        while (!Thread.currentThread().isInterrupted()) {
            try {
                PriceAlert alert = alertQueue.poll(100, TimeUnit.MILLISECONDS);
                if (alert != null) {
                    System.out.printf(" [%s] %s: %s%n",
                        alert.type(), alert.symbol(), alert.message());
                }
            } catch (InterruptedException e) {
                Thread.currentThread().interrupt();
                break;
            }
        }
    }

    private static double getBasePrice(String symbol) {
        return switch (symbol) {
            case "BTC/USD" -> 50000;
            case "ETH/USD" -> 3000;
            case "SOL/USD" -> 100;
            default -> 1000;
        };
    }
}
```

가상 스레드 방식은 다음과 같은 핵심적인 차이가 있다.

❶ 가상 스레드는 이그제큐터(executor)를 통해 암묵적으로 생성되며, 스레드 생성이 가볍고 자원 효율적이다.

❷ 리액티브의 `interval` 대신 `sleep` 호출이 포함된 명시적인 루프를 사용하므로, 타이밍을 수동으로 제어해야 한다.

❸ 각 가격 업데이트마다 새로운 가상 스레드를 생성하여 처리하며, 스트림 연산자 대신 스레드 생성을 통해 동시성을 달성한다.

❹ 아토믹 참조를 사용하는 공유 가변 상태는 리액티브의 불변 변환과 달리 세심한 동기화가 필요하다.

❺ 공유 데이터 구조에 대해 수동 동기화가 필요하지만, 리액티브 스트림에서는 공유 데이터 구조 수동 동기화 대신에 연산자를 통해 처리한다.

비교 및 트레이드오프

두 구현을 나란히 놓고 보면 접근 방식의 근본적인 차이가 드러난다. 리액티브 버전은 데이터가 일련의 변환을 거쳐 흐르는 선언적 파이프라인을 사용한다. 예를 들어 `window(Duration.ofSeconds(5))`는 시간 기반 구간을 생성하고, `onBackpressureDrop()`은 오버플로를 우아하게 처리하며, `groupBy()`는 명시적인 스레드 관리 없이 병렬 처리를 가능하게 한다.

반면 가상 스레드 버전은 명령형 코드와 수동 상태 관리를 사용한다. 이동 평균을 계산하기 위해 `synchronized` 블록과 함께 `LinkedList`를 유지하고, 배압을 위해 `BlockingQueue`를 사용하며, `Thread.startVirtualThread()`로 스레드를 명시적으로 생성한다.

리액티브 코드는 데이터 변환의 흐름을 기술하는 설명처럼 읽히는 반면, 가상 스레드 코드는 일련의 명령을 나열한 형태로 읽혀 전통적인 자바 프로그래밍에 익숙한 개발자에게는 친숙할 수 있다. 그러나 그만큼 동기화와 상태 관리에 더 주의를 기울여야 한다.

리액티브 프로그래밍의 장점과 단점

이제 논블로킹 I/O를 활용하고, 이벤트 기반 접근 방식을 채택하며, 스트림 기반 처리를 사용하는 리액티브 시스템이 어떻게 동작하는지 개략적으로 이해했으니, 이 패러다임의 장단점을 살펴보자.

리액티브 프로그래밍의 장점

무엇보다도 리액티브 프로그래밍은 논블로킹 연산과 비동기 실행에 기반한다. 이를 통해 애플리케이션은 시스템 자원을 최소한으로 소비하면서도 매우 많은 동시 요청을 처리할 수 있다. I/O 집중적인 작업의 경우, 리액티브 프로그래밍을 활용하면 확장성과 성능을 현저히 높일 수 있다.

둘째, 리액티브 프로그래밍은 논블로킹·비동기 코드 작성을 도와주는 강력한 도구 모음을 제공한다. 그리고 함수형 및 선언적 코딩 스타일을 장려하는데, 이런 스타일은 전통적인 명령형 프로그래밍보다 더 직관적이고 표현력이 좋다. 리액티브 코드는 데이터 스트림을 조합하고 이벤트를 구조적으로 처리하므로, 효과적으로 사용한다면 가독성과 유지보수성이 더 좋아질 수 있다.

또한 리액티브 프로그래밍은 현대적인 클라우드 네이티브 애플리케이션과 자연스럽게 통합되며, 마이크로서비스 아키텍처에 특히 적합하다. 분산된 컴포넌트 간의 데이터 흐름과 통신을 효율적으로 처리하여 병목을 줄이고 응답성을 향상한다.

리액티브 프로그래밍의 단점

여러 장점에도 불구하고, 리액티브 프로그래밍에는 고유한 어려움도 존재한다.

첫째, 근본적으로 전통적인 기존 프로그래밍과 다른 프로그래밍 패러다임을 사용하기 때문에 익숙해지기 어렵다. 명령형 프로그래밍에 익숙한 개발자에게는 학습 곡선이 가파르게 느껴질 수 있다. 스트림 조합이나 배압 관리 같은 리액티브 패턴에 적응하려면 사고방식의 전환과 새로운 개념 및 기법에 대한 이해가 필요하다.

또한 리액티브 코드는 디버깅이 어렵기로 악명 높다. 비동기 실행과 이벤트 기반 데이터 흐름 때문에 오류를 추적하고 실행 경로를 이해하기가 쉽지 않다. 코드에서 보이는 논리적 흐름과 실제 실행 흐름이 완전히 다르기 때문에, 머릿속으로 추적하는 디버깅이나 IDE 디버깅 모두 난이도가 높아진다.

다음은 예외를 던지는 리액티브 코드의 예시다.

깃허브 소스 c06/ReactiveErrorExample.java

```
import reactor.core.publisher.Flux;

public class ReactiveErrorExample {
    public static void main(String[] args) {
        Flux.just(1, 2, 3, 0, 5)
```

```
            .map(number -> 10 / number)
            .subscribe(
                System.out::println,
                Throwable::printStackTrace,
                () -> System.out.println("Done!")
            );
    }
}
```

실행하면 다음과 같은 예외가 발생한다.

```
java.lang.ArithmeticException: / by zero
    at ReactiveErrorExample.lambda$main$0(ReactiveErrorExample.java:8)
    at reactor.core.publisher.FluxMapFuseable$MapFuseableSubscriber.
onNext(FluxMapFuseable.java:113)
    at reactor.core.publisher.FluxArray$ArraySubscription.fastPath(FluxArray.java:171)
    at reactor.core.publisher.FluxArray$ArraySubscription.request(FluxArray.java:96)
    at reactor.core.publisher.FluxMapFuseable$MapFuseableSubscriber.
request(FluxMapFuseable.java:171)
    at reactor.core.publisher.LambdaSubscriber.onSubscribe(LambdaSubscriber.java:119)
    at reactor.core.publisher.FluxMapFuseable$MapFuseableSubscriber.
onSubscribe(FluxMapFuseable.java:96)
    at reactor.core.publisher.FluxArray.subscribe(FluxArray.java:53)
    at reactor.core.publisher.FluxArray.subscribe(FluxArray.java:59)
    at reactor.core.publisher.Flux.subscribe(Flux.java:8836)
    at reactor.core.publisher.Flux.subscribeWith(Flux.java:8957)
    at reactor.core.publisher.Flux.subscribe(Flux.java:8801)
    at reactor.core.publisher.Flux.subscribe(Flux.java:8725)
    at ReactiveErrorExample.main(ReactiveErrorExample.java:9)
```

첫 줄은 ReactiveErrorExample.java:8을 문제의 원인으로 정확히 가리키지만, 그 이후의 스택 트레이스는 대부분 Reactor 라이브러리 내부 호출로 채워져 있고, 스레드 덤프는 거의 알아보기 힘든 형태가 된다. 전통적인 동기 코드에서의 스택 트레이스 내용은 비교적 직관적으로 이해할 수 있지만, 리액티브 코드의 알아보기 힘든 스택 트레이스 내용은 디버깅을 훨씬 더 복잡하게 만든다.

또 다른 우려는 유지보수성이다. 리액티브 코드는 보기에는 우아하고 간결할 수 있지만, 이해하고 수정하기는 더 어려울 수 있다. 선언적인 특성과 풍부한 연산자 집합 때문에 코드의 실제 동작을 예측하기가 쉽지 않으며, 변경 시 의도치 않은 부작용이 발생할 가능성도 커진다.

마지막으로, 리액티브 프로그래밍은 I/O 집중적인 작업을 처리하는 데 매우 뛰어나지만, 가상 스레드와 마찬가지로 CPU 집중적인 작업에는 이상적인 선택이 아닐 수 있다. 특정 유형의 애플리케이션에서는 전통적인 멀티스레딩 접근 방식이 더 직관적이고 관리하기 쉬운 해법이 될 수도 있다. 다만 이는 여기서 논의의 핵심은 아니다.

정리

지금까지 전통적인 동시성 모델과, 이들이 공통적으로 I/O 작업 처리에 초점을 맞추고 있다는 점을 살펴봤다. 이제 우리는 어디에 서 있는가?

여기서는 개인적인 관점을 공유하고자 한다. 수년간의 경험을 통해 일정한 편향을 갖게 되었지만, 동시에 각기 다른 접근 방식에 맞는 다양한 사용 사례도 존중하게 됐다. 모든 기술에는 강점과 트레이드오프가 있다. 가상 스레드는 단순함과 많은 장점을 제공하지만, 리액티브 프레임워크가 기본적으로 제공하는 배압을 구현할 수 있는 직관적인 내장 메커니즘이 부족하다고 볼 수도 있다. 물론 배압 메커니즘을 직접 구현할 수는 있지만, 그 책임은 전적으로 개발자에게 돌아간다.

그럼에도 불구하고 두 패러다임은 공통된 목표를 지향한다. 바로 I/O 집중적인 작업을 효율적으로 관리하는 것이다. 만약 둘 중 하나를 선택해야 한다면, 개인적으로는 가상 스레드 쪽에 더 기울게 된다. 다만 리액티브 프로그래밍 역시 세밀한 배압 제어가 필요하거나, 복잡한 데이터 변환, 이벤트 기반 마이크로서비스가 요구되는 시나리오에서는 여전히 중요한 위치를 차지한다.

가상 스레드는 높은 동시성을 요구하는 I/O 집중적인 애플리케이션에서 특히 빛을 발한다. 대규모의 동시 사용자 요청을 처리하거나 기존의 동기식 시스템과 함께 작업할 때 매우 유용하다. 가상 스레드를 사용하면 논블로킹 API로 코드를 다시 작성하지 않고도 기존의 운영체제 스레드를 가상 스레드로 자연스럽게 대체할 수 있다.

미래를 예측해 보자면, 리액티브 프로그래밍과 가상 스레드는 당분간 공존할 것으로 보인다. 시간이 지나면서 두 접근 방식 사이에 어느 정도 수렴이 일어날 가능성도 있다. 예를 들어 리액티브 스트림 라이브러리가 가상 스레드를 활용하도록 진화하여, 더 단순하면서도 효율적인 리액티브 코드를 작성할 수 있게 될 수도 있다. 마찬가지로 구조적 동시성 원칙이 리액티브 프로그래밍 모델에 영향을 주어, 더 견고하고 유지보수하기 쉬운 형태로 발전할 가능성도 있다.

이미 이러한 수렴의 초기 징후는 나타나고 있다. 버트엑스 4.5(https://oreil.ly/Lv3GW)는 가상 스레드 실험을 시작했으며, 이는 두 패러다임이 자연스럽게 상호 보완하는 미래를 암시한다.

장기적으로 보면, 단순성과 기존 동기 코드와의 호환성을 가진 가상 스레드가 여러 시나리오에서 기본 선택지가 될 가능성이 크다. 익숙한 명령형 프로그래밍 기법으로 동시성 프로그램을 작성할 수 있다는 점은 진입 장벽을 낮추고 개발자의 인지 부담을 줄여주는 매우 중요한 장점이다.

결국 시간만이 답을 알려주겠지만 분명한 사실도 하나 있다. 자바의 동시성은 계속 진화하고 있으며, 개발자인 우리 역시 그 변화에 발맞추어 함께 진화해야 한다.

7장

프레임워크를 통해 알아보는 최신 동시성 프로그래밍

> 미래를 가장 정확하게 예측하는 방법은 미래를 직접 만들어내는 것이다.
>
> – 앨런 케이Alan Kay

JDK 21에서 가상 스레드가 도입되면서, 자바 생태계를 구성하는 여러 프레임워크가 동시성을 처리하는 방식에 중요한 변화가 나타났다. 많은 현대적인 프레임워크가 성능, 확장성, 자원 효율성을 개선하기 위해 가상 스레드를 적극적으로 수용하고 있다.

7장에서는 스프링 부트, 쿼커스, 자카르타 EE와 같은 주요 프레임워크들이 가상 스레드를 어떻게 통합하고 있는지 살펴본다. 다만 각 프레임워크의 내부 구현 세부 사항까지 깊이 파고들지는 않는다. 이에 관심이 있는 독자라면 이 책과 별개로 프레임워크를 개별적으로 심층 탐구하는 편이 더 나을 것이다.

이제 시작해 보자.

스프링 부트

스프링 부트Spring Boot(https://oreil.ly/JE9kr)는 자바 생태계에서 엔터프라이즈 애플리케이션을 구축하기 위한 사실상의 표준 프레임워크 중 하나다.

전통적으로 스프링 부트 웹 애플리케이션은 **요청당 스레드**thread-per-request 모델을 주로 사용해 왔다. 이 모델에서는 각 클라이언트 요청마다 전용 플랫폼 스레드 하나가 할당된다. 이 방식은 중간 수준의 부하에서는 잘 동작하지만, 동시에 I/O 집중적 요청이 많이 들어올 경우 확장성 문제에 직면하게 된다. 요청들이 모두 플랫폼 스레드를 통해 처리되기 때문이다.

이를 완화하기 위해 스프링 부트는 `@Async`(https://oreil.ly/_7x7K)와 같은 애너테이션, 그리고 `TaskExecutor`(https://oreil.ly/Hkgxi)와 같은 추상화를 통해 비동기 프로그래밍 기능을 도입했다. 그러나 이 방식 역시 다음 예제에서 볼 수 있듯이, 제한된 개수의 플랫폼 스레드 풀에 의존했다.

깃허브 소스 c07/spring/configuration/ThreadPoolConfig.java

```
@Configuration
public class ThreadPoolConfig {
    @Bean
    public AsyncTaskExecutor applicationTaskExecutor() {
        ThreadPoolTaskExecutor executor = new ThreadPoolTaskExecutor();
        executor.setCorePoolSize(10);
        executor.setMaxPoolSize(100);
        executor.initialize();
        return executor;
    }
}
```

이 경우 각 요청이나 태스크는 유한한 스레드 풀에서 하나의 스레드를 소비하게 되며, 높은 부하 상황에서는 성능 병목으로 이어질 수 있다.

2023년 11월, 스프링 프레임워크 6.1을 기반으로 한 스프링 부트 3.2가 출시되면서, 가상 스레드를 공식적으로 확정한 자바 21을 지원하게 됐다. 자바 17이 여전히 기본 JDK로 유지되기는 하지만, 자바 21은 이제 프레임워크 내에서 1급 런타임 환경으로 취급된다. 자바 21 지원의 중요한 특징 중 하나는 매우 단순한 설정 프로퍼티를 통해 쉽게 가상 스레드를 활성화할 수 있다는 점이다.

```
# application.properties 파일
spring.threads.virtual.enabled=true
```

또는 YAML 형식으로는 다음과 같다.

```
# application.yml 파일
spring:
  threads:
    virtual:
      enabled: true
```

이 설정을 활성화하면 애플리케이션 전반에서 가상 스레드가 사용된다. 스프링 부트는 별도의 커스텀 이그제큐터 빈이 정의되지 않은 경우 자동 구성을 통해 가상 스레드를 기반으로 하는 `AsyncTaskExecutor`(https://oreil.ly/8F5jm) 빈을 등록한다. 이때 내부적으로는 `SimpleAsyncTaskExecutor`(https://oreil.ly/h95RG)를 사용하며, 다음과 같은 여러 동시성 관련 기능에 자연스럽게 적용된다.[1]

- 비동기 태스크 실행(`@EnableAsync`, https://bit.ly/4qNC5DR)
- 스프링에서 `Callable`(https://oreil.ly/k5KXf) 반환값을 사용하는 비동기 처리
- 스프링 웹 MVC의 비동기 요청 처리
- 스프링 웹플럭스WebFlux에서의 제한적인 블로킹 실행 지원

다음 예제를 살펴보자.

깃허브 소스 c07/spring/controller/GreetingsController.java

```java
import org.slf4j.Logger;
import org.slf4j.LoggerFactory;
import org.springframework.web.bind.annotation.GetMapping;
import org.springframework.web.bind.annotation.RestController;

@RestController
public class GreetingsController {
    private static final Logger LOGGER
        = LoggerFactory.getLogger(GreetingsController.class.getName());

    @GetMapping("/hello")
    public String hello() {
        LOGGER.info("Received request for /hello");
```

1 깃허브 소스에 설정 파일이 없으므로 src/main/resources 폴더에 위 application.properties 파일이나 application.yml 파일을 추가해야 가상 스레드가 활성화된다. – 옮긴이

```
        LOGGER.info("Running on {}", Thread.currentThread());
        return "Hello from Spring Boot";
    }
}
```

가상 스레드가 활성화된 스프링 부트 애플리케이션을 실행하고 curl로 요청을 전송하면 콘솔에 다음과 같은 로그가 출력된다.[2]

```
06:11:51.355 [tomcat-handler-0] INFO  c.b.m.c.c.s.c.GreetingsController - Received
request for /hello
06:11:51.356 [tomcat-handler-0] INFO  c.b.m.c.c.s.c.GreetingsController - Running on
VirtualThread[#63,tomcat-handler-0]/runnable@ForkJoinPool-1-worker-1
```

비동기 요청을 처리하는 컨트롤러 메서드는 어떻게 동작하는지 살펴보자.

깃허브 소스 c07/spring/controller/AsyncController.java[3]

```
import org.slf4j.Logger;
import org.springframework.web.bind.annotation.GetMapping;
import org.springframework.web.bind.annotation.RestController;
import java.util.concurrent.Callable;

@RestController
public class AsyncController {
    private static final Logger LOGGER
        = LoggerFactory.getLogger(AsyncController.class.getName());

    @GetMapping("/async-call")
    public Callable<String> handleAsyncRequest() {
        return () -> {
            Thread.sleep(500); // I/O 연산 시뮬레이션
            LOGGER.info("Running on {}", Thread.currentThread());
            return "Hello from Virtual Thread!";
        };
    }
}
```

2 깃허브 소스에 @SpringBootApplication이 붙어 있는 메인 클래스가 없으므로 직접 추가해야 실행할 수 있다. – 옮긴이
3 깃허브에 없으므로 책에 실린 내용으로 추가해야 한다. – 옮긴이

가상 스레드를 활성화하고 애플리케이션 실행 후 요청을 보내면 다음과 같은 로그가 출력된다.[4]

```
06:55:01.784 [         task-1] INFO c.b.m.c.c.s.controller.AsyncController   : Running
on VirtualThread[#68,task-1]/runnable@ForkJoinPool-1-worker-1
```

이번에는 스케줄링된 태스크를 다루는 시나리오를 살펴보자.

깃허브 소스 c07/spring/component/ScheduledTasks.java

```java
import org.slf4j.Logger;
import org.slf4j.LoggerFactory;
import org.springframework.scheduling.annotation.EnableScheduling;
import org.springframework.scheduling.annotation.Scheduled;
import org.springframework.stereotype.Component;

@EnableScheduling
@Component
public class ScheduledTasks {
    private static final Logger LOGGER
        = LoggerFactory.getLogger(ScheduledTasks.class.getName());

    @Scheduled(fixedRate = 1000)
    public void scheduledTask() {
        LOGGER.info("Scheduled task running on:  {}", Thread.currentThread());
    }
}
```

마찬가지로 가상 스레드를 활성화하고 애플리케이션 실행 후 요청을 보내면 다음과 같은 로그가 출력된다.

```
07:01:51.082 [scheduling-36] INFO  c.b.m.c.c.s.component.ScheduledTasks - Scheduled
task running on:  VirtualThread[#105,scheduling-36]/runnable@ForkJoinPool-1-worker-5
```

4 ThreadPoolConfig와 VirtualThreadConfig의 @Configuration을 주석 처리해야 이와 같은 로그가 출력된다. – 옮긴이

스프링 부트는 자동 구성을 통해 태스크 실행에 필요한 이그제큐터와 스케줄러를 등록한다.

가상 스레드가 활성화되면 자동 구성을 통해 applicationTaskExecutor라는 이름으로 SimpleAsyncTaskExecutor(https://oreil.ly/ODEKW) 빈을 등록하고, taskScheduler라는 이름으로 SimpleAsyncTaskScheduler(https://oreil.ly/nOpwy) 빈을 등록한다.

가상 스레드가 활성화돼 있지 않으면 기본으로 설정할 수 있는 ThreadPoolTaskExecutor(https://oreil.ly/rs8sF) 빈과 ThreadPoolTaskScheduler(https://oreil.ly/w769a) 빈을 등록한다.

스프링 부트에서 제공하는 빌더 클래스를 사용하면 쉽게 원하는 설정을 적용해서 커스텀 이그제큐터와 스케줄러를 등록할 수 있다. 이런 자연스러운 설정 방식 덕분에 간단하게 동시성 관리와 성능 최적화를 수행할 수 있다.

수동 구성

스프링 부트 3.2 이전 구 버전을 사용하고 있거나 이그제큐터 설정을 더 세밀하게 제어하기를 원한다면 이그제큐터를 명시적으로 정의할 수도 있다.

예를 들어, 이그제큐터가 가상 스레드를 사용하도록 applicationTaskExecutor 빈을 명시적으로 정의하는 방법은 다음과 같다.

깃허브 소스 c07/spring/configuration/VirtualThreadConfig.java

```
import org.springframework.context.annotation.Bean;
import org.springframework.context.annotation.Configuration;
import org.springframework.core.task.AsyncTaskExecutor;
import org.springframework.core.task.support.TaskExecutorAdapter;
import java.util.concurrent.Executors;

@Configuration
public class VirtualThreadConfig {

    @Bean
    public AsyncTaskExecutor applicationTaskExecutor() {
        return new TaskExecutorAdapter(Executors.newVirtualThreadPerTaskExecutor());
    }
}
```

이렇게 설정한 후 다음 예제와 같이 @Async 애너테이션을 붙인 메서드는 전통적인 플랫폼 스레드 대신에 자동으로 가상 스레드 위에서 실행된다.

깃허브 소스 c07/spring/component/RemoteApiService.java

```
import org.springframework.scheduling.annotation.Async;
import org.springframework.stereotype.Component;
import java.util.concurrent.CompletableFuture;

@Component
public class RemoteApiService {

    @Async
    public CompletableFuture<String> fetchDataFromRemoteApi() {
        try {
            Thread.sleep(1000); // I/O 집중적인 연산 시뮬레이션
        } catch (InterruptedException e) {
            Thread.currentThread().interrupt();
        }
        return CompletableFuture
            .completedFuture("Data fetched using virtual thread");
    }
}
```

스프링의 비동기 프로그래밍 모델에서 @Async를 붙인 메서드는 applicationTaskExecutor 빈에 의존한다. 플랫폼 스레드를 사용하는 기본 이그제큐터 대신에 가상 스레드 기반의 이그제큐터를 사용하면 @Async를 붙인 메서드는 자연스럽게 가벼운 가상 스레드를 사용하게 된다.

스프링 부트에서 가상 스레드 기반 이그제큐터를 수동으로 구성할 때는 TaskExecutorAdapter를 사용하는 것과 Executors.newVirtualThreadParTaskExecutor()를 사용하는 것의 차이를 이해하는 것이 중요하다. 두 가지 모두 가상 스레드를 사용하지만, TaskExecutorAdapter가 스프링의 빈 생애주기 관리에 더 자연스럽게 통합될 수 있다. 둘 중 적절한 방식을 선택하려면 애플리케이션 초기화나 셧다운 같은 스프링의 관리 기능도 함께 고려하는 것이 좋다.

또한 내장 웹 서버의 확장성과 자원 활용도 역시 가상 스레드를 활용하여 개선할 수 있다. 예를 들어 아파치 톰캣Apache Tomcat을 내장 웹 서버로 사용하고 있다면, TomcatProtocolHandlerCustomizer(https://bit.ly/49ETAiS) 빈을 정의하여 프로토콜 핸들러가 가상 스레드를 사용하도록 설정할 수 있다.

깃허브 소스 c07/spring/component/TomcatConfig.java

```
import org.springframework.boot.web.embedded.tomcat.TomcatProtocolHandlerCustomizer;
import org.springframework.context.annotation.Bean;
import org.springframework.context.annotation.Configuration;

import java.util.concurrent.Executors;

@Configuration
public class TomcatConfig {
    @Bean
    public TomcatProtocolHandlerCustomizer<?> virtualThreadExecutor() {
        return protocolHandler
            -> protocolHandler.setExecutor(
              Executors.newVirtualThreadPerTaskExecutor());
    }
}
```

쿼커스

쿼커스Quarkus(https://quarkus.io)는 개발자 생산성, 빠른 기동 시간, 효율적인 성능을 강조하도록 설계된 현대적인 자바 프레임워크다. 마이크로서비스와 서버리스 애플리케이션을 구축하는 데 적합하다. 버트엑스(https://vertx.io)를 바탕으로 한 리액티브 프로그래밍 패러다임을 적용한 쿼커스는 동시성 애플리케이션에 더 적합하도록 의도적이고 명시적으로 가상 스레드를 지원한다.

쿼커스는 가상 스레드를 전역적으로 적용하는 방식 대신에 특정 애너테이션을 통해 필요한 곳에만 가상 스레드를 도입하는 방식을 적용했다. 개발자는 @RunOnVirtualThread(https://oreil.ly/p2aCw) 애너테이션을 메서드에 적용함으로써 특정 엔드포인트나 서비스에서 선택적으로 가상 스레드를 활성화할 수 있다. 이 애너테이션은 해당 메서드를 기존의 플랫폼 스레드가 아니라 가상 스레드에서 실행하도록 쿼커스에 지시한다. 프레임워크는 생성, 실행, 관리 등 전반적인 가상 스레드의 생애주기를 효율적으로 관리한다.

쿼커스는 주로 리액티브 확장을 통해 가상 스레드를 통합하며, 리액티브 프로그래밍과 가상 스레딩을 결합한다. 이런 방식 덕분에 쿼커스 애플리케이션은 동시성을 효율적으로 처리할 수 있고, 빠른 기동 시간과 효율적인 자원 사용 덕분에 마이크로서비스와 서버리스 환경에 특히 적합하다.

쿼커스는 기본 리액티브 엔진으로 버트엑스를 활용한다. 버트엑스의 이벤트 루프 기반 동시성 모델은 전통적인 요청당 스레드 모델과는 다르다. 쿼커스의 `@RunOnVirtualThread` 애너테이션은 특정 태스크를 버트엑스 이벤트 루프가 아닌 가상 스레드에서 실행될 수 있게 해서 블로킹 연산이 이벤트 루프의 응답성에 영향을 주는 것을 방지한다. 이러한 리액티브 프로그래밍과 가상 스레드의 결합은 쿼커스의 동시성 처리 능력을 더욱 강화한다.

이제 쿼커스에서 가상 스레드가 어떻게 사용되는지 실무적인 예제를 통해 알아보자.[5]

깃허브 소스 c07/quarkus/VirtualThreadApp.java

```
import io.smallrye.common.annotation.RunOnVirtualThread;
import jakarta.inject.Inject;
import jakarta.ws.rs.GET;
import jakarta.ws.rs.Path;
import jakarta.ws.rs.Produces;
import jakarta.ws.rs.core.MediaType;
import org.eclipse.microprofile.rest.client.inject.RestClient;
import org.slf4j.Logger;
import org.slf4j.LoggerFactory;

@Path("/greetings")
public class VirtualThreadApp {
    private static final Logger logger
        = LoggerFactory.getLogger(VirtualThreadApp.class);
```

5 쿼커스 예제는 정상 실행되지 않아 오라일리 출판사에 문의해 둔 상태이며, 응답이 오면 책만 홈페이지(https://onlybook.co.kr)에 공지 예정이다. – 옮긴이

```
    @Inject
    @RestClient
    RemoteService remoteService;

    @GET
    @RunOnVirtualThread
    @Produces(MediaType.TEXT_PLAIN)
    public String process() {
        logger.info("Received greetings request");
        var response = remoteService.greetings();
        logger.info("Received response: {}", response);
        logger.info("Running on {}", Thread.currentThread());
        return response.toUpperCase();
    }
}
```

@RunOnVirtualThread 애너테이션이 붙어 있는 process() 메서드는 가상 스레드에서 실행된다.

실행하면 콘솔에 다음과 같은 로그가 출력된다.

```
2025-03-16 00:12:31,453 INFO  [ca.baz.VirtualThreadApp] (quarkus-virtual-thread-1)
Received greetings request
2025-03-16 00:12:31,458 INFO  [ca.baz.VirtualThreadApp] (quarkus-virtual-thread-1)
Received response: Hey!
2025-03-16 00:12:31,458 INFO  [ca.baz.VirtualThreadApp] (quarkus-virtual-thread-1)
Running on VirtualThread[#219,quarkus-virtual-thread-1]/runnable@ForkJoinPool-1-
worker-2
```

process 메서드가 가상 스레드에서 실행되는 것을 로그를 통해 확인할 수 있다.

주입받은 RemoteService 인터페이스는 다음과 같이 정의할 수 있다.

깃허브 소스 c07/quarkus/RemoteService.java

```
import jakarta.ws.rs.GET;
import jakarta.ws.rs.Path;
import jakarta.ws.rs.Produces;
import jakarta.ws.rs.core.MediaType;
```

```java
import org.eclipse.microprofile.rest.client.inject.RegisterRestClient;

@Path("/remote")
@RegisterRestClient
public interface RemoteService {

    @Path("greetings")
    @GET
    @Produces(MediaType.TEXT_PLAIN)
    String greetings();
}
```

다음 내용도 application.properties 파일에 정의해야 한다.

```
quarkus.rest-client."ca.bazlur.RemoteService".url=http://localhost:8081
```

외부 서비스에 제공할 간단한 REST 엔드포인트를 만들었다. 이 엔드포인트는 임의의 인사말을 반환한다. 자바에 내장된 HTTP 서버 기능을 사용하면 이러한 REST 엔드포인트를 매우 쉽게 만들 수 있다. JDK에는 `HttpServer`(https://oreil.ly/fd9lJ)와 `HttpHandler`(https://oreil.ly/wphhE) 같은 클래스가 포함되어 있으며, 이를 통해 추가적인 프레임워크나 의존성 없이도 가벼운 HTTP 서비스를 빠르게 구성할 수 있다.

```java
import com.sun.net.httpserver.HttpServer;
import com.sun.net.httpserver.HttpHandler;
import com.sun.net.httpserver.HttpExchange;
import java.io.IOException;
import java.io.OutputStream;
import java.net.InetSocketAddress;
import java.util.Random;
import java.util.concurrent.Executors;

public class SimpleHttpServer {

    private static final String[] GREETINGS = {
        "Hello, world!",
        "Hi there!",
        "Greetings!",
        "Good day!",
```

```
        "Hey!",
        "Howdy!",
        "Hola!",
        "Bonjour!",
        "Ciao!"
    };

    public static void main(String[] args) throws IOException {
        int port = 8081;
        HttpServer server = HttpServer.create(new InetSocketAddress(port), 0);
        server.createContext("/remote/greetings", new GreetingHandler());
        server.setExecutor(Executors.newVirtualThreadPerTaskExecutor());
        System.out.println("Server started on port " + port);
        server.start();
    }

    static class GreetingHandler implements HttpHandler {

        @Override
        public void handle(HttpExchange exchange) throws IOException {
            if ("GET".equalsIgnoreCase(exchange.getRequestMethod())) {
                String response = getRandomGreeting();
                exchange.sendResponseHeaders(200, response.length());
                try (OutputStream os = exchange.getResponseBody()) {
                    os.write(response.getBytes());
                }
            } else {
                exchange.sendResponseHeaders(405, -1); // HTTP 405 Method Not
                                                       // Allowed를 응답한다.
            }
        }

        private String getRandomGreeting() {
            Random random = new Random();
            return GREETINGS[random.nextInt(GREETINGS.length)];
        }
    }
}
```

자바 11에서부터 가능해진 자바의 소스 파일 실행 기능을 사용하면 서버를 바로 직접 실행할 수 있다. 이 기능을 사용하면 단일 파일로 된 자바 프로그램을 명시적인 컴파일 단계 없이 실행할 수 있다. 터미널에서 다음 명령을 실행하기만 하면 된다.

```
java SimpleHttpServer.java
```

이 명령은 javac 명령을 사용해 명시적으로 컴파일할 필요 없이 하나의 명령으로 컴파일과 실행을 모두 처리한다. 이는 신속하게 프로토타입을 만들어야 할 때나 간단한 독립 실행형 자바 애플케이션을 실행할 때 사용하기 좋다.

쿼커스의 리액티브 프로그래밍 기능과 가상 스레드를 통합해서 함께 사용할 수도 있다. 다음 예제를 살펴보자.

깃허브 소스 c07/quarkus/ReactiveResource.java

```
import jakarta.inject.Inject;
import jakarta.ws.rs.GET;
import jakarta.ws.rs.Path;
import jakarta.ws.rs.Produces;
import jakarta.ws.rs.core.MediaType;
import org.eclipse.microprofile.rest.client.inject.RestClient;
import io.smallrye.common.annotation.RunOnVirtualThread;
import io.smallrye.mutiny.Uni;
import java.time.Duration;
import jakarta.enterprise.context.ApplicationScoped;

@Path("/reactive")
public class ReactiveResource {
    @Inject
    HelloService helloService;

    @GET
    @Path("/hello")
    @RunOnVirtualThread
    @Produces(MediaType.TEXT_PLAIN)
    public String hello() {
        return helloService.getHello()
            .await()
            .atMost(Duration.ofSeconds(5));
```

```
    }
}

@ApplicationScoped
class HelloService {
    @Inject
    @RestClient
    ExternalService externalService;

    Uni<String> getHello() {
        return externalService.hello();
    }
}

@Path("/reactive")
@RegisterRestClient
interface ExternalService {
    @GET
    @Path("/hello")
    Uni<String> hello();
}
```

ReactiveResource 클래스에 있는 hello() 메서드는 리액티브 RestClient인 ExternalService 인터페이스를 사용해 외부 서비스를 호출한다. HelloService 클래스에 있는 getHello() 메서드는 지연 연산deferred computation을 나타내는 Uni<String>을 반환한다. hello() 메서드 안에서 실행되는 uni.await().atMost(Duration.ofSeconds(5))는 5초의 타임아웃을 적용하고 응답이 올 때까지 가상 스레드를 블로킹한다.

자카르타 EE

자카르타 동시성Jakarta Concurrency(https://oreil.ly/JbYoV)은 자카르타 EE(https://jakarta.ee) 런타임의 혜택을 누리면서도 동시성을 활용할 수 있게 해주는 표준 명세다. 자카르타 동시성 3.1(https://oreil.ly/ffFz_)에서는 가상 스레드 지원이 도입되어, 애플리케이션이 자바 21의 경량 스레딩 모델을 활용할 수 있게 됐다.

자카르타 동시성 3.1에서는 다음 애너테이션에 `virtual = true`를 지정함으로써 가상 스레드를 활성화할 수 있다.

- `@ManagedExecutorDefinition`(https://oreil.ly/-ip4E)
- `@ManagedScheduledExecutorDefinition`(https://oreil.ly/-TVMe)
- `@ManagedThreadFactory`(https://oreil.ly/5nQS-)

자바 21에서 실행되는 경우에는 가상 스레드가 사용되지만, 가상 스레드를 지원하지 않는 자바 17에서 애플리케이션이 실행되면 자카르타 EE 런타임은 자동으로 플랫폼 스레드를 사용한다.

다음 예제는 자카르타 동시성 3.1에서 가상 스레드를 설정하고 사용하는 방법을 보여준다.[6]

깃허브 소스 c07/jee/VirtualThreadExampleService.java

```
import jakarta.enterprise.concurrent.ManagedExecutorDefinition;
import jakarta.enterprise.concurrent.ManagedExecutorService;
import jakarta.inject.Inject;
import jakarta.ws.rs.GET;
import jakarta.ws.rs.Path;
import jakarta.ws.rs.Produces;
import jakarta.ws.rs.core.MediaType;
import java.util.concurrent.ExecutionException;

@ManagedExecutorDefinition(name = "java:module/concurrent/virtual-executor",
    qualifiers = WithVirtualThreads.class,
    virtual = true)
@Path("/virtualThreads")
public class VirtualThreadExampleService {

    @Inject
    @WithVirtualThreads
    ManagedExecutorService virtualManagedExecutor;

    @Inject
    GreetingService greetingService;
```

6 자카르타 EE 예제는 정상 실행되지 않아 오라일리 출판사에 문의해 둔 상태이며, 응답이 오면 책만 홈페이지(https://onlybook.co.kr)에 공지 예정이다. – 옮긴이

```
    @GET
    @Produces(MediaType.TEXT_PLAIN)
    public String virtualThreads()
            throws InterruptedException, ExecutionException {
        return virtualManagedExecutor.submit(() -> {
            System.out.println("Received request on virtual thread: "
                + Thread.currentThread());
            return greetingService.getRandomGreeting();
        }).get();
    }
}
```

Open Liberty 런타임을 사용해서 실행하면 다음 엔드포인트에 접근할 수 있다.

```
GET http://localhost:9080/api/virtualThreads
```

이 엔드포인트를 호출하면, 임의의 인사말을 가져오는 로직이 가상 스레드에서 실행되는 것을 로그를 통해 확인할 수 있다.

```
[INFO] Received request on virtual thread: VirtualThread[#115,application[jakartaee-
vthrads]/module[jakartaee-vthrads.war]/managedExecutorService[java:module/concurrent/
virtual-executor]/concurrencyPolicy:1]/runnable@ForkJoinPool-1-worker-1
```

마찬가지로, 주기적 실행이나 지연 실행을 지원하는 ManagedScheduledExecutorService에서도 다음과 같이 가상 스레드를 사용할 수 있다.

깃허브 소스 c07/jee/VirtualThreadSchedulerExample.java

```
import jakarta.annotation.Resource;
import jakarta.enterprise.context.ApplicationScoped;
import jakarta.enterprise.concurrent.ManagedScheduledExecutorService;
import jakarta.enterprise.concurrent.ManagedScheduledExecutorDefinition;

import java.util.concurrent.TimeUnit;

@ApplicationScoped
@ManagedScheduledExecutorDefinition(
    name = "java:module/concurrent/virtual-scheduler",
    virtual = true // 주기적으로 실행되는 태스크에 가상 스레드 활성화
)
```

```java
public class VirtualThreadSchedulerExample {

    @Resource(lookup = "java:module/concurrent/virtual-scheduler")
    private ManagedScheduledExecutorService scheduledExecutor;

    public void scheduleTask() {
        scheduledExecutor.schedule(() -> {
            System.out.println("Scheduled task running in virtual thread: "
                + Thread.currentThread());
        }, 5, TimeUnit.SECONDS); // 5초간 실행 지연
    }
}
```

자카르타 동시성 3.1은 가상 스레드 사용에 대한 명세를 제공하지만, 실제 동작 방식은 자카르타 EE 런타임에 따라 달라질 수 있다. 따라서 호환성 문제 발생 가능성을 염두에 두고, 사용 중인 자카르타 EE 런타임(Open Liberty, Payara, WildFly 등)의 문서를 참고하여 구현 세부 사항과 모범 사례를 확인해야 한다. 예를 들어, 일부 기능이나 설정은 런타임에 따라 다르게 동작하거나 아예 제공되지 않을 수도 있다.

책 집필 시점 기준으로, Open Liberty 24.0.0.6-beta는 가상 스레드를 포함한 자카르타 동시성 3.1을 완전히 지원하는 최초의 자카르타 EE 런타임이다. 다만 자카르타 EE 11의 최종 릴리스가 다가오면서 Payara, WildFly, TomEE, GlassFish와 같은 자카르타 EE 런타임들 역시 가상 스레드 지원을 포함할 것으로 예상된다.

정리

자카르타 EE, 스프링, 쿼커스와 같은 주요 프레임워크 외에도, 여러 프레임워크들이 현대적인 자바 애플리케이션에서 동시성 효율을 높이기 위해 가상 스레드를 적극적으로 도입하고 있다.

그중 하나가 가상 스레드를 네이티브로 활용하도록 처음부터 설계된 마이크로서비스 프레임워크인 헬리든 니마Helidon Níma(https://helidon.io/nima)다. 기존 프레임워크들이 가상 스레드 지원을 사후적으로 추가한 것과 달리, 헬리든 니마는 처음부터 가상 스레드를 중심으로 설계되어 있어 가벼우면서도 높은 성능을 자랑한다.

비슷하게, 마이크로노트Micronaut(https://micronaut.io) 프레임워크는 애플리케이션이 가상 스레드를 지원하는 JDK(자바 21 이상)에서 실행될 경우, 별도의 설정 없이 자동으로 가상 스레드를 활용한다. 덕분에 마이크로노트를 사용하는 개발자는 별도의 추가 구성 없이도 가상 스레드가 제공하는 성능상의 이점을 자연스럽게 누릴 수 있다.

자바가 계속 진화함에 따라, 가상 스레드는 확장성 있고 효율적이며 개발자 친화적인 애플리케이션을 구축하기 위한 핵심 기능으로 자리 잡았다. 자카르타 EE 11, 쿼커스, 스프링 부트 3, 헬리든 니마, 마이크로노트 중 어떤 것을 사용하든, 개발자는 이제 단순한 명령형 프로그래밍 스타일을 유지하면서도 높은 동시성을 갖춘 애플리케이션을 만들 수 있는 강력한 도구를 손에 쥐게 되었다.

가상 스레드가 자바 생태계의 중요한 구성요소로 자리 잡은 지금, 자바 동시성의 미래는 그 어느 때보다도 더 효율적이고, 확장성 있고, 개발자 친화적인 방향으로 나아가고 있다.

8장

자바 동시성 프로그래밍의 미래

단순함은 궁극의 정교함이다.

– 레오나르도 다빈치Leonardo da Vinci

자바 동시성의 세계에서 고전적인 스레드에 대한 기초적인 이해부터 시작해서, 가상 스레드, 구조적 동시성, 그리고 그 이후의 혁신까지 긴 여정을 함께했다. 그러나 이 여정은 단순히 기술적인 탐구에 그치지 않고, 철학적인 성찰이기도 했다. 자바는 효율성, 확장성, 단순함이라는 가치를 바탕으로 현대 컴퓨팅 환경의 끊임없이 변화하는 요구에 맞추어 계속 진화하고 있다.

우리가 살펴본 중요한 이정표 중 하나는 자바 동시성에서의 진정한 패러다임 전환이라고 할 수 있는 가상 스레드다. 과거에는 높은 자원 오버헤드와 운영체제가 부과하는 제약 때문에 많은 수의 스레드를 생성하는 것이 어려웠다. 가상 스레드는 자원 소비를 획기적으로 줄여서, 사실상 수백만 개의 가상 스레드를 사용할 수 있게 됐다. 컴퓨팅 하드웨어의 변화와 클라우드 컴퓨팅의 확산을 고려하면, 가상 스레드는 확장 가능한 자바 애플리케이션을 만드는 데 기본 선택지가 될 가능성이 크다. 가상 스레드가 제공하는 편리함과 단순함은 더 명확하고 유지보수하기 쉬운 비동기 코드를 작성할 수 있게 하며, 이는 개발 생산성과 소프트웨어 유지보수성을 함께 향상한다.

물론 가상 스레드를 도입하는 과정이 매우 쉽다고 해서, 특히 레거시 애플리케이션에 이를 단기간에 전면 적용하는 것은 바람직하지 않다. 가상 스레드 도입에는 충분한 계획과 점진적인 도입이 필요하다. 기존 애플리케이션 내에서 독립 실행 가능한 구성요소나 서비스부터 이전을 시작하는 것을 권장한다. 점진적인 배포는 팀이나 시스템의 속도를 저해하지 않으면서 관찰과 학습, 개선을 가능하게 한다. 여기에 구조적 동시성을 도입하면 복잡한 작업 흐름이 더욱 명확해지고, 동시성 코드는 더 안전하고 읽기 쉬워진다. 덕분에 코드 관리가 더 쉬워지고 오류 가능성을 낮출 수 있다는 확신을 가질 수 있다. 가상 스레드 도입 과정에서 가장 흔히 발생하는 문제를 피하려면 초기 배포 단계에서 자원 사용량을 면밀히 모니터링하고, 병목을 조기에 발견해야 한다. 그리고 가상 스레드, 구조적 동시성, 스코프드 밸류에 대해 개발 팀이 충분히 이해할 수 있도록 투자하면 모범 사례 문화와 지속적인 개선을 이끌어낼 수 있다는 사실도 기억해야 한다.

특히 주의해야 할 부분은 스레드 고정이라는 까다로운 문제다. 스레드 고정은 가상 스레드가 의도치 않게 특정 플랫폼 스레드에 장시간 묶여 그 이점을 크게 상실하는 상황을 의미한다. JDK 24에서는 `synchronized` 블록과 관련된 고정 문제가 해결되었지만, 모든 운영 환경에서 JDK 21과 같은 이전 버전을 JDK 24로 바로 전환할 수는 없을 것이다.

부적절한 `ThreadLocal` 변수 관리도 또 다른 잠재적 함정이다. 이는 가상 스레드 환경에서 미묘한 버그나 메모리 누수로 이어질 수 있다. 특히 블로킹 I/O 작업에서 가상 스레드와 플랫폼 스레드의 차이를 명확히 이해하는 것이 중요하다. 기존의 블로킹 호출은 기대한 방식으로 동작하지 않을 수 있기 때문이다. 아울러 전통적인 모니터링 도구만으로는 가상 스레드 특유의 문제를 추적하기에 부족할 수 있으므로, JDK Flight Recorder와 같은 현대적인 도구를 활용해서 좀 더 정교한 모니터링 기법을 도입하는 것이 바람직하다.

이러한 도전 과제에도 불구하고, 가상 스레드를 성공적으로 통합한 개발자들은 애플리케이션 확장성의 실질적인 향상, 낮은 지연 시간, 그리고 더 효율적인 자원 활용이라는 분명한 장점이 있다는 사실을 보고하고 있다. 여러 기사와 보고서에서는 기업, 스타트업, 클라우드 제공자들이 응답성 개선, 동시성 제어의 단순화, 개발 주기 단축을 경험했다고 언급하고 있다.

이러한 개선을 바탕으로, 애플리케이션의 요구사항에 맞는 동시성 모델을 선택하는 것이 중요하다. 가상 스레드는 웹 서버, 데이터 처리 서브시스템, 네트워크 서비스와 같이 높은 처리량이 필요하고 I/O 집중적인 워크로드가 많은 상황에서 특히 빛을 발한다. 이 경우 전통적인 스레드의 컨텍스트 스위칭 오버헤드 없이도 확장성과 편의성을 동시에 얻을 수 있다. 반면 플랫폼 스레드는 CPU 집중적인 계산, 네이티브 메서드와의 연동, 또는 광범위한 스레드 고정이 불가피한 레거시 코드에서 여전히 가치가 있다. 리액티브 프로그래밍은 명시적인 비동기 프로그래밍 패턴, 효과적인 배압 관리, 이벤트 기반 아키텍처가 필요한 시나리오에서 장점이 있다. 이러한 차이를 이해하면 프로젝트의 요구사항에 가장 적합한 선택을 할 수 있다.

이 여정을 마무리하며 남기고 싶은 조언은 단순하다. 호기심을 유지하고, 과감히 실험하며, 계속해서 학습하라. 자바의 동시성 모델은 커뮤니티의 피드백, 실무 경험, 그리고 지속적인 개선 위에서 최고로 발전할 수 있다. 새로운 기술을 적극적으로 탐구하고 경험을 공유하며, 활기 넘치는 자바 커뮤니티에 참여하라. OpenJDK(https://openjdk.org)를 정기적으로 살펴보며 새로운 혁신과 개선사항, 그리고 남아 있는 동시성 문제를 해결하기 위한 노력을 계속 확인하는 것도 중요하다. 이러한 경험과 기여가 자바 동시성의 미래를 만들어갈 것이다. 끊임없이 배우고 학습하면 계속해서 변화하는 자바의 세계에서 동기 부여와 몰입감을 유지할 수 있을 것이다.

이 여정을 함께해 주어 감사한다. 스레드가 언제나 가볍기를, 애플리케이션이 무한히 확장할 수 있기를, 코드는 명확하고 간결하며 우아하기를 바란다.

찾아보기

ㅇ

ㅈ

ㅊ

ㅋ

ㅍ

G

H

I

J

K

L

M

N

O

P

Q

R

S

T

U

V

W

Z

이 책 표지에 등장하는 동물은 호박벌(속명 Bombus)이다. 전 세계에는 250종이 넘는 호박벌이 있다고 알려져 있다. 주로 북반구에 분포하지만, 일부는 남아메리카와 인도네시아 일부 지역에서도 발견된다. 또한 태즈메이니아와 뉴질랜드에도 유입되었다.
호박벌은 종에 따라 외형이 다르지만, 일반적으로 크고 털이 많으며 꿀벌보다 몸통이 더 넓고 둥글다. 많은 종이 줄무늬를 가지고 있으며, 보통 검은색과 함께 흰색, 노란색, 주황색, 빨간색, 분홍색 등의 색이 조합된다. 꿀벌과 마찬가지로 호박벌은 진사회성(eusocial) 곤충으로, 여왕벌 한 마리를 중심으로 군집 생활을 하는데 둥지 하나에 50마리 정도만 존재하는 경우도 있다. 많은 종이 지하에 둥지를 틀며, 그 구조는 육각형 벌집을 만드는 꿀벌과 달리 각 셀이 군집 형태로 모여 있어 상대적으로 덜 정돈되어 있다. 알려진 호박벌 중 가장 큰 종은 남아메리카에 서식하는 모스카르돈(Bombus dahlbomii)으로, 여왕벌의 길이가 최대 4센티미터에 이른다.
호박벌은 중요한 수분 매개자이지만, 서식지 파괴, 토지 이용 변화, 농약 사용 등으로 인해 세계 여러 지역에서 개체 수가 감소하고 있다. 오라일리 책 표지에 등장하는 동물들 중 상당수는 멸종 위기에 처해 있으며, 이들 모두는 지구 생태계에서 중요한 존재들이다.
표지 일러스트는 『The Animal Kingdom Illustrated』에 수록된 고풍스러운 선화 판화를 바탕으로 호센 마르잔 주니어가 그렸다. 시리즈 디자인은 에디 프리드먼, 엘리 볼크하우젠, 캐런 몽고메리가 담당했다.

모던 자바 동시성 프로그래밍

편리함, 견고함, 고성능, 어느 것도 양보하지 않는 새로운 자바의 표준

펴낸날 | 2026년 2월 27일 초판 1쇄

지은이 | A N M 바즐루어 라만
옮긴이 | 오명운

펴낸이 | 김희정
엮은이 | 김경희
관리총괄 | 양아영
디자인 | 그린애플(표지), 박진희(본문)
제작 | 재영피앤비(인쇄), 다올페이퍼(용지)

펴낸곳 | (주)책만
주소 | 경기도 안양시 동안구 학의로 282 금강펜테리움IT타워 A동 810호
연락처 | 전화 02) 535-4331, 팩스 02) 6280-4350
홈페이지 | www.onlybook.co.kr
페이스북 | www.facebook.com/onlybookpub
전자우편 | support@onlybook.co.kr
도서정보 | www.onlybook.co.kr/entry/java-concurrency

ISBN 979-11-24309-025 93000